21世纪普通高等教育
法学系列教材

法律逻辑学（第三版）

主　编　陈金钊　熊明辉
副主编　郝建设　张传新　杨建军

撰稿人　（以撰写章节先后为序）
熊明辉　陈金钊　张传新　郝建设
吴丙新　张静焕　杜文静　焦宝乾
董书萍　王　晓　杨建军　吴晓静

中国人民大学出版社
·北京·

第三版修订说明

法治中国建设需要法律逻辑学

近些年来，与法治思维、法律方法联系密切的法律逻辑学，在学科体系建构、知识创新及能力提升训练等方面均取得了不俗的成绩。这意味着，我们的传统辩证思维被融入了更多的逻辑因素，人们已经开始重视逻辑对法治建设的意义。同时，逻辑思维规律（包括定义、体系和论证等）正在形塑与法治要求相匹配的法理以及思维方式。逻辑思维是推动人类进步的内在力量，法律逻辑是设计法治乃至于保障法治实现的思维工具。法治中国建设包括了法律逻辑学所塑造的法理思维、法律思维和法治思维。然而，法律逻辑学目前的智识供给与法治的要求相比尚存不小的距离。近年来中国法律逻辑学的发展，主要是逻辑与法学知识、原理、方法的整合；法律逻辑学的知识体系、学理传承等还是主要来自欧美，研究成果中借鉴成分较多，而在原创性以及对中国法治建设现实问题的关怀等方面皆存在明显不足。推进全面依法治国，不仅要重视法治话语或法治意识形态塑造，还需要重视法律逻辑学研究。只有在追求法治和尊重逻辑的基础上，才能建构满足中国法治建设需要的法律思维规则。

令人欣喜的是，随着法治中国建设的持续推进，法律逻辑学的发展也迎来了新一轮的发展契机。全面依法治国构成了当代中国国家和社会治理现代化转型的长远目标，是新时代中国共产党领导人民作出的庄严选择和战略部署。把法治当成治国理政的基本方式，体现了马克思主义唯物史观的历史活力，是在科学认识论和方法论指引下的伟大决策。2020 年 11 月在北京召开的中央全面依法治国工作会议更是明确了习近平法治思想在全面依法治国中的指导地位。习近平法治思想是对中国特色社会主义法治经验的概括与总结，包含了诸多值得深入研究的法治概念、命题和原理等。就概念而言，“法治中国”构成了习近平法治思想的核心概念。在法理上，“法治中国”包含交叉重叠的四层含义：一是用法治修饰中国，即在联想使用中建构中国特色的法治话语体系、理论体系，进而为法治话语权的形成奠定意识形态基础。二是用法治定义中国，在中国共产党作为执政党、法治作为治国理政的基本方式这一背景下，明确法治中国的基本含义、原则要求、意义特征以及实现方法等，从而为形塑法治理论、法治思维、法治方式等奠定逻辑基础。三是在定义法治的基础上，用法治观察中国，目标在于用法治理解、解释中国，进而用法律确定主体间的法律关系，运用法治思维和法治方式化解社会矛盾。四是用法治战略目标、规划等建设中国，全面推进法治国家、法治政府、法治社会一体建设，实现国家和社会治理的现代化转型。就命题而言，习近平法治思想提出了有关法治的诸多命题，如，法治就是把权力关在制度的笼子里，用法治思维和法治方式化解社会矛盾，国家和社会治理体系的法治化、重大改革都要于法有据，遇事找法、化解矛盾用法、解决问题靠法等。对习近平法治思想的诠释、论证以及贯彻实施，无疑都需要法律逻辑的助力。这些都离不开塑造法治知识、法律思维、法治思维和法理思维的法律逻辑学。

法律逻辑学是法学与逻辑学的交叉学科，学科之交叉主要集中于对思维规律的关注，逻辑学研究的思维规律与法学研究的思维规则有诸多重合之处，法律方法论与法律逻辑学都以法律思维规则为研究对象。逻辑学与法学最为密切的关联就是关于法律方法的研究。在宽泛的意义上，法律方法论也可以称为法律逻辑学。现代法律逻辑学的研究对象，既包括经典逻辑思维规则的法律运用，也包括非经典逻辑（如实质推理、外部证成等）方法在法律推理中的恰当使用。全面推进法治中国建设，需要以逻辑为基础，塑造法治思维和法治方式，提升对法律的发现获取能力、理解解释能力、修辞论辩能力等。然而需要注意到，传统中国重视辩思，形式逻辑是被批判的对象，迄今为止与法治中国建设相匹配的法律思维还未完全成型，不重视逻辑确已成为阻碍中国特色社会主义法治建设的突出因素。

就目前的思维现状及法治中国建设的需求看，建构现代法律逻辑学势在必行。只是现代法律逻辑学体系的建构，既不能照搬照抄西方的形式逻辑体系，也不能故步自封于我国传统的辩证思维，而是需要在融贯辩证思维和形式逻辑思维的基础上展开理论创新。我们既要注意尊重中国的辩证思维传统，也必须重视形式逻辑思维。之所以要继承中国传统的辩证思维，不仅是因为辩思方式有许多优势，还因为已经形成的思维方式不可能被轻易改变。可是，纯粹的辩思毕竟难以适应法治的要求，法治思维之基础要求都源自形式逻辑思维，强调据法思考的重要性。很多法治原则，如法律的一般性、体系性、稳定性、拟制性、安全性等，都是为满足据法思考的法治要求而被创设的。因此，法治中国建设需要在思维方式上融贯经典逻辑与非经典逻辑，法治思维的建构需要结合两者的法律逻辑。法律逻辑对法治建设的作用显然是举足轻重的。

第一，法律逻辑是塑造法治思维的基础。法治是基于逻辑的拟制。虽然法律来自社会，且还要调整社会，但法治理想或法治模式并非脱离社会的产物。法治假定了法律是独立存在的行为规范体系、思维规则体系和机制体制，如果没有对这三个基本属性的假定，法治命题是不能成立的。反过来说，法治之所以能够成立是因为从逻辑上拟制了行为规范、思维规则和调控主体。法治逻辑的基本思路是从法律概念、规范等开始思索法律的意义；由定义拟制而确定了规范体系和运作机制体系；通过拟制规范体系、运行机制体制，衍生出作为拟制范畴的法律思维规则等；通过思维支配行为，进而调整社会关系。如果没有行为规范、思维规范和调整机制的拟制，法治根本无从展开。当然，法律思维所需要的拟制也不是凭空的捏造，法律拟制与社会有着千丝万缕的联系，是“脱离”社会现实的规范体系及主体调控机制。然而人们常抱怨这些拟制的规范体系、实施机制规避了社会关系的复杂性。法社会学的研究正是对这一短板的补充，实证思考当然是对法治建设的有益补充。

第二，法律逻辑训练是提升法治思维水平和执法、司法能力的必由之路。在辩思盛行的背景下，要想形成法治思维，就需要在辩思中融进逻辑，重视法律逻辑及法律方法的使用。法治要求在尊重法律意义的固定性、安全性等前提下，运用法律解释、论证、修辞等方法来思考法律与其他社会规范之间的关系。整体、辩证地看待法律是一种正确理解法律的思维方式。然而，离开法律的体系架构，理解、解释和运用法律的最根本特征——思维的合法性及解释的独断性就会被抛开，对法律的意义探究只能借助对相邻领域（诸如法律与道德、社会等）的探究来完成。这就会使思维方式的法治色彩以及法律的规范作用、预测功能等大为减弱，因与其他社会规范过度黏合，法律便存在失去独立性的危机。

在本次教材修订中，我们试图努力做到辩证思维与形式逻辑的结合：(1) 在整体思维中融入体系思维。法律是整体性概念，规范法学离不开体系化，而体系就是逻辑。在法治实现问题上不可能完全顺从问题导向思维，法律推理以及体系思维等应占主导地位。(2) 在辩证思维中强化形式逻辑的功能以及法治思维规律的作用。没有形式逻辑不可能形成法治思维，实质法治只能是在形式基础上的体现。(3) 在实质思维中植入形式逻辑。实质法治应该是法律的续造，而不是随意改变法律。法律续造的运用是有条件的，如，法律的明确性不复存在；“解释规则和正义的基本原则也不能提供确凿无疑的指引”；在法律明晰且不违反正义等价值的背景下不能随便背离法律形式所载明的意义；等等。

本次修订作者没有变化，但部分作者的工作单位、职称等有所变化。

陈金钊，华东政法大学法学院教授，法学博士，博士研究生导师，撰写第一章第二、三节，第二章第一节，第八章。

熊明辉，浙江大学法学院教授，哲学（逻辑学）博士，博士研究生导师，撰写第一章第一节，第六章第一、二、三节，第十章。

张传新，山东大学威海法学院教授，哲学（逻辑学）博士，硕士研究生导师，撰写第二章第二、三节，第五章，第十一章。

郝建设，辽宁大学法学院教授，硕士研究生导师，中国逻辑学会法律逻辑专业委员会副主任，撰写第三章第一节。

吴丙新，山东大学威海法学院教授，法学博士，硕士研究生导师，撰写第三章第二、三、四节。

张静焕，海南大学法学院教授，法学博士，硕士研究生导师，撰写第四章。

焦宝乾，浙江大学法学院教授，法学博士，博士研究生导师，撰写第六章第四节。

董书萍，山东工商学院法学院教授，法学博士，撰写第七章。

王晓，浙江理工大学法学院教授，硕士研究生导师，撰写第九章第一、二、三节。

杜文静，华东政法大学副教授，哲学（逻辑学）博士，硕士研究生导师，与熊明辉共同撰写第六章第一、二、三节。

杨建军，西北政法大学刑事法学院教授，法学博士，博士研究生导师，撰写第九章第四节。

吴晓静，西南财经大学讲师，哲学（逻辑学）博士，与熊明辉共同撰写第十章。

编写说明

法学教育，应从目前的“学术型”转向今后的“职业型”。职业教育包括法律知识的传授、法治理念和职业伦理的确立、法律思维方式和法律技巧的培养等。然而，我国现在的法学教育无法完成法律职业化的培养目标，因为四年时间无法同时承载通识教育、法学基础教育、司法伦理和职业技巧的训练。而“缺乏后两项的训练，是中国法学教育的重大缺陷。在某种程度上，也是司法腐败的缘由之一”[①]。改变这种状况是法学教育紧迫的任务。法律职业具有高度专业化、形式化、人格化和伦理化要求，其中的专业化和法律思维训练需要借助逻辑这样的理性工具来完成。法学知识体系在很大程度上借助了逻辑的严密，尤其是实证主义法学的发展来构建。实证主义法学的知识体系突出了法律的形式性，但对逻辑的重视使法律的很多实质、真相以及与社会的真切关系被掩盖，对法治实践产生了根本性的影响。现代社会是法治社会，人们的决策行为无不受法律的影响。但是，法律并不能规范社会生活的各个层面，法律既不等于现实生活，也不等同于逻辑。法律只是社会关系中的法律，不是孤立存在的，但不可否认，在人的思维中，法律的因素具有相对独立的作用。

学习法律逻辑学所掌握的法律知识与方法只是法律的骨架。我们必须注意到，对法律的运用与理解都是语境化的。因此，在传统的形式逻辑方法之外，还需要在实践中创新法律方法，如非形式逻辑的方法等。逻辑虽然很重要，但并不能代替社会生活本身。逻辑只是指导人们思维的工具，它告诉人们应当如何去做。要知道，“是”和“应当”有可能是两回事。我们重视法律逻辑的作用，但是绝不把逻辑在法律中的作用绝对化。我们要意识到，对法科学生来说，对法律逻辑学的把握比科研能力的提高更为重要。从思维的过程来看，对案件的分析与对法律纠纷的解决在思维理路上与科研并没有本质的区别。可以说，对疑难案件的探讨与法学研究存在着很多的一致性。法律社会学的研究表明，在经过多年司法实践以后，很多法律人认识到了掌握逻辑与修辞能力对法律职业的重要性。

法律逻辑学既是逻辑学研究的一个专门领域，又是法理学的一个重要分支，在法学教育中占据极为重要的地位。但总的来说，学生把握法律逻辑学不必要像逻辑学专家那样，过于强调技术化，关键在于要学会觉察一些低级的逻辑错误。对一般的法律人来说，不需要对深奥的逻辑学有深刻的洞悉，而只需要运用逻辑的基本规则。人们只要对逻辑学的基本思维规则能够准确地运用，即可以达到法律逻辑学所设定的目标。比如，“所有的法律人都必须了解基本的演绎推理概念，特别是直言三段论和假言三段论法。他们也必须了解归纳概括与归纳类比这两个面向。与此同时，他们还得识别出形式谬误和非形式谬误。这是法律专业人士所必须掌握的逻辑基础知识”[②]。逻辑学是一个深奥庞杂的理论体系，有丰富的理论和悠久的历史，法律逻辑学不仅研究逻辑在司法领域中的运用，还要研究在这么多规则中，哪些思维规则是维护法治的以及要研究法治所需要的逻辑规则。在搞清楚这个问题的基础上，我们编写教材，使学生通过

---

① 徐显明：《法学教育如何走出象牙塔》，见 http：//www.legaldaily.com.cn/fxy/content/2009-09-21/content_1157022.htm。

② ［美］鲁格罗·亚狄瑟：《法律的逻辑——法官写给法律人的逻辑指引》，3版，唐欣伟译，序言，3页，北京，法律出版社，2007。

法律逻辑学的学习，达到提升法律思维水平的目标。

“了解逻辑规则而非仅仅记住某个执行的步骤，有助于使我们成为更好的律师或法学院学生。法官也得以更好地审理案件，并发表更具说服力的判决意见。”① 在西方历史上，法律教育多是通过给律师当徒弟来实现的，但是这些年来，法学教育也被纳入规范教育的行列，与其他专业一样，法律专业也进入了批量化生产的行列。从法学是实用性学科来看，方法或技艺问题的确是很重要的，学生在走出校门后就要面临着法律的操作问题，如果在校期间不掌握起码的方法与技能，则很难在短期内适应工作的要求，所掌握的知识和拥有的智慧也很难发挥出来。

法律逻辑学是法学专业的一门基础课程，旨在培养训练法科学生的法律思维方式，在全国的政法类院校中广泛开设。目前的法律逻辑学教材也有多个版本，但是作为法律专业专门使用的逻辑学教材，在逻辑学与法律方法、司法实践的结合上还有很多欠缺。逻辑学作为一门基础学科，其生命力在于应用。在法律领域具体运用逻辑时，尽管传统形式逻辑不可避免地存在某些不足，然而，它毕竟是法治命题得到实现的工具性基础。逻辑规则在司法中的运用，使判断更加接近法治的要求。我们认为，中国法治搞不好的原因之一就是法律人的思维与判断不坚持逻辑规则对思维的约束。法治建设需要法治的逻辑，而法治所需要的是那种法学与逻辑学、法律方法和逻辑规则有机地结合，能在思维方式上维护法治的逻辑。基于逻辑的工具性与法律方法论的属性是一致的，并且法律方法论是以逻辑规则为其思维基础的理念，本教材将以传统形式逻辑和当代非形式逻辑为基本内容，同时将吸纳一些现代逻辑，如道义逻辑知识，力求使逻辑与法律融为一体。但是，鉴于法学领域中法律职业思维方法的某些特点，绝非简单地套用传统形式逻辑知识就能发挥其应用效力，甚至对于有些问题根本就不是现行的传统逻辑理论能够给予准确、合理阐释的，因此，本教材将立足于司法实用的角度，对现行的以传统逻辑为主要内容的法律专业逻辑学教材的体系、内容及阐释方式，作一些必要的调整和改变，突出法律逻辑学与法律方法论的“有机”结合。我们深知这种体例的编写方式还是尝试性的，但总是需要有人先走出这一步。

法律逻辑学不是对一般逻辑学的深入研究，而是对一些符合法治要求的逻辑思维方法的具体运用。因而，我们一方面将省略或简化一些实用价值意义不大乃至过于烦琐的内容，另一方面将适当增加一些结合法律方法论和司法实践应用相关逻辑知识的最新研究成果（包括法律逻辑方面以及批判性思维方面的研究成果）。在编写宗旨上，立足于维护法治，力主写成一部作为法律方法论的《法律逻辑学》，突出法律逻辑的工具性和实用性；在编写方法上，兼顾具体法律方法逻辑学化，同时使法律逻辑方法化，对一般性逻辑知识的叙述力求简明、准确，而对这些知识在法律领域的应用则尽量详加解说。因此，本教材的体系、内容以及对某些逻辑理论问题的阐释，将有别于现行的许多逻辑学教材以及冠名为“法律逻辑学”的教材。之所以如此，主要考虑到高等院校法律逻辑教与学的实际需要，以便教师的教和学生的学更得心应手。同时，也力求使本教材成为一本更适合新世纪司法工作的应用逻辑读本，以期引导学以致用，并有限度地改变国内法律逻辑教材（过度逻辑）的现状。从现有内容以及编排体例来看，这本教材似乎叫作“法律逻辑与法律方法”更为合适，还存在着很多值得进一步探讨的地方。如在法律方法与法律逻辑的有机结合方面，还需要一些时间才能完善，对逻辑学进入法律方法论的理路还应该进一步深入研究。

---

① ［美］鲁格罗·亚狄瑟：《法律的逻辑——法官写给法律人的逻辑指引》，3版，唐欣伟译，序言，5页，北京，法律出版社，2007。

本教材作者撰写分工如下：

陈金钊，山东大学威海法学院教授，法学博士，博士研究生导师，撰写第一章第二、三节，第二章第一节，第八章。

熊明辉，中山大学教授，哲学（逻辑学）博士，博士研究生导师，撰写第一章第一节，第六章第一、二、三节，第十章。

张传新，山东大学威海法学院副教授，哲学（逻辑学）博士，硕士研究生导师，撰写第二章第二、三节，第五章，第十一章。

郝建设，辽宁大学法学院教授，硕士生导师，中国逻辑学会法律逻辑专业委员会副主任，撰写第三章第一节。

吴丙新，山东大学威海法学院教授，法学博士，硕士研究生导师，撰写第三章第二、三、四节。

张静焕，海南大学法学院副教授，哲学（逻辑学）硕士，撰写第四章。

焦宝乾，山东大学威海法学院教授，法学博士，博士研究生导师，撰写第六章第四节。

董书萍，山东工商学院政法学院副教授，法学博士，撰写第七章。

王晓，浙江理工大学副教授，法学硕士，硕士研究生导师，撰写第九章第一、二、三节。

杜文静，华东政法大学讲师，哲学（逻辑学）博士，硕士研究生导师，与熊明辉共同撰写第六章第一、二、三节。

杨建军，西北政法大学刑事法学院教授，法学博士，硕士研究生导师，撰写第九章第四、五节。

吴晓静，西南财经大学讲师，哲学（逻辑学）博士，与熊明辉共同撰写第十章。

目　录

第一章 法治与法律逻辑

现在法学教育注重知识传授，而不重视形式逻辑，缺乏法律思维以及法律方法的训练。人们关心行为的合法性，而对思维之对错缺乏认知。在决策的过程中常常出现不尊重逻辑规则的现象。对法律的意义探寻常在法内外关系中辩思；理解法律的结合论非常盛行。轻视逻辑的“问题导向”成了时尚的思维方式。对法治建设来说，这无疑是思维方式出了问题。法治思维的基本是据法思考，思维的基础是形式逻辑。法律推理是法律方法体系的基础方法。法律思维所推出的是法律之内的应有之理，而非法外之理。然而在辩思模式之下，体现法治原则要求的法律意义的一般性、稳定性、安全性、体系性、明确性等，常与法律的特殊性、流动性、不确定性、模糊性等相互纠缠。消除这种纠缠的基本方式是遵守逻辑思维规则，捍卫法治的基本要求。这是法治在思维方法上得以展开的前提。没有对逻辑规则的尊重，法治原则、法律规则等在任何场景下都可以被终止。我们只有拥有牢固的法律逻辑基础才使法治有实现的可能。过度的辩思解释使法律的意义常处于不确定状态。这不利于法治建设。为了使思维符合或接近法治就需要强化法律逻辑训练，提升逻辑思维能力。法律逻辑学是以培训法律思维方式为目标的基础学科。法治建设，既需要守望良知，也需要看守规则。“领导干部要牢记法律红线不可逾越、法律底线不可触碰，带头遵守法律、执行法律，带头营造遇事找法、解决问题用法、化解矛盾靠法的法治环境。”① 切实做到谋划工作要运用法治思维，处理问题要运用法治方式，而法治思维和法治方式都需要法律逻辑。

第一节 法律逻辑的产生与发展

法律逻辑是法律思维的工具，法律方法体系是在逻辑框架上搭建的。法律发现、法律解释、法律论证、法律修辞等方法都是为法律推理做准备的思维活动。所有的方法都与逻辑有不同程度的联系，是逻辑思维规则在具体场景下的运用。虽然法律方法不等于逻辑，但法律的创设与运用都离不开逻辑。如果把法律方法等同于逻辑，那是夸大了逻辑的功能；但如果抛开逻辑思维规则，就不可能有捍卫法治的法律方法。法律方法论是在法律逻辑思维方法基础上的展开。新时代国家与社会治理方法需要提升法治思维和法治能力，而能力的提升则需要法律逻辑学提供基础性思维规则。着力推进的“科学立法、严格执法、公正司法、全民守法”② 都需要法律逻辑。这里的法律逻辑，不仅指逻辑思维规则在司法中的运用，还包括法治建设所需要的

① 习近平：《论坚持全面依法治国》，139 页，北京，中央文献出版社，2020。

② 《习近平谈治国理政》，第 2 卷，120 页，北京，外文出版社，2017。

逻辑——法律的拟制性、明确性、体系性和安定性等。

一、西方法律逻辑学简史

逻辑学通常被认为产生于古希腊，其始祖就是亚里士多德（前 384—前 322）。在古希腊，逻辑学的产生被认为有两大动因：一是公共演讲，二是法庭辩论。逻辑学一开始就与法律有关。古希腊智者的一项重要工作就是教人们如何打赢官司，智者天生是法律人。智者学派代表人物之一普罗塔哥拉不仅为城邦立法，而且他还亲自教授学生逻辑方法。有个叫欧提勒士的人向普罗塔哥拉学习如何打官司，双方订立合同约定：欧提勒士分两次交清学费，开始学习时先付一半，另一半等欧提勒士毕业后出庭打赢了第一场官司再付。可是，欧提勒士毕业后迟迟未执行律师业务，普罗塔哥拉等得不耐烦了，于是向法庭提起诉讼。在法庭上，原告普罗塔哥拉提出的论证是："如果我打赢官司，那么按法庭判决，被告应该付给我另一半学费；如果被告打赢了官司，那么按我们的合同，被告也应该付给我另一半学费。因而，不论这场官司是赢还是输，被告都应该付给我另一半学费。"毕竟是"名师出高徒"，被告欧提勒士也不示弱，他针锋相对地提出了自己的论证："如果我打赢了这场官司，那么按法庭判决，我不应该付给原告另一半学费；如果原告打赢了官司，那么按我们的合同，我也不应该付给原告另一半学费。因而，不论这场官司是赢还是输，我都不应该付给原告另一半学费。"双方的论证似乎都有道理，法官无法给出判决结果，故形成了一个有名的"千年悬案"。实际上，这是典型的二难推理论证模式。我们在后面章节中将会讨论它。

当西方进入黑暗中世纪时，法律与逻辑的关系讨论也陷入黑暗时代。直到 1588 年英国大诗人亚伯拉罕·弗劳斯（Abraham Fraunce）出版著作《法律人的逻辑》（The Lawiers Logike）。弗劳斯说："我没有理由认为法律与逻辑不应当是最亲密的朋友，因此最好认为它们是……我在我们的法律中寻找逻辑，而且我认为我已经找到了它。"[①] 如今，在英语世界里，一说到法律与逻辑，不少学者自然而然就会想到 1881 年霍姆斯的一句名言："法律的生命从来就不是逻辑，而是经验。"[②] 正是霍姆斯这句名言引起了许多人的误解，即认为霍姆斯从根本上否定了逻辑在法律中的地位和作用，试图把法律中理性思维（或逻辑思维）的重要性缩到最小。然而，霍姆斯的原意并非真的如此，相反，他强调要更清醒更理性地认识司法决定的根基。后来他在《法律之路》一文中阐明"逻辑形式谬误"时，说："法律人的训练主要是逻辑训练，司法裁决的语言主要是逻辑语言。"[③] 在他看来，逻辑在司法裁决中具有非常重要的地位，但不能把逻辑看作法律发展中起作用的唯一动力。因此，霍姆斯看到了法律与逻辑的密切联系，而不是否认这种联系。

正当逻辑学界和哲学界风行现代形式逻辑——数理逻辑之时，1930 年，法现实主义的代表人物弗兰克（Jerome Frank）出版了《法律与现代精神》一书。在该书中，他对法律确定性理想进行了猛烈抨击，提出了"法律确定性只不过是一个基本法律神话"的著名论断，他的观点被某些人认为是在严厉挑战逻辑在法律中的重要地位和作用。1931 年《哥伦比亚法律评论》第 31 期针对弗兰克的《法律与现代精神》一书开辟了一个书评专题，发表了三篇书评：（1）卢埃林（Karl Llewellyn）的《法律幻想》；（2）艾德勒（Mortimer J. Adler）的《法律确定性》；（3）库克

---

① Ilmar Tammelo, *Outlines of Modern Legal Logics*, Franz Steiner Verlag GMBH. Wiesbaden, 1969, p. Ⅳ.

② Oliver Wendell Holmes, Jr., *The Common Law*, Dover Publications, 1881, p. 1.

③ Oliver Wendell Holmes, Jr., "The Path of the Law", *Harvard Law Review*, vol. 10, 1897, pp. 457, 465-468.

(Walter Wheeler Cook) 的《法律逻辑》。这三位学者似乎对“弗兰克是如何看待逻辑在法律中的地位和作用”得出了不同的看法。卢埃林是“弗兰克思想”的坚决支持者，从正面肯定了该书的价值所在。[①] 艾德勒主张法律的确定性需要形式逻辑来维系，认为弗兰克攻击了形式逻辑在法律科学中的作用。库克认为，弗兰克实际上并没有否认形式逻辑在法律中的地位和作用，只是企图表明法律人如何误用和误解了形式逻辑。[②] 20 年后，洛文杰再次为法律逻辑存在的合理性进行了辩护。他说，许多人都会承认自己不够英俊漂亮，许多人也都会承认自己不够强壮，但没有人会承认自己不合逻辑；人们或许会抱怨自己的记忆力，但绝不抱怨自己的判断力。用逻辑术语来表达的“矛盾”一词在法律领域表现得特别明显。至少自亚里士多德时代以来，逻辑或理性被哲人们视为法律的专门“财产”和根基。[③]

在非英语世界，1951 年，德国法哲学家克卢格（Ulrich Klug，1913—1993）出版了“Juristische Logik”一书。1952 年，美国哲学家雷歇尔（Nicholas Rescher，1928— ）在《符号逻辑》杂志上为该书写书评时将“Juristische Logik”译为“司法逻辑”（Judicial Logic）[④]。与雷歇尔的译法不同，美国哲学家霍洛维茨（Joseph Horovitz）在《法律与逻辑：法律论证的批判性讨论》一书中将“Juristische Logik”译为“法律逻辑”（Legal Logic）。但在《法律与逻辑》一书中，霍洛维茨并没有提及霍姆斯、库克和洛文杰对法律逻辑研究的贡献，而是认为最重要的法律论证和法律逻辑著作出现在 20 世纪初的德国，即是从讨论克卢格的《法律逻辑》（或《司法逻辑》）开始的。[⑤] 如今，“法律逻辑”（legal logic）这一用语在西方并未被广泛使用，“法律推理”（legal reasoning）和“法律论证”（legal argument 或 legal argumentation）却已经成为西方世界普遍熟知的词汇。法律推理理论或法律论证理论与我国的法律逻辑有异曲同工之妙。我们不妨把它们统称为“广义法律逻辑”。

二、我国法律逻辑学简史

在汉语世界里，“法律逻辑”这一术语主要来源于英文单词“legal logic”。此外，在汉语中，与“法律逻辑”相竞争的术语还有“司法逻辑”“裁判逻辑”“审判逻辑”等等。后面几个术语来源于英文单词“judicial logic”或“juridical logic”。“法律逻辑”与“司法逻辑”一开始几乎是在相同的内涵与外延下使用的，并没有本质差别，不同学者对“法律逻辑”“司法逻辑”“裁判逻辑”“审判逻辑”“判决逻辑”等各种术语的选择往往取决于他们对某一术语的偏好。我国法律逻辑研究大致经历了四个阶段，每个阶段都是把法律逻辑建立在当时国内流行的逻辑理论框架基础之上的。

第一阶段是传统逻辑研究方法阶段。这个阶段大致相当于 20 世纪 80 年代前期，甚至延续到 80 年代末期。在这个阶段，主要采用了“传统逻辑原理＋法律领域例子”的研究框架，基本上没有涉及法律逻辑的特殊性。如果一定要说这个阶段的法律逻辑与形式逻辑相比有其特殊性的话，那么就是其中所使用的例子是特殊的。这一阶段的代表性著作有：阳作洲等人合编《法律专业逻辑学》（1981 年）、吴家麟主编《法律逻辑学》（1982 年）等。这一阶段的法律逻

① See Karl Llewellyn, “Legal Illusion”, *Columbia Law Review*, vol. 31, 1931, pp. 82 - 90.

② See Walter Wheele Cook, “Legal Logic”, *Columbia Law Review*, vol. 31, 1931, pp. 108 - 115.

③ See Loevinger, Lee, “An Introduction to Legal Logic”, *Indiana Law Journal*, vol. 27, 1952, pp. 471 - 522.

④ Rescher, Nicholas, “Review of Juristische Logik”, *The Journal of Symbolic Logic*, vol. 17, no. 4, 1952, p. 274.

⑤ See Horovitz, Joseph, *Law and Logic: A Critical Account of Legal Argument*, Springer-Verlag/Wien, 1972, p. 16.

辑学的伟大贡献也许在于指出了法律与逻辑之间的关联，指出了逻辑学对于法学的重要意义；其缺陷可能是简单化地把逻辑与法律机械地结合起来。虽然立法、司法等处处需要逻辑，但法律逻辑学不是逻辑学在法学中的简单延伸，法治作为法律人的目标，对逻辑规则的需求有自身特殊性。正是从这个角度，我们才能理解法律不是逻辑，但离不开逻辑。法律逻辑研究不是要适应逻辑学的体系完善，而是要满足法治建设的需求。

第二阶段是现代逻辑研究方法阶段。在 20 世纪 80 年代后期，在“逻辑学要现代化”的视野下，一些学者开始大胆尝试和探索“法律逻辑现代化”之路，涌现出了一批专门研究基于道义逻辑或规范逻辑的法律逻辑研究者，他们企图建构贴近现代逻辑的法律逻辑体系。这种研究方法在丰富哲学逻辑研究方面作出了贡献，但在建立法律逻辑方面收效甚微。仅有几篇论文发表，如黄厚仁《规范逻辑在法律中的应用》（1984 年）、陶景侃《法律命题逻辑系统及其实践意义》（1987 年）和《法律规范的逻辑演算 Q _ s 系统》等。今后应该加强对现代逻辑的研究，为法律逻辑学提供更为丰富的资源，也为法治找到更为现实的思维规则和路径。

第三阶段是法理学研究方法阶段。从 20 世纪 80 年代末开始到 90 年代末，我国法律逻辑研究所关注的对象是法律推理的分析与评价问题。然而，用当时流行的传统逻辑理论或现代逻辑理论去分析法律推理，总是会遇到这样或那样的麻烦，其根源在于，无论是传统逻辑还是现代逻辑，都基于推理的形式语义或形式语形维度来展开，而法律推理明显包括一个语用维度。这就产生了一个推理或论证分析与评价的“语用空缺”。为了解决这一问题，法律逻辑学家或法律推理研究者引入了“实质法律推理”或“实质推理”概念，使之与“形式法律推理”或“形式推理”相对应，进而提出了法律适用中形式推理和实质推理相结合的思想。在我国大陆是沈宗灵首先把实质推理和形式推理介绍进来，在《法律推理与法律适用》中提出形式推理“在某些情况下，特别是在一些疑难案件中已经不再适用，必须代之以高层次的实质推理”。自此以后，出现了一部分以研究形式推理与实质推理为主题的硕士、博士论文①，许多法律逻辑教科书都纷纷引入了实质推理内容。

第四阶段是非形式逻辑研究方法。进入 21 世纪后，法律逻辑研究进入一个百花齐放的时代，从逻辑基础来看，这实际上进入了一个非形式逻辑研究方法的时代。在这个时代，“法律推理”和“法律论证”的分析与评价成为法律逻辑学家们与法律方法论专家共同讨论的主题。2000 年，张保生出版了《法律推理的理论与方法》，他把法律推理置于一个非常广阔的背景下来讨论，提出法律推理的一般方法涵盖了逻辑方法、科学方法、哲学方法和经验方法，认为法律推理的生态学方面包括物理环境、社会环境、法律方法和法律教育等诸多方面。2002 年，舒国滢翻译了阿列克西的《法律论证理论》。阿列克西是当代西方法律论证理论领域的领军人物之一，他的这本书德文版虽然在 1978 年出版，但它的中文翻译本事实上对于推动我国法律论证理论研究仍然发挥着重要影响。随后，一大批有关法律逻辑的论著在我国问世，同时，一大批有关法律逻辑的译著也在国内出版，呈现一派欣欣向荣景象。非形式逻辑方法是一种涵盖面相当广的方法。根据符号学观点，我们首先可以把法律推理或法律论证看作一个符号串。对这个符号串，我们首先可以作语义和语形的分析，这种语义和语形的分析有两层含义：一是自然语言语义和语法分析；二是逻辑学上的形式语义和语形分析。然后，我们还可以进行语用分析。这种语用分析当然也有自然语言的语用分析和逻辑学上的语用分析之别。前一种语用分析属于法律语言学研究的范围，而后一种语用分析就是非形式逻辑研究方法。根据广义非形式逻辑的观点，演绎方法、归纳方法、论辩方法、修辞方法、谬误方法等都被包含于非形式逻辑方

① 比较有代表性的如解兴权：《通向正义之路：法律推理的方法论研究》，北京，中国政法大学出版社，2000。

法之中。

三、法律逻辑学的研究对象

古希腊时代的逻辑学是应民主和法治的需要而产生的，其目的是找到一种评判决断的理性工具。自从亚里士多德确定了逻辑学在理性评判中的不可替代地位之后，逻辑学就成为维护与实现法治的基础性工具。法律与逻辑关系密切。“法律人的训练主要是逻辑训练，司法裁决的语言主要是逻辑语言。”[①] 逻辑思维规则在立法、执法和司法活动中发挥着极为重要的作用。完整的法律体系建立、明确法律条文的表述以及正确的法律运用都需要逻辑。法律逻辑学是要寻找、研究维护法治的逻辑规则及其运用方法和技巧。当然，法律逻辑学的研究对象是随着时空变化而不断变化的，特别是研究者的志趣及知识前见对法律逻辑学的范围影响很大。至少有两个因素能够决定法律逻辑学研究对象的改变：一是当时主流的逻辑观点，二是当时的法律制度。这两个因素结合在一起构成了“法治需要什么逻辑”的问题。1951 年，克卢格在写其专著《法律逻辑》一书时，现代形式逻辑——数理逻辑几乎占据了整个逻辑学历史舞台。克卢格自己也声称他是追随了当时最流行的伯亨斯基和丘奇的逻辑观点，即“逻辑就是指形式逻辑或演绎逻辑”。法律逻辑是研究现代形式逻辑或演绎逻辑在法律领域中的应用。在 20 世纪 50、60 年代，很多人都提出了与克卢格观点不一样的思想。图尔敏（Stephen Toulmin，1922—2009）以他 1958 年出版的《论证的使用》（*The Uses of Argument*）而闻名。他主张，如果说 20 世纪的逻辑学主要是面向数学的话，那么，那些想研究实践推理的逻辑学家，应当从数学那里离开转而去研究法学。他还进一步提出，对于日常生活中真实论证的分析与评价而言，形式逻辑中的演绎有效性既不是充分的，也不是必要的。在这个思想基础上，图尔敏给出他的论证评价模型——“图尔敏模型”。新修辞学的提出者佩雷尔曼（Chaim Perelman，1912—1984）更是明确主张法律逻辑是一种非形式逻辑。

在 20 世纪 80 年代，我国学者在首次提出“法律逻辑”框架之时，也强调的是形式逻辑在法律领域中的应用。不过，与克卢格不同的是，我国法律逻辑的先驱们强调的是传统形式逻辑在法律领域中的应用，而克卢格强调的是现代形式逻辑在法律领域中的应用。由于我国法律逻辑先驱们所讲的法律逻辑是一种传统形式逻辑在法律领域中的简单应用，法律逻辑的学科地位曾一度受到质疑。实质法律推理的提出，使得法律逻辑学的研究对象开始显现出一点特殊性。但法律逻辑的法理学研究方法化使得法律逻辑的逻辑理论根基出现了问题。进入 21 世纪后，法理学家和法律逻辑学家在非形式逻辑或论证理论基础上联合攻关法律推理或法律论证的分析与评价问题，使得法律逻辑又重新归位到了逻辑范围。法律逻辑学的研究对象就是法律推理或法律论证的分析与评价。法律推理之所以成为法律逻辑学的主要对象之一，乃是因为法治要求法律人遵循涵摄的或者类比的逻辑规则，把法律贯彻到对法律现象的判断上。涵摄思维和类型思维构成了法律思维方式的基本形式。法律论证之所以成为法律逻辑学的主要研究对象，因为立法命题和司法命题的证成不仅需要讲法而且还要讲理，完全靠类比和演绎得出的结论并不一定适合复杂多变的社会。法律与社会的融洽不能完全依靠形式逻辑，还必须进行更为广泛的思考和论证。论证的逻辑基础是非形式逻辑。法律逻辑学的制度基础是我国现行法律体系，但也包括法律的精神与理念，以及比较成熟的法律方法。

---

① Oliver Wendell Homes，Jr.，“The Path of the Law”，*Harvard Law Review*，vol. 10，1897，pp. 457，465 - 468.

四、法律逻辑学的主要内容

从宏观的角度看，法律逻辑学的内容主要包括两部分：

一部分是作为法律思维基础的逻辑学理论。法律逻辑学应该以培训法律思维方式为核心。这是对法科学生逻辑基础的训练，目的在于固化学生的逻辑思维模式，提升逻辑思维水平。对形式逻辑的忽视，虽然随着科学的近百年发展有改观，但中国人的日常思维并没有根本的改变。因而理解以分类为基础的西式法律，会得出与西方人不相同的结论。法治在有些西方国家搞得很好，但移植到中国就出现不同的结局。有时，即使得出了与西方人相似的认识，也不愿在思维和行为中固守法律的意义，更愿意通过变通达到和谐，以满足传统文化所要求整体和谐、灵活性以及在此基础上的智慧需求。我国法律人没有经过严格的逻辑训练，缺乏认真对待规则的意识。“法律的生命从来不是逻辑而是经验”。霍姆斯的这句话是针对西方的某些法律人把逻辑绝对化，进行机械式司法活动来讲的，但把这句话放到中国则是没有问题意识的。我们很少有人把逻辑规则当成法律，除了在个别情况下为了眼前的某种私人利益才有人坚持实用主义的固执姿态。因此，我们跟着西方人讲法律的生命从来不是逻辑而是经验，是没有针对性的，是一种没有问题意识的理解。我们确实应该知道：“法是历史的，在方法论的法之外，不可能存在法的客观正确性。”[①] 这个正确性不是靠法律外因素来确定（那样确定的是恰当性，而不是正确性，正确性是由逻辑规则来确定的）。我们只能靠法律逻辑来确定某种判断、推理、论证等是否正确。逻辑上的正确虽然能满足严格法治的要求，但并不能完全满足社会正当性的需求。在法律思维过程中，逻辑与经验应该结合起来。西方人是在过度依赖逻辑的基础上（或者把逻辑使用绝对化的基础上）批评法律逻辑的，而我们是在根本没有逻辑基础的情况下反对逻辑的。因而，对来自西方的很多观点，必须根据中国的现实进行反思。

另一部分是法治所需要的逻辑以及由此而衍生出来的法律方法。很多人认为，法律逻辑就是逻辑在法律中的应用。不可否认，法律思维中的逻辑运用也属于法律逻辑学的内容，尽管它只是逻辑学的延展，但对法律思维的形成有着重要的作用。我们发现，很多法学院不重视法律逻辑学，认为这是一个可有可无的学科，没有将之当成一个重要的课程来对待。这就使得我们的法律思维训练缺少了逻辑基础。演绎推理在法律逻辑中占据重要地位，是从规则推论到案件，是所有适用或发现法律之人的思维方式。[②] 我们甚至可以说，三段论是“法治之所以可能”的思维方法基础。然而，“至少在规范科学中只用演绎就行不通……这是一种不充分考虑现实世界的、单方面的规范思考方式”[③]。霍姆斯讲的法律的生命不是逻辑，有正确的一面，但并不能否认逻辑方法的有效性。法律与法治是有所区别的，法律需要解释才能运用，而经验的成分在解释过程中占据重要地位，没有一定的法律经验，对很多法律是理解不透的。因此，法律的生命是由解释者根据法律及其经验的理解、解释而存在的。没有人的理解，就没有法律的生命。关于法律生命的判断是与解释主体联系在一起的，逻辑只是解释的方法，二者属于不同质的东西。关于“法律的生命从来不是逻辑”的判断等于什么也没有说。然而，法治理论的证成是由逻辑来支撑的。因而，在本教材编写过程中，我们不仅叙述了逻辑的一般规则，而且把在此基础上衍生出的法律方法也作了介绍。

---

① ［德］考夫曼、哈斯默尔主编：《当代法哲学和法律理论导论》，郑永流译，303页，北京，法律出版社，2002。

② 参见［德］考夫曼：《法律哲学》，刘幸义等译，83页，台北，五南图书出版公司，2001。

③ ［德］考夫曼：《法律哲学》，刘幸义等译，84页，台北，五南图书出版公司，2001。

从微观的甚至是核心的内容来看，法律逻辑学主要是研究法律推理与论证方法的学问。

法律推理或法律论证首先是一个命题序列，它由两个命题集构成，其中，一个命题集被称为法律结论，另一个命题集被称为法律前提。在法律结论集中可能只有一个命题，也可能具有多个命题。在法律结论集中，如果包含了两个或两个以上命题，那么这个法律结论可表示成一个合取命题。法律前提集由四个子集构成：法律规范集、法律规范解释集、法律证据集和案件事实集。法律规范集与法律规范解释集之间是一种推理关系，换句话说，法律规范解释集是从法律规范集中推导出来的，这种推理是一种解释性推理。法律证据集与案件事实集之间是支持与被支持关系，即一种论证关系，也就是说，案件事实通常都是由法律证据支持着的，免证事实除外。就整个法律推理或法律论证而言，直接支持或推出法律结论并非是法律规范和法律证据本身，而是法律规范解释和案件事实。法律推理或法律论证的结构如下图所示。在本书中，我们把法律推理或法律论证的这个结构称为“法律五段论”。

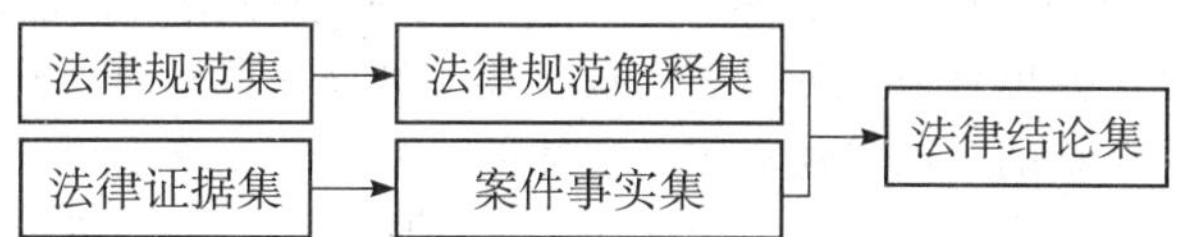

法律逻辑学的核心研究对象是法律推理或法律论证的分析与评价问题。这种分析与评价必然涉及法律前提评价和法律结论评价。法律结论的可接受性是建立在两个基础之上的：一是法律推理或法律论证的好坏，二是法律结论的公正性。前者属于法律逻辑研究的范围，后者则超出了法律逻辑的范围。

从法律逻辑角度来讲，法律结论的可接受性直接取决于：(1) 法律规范解释集和案件事实集的可接受性；(2) 从法律规范解释集和案件事实集到法律结论的论证强度。法律规范解释集的可接受性又取决于：(1) 法律规范集的可接受性；(2) 从法律规范集到法律规范解释集的推理强度。案件事实集的可接受性取决于：(1) 法律证据集的可接受性；(2) 从法律证据集到案件事实集之间的论证强度。所有这些都属于法律逻辑学研究的内容。法律逻辑学的中心任务是解决法律判断合法性问题，也就是从基础理论和实现方法上解决法治之所以可能的问题。

五、法律逻辑的特征与功能

法律逻辑学是交叉学科，既是法学的也是逻辑的．因而，法律逻辑的特征可从逻辑的和法学的两个方面观察。

（一）逻辑学角度的特征

1. 法律逻辑首先必须是逻辑。逻辑学研究的是论证的分析、评价甚至建构。论证有形式论证与非形式论证之分。前者是形式逻辑的研究对象，后者是非形式逻辑的研究对象。前者是一种基于人工语言的论证，后者是一种基于自然语言的论证。因此，非形式论证又被称为“自然语言论证”或“真实论证”。如前所述，法律逻辑学的研究对象是法律论证的分析、评价与建构。法律论证是一种非形式论证或自然语言论证，因此，法律逻辑是一种非形式逻辑。虽然法律逻辑是一种自然语言的论证，但它需要运用形式逻辑的基本规则。法律逻辑的基础是形式逻辑。

2. 法律逻辑是一门应用逻辑。作为一门应用逻辑，它取决于当时的主流逻辑理论。20 世纪前半叶，数理逻辑在逻辑学领域占有绝对优势地位。1951 年克卢格的《法律逻辑》一书是建立在当时占主流地位的数理逻辑理论基础之上的。在我国 20 世纪 80 年代，以亚里士多德三段论逻辑和斯多葛学派的命题逻辑为主体的传统逻辑占有优势地位。因而，那时我国的法律逻辑是建立在传统逻辑理论基础之上的。如今，逻辑学理论本身已经显现出多元化趋势，法律逻辑的理论基础也就相应发生了变化。法律逻辑是对我们已经掌握的逻辑规则的运用。

3. 法律逻辑是一种语用逻辑。法律论证是一个命题序列。这个命题序列首先是由一系列符号组成的。从符号学的角度看，法律论证可从语义、语形（语法）和语用三个维度进行分析和评价。语义、语形和语用有语言学意义上的含义，也有逻辑学意义上的含义。法律论证需要从法律语言学角度进行分析与评价。从逻辑学角度来评价法律论证，与逻辑语义学、逻辑语形学和逻辑语用学有关。形式逻辑评价论证仅从逻辑语义和逻辑语法角度来进行，而忽略了语用维度。法律逻辑需要的是从逻辑语义、逻辑语形和逻辑语用角度来分析评价法律论证。

（二）法学角度的特征

1. 法律逻辑以法治的实现为最高目标，研究的是法治建设所需要的逻辑。如果不是进行法治建设，逻辑在法学中的地位不会提高，人治社会不需要运用逻辑来维护法律意义的安全性。根据法律的思考是法律思维方式的基本特征，要达到这一目标离不开逻辑规则。这也就意味着，法律逻辑不仅是逻辑的，而且还必须是法律的。从这一意义上讲，法律逻辑就是法治所需要的逻辑。法律逻辑的内容，一方面取决于主流的逻辑理论，另一方面实际上也取决于这个社会是否把法治作为管理社会的主要手段。人治社会需要逻辑，但不需要法律逻辑。法律逻辑的思维规则，如果能够被法律人所接受就可以使其成为鞭笞专横与任意的有力武器。

2. 法律逻辑是对法律的逻辑运用，是理解、解释法律的逻辑规则，是在立法和司法中一定要运用的逻辑规则。逻辑学是研究人类最一般思维方式的学问，在一定程度上，它是与哲学联系密切的学问。逻辑规则在一定程度上规范着人类的思维，逻辑与法律一样都具有规范性。但是逻辑规则对思维的约束不具有强制性，它是自觉或不自觉地在接受逻辑规则基础上进行的思维。法律逻辑与一般的逻辑规则不一样，它是法律人理解、解释和应用法律所必须遵循的规则。虽然说逻辑规则不是法律，但是职业法律人千百年来所形成的思维方式已经固化了一些逻辑规则，这是后来的法律人所必须掌握的。各学科的一些原理及其理解、运用方法，其实讲的就是法律逻辑。只是因为我们没有把它单独拿出来当成法律逻辑来讲，以至于很多人觉得逻辑是不重要的，只注重法律就行了。逻辑与法律本身是难以分开的。法律与逻辑学科的交融，使法律思维有了学科的基础。

3. 法律逻辑是法律方法论的基础，指引着人们的法律思维路径。虽然法律逻辑主要是指逻辑规则在法律中的运用，但这不是一个单向的活动。法律实践本身也在丰富着逻辑规则。法学研究者眼中的法律逻辑，不仅仅是一般逻辑规则的运用，更主要的是在几千年的法律实践中，形成的一些既符合逻辑的一般规则，又与法治要求相适应的“法律逻辑”。只是很多研究者把这些东西当成了法学原理，而没有进行逻辑学的抽象与概括。法律方法论研究是逻辑嵌入法理的有效途径。法律解释规则、法律论证规则、法律发现规则等，虽然不是形式逻辑的研究范畴，却构成了法律逻辑的基本内容，指引着法律人的思维。正是基于这些考虑，我们才编撰以法律方法论为主要内容的法律逻辑学。

第二节　法律逻辑对法治的意义

法治是人类筹划走出混沌状态的一种国家治理方式。法律与道德等一起促成了社会秩序的形成。从框架结构上看，法治方法主要是在人们的思维中加上一系列的规范、原则、理念等，由规范引导思维、影响决策，从而实现法律的治理。在法律影响人们思维的因素中，逻辑规则起着保证法律的固有意义不被丢失的作用。法治所需的一致性、一般性、合法性、客观性、合理性和正确性等，都离不开逻辑规则的支持。逻辑规则在思维决策过程中处于基础地位。法律对社会的调整是通过控制思维并进而影响行为来完成的。而法律对思维的控制，主要是要求人们尊重法律：按照法规范指向展开思维；遵循逻辑的基本规则。法治的基本方法是演绎推理。遵循形式逻辑的基本思维规则对法治的实现至关重要。法律逻辑对法治的积极意义在于通过追求客观性，实现或接近合法性，最终证成合理性。

一、逻辑与客观性的追求

客观性有多种含义，主要有三方面含义：一是认识或解释主体之客观姿态；二是认识或解释对象之客观性，即法律与规律关系之客观性，能反映社会关系以及发展规律的法律谓之客观的法律；三是认识结果与物质世界之关系的客观性，要求认识真实地反映客观事实。法律的客观性也有多种含义，但对于法律运用来说，法律解释的客观性具有更多的语用价值。与此相对应，法律的客观性也有三方面含义：一是解释者的客观姿态，即对解释结果尽量不融进主观偏见，保持中立客观的立场。二是法律含义的固定性，也即法律文义及体系之中存在的客观性。"法律的这种客观性不仅仅存在于信仰或者理论推导之中，法律实践本身也能提供法律客观性的证据"①。由于法律本身具有客观性，因而解释者可以释放出法律自身的意义。这在法学上也称为法律的自主性。三是对法律解释的结论，具有社会之客观基础。哲学解释学主张消解主观性与客观性间的对立来谈论解释问题。总体而言，在理解、解释和运用法律的过程中，不可能有绝对的客观性。客观性只是接近法治目标必须具有的一种姿态。理解法律不能带有个人偏见，应该寻求解释共同体最低限度的共识，这种共识就是主体间性意义上的客观性。客观性是一种理解、解释和运用法律的姿态，对法律解释结果和法治的实现具有重要意义。

客观性与合法性有重合之处。法律如果没有客观性，也就难以产生合法性。但二者有很大的区别，合法性是解释结果，而客观性是运用法律的姿态。客观性是指应排除个人偏见的客观立场。之所以说是客观立场，是因为纯粹客观的思维是不可能的。解释结果无论如何都会渗入主观性成分。但在解释中介入过多的主观就会导致专制任意，所以法治要求恪守客观立场。只有坚守客观的解释立场，法律安全性才能有保障。是否坚守客观性的解释立场，对解释结果有很大影响。这就使客观性成了法律解释原则之一。据此又产生了解释结果的客观性，即法律判断应最大程度地接近法律文本的原有意义。这种客观性与法律自主性近似。在法律解释问题上，虽然少不了创新，但应最大限度尊重法律固有意义。② 人的思维有两种方式：独断性思维和探究性思维。法律的自主性所衍生的是独断性思维。法律解释的独断性与法律自主性要求是一致的。根据解释的独断性要求，解释者所释放的意义不是自己的意思，而应该是法律的意思。法律解释的独断性假定了法律的意思，在解释出来以前都已经存在于法律之中。法律可以通过人"自主"释放意义。这种意义的法律自主虽然是假定，却是法治逻辑能够推演下去的前提。法律的自主性是对法律解释者和运用者的要求。法律不是主体，因而很难有真正的自主性，但是法治要求法律决断论，因而法律自主性是一种基于假定的拟制性称谓，是人假借法律之名的据法思考。当文本条款清晰时，法律就能够被遵守，进而法律也就能释放出自主性意义。法律自主性多少带有原旨主义的解释姿态，即只要人们能正确理解法律语词的意义，就能

---

① 方孔：《实在法原理——第一法哲学沉思录》，41页，北京，商务印书馆，2007。

② 参见陈金钊：《法律自主性及其方法论功能》，《浙江社会科学》，2021（6）。

诠释出文本的法律意义。尽管在语境中，法律语词的多义性、情理因素、个别正义等会涌现出来，但法律自主性要求，解释者应尽量削减语境因素的影响，要充分发挥法律文字本身的意义。从这一意义上，法律自主性是尊重文义的解释、推理方法。

系列规范法律为合法性提供了标准，但合法性判断的获得需要推理论证的过程。解释的客观性是对解释主体的原则要求，追求客观性的目标在于最终需要满足合法性。客观性要求解释者准确地释放法律的固有意义，是对解释者的要求和解释结果的原则性标准，而合法性注重的是法律规范与法律判断（推理的命题）之间的逻辑关系。这种逻辑关系的建立对思维过程来说是有所创新的。合法性要保证法律在思维和行动中得到贯彻。法哲学家在追问，能不能为法律解释活动建构一个客观的标准，只要解释过程和结果符合标准就是客观的法律解释。有人认为，这个标准应该包括社会事实、历史潮流以及自然法原理等，只要符合这几个方面就属于客观的法律解释。但如此全面的做法是徒劳的，因为法律规范体系本身所建构的标准，比这些宏观的抽象表述细致得多，有了系统化的规范法律，法律的运用仍然需要解释就足以证明，试图用更抽象的标准来解决这个问题是毫无意义的。任何试图在客观性问题上一劳永逸解决问题的理论探索，注定都是要失败的。法律解释的客观性是维护法治的实用主义姿态；涉及法律的安定性、自主性以及法治在多大程度上实现，而不全是哲学问题。社会科学不像自然科学那样能够追寻到明确的客观性，但绝不意味着可以放弃对客观性的追求。“法律解释客观性的追求，不仅是基于实践上的理由，更因其作为一门学问，本身即应追求客观性使然。”① 客观性的追求不能达到绝对客观的解释结果，但对排除任意解释、维护法治或者接近法治有重要意义。

提升法律解释的客观性可从三方面进行，逻辑是重要的方面。

一是强化法律解释过程的形式逻辑运用，以演绎推理的方法确保法律意义的自主性、安全性和体系性。“法律逻辑的主要作用之一，就是解决如何在法律领域中进行合情推理和合理论证的问题，以及如何评估或评判其推论与论证的合理性或正当性的问题。它是公正司法的技术，也是公正的基本准则与尺度。”② 虽然社会经验对正确地法解释很重要，但由于法学具有教义学属性，法律解释的基本特征是据法解释。为达到对法律的客观理解，仅靠经验是不行的，毕竟法律解释是以“法律或实定法为出发点，法学者为获得法学上的认识，并非是在批评实定法的错对，而是把法律当做亦可为判决的基础的、有权威的命题来接受，解决许多问题”③。当出现多种解释结果时，可以通过法律自主的逻辑方法，提高法律解释的客观性，维护法律意义的固定性。法律自主性始于语词本身的意义。自主性的关键问题在于确定思维决策的合法性，在方法上表现为：(1) 使清晰的语义能够发挥影响思维决策功能；(2) 语义清晰的文本应该有约束力；(3) 当文本不清晰时，该如何处理。现在存在的问题是“我们很少关注确定文义方法的可靠性。目前采用的研究方法均存在缺陷”④。法治需要用法律对抗社会压力、人情关系、权力意志等。可采用的方法很多，但能够促进法律自主性的文义解释、体系解释等是基础方法。法律人思维最主要的特征是据法思考。据法思考是对人思维的“合法性”限制。法治需要法律自主性话语及思维方式。法律自主性之所以重要，是因为它是对人或组织自主性的限制。法律自主性多了，主体的自主性就会减少。文义解释、体系解释方法都是在促成法律解释的独断性。而法律解释的独断性是法律自主性的基础含义。

---

① 杨日然：《法理学》，165 页，台北，三民书局股份有限公司，2005。

② 王洪：《法律逻辑：回顾与展望》，载《政法论丛》，2009 (6)，7 页。

③ 杨日然：《法理学》，166 页，台北，三民书局股份有限公司，2005。

④ ［美］托马斯·李、詹姆斯·菲利普斯：《大数据驱动的原质主义研究》，宋丽珏译，载陈金钊、谢晖主编：《法律方法》，第 31 卷，6 页，北京，研究出版社，2020。

二是强化经验科学的面向，通过吸收法律社会学、法制史、法心理学等经验学科研究成果，提高解释的客观性因素，从而使解释结果与社会需求更加吻合。重视逻辑规则并不排斥社会学方法的运用。现代法律解释学并不认为逻辑分析方法是解释法律的唯一方法。人们已经注意到，如果在解释过程中过分强调逻辑方法就会重蹈概念法学的覆辙。法律体系设置了一套理想的秩序。虽然这套秩序与现实间存在着天然的裂缝，但对解释者来说，法律文本是“客观”的存在。法律规范的客观存在对克服解释过程中的主观偏见有重要作用。逻辑方法只是司法过程的一种方法，必须结合其他方法一起使用。离开对社会的真切体悟，光靠逻辑推理来理解法律有时会闹出笑话。英美国家的法制史表明，过分强调逻辑会忽视社会的现实条件。片面地强调逻辑，会使法律解释脱离社会现实。逻辑与经验是不矛盾的，我们应该把重视逻辑与重视经验结合起来。把经验融入对法律的解释中，以克服解释的纯逻辑化倾向，用经验修正那些与社会严重背离的所谓正确的推理结论。在法学教育中，对经验的接受非常重要，因此，我们除了识记法律的规定以外，还需大量阅读经典判例，包括一些错误的判决。经验科学的面向还意味着我们需要用科学的眼光观察法律问题，注意运用科学的世界观和科学的方法来理解法律。这里的科学不仅有自然科学，还包括社会科学。比如，一个人的政治素质对正确地理解法律产生影响。在法律解释中，经验如果从理解的前见因素来看，就是理解者对社会的体悟，是法律规范、价值倾向对法律解释产生重大影响力的因素。

三是强化法律语言学研究。在法律解释过程中不能过度运用修辞。不管哲学上对客观性赋予多少含义，法律客观性的基本含义就是法律语词所固有的意义。立法与司法角度的客观性不完全相同，立法角度的客观性，指的是法律规范对客观事物的反映程度，法律越能反映事物的规律性，其客观性程度就越高。因此，很多法学著作中把立法者的意志称为主观性，而把与客观事物的一致性称为客观性。但在司法视角中，法律的客观性，是指法律作为“物化”文本的存在，因而立法者的意志——如果能够探知的话——对解释者来说也属于客观的范畴。司法视角的客观性是对待法律文本的姿态。客观性主要是指法律语词所承载的立法者的意旨和文本规范的意旨。在这里，“语言是法律的表达工具”。虽然法律语言在不同的语境中存在着意义流变问题，但法律语言是各语言系统中最规范的语言。文本用语中不仅含有价值成分，还有客观固定的意义。法律语言有两种能力：对立法者是表达能力；对受众则是传达力。[①] 立法者用语言表达立法者的意志，司法者应该忠实地或者说客观地理解法律。为使人们能够更客观地理解法律，立法者应做到行文流畅简练、逻辑关系明确一致。法律语词越是明确和固定，就越能约束法律人的思维，其所作出的法律解释的客观性就越高。然而这只是一种理想，语言文字意义的不确定是一种常态，因而就需要我们在法律解释过程中认真地研究法律语言，在明确法律的约束指导下，在个案中把不确定、不明确的法律意义搞清楚，这是法律解释者的任务之一。

坚持法律解释与应用的客观性立场，就是要尊重法律文本的约束力，尽量排除解释者个人的主观见解，但过于拘泥于文本字里行间的客观性，可能导致对规范目的的忽视。也可能导致法律规范中所包含的价值的丧失。因此，在强调规范与逻辑方法对思维的约束力时，还必须注意法律的价值与目的。“法律解释的目的在于固在解释客观化的法律意旨，但是法律意旨的探求仍应斟酌立法者具体的规范意思、价值判断及利益衡量，不能完全排除立法者的意思于不顾。在此意义上，法律解释实乃属结合客观意旨与主观意思，致力于实践正义的一种过程。”[②] 为达到客观性的解释效果，即我们常言的法律效果，在进行法律解释时，首先应该文义解释优

① 参见方孔：《实在法原理——第一法哲学沉思录》，135页，北京，商务印书馆，2007。

② 王泽鉴：《法律思维与民法实例》，25页，北京，中国政法大学出版社，2001。

先，把根据法律的思考当成法律思维方法的核心。离开法律文义的客观性，不确定性就会再次展现在解释者的面前，自由裁量甚至任意解释法律的机会就会增多。因此，对立法目的的探寻不能过度，解释者只能在合理的范围内发现法律的目的，即文本性法律的目的。立法意图对解释者来说虽是客观的，但由于立法者目的的复杂性以及难以确定等原因，使得我们必须依靠法律文本的记载来发现、推断法律目的。

二、逻辑与合法性的实现

法学之所以重视逻辑，乃是因为逻辑与合法性有着密切的关系，逻辑是实现合法性命题的工具。法治理论与三段论推理所构成的“法律——推演”模式仍然是法治思维的基本方法。由此所铸成的合法性依然在支撑着法治命题：没有合法性就没有法治；逻辑与法治的实现不可分离。合法性的含义很多，但从其形式意义而言是指理解、解释和应用法律合乎法律的规定、价值目标和基本思维规则。从逻辑的角度看，实现合法性的基本方法是法律推理。法律推理是法律逻辑的核心内容。合法性原则要求：(1) 法官作出判决需受法律规范的约束；(2) 制定法是司法的首要法源；(3) 坚持法律一致性和普遍性原则，不能相互矛盾。

（一）合法性是法治思维的特征

不遵循逻辑思维，合法性就不能获得，法治命题就难以成立。合法性只能通过逻辑演绎来获得。可关于“合法性”中之法究竟是什么，有不同看法。一些人认为法就是法律规定。从社会学角度看，这一断定太狭隘。多数人的观点是把制定法当成主要法源；在承认制定法权威的前提下秉持法律多元论。法律多元的法源理论，强调了法律推理的大前提——不是现成的，而是运用法律方法，在多元法源形式中构建的。在这里的法治思维，就是以法律作为大前提，运用法律推理等方式来获得合法性。作为法律推理大前提的法律是一个新的需要重新解释、论证和衡量的命题。在对法律意义的论证过程中，逻辑是发现、解释、论证、论辩的工具。[①] 按照法治思维的要求，所有法律解释都须具有合法性，即使在法律的开放结构中进行续造，解释也必须找到正当性根据。一般来说，法律人必须在文义射程的可能范围内（不能超出文义的可能）解释法律。只要不超出复数解释的可能而选择其中之一种意义，原则上都属于合法。

然而在复杂情况下，人们很难靠三段论得出恰当性的判断。这也是法学家为什么在合法性之外还要追寻合理性、正当性等原因之所在。“法律问题的解决不仅仅要合乎逻辑地纳入由同位阶和更高位阶法律规范组成的体系当中，并且要在目的上与这个体系一致。”[②] 很多法律的实践者如美国大法官霍姆斯认为，法律的生命不是逻辑。霍姆斯这句话针对的问题，一些人把法思维完全等同于逻辑思维。即使在“在欧陆法律理论和法律实践中大行其道达两个世纪之久的笛卡尔式的逻辑——演绎思维方式已经愈来愈招致多方面的抨击，作为一种替代，论证理论和商谈理论在法律理论中发展起来”[③]。当然，非形式逻辑思维在欧美被重视是有其历史原因的，这不能成为我们不重视形式逻辑的原因。中国文化的骨子里就带有一种对形式逻辑的轻视，而这正是我们搞不好法治建设的原因之一。我们相信，法律解释不仅是为了满足逻辑的需要，更是为了最大限度地实现法律的规范目的。[④] 但也相信逻辑在法治建设中的地位和作用。

---

① 详细的论述可参见陈金钊主编：《法律方法论》，北京，中国政法大学出版社，2007；陈金钊等：《法律方法论研究》，济南，山东人民出版社，2010。在此不赘述。

② ［德］齐佩利乌斯：《法学方法论》，金振豹译，94 页，北京，法律出版社，2010。

③ ［比］马克・范・胡克：《法律的沟通之维》，孙国东译，14 页，北京，法律出版社，2008。

④ 参见王利明：《法律解释学导论》，276 页，北京，法律出版社，2009。

逻辑是法律思维必须借助的主要思维规则。形式逻辑的基本思维规则是反思判断是否正确的基本手段。无论是大陆法系还是英美法系都必须借助三段论的推理方式搭建法律思维的基本模式。提升法律思维水平是接近法治的基本途径，法律逻辑学的主要任务就是培养学生根据法律进行思维的习惯。很多法学家的研究表明，“一切法律案件的判决或解释方法在事实过程上都不是先从法律的前提循着逻辑演绎的方法去获得，而是通常都先有判决，再利用逻辑去发现何种法律前提最适合此一判决结果”①。即使在一般意义上的合法性，我们也不能完全靠逻辑进行推论，因为在司法过程中，经常会出现法律意义的分歧和模糊。合法性的基础是法律，但合法性的确认，需要逻辑方法的运用。合法性不会自动实现，离不开人运用逻辑规则予以确认和解释。

（二）运用逻辑规则可以释放法律的意义、固化合法性思维

对法律来说，逻辑有两个方面的重要作用：一是立法方面的作用，即用逻辑方法构建法律规范体系，这种规范化、条理化、体系化的法律使人们能够在较短的时间内把握法律的基本内容。法律的文本世界是以逻辑为支点的，是用文字的逻辑表达。法律通过逻辑表达获得了清晰、明确的特性，从而产生了行为的可预测性和对人们思维的约束力。二是司法方面的作用，即在法律解释中运用逻辑规则使法律文本的固有意义得以释放。② 法律思维就是用逻辑把法律规范与现实社会结合起来。“法律（强烈地）限制我们的机会，进而限制着我们的自由；但是法律也创造机会，它提供了人之行为的一个框架，进而保障了一些自由——否则这些自由就不会存在。法律（在一定程度上）是一种有逻辑的规则体系，但是也可以被看作是一种心理学问题，即社会中的接受程度问题。”③ 在法律实现过程中，法律逻辑的成分越少，离法治的目标就越远。法律人在一定程度上应该是法律逻辑的囚徒，他们受制于法律而非控制着法律。逻辑对维护法律意义上的固定性有积极作用。法治论者须考虑，如何使法律固有意义的流逝最小化。在法律解释中经常遇到多解的现象，即出现所谓“只要有理解，理解便会不同”情形，这种对法律理解的争论会涉及每一个疑难案件。

从司法的实现途径来看，法治是“通过逻辑的法条主义来配合等级的职业官员排序而实现的”④。现在实现法治的逻辑涵摄论，已经受到了很多的批评。法律不完全是逻辑的观点已广为接受。“法律文本的意义既不是单纯的‘发出者’的意义，也不是纯粹‘接受者意义’，而是二者的沟通之物。在很多情况下，甚至更是法律人、政客、大众传媒等之间持续的沟通而达成的一种具有某种限度的共识。”⑤ 这种说法看似全面，但也存在问题。其中最主要的是在强调立法者（作者）、司法者（读者）以及二者视域融合达成共识时，忘记了文本的约束作用。这种遗忘对法治建设来说是带来致命的伤害。法律主要是规则，而法治主要是规则之治。规则对思维的规制，是接近法治的主要途径。法治所需要的姿态是认真地对待规则。这要求在解释法律时，坚持司法克制主义，对明确的法律直接运用三段论推理或类比思维来阐释、释放法律的意义。

（三）法治实现需要自主性方法

法治命题的合法性其实是在强调法律自主。法治是基于逻辑的拟制。法治命题得以实现的

---

① 杨日然：《法理学》，188 页，台北，三民书局股份有限公司，2005。

② 参见陈金钊：《逻辑固法：对法律逻辑作用的感悟》，载《重庆工学院学报》（社会科学版），2007（7）。

③ ［比］马克·范·胡克：《法律的沟通之维》，孙国东译，5 页，北京，法律出版社，2008。

④ 吴英姿：《法官角色与司法行为》，245 页，北京，中国大百科全书出版社，2008。

⑤ 邓正来：《后形而上时代的“沟通主义法律观”——〈法律的沟通之维〉代译序》，载［比］马克·范·胡克：《法律的沟通之维》，孙国东译，2 页，北京，法律出版社，2008。

前提是法律能够自主。由于法律可以自主，因而对社会可以展开法律的统治。但由于法律不是人，不可能自主。所谓法律自主就是借助逻辑规则捍卫文本法律的客观意义，限制行为决策的任意。由于法治依然是人在操作，所以绝对的法律自主难以实现，但接近法律自主性还是有可能的。这种接近的可能性之理由在于，法律所体现的立法意向和解释者的意向具有同质性。哲学家已经看到“意向解释是一种‘给出理由的解释’”①。建立在逻辑基础上的法治思维，其实就是通过明确的法律、法律价值、法律方法等“提供符合逻辑的法律理由”，进而接近法律自主性。习近平总书记反复强调的“用法治思维和法治方式解决社会发展面临的深层次问题”②，就是要在充分尊重法律的基础上，最大限度地实现法律自主性。而逻辑思维规则在捍卫法律自主方面有重要作用。如法律解释是以解释项与被解释项之间的“合理性”关系的预设为前提的。如果解释者不能释放出法律意义，就不能称为法律解释。“意向解释是——‘应当’式的解释，因为它总是根据被解释对象应当具有的信念、欲望预测其应当有什么样的行为，从而达致其解释的目的。这里的关键是‘应当’两个字，它在实质上是对待解释的意向系统提出了一个规范性要求，即意向系统必须是建立在其合理性预设的基础之上的。因为‘应当’是一种推测，而要确保这种推测的准确性与可靠性，就必须首先确保意向系统是合乎理性的。否则，信念、欲望等意向心理概念便失去了其发挥作用的根基。”③ 法律、法治、法理等逻辑思维方法的建构，需要有明确的法律。如果法律都是不确定的，意义都在流动之中，法治就缺乏前提。法律概念、规范、原则其实都是在定义法律。法律有一定程度的明确性。这是毋庸置疑的。因而设置法律运作的主体机制，塑造据法思考的思维方式，都需要将法律自主性作为思维理念。当然，这不仅需要拟制思维理念，还需要拟制法律方法体系。可人们对法律的拟制性已经实现集体遗忘。需要看到，无论是法律规范、法律主体、法律思维都是拟制性称谓。法律自主性也是个拟制性称谓。虽然说法治不是逻辑，但根本就离不开逻辑。因为，法治是借助法律自主性拟制而得以描绘的图景。不仅法律自主性是拟制的概念，它的实现需要借助更多的拟制，包括法律思维、法律推理、法律渊源等。拟制法律自主性的实现，还需要拟制更多的法律方法。

三、逻辑与合理性的证成

在法学著述中，有一些概念与逻辑有程度不同的关联，如正确性、正当性和合理性，这些都是法治所需要的原则。在法律问题上的正确答案，一般是指法律事实与法律规范之间的吻合关系，其前提是法律规范是正确的，在法律规范的涵盖范围内运用法律推理的方法得出结论就是法律的正确答案。但什么能证明作为法律推理的大前提是正确的？这就需要标准。但标准如何是正确的，则需要更高级别的标准。这就会陷入恶性循环。没有正确答案，是因为找不出终极的标准。值得注意的是，法学没有必要把法律问题当成哲学问题来进行探讨。法官决断是否正确的标准，基本靠思维过程是否符合逻辑规则。可是关于在法律问题上是否有正确答案的命题，在法理学中受到越来越多的质疑。我们的基本观点是，在法律问题上有正确答案可以谈论，但肯定存在错误答案——那就是违背逻辑思维规则或法律思维规则的推理、解释等肯定是错误的。法治论者的看法是：尽管终极意义上的标准答案或正确答案是不可能获得的，但是应为正确答案的探寻找到努力方向和方法。

---

① 王姝彦：《意向解释的自主性》，载《哲学研究》，2006（2），92～98页。

② 习近平：《论坚持全面依法治国》，2～3页，北京，中央文献出版社，2020。

③ 王姝彦：《意向解释的自主性》，载《哲学研究》，2006（2），92～98页。

（一）逻辑与正确性判断

法律运用是解释的过程，是各种综合方法的运用。这里既有法律规范的决定作用，也有价值所支配的主观性选择。关于这一点，“法官既要权衡、使用语法方法、系统方法、立法资料的利用、历史方法和目的性方法等不同的解释方法，也不得不面临着解释的选择。这种选择既包括一般性的解释选择，即法官每次进行解释时，在一定程度上都必须做出选择，也包括具体的解释选择，即只是间或会发生（比如说，当使用某种特定的解释方法时）的选择。就前者而言，包括要在法官的消极作用与积极作用，立法者的意志与案件的充分解决，法律的确定性与法律的公平性，一般正义与个体正义等之间做出选择。就后者而言，包括要在立法者的主观与客观意志、保守性解释与进取性解释、立法的公平合理性与技术合理性、法律的多元主义与法律系统的统一、技术性的漏洞与评价性漏洞、例外的限制解释与‘特别法优于普通法’、类比推理与反面推理等之间做出选择”①。面对具体的案件，法律人所进行的规范选择、价值定位、方法使用等都使得什么是正确的判断或正确的答案难以有一致的标准。因此，后现代法理学几乎放弃了对正确答案的追求。这不是人们不愿意追求正确，而是难以确定什么是正确的标准。阿列克西认为，法律在本质上会主张其道德上的正确性。很显然，这是用正确性主张的论辩来确立法律与道德之间的关联。然而，这也是很难实现的目标。

除了哲学家外，人们并不关心终极真理的问题。终极真理对一般公众来说是很遥远的事情，他们更关心特定语境内的常理和常识问题。在司法实践中，法律人并不像思想家所期待的那样，总是在关心真理，而是倾注大量心血于如何高效地处理案件。制定法律规范是在追求判断的效率。和谐秩序、正当利益、公平效率等，也许是多数法律人的不懈目标，已有法律规范的实现在很大程度上能表达人们在正确性问题上的诉求。因而，法律答案的正确性，并没有法哲学家们说得那么神秘，其实就是在法律解释过程中正确地运用逻辑规则解释法律。方法上的正确性即逻辑规则运用的正确性。我们很难找出哲学家所苛求的正确答案，但至少可以找到错误的答案——凡是没有正确运用逻辑规则而得出的判断都是错误的答案。我们必须明确，法律解释不是寻求绝对正确的答案，法律解释的妥当性不是说要寻求一个绝对无误的判断，而是探索能够被普泛听众接受或至少被职业共同体接受的结论。这个结论很难说是真理，但不能是错误的。在法律判断问题上，正确只是相对的正确；根本就不存在放之四海而皆准的、绝对的正确答案。在具体的场景下，每一种解释实际上都是在艰难地选择，主观价值都会影响着每一个人的判断。所有的思维都是人在思考，但法律人的思考不能违背逻辑的基本规则，违背逻辑思维规则的，就是错误答案。法律的逻辑是建立在对法律规则信赖的基础上，是要运用逻辑的基本规则思考法律问题。如果没有对规则的信赖，就没有法律逻辑。因而，相对正确的判断或者可以被接受的答案，是根据法律并合乎逻辑的判断。

我们相信，逻辑的世界与现实世界之间存在着差距，在规范秩序与现实秩序之间存在着很大的鸿沟，特别是法律与社会之间的关系错综复杂，因而关于法律判断绝对正确的追求并不现实，但是，法治需要一种建设性的姿态与方法，以便使我们通过努力逐步接近法治理想。这不仅是人的主观能动性的发挥，而且饱含有人类改造世界鸿鹄之志。逻辑规则本来是人的思维规则，包含对思维规律的认识，运用它虽然不能探寻所有未知的世界，但却可以借助已有的经验获得平和的秩序。法治原本就是用已有的经验、企望的理想来解决未来的事情，因此，我们放弃创新而追求正确并不意味着堕落，而是包含了政治保守主义者对秩序的渴望。关于法律判断

---

① 转引自［比］马克·范·胡克：《法律的沟通之维》，孙国东译，“自治法与合法性之间——译者导言”，12页，北京，法律出版社，2008。

的正确性是我们不能放弃的理想，正确性是我们进行法律判断和法律解释的目标之一。正确性的最低要求是遵循逻辑规则。习近平总书记强调："做到严格执法，公正司法，还要靠制度保障，让执法司法权在制度的笼子里运行。"[①] 圈住权力除制度外还有多种方法，其中的思维方法就是要求实现法治的关键少数——领导干部讲法说理。"各级领导干部在推进依法治国方面肩负着重要责任，全面依法治国必须抓住领导干部这个'关键少数'。"[②] 法律规范以及在遵循逻辑规则下的理解，是达到正确的方法与途径。尽管它并不是对每一个案件来说都十分灵验，但在典型案件中却发挥着重要作用，尤其是疑难案件中坚持对判断的正确性追求，起码不至于迷失方向。合理性在法律方法论上首先是合乎逻辑思维规则之理。

（二）逻辑与正当性裁判

正当性与法治相连，更多的是讲裁判程序的正当。然而，程序的正当只是进行司法活动的一个方面。法律是一个开放的系统，必须对事实和理解者开放；必须向未来开放。只有这样，才能使法律调整社会的目的得以实现。法律在法典化以后成了体系。在法律体系内理解、解释和适用法律是法治的基本要求。这也使得很多人误认为法律是一个逻辑自足的体系，认为只要忠于法律，正确运用形式逻辑的思维规则，根据法律解释法律与事实之间的关系，法治就能实现。但法律的逻辑自足性，最多在法律法典化的体系里面有所体现。法律一旦接触社会，文义的不周延性、意义的流动性以及与其他规范的矛盾等就会接踵而至。据法思考会衍生出诸多的问题矛盾。执法、司法者始终面临着忠于法律和创造法律的矛盾，使得人们必须考虑法律解释的正确性或正当性。忠于法律基本上是使用形式逻辑的方法获得解释或判断的合法性。合法性与正当性在很多场合下是重合的。但在开放结构中，法律所要调整的是社会，社会的本质属性以及价值系统都会与法律接触，因而正当性的问题就不再是一个纯粹的逻辑问题，而成了法律与社会的关系问题。什么是正当的判断，不能完全由逻辑说了算，而必须考量法律价值和社会的情势等因素。传统法治强调了合法性逻辑的运用，认为法律人只是法律的消极适用者，只能奉行司法克制主义。但是法律的生命不仅是逻辑，还在于正当。法官不仅应给出符合逻辑的答案，还应给出正当的、可以被接受的答案。

然而，对正当性的探讨不是一个纯粹的形式逻辑问题，其中的很多规则是非形式逻辑的。法律论证是获得正当性的方法或程序之一，其实质是在合法判决之外寻求一种替代机制。其核心要义是：你的结论论证了吗？如果进行了论证就起码获得了程序上的正当性。正当性与合理性也有很多重合的地方，甚至在有些时候是可以替换的。为完成正当性判断的目标，我们必须引进法律论证方法。合理性在价值判断上就是合乎法律价值的判断，这当然不是说合法性与正当性矛盾，而只是说合法性判决同时还必须是正当的。只不过在研究正当性时，更多是法律规范外的情势与价值。除依据正当的法律程序进行决策外，法律解释正当性的获取方法有两个：一是价值衡量，即在客观解释的基础上运用法律价值对解释结果进行衡量，如果发生严重的不合理，就可运用价值修改法律；二是社会学解释，即把法律解释结果与社会的本质、现实的社会生活进行对照，把习惯、常理、社会规律等作为修正解释结果的标准。正当性非常重要，但是我们只能把其作为解释法律的辅助要求。在很多场合下，正当性比合法性更难以确定。

（三）论证与推理的合理性

合理性的概念与合法性有很多重合的地方，一般来说，合法的都应该是合理的。但是由于法律有一套规范系统，所以，什么是合法尤其是形式意义上的合法性，相对来说比较容易把

① 习近平：《论全面依法治国》，48页，北京，中央文献出版社，2020。

② 《习近平谈治国理政》，第2卷，126页，北京，外文出版社，2017。

握。但是合理性的范围太宽泛，再加上哲学、政治、社会学等赋予了它很多的含义，因而很难拿捏。合理性来自个体的感受，但证成则要借助实质推理等论证方法。有了合法性、客观性，为什么还要合理性?“法官也要从文本出发，通过各种解释方法的运用以及论证说理，尽可能使其获得合理化的解释，选择最佳的解释结果。”① 合理性则是对建立在合法性、客观性基础上的判断进行理性的反思。坚持用合法性、客观性与合理性原则探讨问题，虽然有一定关联与重合，但侧重点是不一样的，这是全面考虑法律决断不能缺少的反思方向。它要求法律解释结果，除了满足合法性、客观性要求以外，还必须是合情合理的，这是法治的德性要求。如果在解释法律的过程中确实发现法律规定不合理，可以根据合理性的原则在个案中修正法律规定。然而“合理性不是给定之物，而是通过与他人的沟通而持续获致的。存在、也必须存在一个不断寻求最佳答案的过程；原则上这一过程需经由与所有其他人的持续对话而实现”②。

在法学中，合理性的含义很多，像合乎逻辑的解释，合乎某种高于法律理性的判断，合乎某种通行的道理等。合理性的原则也许只能解决一些严重不合理的法律推断。并且所谓“严重”，其程度只能在具体的案件中叙述，很难作出一般的结论。因为在立法民主的情况下，所能知晓的“严重程度”，如果能够界定清楚用立法方式加以解决的话，立法者应该把“严重的不合理”问题在立法时就已经解决掉了。法律解释的严重不合理主要产生在司法过程中，“为了避免公众对裁决产生合理的怀疑，法官对法律的发现或获取——基于有目的的推导对法律进行的解读、重构、填补、创制——裁决大前提的建构更是应当予以证立的”③。比如，在现实生活中“举重以明轻、举轻以明重”的当然推理与论证方法就是运用形式逻辑推理与论证的方法。解释的方法是逻辑的运用，但其获取效力并不是来自法律的直接规定，而是论证与推理使其显现出合理性。法律中的“当然解释并非仅仅是‘轻’与‘重’的衡量，在衡量背后还应当进行法律规范目的的考量。逻辑的考虑与法律目的相比较，逻辑是从属于目的的，任何解释都不能因为片面遵守逻辑而忽略法律的立法目的”④。当然解释包括两个方面：一方面是对立法目的的推定，另一方面是一种使结果更趋合理性的解释。

合理性注重法律规范与法律价值的关系，但在思维过程中，合理性的范围远远超过法律价值的范围。合理、推理、理由这几个概念虽然都用了“理”字，但却有很不相同的含义。“法官决定如何选择、解释和适用法律规定，这涉及他人未证成的价值判断，因为该决定是‘合理的’，以及公正、公平、健全的和明智的。”⑤ 究竟哪一个判断是合理的，可能会有无穷无尽的意见。要决定什么是合理的，与我们称之为推理的过程紧密相连。只不过在这里，推理的前提不是现成的法律，而是法律外的一些规则。推理是一种基于事实间的逻辑关系的思考过程。这就意味着解决问题需要权衡一组既定的事实，以认识其中的关系，获得合逻辑性的结论，即合理的结论。在这个过程中，我们诉诸的理由也就是推理过程中的前提。演绎推理乃是司法三段论的核心：理由构成了直言三段论中的大小前提。理性经常是指探求推理的有效性与说服力以及推理事实成分的真实性。合理性和理性这两个词经常被重复使用。⑥

---

① 王利明：《法律解释学导论》，111页，北京，法律出版社，2009。

② ［比］马克·范·胡克：《法律的沟通之维》，孙国东译，15页，北京，法律出版社，2008。

③ 王洪：《法律逻辑：回顾与展望》，载《政法论丛》，2009（6），5页。

④ 王利明：《法律解释学导论》，268页，北京，法律出版社，2009。

⑤ ［美］鲁格罗·亚狄瑟：《法律的逻辑——法官写给法律人的逻辑指引》，唐欣伟译，44页，北京，法律出版社，2007。

⑥ 参见［美］鲁格罗·亚狄瑟：《法律的逻辑——法官写给法律人的逻辑指引》，唐欣伟译，44～45页，北京，法律出版社，2007。

倡导认真地对待逻辑是想强调，法学院不仅应向学生灌输法律知识，而且要训练法律技能以及法律判断力。学生也应该养成勤于思考的习惯，培养道德价值观念。为了实现上述目标，应注意到中国的历史与现状，注意到时代的主流价值和现实的法治需求。人们发现，现在是法律太多，而公正太少。人们对司法的评价是：判决离正义太远，人们感觉到很少有机会接近正义。法治的危机主要来自不讲道理的判决和稀里糊涂的调解。不讲道理的判决是法治事业的大敌，是社会不断失去良知的助力器。法治是建立在法律规范体系一致性基础上的。法律为人类设计了一个理想的规范世界，这个世界是以一般规范约束思维过程的方式来实现的。法治是由法律所定义的秩序；是用概念、原则、规则、程序、制度、程序以及法学的原理等构成的世界。虽然法律是对现实经验的总结，但它负载着很多的理想与价值，应然是它的主要倾向。法律的存在是一回事，法律的现实则是另一回事。这是我们学习法律逻辑之前必须注意的。

第三节　法律逻辑学与法律方法论

法律方法论与法律逻辑学关系密切。法律逻辑学研究的是法律思维规则的学科。“法律思维规则”虽然是个常识性问题，但却在很多领域影响着法治实现程度。关键是我国法学界由于不承认法律思维规则的存在，思维的对错只有价值或政治原则标准，而没有至少缺乏逻辑标准或法律的专业标准。就世界范围内的法学研究来说，也许确认“法律思维规则”并不重要，但对中国法治实践则意义非凡。“法学方法论涉及的不仅是规范、法律制度以及显现在司法判决中的裁判准则之形式结构，而且关心它们的实质内涵。”① 学界已开始研究并有部分学者承认法治逻辑。法治建设需要逻辑思维规则并开始着手探究法律思维规则体系。这是近些年法律方法论研究的主要成绩之一。法律思维的规则是基于法治需要而塑造的，构成法律逻辑学的核心内容，主要包括法律推理（包括形式推理和实质推理）、法律论证、法律解释、法律论辩、法律修辞等规则。逻辑思维规则是建构法律方法论的基础，离开逻辑就没有法律方法。

一、逻辑是法律思维（方法）的工具

法律方法与法治中国建设密切相关。随着对法治理念认识的不断深化，对法治的研究逐渐渗透到细节问题。而对细节的研究都离不开逻辑的运用。2011 年 12 月教育部、中央政法委员会联合下发的《关于实施卓越法律人教育培养计划若干意见》（教法 10 号），明确提出要重视实践环节的教学、开发法律方法课程，切实提升学生的法律诠释能力、法律推理能力、法律论证能力以及探知法律事实的能力。2015 年 12 月中共中央办公厅、国务院办公厅联合下发的《关于完善国家统一法律资格制度的意见》也有关于法律方法的表述。该文件对于统一的法律职业考试方式做了如此规定：“着重考察宪法法律知识、法治思维和法治能力，以案例分析、法律方法检验考生在法律适用和事实认定方面法治实践水平。”迄今为止，很多法律院系还没有开设法律方法或法律逻辑学，对学生进行法律思维的训练。② 在很多学人眼中，法律方法还是纯粹理论研究。也许把法律方法论和法律逻辑学结合起来，才能共同推进法治思维和法治能力的提升。“法律逻辑并不是我们通常所设想的，将形式逻辑应用于法律。我们所知的法律逻

---

① 舒国滢等：《法学方法论》，46 页，北京，中国政法大学出版社，2018。

② 参见葛洪义：《法律方法讲义》，导言，Ⅺ页，北京，中国人民大学出版社，2009。

辑是指供法官完成任务的一些工具，方法论工具或智力手段。”① 法律逻辑学是法学与逻辑学的交叉学科。而法律逻辑是逻辑与法律方法论的融合，是法治所需要的思维方式。法律逻辑是为法治实现提供思维方法。这其中，逻辑会对思维有约束作用，但法治对逻辑作用的发挥也会起到某种程度的限制作用。“传统的法律解释学和方法论都是以司法为中心展开的，而且围绕着司法三段论发展起来。”② 新的法律方法论虽然对三段论有所批判，但其作为法律方法的基础地位并没丧失。三段论仍然是法律思维的基本工具。现在法学的进步表现在，对法律判断与分析并不唯逻辑论，而是把逻辑与其他方法有机结合起来。法律逻辑学如果不与法律方法论结合起来，就会出现“没有法律的法律逻辑学”现象。

（一）法律思维需要逻辑

逻辑是专门研究思维形式的学科，法律思维是逻辑思维的运用领域。逻辑规则是判断思维是否正确的标准，一切违背逻辑思维规则的决断都是错误的。法律逻辑的核心是法律推理。推理需要借助逻辑知识，但绝非一个单纯的逻辑问题，其中还涉及法律经验以及相关学科的知识。③ 法律逻辑不是纯粹的形式逻辑，不是“只管形式、不管内容，对前提本身是否正确不予理睬”④。法律思维虽然离不开逻辑，但并不等于纯粹的逻辑形式。法律思维是据法思考，演绎推理和类比推理是基本方法。法律推理离不开逻辑规则，但法律意义的确定也不能完全依赖逻辑。在情景思维中，非形式逻辑的论证规则对法律意义的产生都可能发挥作用，除据法思考外，还要考虑正义、公平等因素。法律方法的核心内容是法律思维，主要任务是建构法律推理的大前提。部分法律推理的前提，如典型案件之推理前提是法律规定。但疑难案件的大前提就不是现成的法律规定，而是在语境中根据法律、事实等因素构建的。在大前提的构建过程中，逻辑决定了法律思维的走向，是连接事实与法律的纽带。

（二）法律发现需要逻辑

法律发现是指法律人等针对个案寻找所要使用的依据或理由。法学家们一直在探讨法律发现的逻辑与解释、论证的逻辑有什么不同。法律发现是对已有法律在具体案件中的确认，它不像法律推理，根据现成的法律演绎得出结论；也不像解释运用排中律、矛盾律，发现需要运用各种各样的逻辑规则和方法——包括演绎、归纳与回溯（论证）等方法。最好的法治方法是直接在法律规定中发现裁判所需的法律，但实际情况是制定法并不能解决所有案件的需求。这就需要借助法律方法来帮助法律实施。“法律发现过程的合逻辑性是法律方法论的核心问题”⑤，然而由于法律规范是抽象的，而个案是具体的，法条对应的不是个案中当事人的具体行为。在疑难案件中，不可能简单地从法律规则与案件事实得出结果，而往往会碰到道德决定的难题”⑥。其实也不仅是道德难题，更多是事实难以类型化处理，使法律人难以准确地发现所要运用的法律。对于制定法来说，法律发现有四种结果：一是明确的法律；二是模糊的法律；三是矛盾的法律；四是法律空白。对这四个方面的问题单靠三段论推理的逻辑并不能彻底解决。因而在法律发现过程中可以使用多种逻辑方法，包括形式逻辑和非形式逻辑的方法。

---

① 沈宗灵：《佩雷尔曼的“新修辞学”法律思想》，载《法学研究》，1983（5）。

② 王利明：《法律解释学导论》，72页，北京，法律出版社，2009。

③ 参见葛洪义：《法律方法讲义》，158页，北京，中国人民大学出版社，2009。

④ 雍奇等：《法律适用的逻辑》，13页，北京，中国政法大学出版社，2002。

⑤ 姜福东：《论法律解释的逻辑要素》，载陈金钊、谢晖主编：《法律方法》，第8卷，390页，济南，山东人民出版社，2009。

⑥ 张静焕：《论题学法学的逻辑解读》，载陈金钊、谢晖主编：《法律方法》，第9卷，66页，济南，山东人民出版社，2009。

法律发现过程的复杂性，决定了人们的思考，除了用逻辑指引方向外，还须融进经验。逻辑与经验的融合在一定程度上提升人们判断的可靠性。在寻找法律的过程中，形式逻辑的考量只具有次要的作用。更多依靠的是因熟悉和掌握法律知识、原理以及经验而来的法律感。德国法学家齐佩利乌斯认为："一个法律体系中的全部法律规范并不构成一个逻辑系统，也不是由少数几项公理合乎逻辑地演绎而来……在解决案件的最初阶段对规范的寻找是无法按照纯粹的逻辑公式进行的。在处理一个案件时，在确定了'基本事实构成'之后，虽然应按照逻辑规则引入属于这一基本事实构成的补充性规范，但为了找到使案件得以开始处理的那些法律规范，却需要'拉入视野'的技术。"① 法律渊源是有逻辑层次的，对法源的选择也应该遵循相应的方法，如下位法先于上位法等。法律发现的逻辑方法是固化法律渊源理论中的层次和顺序。

（三）法律解释需要逻辑

法律解释学与逻辑学有密切关联。法律解释学是逻辑学的一种延伸。逻辑方法的运用可以使很多不清楚的法律变得清楚；可以使相互矛盾的法律经解释成为一致。与纯粹的形式逻辑学比较，法律解释学不仅关注思维形式而且关心法律内容。法律解释学是形式与内容的结合，而不像形式逻辑只关注思维形式。如果说逻辑是理性智慧的话，那么法律解释学更像是实践智慧。如果说法律解释学是避免误解的艺术，或者说达致理解的艺术，那么，逻辑或者说法律逻辑就是避免误解或者达致理解的工具。虽然哲学解释学认为，误解是不可避免并且是自然而然的，甚至误解与理解之间没有泾渭分明的界限，但是，法律解释攸关生命、财产等权利，不允许建立在误解的基础上。法律解释与科学研究不同，它不是在追求真理，而是要在常识、常理、常情的基础上阐发法理，在法律问题上达到理解不仅是可能的，而且是能做到的。一些疑难案件难以解决并不能代表法律的无能。

法律解释必须运用逻辑规则。在萨维尼的法律解释学说中，逻辑被当成了法律解释的四要素之一，其他三个要素是语法、历史和体系。法律解释中不存在单纯逻辑解释方法运用，所有的法律解释都是要素综合发生作用。一切思维活动都必须遵循逻辑一致性原则，即要求我们在解释活动中不断地追问：我们对法律的解释合乎逻辑吗？正是这种追问，一方面强化了逻辑的工具性；另一方面也增加了法律解释的合法性成分。"一般来说，法律文本（典型的如法典）越是精确而完善、结构越是严谨，逻辑在法律解释中的作用就越大；相反，法律文本自身的漏洞越大、矛盾冲突越多，逻辑要素在法律解释中的作用就相应降低。"② 在根据法律推理的解释中，作为演绎推理方法的作用在降低。如果出现相互矛盾的法律规定，在解释过程中逻辑的作用会更大，只是使用的工具不是演绎推理，而是运用排中律和矛盾律等逻辑规则。现代社会关系越来越复杂，因而对法律的解释也越来越困难，法律人对逻辑有了更多的需求。

（四）法律论证需要非形式逻辑

论证原本就属于逻辑学的范畴，可是自20世纪60年代以来，随着新修辞学的发展，论证超越了形式逻辑学的范畴。建立在命题学和新修辞学基础上的法律论证，就是对形式逻辑论证方式的超越。法律论证不完全是形式逻辑规则的使用，是把实质推理或者是非形式逻辑方法引进到司法实践。法律论证有两种方法：一是建立在形式逻辑基础上的论证，很多人称之为内部证成③即用形式逻辑的方法，证成一个人作出的法律判断或命题；是把现行法律规定作为论

---

① ［德］齐佩利乌斯：《法学方法论》，金振豹译，126页，北京，法律出版社，2010。

② 姜福东：《论法律解释的逻辑要素》，载陈金钊、谢晖主编：《法律方法》，第8卷，388页，济南，山东人民出版社，2009。

③ 也有人以法律为标准认为，根据法律的论证是内部证成，而根据法律外因素的证成是外部证成。

据，使用经典逻辑方法所展开的论证。二是建立非经典逻辑基础上的外部证成。外部证成对命题的证成是把道德、伦理、法理和事物的本质等法外因素作为论据，使用非形式逻辑方法的证成。法律论证本身就是借用逻辑的方法在证成判断或法律命题。从实质合法性的角度看，法律论证实际上是一种超越形式逻辑和形式性法律的智慧。这种智慧只有具有良好的判断力和社会责任感才能获得。当遇到疑难案件时才能有充分施展这种方法的机会。在疑难案件的处理过程中，是判断力，而不是专门的知识在起决定作用。

法律论证是通过论辩确定法律规范的恰当含义，是传统法律解释方法的继续。按照德国法学家的观点，在论证阶段的解释，具有商谈的特点。论证就是对不同解释观点寻找更好的理由。这些理由主要基于如下考虑：(1) 基于国家权力的分工而出现的因素，如对立法者规范意旨和整体目的。(2) 维护法律的统一性。对一项法律规范的解释，应使其在逻辑上与由相同位阶的法律规范组成的背景体系相吻合。此外，不同法律规范的宗旨及其相关正义的决定应当互相协调。(3) 提供公正的规则即利益满足最大化。① 法律解释不仅要寻求法律用语背后的意义，而且还要论证出正确的，至少是最恰当的意义。上述论证旨在说明，各种法律方法均离不开逻辑。逻辑思维的规则是法律方法论的工具性基础。但需要指出的是，中国的司法实践并不缺乏外部证成。这主要是因为我们的整体、辩证思维比较发达，而对形式逻辑较为轻视。所以在这个问题上，我们不能跟着欧美法学家走。在中国需要强调据法思考的重要性。

二、法律方法的逻辑基础

人类所有的思想和行为都是基于逻辑的，人的理性行为都不可避免地涉及逻辑。直到今天，关于法律形式的体系化努力仍没有结束，立法者仍然在运用逻辑来完善法律，使法律有了清晰可辨的形式骨架——法典或成文法规。可以说，在未来的社会发展中，对法律的抽象表述仍然是法学家的重要任务之一。然而，我们不能把逻辑方法当成理解、适用法律的唯一路径，对逻辑的认识也不能仅限于三段论。现代逻辑早已超越了亚里士多德的三段论推理阶段，出现了一些现代逻辑方法。一部分法学家和法律人已经开始认真地对待现代逻辑方法，并且试图将之运用于对现实法律问题的解决。② 如，法律修辞方法、法律论证方法、法律解释方法、法律发现方法等法律方法体系。逻辑与法律关系密切，但是纯粹的逻辑研究并不能触及法律问题的核心。逻辑与法律的核心问题相关，但仅仅是相关，而不可能涉及问题的实质。在解释法律或解决纠纷时，如果我们仅仅关注法律事实与逻辑关联性，就可能忽视法律和事实外部的力量或因素，而这些力量又关系法律运用的社会效果。法律社会学强调不能离开社会因素、目的因素、价值因素、文化因素等来理解和适用法律，这多少会减弱逻辑的力量，使法律问题的解决不是朝着形式法治的要求，而是朝着实质主义的方向发展。实质主义式的理解方式在瓦解着由逻辑思维所建立起来的法治秩序。但到目前为止，历史还在证明逻辑的力量。在对案件的决断中，逻辑的因素和其他因素都被视为思维的要素。如，在法律思维培养过程中，逻辑训练起着至关重要的作用。因为法律同任何事物一样，都具有逻辑的特征，对任何事物的合理看法都必

① 参见［德］齐佩利乌斯：《法学方法论》，金振豹译，69～70页，北京，法律出版社，2010。

② 参见［美］苏珊·哈克：《逻辑与法律》，刘静坤译，载陈金钊、谢晖主编：《法律方法》，第8卷，22页，济南，山东人民出版社，2009。

须符合逻辑。[①]

法律方法论的逻辑基础主要有两个方面的方法：一是形式推理；二是实质推理。在形式推理中，三段论的演绎推理是传统法律方法的逻辑基础。在法学研究中人们发现，形式化的法律只是作为论据之一而存在，是法律思维的前提性根据，演绎推理是司法获得形式合法性的主要方法，但是，演绎推理的方法只是规制了司法者的思维形式，法律的生命其实需要在具体的场景中融进价值、目的与现实的因素，因而就出现了实质推理。实质推理主要是指兴盛了近半个世纪的法律论证（论辩）理论，它重点解决的是“对立意见的权衡”。此种理论不求助于元规则，而是一种开放式论证方法。逻辑规则在一定程度上约束着法官的裁判不能是专断任意或反复无常的，无论是立法，还是司法，思维的形式一定是应该符合逻辑的。但逻辑只是法律思维的一部分，而不是全部。“作为一种方法和工具，逻辑学研究的对象不断地扩展，从单纯的为数学研究奠定基础而扩大到认知、伦理、法律、经济、人工智能等领域。自 20 世纪以来，先后出现了一些不同于传统演绎推理的新的逻辑理论，它们分别从不同的角度解决了传统逻辑的异常现象。这些逻辑理论的发展为法律逻辑的发展开辟了新的道路，一方面，它采用了现代逻辑强大的工具，使对逻辑思维的表达、判定更加精确和深刻；另一方面，它又摆脱了经典逻辑的一些限制，使现代逻辑不只局限于作为数学的分析工具，使其研究范围更加广泛。”[②] 现代逻辑的发展以及在法律思维中的运用，使法律方法有了更为坚实的逻辑基础。有人说，逻辑只是形式，但这是一个含混的说辞，能够理解的逻辑，实际上包含了我们意识中的经验成分。我们不能像霍姆斯的一些追随者那样，认为逻辑一文不值。

法治的形式性决定了司法过程的方法论基础必须是形式逻辑，但实质正义也并非全是幻想，因此，非形式逻辑的方法同样也构成了法律方法的逻辑基础。“法律方法是法律人的工作方法，但这并不意味着法律方法仅仅或主要是一种工作经验。”[③] 实际上，法律方法包含着丰富的理性内容，通过逻辑表述的经验使我们的认识达到了相对精确。这不是含混的经验能够代替的。尽管法治所要的逻辑是一种朴素的知识，但我们不能因为它的朴素而否定它强大的解释力。我们认为，法律思维的三段论推理涵摄公式，并不是指司法的实际过程，毋宁说是一个原则性的要求，不是操作意义上的方法。我们发现，由于非形式逻辑没有像传统逻辑那样的基本思维规则，或者说思维的规律性还没有较为完整的表述，抑或还没有被普遍地接受。因而，我们从大的方面仍然认为，法律方法论的逻辑基础是形式逻辑。“形式逻辑的一个优点在于通过对问题的严格界定，确定自己的能与不能，它所能做的就是保证如何从承诺的前提中推出必然的结论，它所不能做的，如法律概念、规则的阐释、选择等自有法律解释、利益衡量等法律方法来完成。”[④] 当然，非形式逻辑的方法与形式逻辑并不是对立的，在建构法律推理三段论大前提的活动中也发挥着至关重要的作用。三段论的使用，主要是指在法律思维过程中根据法律进行解释、推理和论证等。这是把逻辑的一些基本规则运用到法律的理解、解释和论证之中，为建构法律推理大前提进行理由方面的准备。同时，大前提建构实际上

---

① 参见［美］苏珊·哈克：《逻辑与法律》，刘静坤译，载陈金钊、谢晖主编：《法律方法》，第 8 卷，23 页，济南，山东人民出版社，2009。

② 张传新：《对形式逻辑作为分析评价工具的辩护》，载陈金钊、谢晖主编：《法律方法》，第 8 卷，45 页，济南，山东人民出版社，2009。

③ 葛洪义：《法律方法讲义》，导言，XIII页，北京，中国人民大学出版社，2009。

④ 张传新：《对形式逻辑作为分析评价工具的辩护》，载陈金钊、谢晖主编：《法律方法》第 8 卷，46 页，济南，山东人民出版社，2009。

也是与小前提的确定联系在一起的。“任何一个法官在确认事实、解释法律、作出判决的过程中，都必须恪守逻辑的训诫。法官必须保证自己的判断具有内在融贯性或内在一致性，保证判决中的推断或推论具有内在连贯性或逻辑上的必然性。”① 在西方，人们要求法官的裁判必须具有逻辑性，这已经成了一种心理上的爱好，因此，在审判中讲究逻辑蔚然成风，甚至出现过度依赖逻辑的现象。但是在我国，人们对法律逻辑总体上还是一种漠视的姿态，基本上是在不自觉地运用逻辑分析方法。在法律研究中，逻辑发挥着重要的作用，它常被用来对法律制度、原理、体系、原则、概念进行分析和分类，解释它们之间的逻辑关系。在司法实践中，逻辑是与法律是否适合某一种问题、判断是否能够被人们所接受，合法性、合理性是否可靠等问题连接在一起的。可以说，在法律世界里，到处充满了逻辑的语言，不懂得基本的逻辑，人们根本无法正确地进行法律分析。

在逻辑与法律方法的关系上，实际上并没有严格的界限。对具体案件运用逻辑进行说明，在一定程度上就是讲授裁判的方法。法治要求法律人的思维具有逻辑一致性，但在解决案件纠纷的时候，逻辑本身并不能提供具体的方案，逻辑本身无法告诉人们如何把具体的案件个性与一般性的规范结合起来，也无法告诉我们哪一种价值更为重要。逻辑代表着法律思维的关节点，但不是纠纷的核心。逻辑是对法律判断进行论证的工具，其目的是要证成个案中的法律命题或者说判决理由。逻辑不可能代表法律与事实关系的全部内容。对逻辑规则的运用也不是固定不变的，对运用者来说具有相当的灵活性。如果不灵活地运用逻辑规则，就会出现愚蠢的逻辑不一致性。② 但是我们必须看到，逻辑能够消除法律文本和合同文本中句法的歧义问题，“形式逻辑的工具非常有助于消除此类结构性歧义，例如，在法律等领域，量词的范围、相容与不相容选言命题的区别，或者蕴涵与相互蕴涵之间的区别等。不过此类句法的歧义并非法律不确定的主要原因，法律的不确定主要源于开放集合的结构或者关键概念的模糊性（或语义模糊性），例如‘责任性’、‘健全的’、‘隐私’和‘因果关系’等。简而言之，应用逻辑方法解决句法歧义非常重要，但并非问题的全部”③。我们必须看到，法律与逻辑相比较具有更为具体的内容，尽管这些内容和社会生活比较起来还是属于形式。有学者指出，“过于强调法律系统的逻辑结构，可能会忽视法律系统内在的社会历史特征以及法律变革的动力”④。法律的生命不是逻辑，其实法律也不等于生活现实，它只是对社会秩序的一种预期。然而，在司法中运用逻辑规则，有助于人们成为卓越律师或法官，使他们得以更好地审理案件，并发表更有说服力的法律意见，这对法治的形成有积极的意义。

三、法律逻辑的方法论意义

对法律方法论的运用者来说，逻辑是思维的一般规则，恰当地运用规则是一种实践智慧。在思维过程中，“合乎逻辑”的要求凸显了逻辑的方法论意义。麦考密克认为“合乎逻辑”这

① 王洪：《逻辑的训诫——立法与司法的准则》，3页，北京，北京大学出版社，2008。

② 令我们惊奇的是，在美国法律界反对逻辑的霍姆斯与坚持逻辑至上的兰德尔，他们都不是逻辑学家，二人的逻辑知识与普通人相差无几。他们只是把演绎推理当成逻辑，都没有想到传统的逻辑三段论已经被更有效的逻辑方法所取代。现代法学家已经拥有了全新的逻辑工具。参见［美］苏珊·哈克：《逻辑与法律》，刘静坤译，载陈金钊、谢晖主编：《法律方法》第8卷，26页，济南，山东人民出版社，2009。

③ ［美］苏珊·哈克：《逻辑与法律》，刘静坤译，载陈金钊、谢晖主编：《法律方法》第8卷，31页，济南，山东人民出版社，2009。

④ ［美］苏珊·哈克：《逻辑与法律》，刘静坤译，载陈金钊、谢晖主编：《法律方法》第8卷，31页，济南，山东人民出版社，2009。

个词至少有两层含义：一是从演绎逻辑推理这一意义上讲，如果一个命题符合逻辑本身的要求，或者换句话说，如果结论部分是通过前提严格推理出来的，那么该命题就合乎逻辑。二是我们平常所讲的合乎逻辑一词有更宽泛的意义……某一行为或某一事实陈述，我们可以说它们不合逻辑，这是因为它们是指某一行为或某个陈述有讲不通的地方。[①] 法律逻辑是逻辑规则在法律中的具体运用，是以细节的方法在思维中发挥贯联作用。对于细节的方法，边沁简略地描述为："指导将整体分解为组成部分之前，从不对整体进行推理论证，直到抽象概念被转换为实体之前，从不对抽象概念进行推理论证"[②]。换句话表述，就是"通过将整体分解为其组成部分来对待整体，通过将抽象概念分解为具体事物来对待抽象概念，通过辨别构成种类和普遍性的个体间差异来对待种类和普遍性；在试图解决任何问题之前将它们分割为更小的问题。这个过程被称为逻辑建构"[③]。正是细节方法的引入构成了边沁在哲学里的独创。其实，如果法治没有细节的要求就不需要方法论，正是从细节的角度看，逻辑或者说法律逻辑强烈地影响着法律方法论。正是在逻辑方法的基础上人们创建了法律方法论的基本框架。

（一）逻辑是法律方法的基本工具

逻辑是法律方法论的基本工具之一。逻辑是一种分析方法，与一般分析方法不同的地方在于，逻辑是一种统一格式的方法。人们不仅可以从逻辑方法中获取思维的一般规则，还可以使纷繁复杂的事实呈现形式的精美，能够让人们追溯事实的连续发展。只要法治是规则治理的事业，逻辑就会发挥工具作用。法律决定是逻辑地从前提中推导出来的。"法学家的工作就是要让人们了解法律的内容；也就是从内部进行研究，或者说从最高的属到最低的种，逻辑地整理和分类，以满足实践的需要。"[④] 对立法来说，逻辑的基础功能是进行分类和体系建构，进而创设一般性、体系性、稳定性的法律规范。而司法则是把一般的法律，具体化为个别法律。这个具体化的过程主要是法律推理、法律发现等。"法律人在作出决定的过程中，不仅仅是在运用一种推论，而且同时运用两种以上的推论……法官不仅运用了演绎推论，而且运用了归纳（包括类比）推论，或许还涉及回溯（设证）推论。即使法律人遵循了这些推论的规则，也不能保证他的法律决定一定是正当的，因为推论规则不能保证所依赖的前提是正当的。但是，法律人遵循了推论规则能够彰显他在做法律决定的过程中需要加以论证和说明的东西是什么"[⑤]。对学生的法律逻辑训练是一种最基本的训练，类比、归纳、演绎、论证、论辩以及区分事实问题与法律问题，这是法律人必须熟悉的。

法律逻辑不是把逻辑规则法律化，这是不可能的，也是没有必要的。[⑥] 法律方法论的建构以及法律方法的使用，必须尊重逻辑规则。一部分逻辑思维规则对人们的思维也有规制作用。尽管在具体案件中，法律以及逻辑规则的使用必须考虑情景，但逻辑规则始终是约束思维、走向法治的法外之"法"。只是不能把逻辑分析绝对化，还应该注意法律的社会意义等。当然，法律的社会意义以及价值对法律意义的融贯也必须注意逻辑规则的使用。诸如，法律逻辑在当

① 参见雍奇等：《法律适用的逻辑》，14页，北京，中国政法大学出版社，2002。

② ［英］约翰·斯图亚特·密尔：《论边沁》，载杰里米·边沁：《论一般法律》，毛国权译，导言，14页，上海，上海三联书店，2008。

③ ［英］约翰·斯图亚特·密尔：《论边沁》，载杰里米·边沁：《论一般法律》，毛国权译，导言，9页，上海，上海三联书店，2008。

④ ［美］托马斯·C. 格雷：《霍姆斯论法律中的逻辑》，载［美］斯蒂文·J. 伯顿编：《法律的道路及其影响》，张芝梅等译，78页，北京，北京大学出版社，2005。

⑤ 王夏昊：《法律决定或判断的正当性标准》，载陈金钊、谢晖主编：《法律方法》第8卷，68页，济南，山东人民出版社，2009。

⑥ 参见王利明：《法律解释学导论》，13页，北京，法律出版社，2009。

然解释、反面解释方法运用中有重要作用。没有逻辑上的充分必要条件就不能使用反面解释。还有，法律解释方法中的当然解释，本身就是在文义基础上的一种逻辑推论。法律关系的分析主要是借助逻辑手段，犯罪构成的分析也主要是借助逻辑方法。法律人为社会服务的方法是多种多样的，但建立在逻辑基础上的法律方法是最基本的方法。法律逻辑可以帮助法科学生培养法律判断、伦理分析等才能。①

（二）逻辑是构建法律理由的工具

法律方法的目标是为法律判断提供合法、正当、充分的理由。法律逻辑在其中发挥着极为重要的作用。“假如没有合乎逻辑的推理过程予以支持，法院的判决也只不过是一堆自己的命令而已。”② “一个正确的论证必须遵守三个体系的规则：（1）法律规则，（2）逻辑规则，（3）程序规则。当根据法律规则、逻辑规则无法确定最终结论时，论证必须按照程序规则进行，例如主张履行论证责任规则，论证终止规则等。”③ 法律逻辑学是连接逻辑学与法学的基础学科。法律逻辑学不是对法律进行抽象的符号式研究，而是结合法律实践进行探讨。法律运用是人工语言与自然语言的互译与交融。法律逻辑学需要法律实践所提供的养分，而法律实践也需要逻辑思维工具。如果法律实践不使用逻辑规则，法律解释等方法就会被不规范的权威意识所代替。由于法律很多，存在着大量的，相互冲突的权利以及各种不同的法律禁忌，因而，司法过程实际上是在纷繁复杂的法律规定中，找出正当的、针对个案的一致性理由。

在个案中理由就是法律，而法律推理则是一种寻找理由和作出判断的工具。理由主要是法律所蕴涵的意义，在特殊案件中还包括法律外的各种规则。在各种各样的规则系统中，逻辑规则在一定程度上能够帮助我们识别理由是否被错误地运用。但是逻辑规则并不是法律，只是理解运用法律规则时需要逻辑规则的帮助。逻辑规则可以帮助我们“如何辨识或创造定言三段论法理的大前提④，无论是正当的全称命题还是不正当的特称命题；当前提犯了以偏概全或逆偶然性谬误而不当型构时，其合法性会变得多么脆弱；大前提或小前提在什么情况下会变得不当推论；在假言命题中没有正确地肯定前项，反而不正当肯定后项时，结论会如何被扭曲；在什么情况下，目的虽正当，但其手段却非常不光彩”⑤。逻辑作为思维的手段，在理由和结论之间搭建联系是其基本的功能，至于这一纽带如何建构，则需要研习逻辑与法律的最基本知识与原理。

（三）法律方法体系建构离不开逻辑

一般认为，法律发现、法律解释、法律论证、法律论辩、法律修辞、法律推理等构成法律方法体系。对这一偶体系需要正确认识，第一，有这六种方法所构建的法律方法体系意味着这六种方法是有区别的，即发现的逻辑与解释的逻辑是不同的，论证的逻辑与解释的逻辑是不一样的，等等。但实际上，论辩与论证、修辞与解释、推理与论证之间的截然界限还难以找出。尽管这种区分在思维过程中没有太大的意义，但理论研究者为了研究的深入就必须解决它们之

① 有一个耐人寻味的经典杂耍剧说了这样一个故事。一个酒鬼徒劳地在街灯旁边寻找丢失的钱包，过路人问他是否确定这就是他丢钱的地方，酒鬼答道：“不是，但这里有路灯啊。”我们经常说理论是一盏指路明灯，但是，这条路是我们要解决问题的路吗？

② ［美］鲁格罗·亚狄瑟：《法律的逻辑——法官写给法律人的逻辑指引》，唐欣伟译，10页，北京，法律出版社，2007。

③ 张传新：《对形式逻辑作为分析评价工具的辩护》，载陈金钊、谢晖主编：《法律方法》第8卷，46页，济南，山东人民出版社，2009。

④ 在我国把定言三段论称为直言三段论。

⑤ ［美］鲁格罗·亚狄瑟：《法律的逻辑——法官写给法律人的逻辑指引》，唐欣伟译，5页，北京，法律出版社，2007。

间的大体界限，这是一种纯理论的研究，各种法律方法的区别主要是靠逻辑方法的差异来识别。目前我们的法律方法论研究只是做了初步的研究。更加深入的研究还需要学者们进一步努力。第二，由于法律方法具有多样性，因而法律方法的运用有很大的主观选择性。这种选择虽然不都是任意之举，但是作为一般理论的法律方法论却不能告诉人们在每一个个案中必须运用什么样的方法论。对方法论的选择，一部分来自于法律思维的规范，另一部分来自实践经验，同时，“不同的方法论可以得出不同的结论，也即选择不同的法律方法可以找到不同的答案，而究竟采取哪一种法律方法，具有很强的政策考量性”①。这就是说，方法作为工具是由使用者来选择的，但这种选择也是需要受逻辑规则支配的。正如法律人由于掌握了法律就可以在法律世界自由驰骋一样，人们之娴熟掌握了逻辑规则以后，就可以在思维世界里游刃有余。如若不然，选择就成了任意。恰当地运用逻辑规则，可以更好地理解法律的意义，找到法律的真谛和精神，在事实与法律之间建构符合逻辑的或者说合理性的判断。

思考与练习

一、简答题

1. 什么是法律逻辑学？
2. 简述法律逻辑学的特征、功能及主要内容。
3. 法律逻辑对法治有哪些意义？

二、论述题

1. 简论法治与逻辑的关系。
2. 论法律方法论与逻辑学之间的关系。
3. 简论法治所需要的逻辑。

① 孔祥俊：《法律规范冲突的选择适用与法律漏洞》，11页，北京，法律出版社，2004。

第二章
法律思维、语言与逻辑

在思维领域中，一切问题都是语言问题，谁掌握了语言谁就掌握了世界。法律是从语言的运用中衍生出来的。像很多职业一样，法律职业或执业都离不开语言的运用。立法、司法活动都是一种语言的活动，法律是语言的法律，法律思维也是在使用语言进行思考。由于法律的产生，出现了现实与法律两个世界的分野，法律语言就是沟通这两个世界的通道。[①] 社会生活事实一旦进入法律语言系统，就会被纳入法律运作的逻辑，变成影响社会的力量，法律的控制主要是通过思维以及由思维所支配的行为来实现的。因此，研究法律思维实际上就是研究语言的运用，但是这两者又属于不同的学科，有不同的研究对象与路径。把两者放到一起叙述仅仅是因为这两者之间有着密切的关联。

第一节　法律思维是什么

中国共产党十八届四中全会提出了“坚持依法治国、依法执政、依法行政共同推进，坚持法治国家、法治政府、法治社会一体建设，不断开创法治建设新局面”[②]。法治进入了新的历史时期，人们都在期待法治时代的到来。中国法治建设需要法治逻辑或法律方法论的支持。如果不在思维方式上有所改进，法治的进步不仅是缓慢的，甚至还会处于危险的境地。就整体现状来看，别说一般的人，即使是很多法律人对法律问题的分析，也缺乏基本的符合法律思维的手段和技术，即“缺少一种科学的、正常的、能够运用自如的逻辑推理能力”[③]。法律思维常常被简单的价值判断和利益思维所代替。提升法治思维或法律思维能力对推进法治中国建设极为重要。

一、法律思维的概念

“一切法律思维活动，既要符合人类思维的一般规律，例如符合推理的一般规则，又要符合法律规则、法律原则和法律的基本精神。”[④] 维护法治、保证法治最大程度地实现是法律思维的目标；据法思考是法律思维的基本形式。法律思维是法律职业者的专业性思维方式。法律思维就是根据法律的思维，即把法律规范、原则、精神等当成法律人思考问题的出发点和归

① 参见葛洪义：《法律方法讲义》，39 页，北京，中国人民大学出版社，2009。

② 习近平：《论坚持全面依法治国》，19 页，北京，中央文献出版社，2020。

③ 尹田：《民法思维之展开》，37 页，北京，北京大学出版社，2008。

④ 葛洪义：《法律方法讲义》，15～16 页，北京，中国人民大学出版社，2009。

宿，探寻待决事实的法律意义；是建立在逻辑基础上探寻法律意义的方法；根据法治的需求和逻辑自身的规律为法律人思维创造的思维原则和规则。法律思维的本质是维护法治的思维。维护法治既是界定法律思维所预设的立场，也是法律思维的本质所在。“法律思维指人们在建构规范并将规范应用于事实作出判断时的精神活动方式，建构规范需判断哪些事实当由法律来调整，应用规范需判断事实是否需要与规范相适应，均要穿行于事实与规范之间。”① 具体说来，法律思维有三方面的含义：(1) 法律思维是职业、专业思维，被称为法律解释共同体的成员一般都在运用这种思维方式观察世界、解决纠纷。因而，有人形象地把法律思维表述为像律师或像法官那样思考。(2) 法律思维是规范性思维，思维过程是紧扣着法律规范进行的。认真地对待规则和程序是法律思维的核心。(3) 法律思维的方法主要是运用逻辑的规则思考规范与事实之间的关系。“受人尊重的法律必须有其理由，而且只有符合逻辑思考规律的法律推理才能被接受。”② 法律思维必须捍卫法律、尊重事实，利用方法、技巧和经验等智慧，在事实与法律之间建立恰当的逻辑判断。

二、法律思维的作用

讲述法律思维的重要性在一定程度上是在强调法律逻辑的功能。因为法律思维就是根据法律和逻辑规则思考事实的法律意义。对法律思维中的逻辑作用应该公正地评价。德国法学家齐佩利乌斯指出：“形式逻辑对于法律思维的重要性不可被过高估计。对于法官来说，发现以及准确地界定法或者明确法律适用的各项前提，也即一方面是应适用的法律规范以及另一方面是需要对其作出裁判的事实，是更为困难的任务。”③ 而这一困难的任务是由法律方法论来完成的。虽然对法律思维中的逻辑作用不能过高地估计，但也不能漠视法律逻辑的作用，而应该对其有一个客观的评价。法律思维有三个方面的作用：

第一，法律思维是职业法律人从事执业活动的基础。成熟的法律宣布了法律专业化和职业化的到来。于是出现像律师或法官那样思考法律的职业思维方式。但是，法律思维不是自然生成的，需要靠长期的学习、训练才能领悟和掌握。虽然法律思维以法律知识为基础或作为思维的前见，但是法律思维可能比法律知识更为重要。因为法律知识可以随时习得，但法律思维却不一定因为掌握一些法律知识而形成。④ 案件取胜的关键，在一定程度上取决于谁能更好地运用法律。也就是说，要看谁的法律思维水平高。只有那些在法律思维方式上训练有素，不断创新的律师才能适应日益变化的法律服务市场。⑤ 在法律思维中少出差错就需要借助逻辑规则。正像我们前面所描述的，逻辑在保证法律解释的客观性、合法性和合理性方面发挥着重要作用，逻辑规则是形成法律智慧的基点。

第二，法律思维是法治、法律价值、法律理念和社会控制等实现的思想基础。根据法律的思维，由于先在的规则与程序约束着人们的思维，因而在一定程度上能够排除个人情感因素以及价值偏好；能够在一定程度上克服情绪化的倾向。从功能的角度看，法律提供给人们的不是认识世界的工具，而是调整行为的准则。法律是具有约束力的一般性规范，维护法律意义的安全性是法治的要义，无论是司法还是行政在原则上都要按照一定的解释规则来发现和解释法律

---

① 郑永流：《法律方法阶梯》，32页，北京，北京大学出版社，2008。

② [美] 鲁格罗·亚狄瑟：《法律的逻辑——法官写给法律人的逻辑指引》，唐欣伟译，美国联邦大法官小威廉·J. 布兰南所写的序，2页，北京，法律出版社，2007。

③ [德] 齐佩利乌斯：《法学方法论》，金振豹译，125页，北京，法律出版社，2010。

④ 参见吴庆宝主编：《法律判断与裁判方法》，8页，北京，中国民主法制出版社，2009。

⑤ 参见秦甫编著：《律师全能思维方略》，2页，北京，中国检察出版社，2010。

规范的一般含义。“但同时也应看到，法律的基本任务是引致对问题合乎正义的解决。为此，法律解释必须要努力在语言和逻辑的可能框架内找到对问题合乎正义的解决办法。”① 当实现正义的考虑比严格按照法律的字面解释更为急迫时，则必须用法律价值对制定法进行补充和纠正。但由于对个体来说，法律思维是一种利益性思维，是在权利义务对等关系中寻求权利或利益的保障，所以，法律的一般价值对利益的极端追求也是一种限制。法律在很大程度上是理性的体现，因而法律思维可以使判断的理性程度得以提高。

第三，法律思维对法律刚性规定的松动能彰显实质正义。“法律思维的逻辑，以法律规定为大前提，以相应的法律事实为小前提，经过逻辑论证，得出裁判结果。”② 然而，这只是关于法律思维定义性的表述。虽然法律思维是据法思考，但并不是完全根据法条的思维，这里的法律，既包括法律规定，还包括法律价值、理念和精神。这里的方法包括形式逻辑和非形式逻辑，其中形式逻辑起着重要的作用。很多学者强调形式（合理性、合法性）优于实质（合理性、合法性）；程序优于实体；一般优于个别；理由优于结论；合法性优于客观性；更有人强调法律思维是一种“一刀两断”的形式逻辑的思维方法等，都是对司法三段论推理的进一步论证。但近年来，法律思维的形式逻辑基础遭遇到一些质疑，有学者强调，在法律论证方法的运用中一般与个别具有同等重要的地位，因此，反映实质合法性的法律论证、利益衡量等方法也开始影响或冲击传统的法律思维。建立在实质正义基础上的法律思维，优点在于能够照顾案件的个别正义，能够使纠纷得到和谐或者说彰显更充分的社会效果。但不讲逻辑的过度使用也会危及法治的健康发展。

三、法律思维的特征

法律思维特征是指人在法律领域各种精神活动的特点。就思考的前提特征看，法律思维是据法思考。法律决策思考的依据、推理的前提；是判断是非、合法与违法的标准。就思维特征看“法律人思维的特点是判断性。”③ 即法律思维所使用的方法是形式逻辑的思维规则。因此，从方法论的角度看，法律思维本质上是逻辑性思维在法律领域中的表现，即根据法律运用逻辑规则进行思维。因而，在法律思维中，概念分析、演绎推理、归纳推理、价值判断等是少不了的。除这些特征以外，法律思维还具有如下特征：

（一）法律思维的保守性

长期的法治启蒙和司法实践使我们看到，除了法典明确的一些法律规范以外，还形成了一些法律传统、原理与技术，比如像法律渊源理论与实践，法治原则、规则与程序等。这些法律元素合起来被称为整体性的法律或活的法律。这些活的法律是法律人长期思想积淀起来的结果，以法律文化或意识的方式影响着人们的思维。法律思维不是纯而又纯的形式主义思维，不可避免地带有价值和历史取向。这一点在判例法国家更加明显，遵循先例是英美法系法官最基本的思维要求。即使在大陆法系，法典所表达的规范性法律，也是对以往经验的总结。在法治原则下，突破法律规定来解决案件纠纷，在一般情况下都是不允许的。法治是用经验所提供的规则和程序调整未来的事情。一般不鼓励创新，保守传统价值和社会秩序是法律思维的基本特征。这一点还表现在，典型法治国度支持法治的主要思想派别是保守主义，而不是激进主义。

---

① ［德］齐佩利乌斯：《法学方法论》，金振豹译，序言，1页，北京，法律出版社，2010。

② 吴庆宝主编：《法律判断与裁判方法》，14页，北京，中国民主法制出版社，2009。

③ 郑永流：《法律方法阶梯》，32页，北京，北京大学出版社，2008。

保守主义主张维护传统的自由、民主、人权和现有的秩序。[①] 也正是从这个角度，人们普遍认为，司法克制主义或谦抑主义应该是法官的意识形态。法律思维的保守性意味着法律规范对思维的约束。虽然从哲学上看，能动司法是司法过程的本质，即所有的司法都必须程度不同地存在着法律人的能动与创造性思维，但这并不能成为法律思维的特征。我国法治建设搞不好的原因之一，就是因为我们法治历史太短以及对法治理念没有给予足够的尊重。在西方，“即使在革命时期，要更改法律人们也要从根本上否弃传统概念、观念和法律技术。在解决法律问题时，法律人总是设法寻找先例，并将其作为论证的权衡理由——即使这些先例没有法律上的约束力”[②]。这种思维历史趋向性在很大程度上就是法律思维的保守性。这是法治形成的内在驱动力。法律思维就是要捍卫传统的法律价值。

（二）法律思维的决断性

从法律职业的角度看，法律思维是一种以解决问题为主要目标的思维方式。法律思维方式是与法治的实现联系在一起的，它的目标在于通过根据法律的思考，来对行为和事实进行决断。法律思维的重心在于合法性分析，即围绕着合法与非法来思考和判断一切有争议的行为主张、行为、利益和关系。对法治实现来说，法律思维是先决条件。[③] “法律思维是具有决策性的，特别是在法院裁决中的证据判断的情形下，证人要做真实性声明——似乎该声明比寻找出全部事实还要重要。事实得到证明，因而被视为已经发生或未发生，不存在可能性的空间。如果有必要，法律虚构或其他技术（例如改变举证责任的技术）可以用来简化现实，将某一事实视为已经发生——即使他从未发生。”[④] 法律思维的主要作用场域是化解纠纷。但由于法律条文的机械和案件本身的复杂性，就免不了创造与妥协。法治的要义之一是它的妥协精神。但在运用法律思维进行决断的问题上，不能进行无原则的变通和妥协。为维护法治尊严，法律的权威不能随便动摇。法官应该尽力在正式法源中寻找解决纠纷的依据，只是在特殊情况下才可以在非正式法源中寻找判决依据。只有在严格司法与社会的基本正义发生冲突的情况下，才允许灵活地运用法律，即为了正义、公平的法律价值目标才对法律进行所谓的修正和补充。为维护法律的权威，能够对案件依法裁断的就应该作出判决，而不是进行无原则的调解。调解、妥协与能动不能作为法律思维的根本。

（三）法律思维的沟通性

法律思维主要思考法律与事实之间的法律关系。这种联系是使用逻辑思维规则沟通的。运用逻辑规则建构法律关系涉及多个要素，如法律规范、案件事实、参与主体等，需要运用逻辑把连接起来。同时还会涉及法律与社会、现行的法律与历史上的法律、法律与公众、法律与政治等。在这些要素间建立关系都需要逻辑的运用。法律思维的这种沟通性，也可用融贯性思维来表述。“法律思维具有沟通性：它建基于并落实于法律领域中不同行动者（即辩护人、法官、立法者、行政人员、法律学者等）之间的持续沟通之中。”[⑤] 法律思维有三个关键领域：它们是法律概念和体系的建构、法律的获取、判决的证成。[⑥] 而典型的法律思维就是要在三者之间进行循环式的逻辑沟通。法律思维所要沟通的关系涉及法律与待决案件、解释者与法律、法律与社会、解释者与权力系统等关系。虽然，法律思维具有沟通性的特点，但是一种真正的法律

---

① 参见陈金钊：《法律人思维的保守性》，载《学习与探索》，2008（1）。

② ［比］马克·范·胡克：《法律的沟通之维》，孙国东译，171页，北京，法律出版社，2008。

③ 参见杨春福主编：《法理学》，345页，北京，清华大学出版社，2009。

④ ［比］马克·范·胡克：《法律的沟通之维》，孙国东译，172页，北京，法律出版社，2008。

⑤ ［比］马克·范·胡克：《法律的沟通之维》，孙国东译，172页，北京，法律出版社，2008。

⑥ 参见王洪：《逻辑的训诫——立法与司法的准则》，1页，北京，北京大学出版社，2008。

思维必须考虑思维过程的法律性，不能为了事实（案件）的个性而牺牲法律的一般性。由于案件都是历史与社会中的人和事，所以，法律思维必须考虑法律的过去与现在、立法者与司法者、法律文本与法律事实，法律思维要求我们，既不能忘记法律，坚守一般正义，也不能忘记案件中的个别正义。法律思维是一种综合社会各要素的沟通性思维。

四、法律思维的模式

在法律思维模式上，存在多个角度的认识。但由于思维模式属于逻辑问题，因而只进行逻辑角度的考察。以逻辑方法作为分类的基础，法律思维模式有以下三种。

（一）涵摄思维模式

涵摄思维模式也称为演绎推理模式。法律三段论又是法律演绎推理的主要形式，“广义的‘涵摄’是将案件的特定事实，置于法律规范之构成要件之下，以获取特定结论的一种思维过程，几乎等同于三段论的称呼。‘狭义的涵摄则是把规范命题与个案事实作连接’”①。涵摄思维的大前提是法律规范，小前提是适应规范条件的事实。法律思维就是根据法律规范推断事实的法律意义。涵摄模式主要是在个案中释放法律规范的意义。涵摄理论是建立在“法律是一种精确的语言表述”基础上的。两个方面的条件：一是存在精确的语义学，借助它可以精确地确定各个法律语词的含义；二是法律命题（就其逻辑结构而言）可以在形式上体系化。然而这两个条件经常是无法满足的。② 因而，涵摄模式的法律思维会遇到很多难以涵摄的地方和问题，这主要是因为法律规范在面对事实候，存在着漏洞和语词的模糊，这就难免出现一部分难以涵摄之处。这就使据法思维显现出局限性。面对这种局限性，法律方法论者又找出了价值填充、目的解释以及非正式法律渊源等方法作为辅助来解决涵摄思维的不足。

“在法律思维当中，‘涵摄’的意义是把通过法律用语所指称的一般概念等同于具体情境要素……也就是说，是从当前案情的角度对法律的意义范围的衡量和精确化，即对法律进行解释。”③ 涵摄是解释的一种方式，但涵摄与解释还是有一些区别的。对一些模糊用语，由于界限不清，所以就很难用涵摄理论加以解决。美国法哲学家德沃金指出，法律是一种诠释性概念，解释法律不仅根据规则，还应包括原则。在他那里的原则不是我们法理学里面常说的，由法律作出的一些抽象性规定，而是把一些关于法律的政策、道德原则和法律价值等都包含其中了。对于德沃金的规则—原则模式，有一些学者从法律方法论的角度表达了不满，认为“法律方法只需要两种规范类型：正确的道德原则和实定化的法律规则”④。司法过程无须德沃金式的法律原则。德沃金的法律原则像他的“隐含的法律”命题一样，扩大了法律的范围，从而使法律思维的涵摄范围具有更大的不确定性。实际上，在我国和欧陆地区，法律涵摄之法律主要指的是制定法。我们必须明确涵摄理论的两种形式：一是用明确的制定法作为前提涵摄事实与行为；二是用建构的法律涵摄事实与行为，从而使整个司法活动纳入法治的范畴。

（二）类型思维模式

涵摄思维是运用演绎推理，而类型思维则是运用类比推理。类型化思维“需要将（处于该

---

① 吴从周：《民事法学与法学方法》，35页，台北，一品文化出版社，2007。

② 参见［德］齐佩利乌斯：《法学方法论》，金振豹译，157页，北京，法律出版社，2010。

③ ［德］齐佩利乌斯：《法学方法论》，金振豹译，141页，北京，法律出版社，2010。

④ ［美］拉里·亚历山大、肯尼迪·克雷斯：《反对法律原则》，载［美］安德鲁·马默主编：《法律与解释》，张卓明、徐宗立译，409页，北京，法律出版社，2006。

法律规范语义范围之内的）待处理案件类型与他们相比较。然后要发现这些可以作为比较基准类型和指导性类型并非总是轻而易举的事。尤其是对那些评价性的概念，常常必须通过烦琐的司法实践活动才能够发现和发展出相关的基准案例类型。有时候法律本身可以通过提出指导性的案例类型来减轻（发现基准类型所需的）考量工作”[①]。类型化的思考是一种更加贴近司法现实生活的思维方法。其功能和涵摄思维一样是把一般的法律具体化，或者说把具体事实法律化。通过对类型的比较得出法律化的结论。类型化思维是在法律解释和续造过程中，在逻辑可能的范围内所进行的基本思维工具。英美法系与大陆法系的类型思维有所不同：在英美法系，类型思维包括了前例与当下案件的类比，强调相同类型同等对待；而在大陆法系则是作为概念的类型与具体事实的类比，具有共同性的类型同样处理。

“在被限定的语义空间内，解释常常还会面临这样一个问题，即对当前待处理的案件，从相应法律规范的目的来看，是否应与那些毫无疑问应适用该规范的案件做同样的评价。”[②] 为了解决这一问题，一部分学者认为，法学研究最基本的方式是对法律进行分类研究。法律思维就是拿法律中的类和现实生活中人们已经做了类型化处理的案件事实进行比照，然后赋予事实以法律意义。这与涵摄思维赋予法律意义并没有质的区别，只是运用了不同的逻辑方法。它的实际意义是增大了法律思维方式的解释力。类型化思维是服务于法律解释的思维活动。与涵摄思维不同的是，类型化思维是对事实根据已有的概念进行分类处理，然后将事实纳入法律规范之下。这一过程的实质是通过将事实抽象化而将一般的法律具体化和精确化。以法律解释为例，我们可以看到“法律解释也是结果导向的。然而由于在这里所寻求的是可以一般化的解释，这是一种类型化的结果导向。它超越个案的具体情境（而具有一般适用性）”[③]。

在法学上，类型思维与逻辑上的类比思维接近，是建立在类比推理基础上的思维方式。这种思维方式强调了法律用语中的概念，实际上都是事物或行为的类。德国法学家齐佩利乌斯说：“我们也把由直接经验一般化而来的，关于人、物和过程的‘概念’称为类型。因此我们并不依从人们通常对于概念和类型所做的区分。”[④] 这两个概念概括的都是通过感知所得到的一般性或共性。一般性法律规定是对同类事实的抽象，因而，法律也是一种事实，即类型化了的事实或制度性事实。法律人眼中的事实，也不是纯粹的事实，而是需要类型化处理的事实。法律事实表达了法律对思维者的影响和对事实意义的覆盖。如果说涵摄思维还不足以使法律精确化的话，那么类型化思维则可能使法律精确化。特别是在两种相似案件的对比中，前例为后例留下的创造空间不大，这样就可以保证类似案件同样处理。

（三）反省思维模式

遵循逻辑是法律思维的必要条件。离开逻辑规则的指引，法律意义的安全性就可能出现危险。学习并熟练掌握逻辑规则的人，能更好地或正确地进行法律推理。“逻辑思考乃是以事实之间的逻辑关系为依据的思考进程。”[⑤] 逻辑思考是一种反省性思考。它是借由权衡一组给定的事实以觉知其间的关联，并从而解决问题。我们可以把反省性思维理解为某种操作过程，其中可以从现有的事实推断出其他事实。我们必须为自己的判断陈述理由，要看到已知到未知的客观联系；我们要听到所信之物及其理由、保证或证据之间的真实关联。“反省性

① ［德］齐佩利乌斯：《法学方法论》，金振豹译，107页，北京，法律出版社，2010。

② ［德］齐佩利乌斯：《法学方法论》，金振豹译，111页，北京，法律出版社，2010。

③ ［德］齐佩利乌斯：《法学方法论》，金振豹译，87页，北京，法律出版社，2010。

④ ［德］齐佩利乌斯：《法学方法论》，金振豹译，29页，北京，法律出版社，2010。

⑤ ［美］鲁格罗·亚狄瑟：《法律的逻辑——法官写给法律人的逻辑指引》，唐欣伟译，29页，北京，法律出版社，2007。

思考就是经由某个客观的逻辑联系，从已知推到未知的过程。这种反省思考的能力，有赖于能否看出那些逻辑联系。学习法律的能力也是依赖能否看出案件间的逻辑联系，并识别出相似性与相异性而定。”① 反省性思考是法律逻辑的核心，这种逻辑的思考模式就是在决定各陈述之间的关系。一些新的法律哲学家得出了一个似乎是定论的判断：在法律问题上，只有不同答案，而没有正确答案。这源自于“在法律问题上只有不同的解释，而没有正确答案”的理论。然而，他们忽视了逻辑规则对正确判断的标准作用，尽管这一标准经不起哲学的无穷追问。但是，它起码在人类已知的常识范围内可以检验人们判断是不是正确的命题。“逻辑推理可以由客观标准去检验。我们将提出这些标准，让你来检验自己的推理。这些标准也能帮助你品评其他人的推理。逻辑的目的就在于发现这些标准，并使之得以用来检测论证的正确性。”② 在三段论推理中假如前提为真，那么推论就是正确的。当然这种正确是形式上的正确。但这恰好符合法治的形式特点，即在法律思维中形式性优于实质性。

第二节　法律思维与法律语言

语言有狭义和广义之分。狭义的语言是一个抽象的符号系统，广义的语言既包括一个抽象的符号系统，还包括这个符号系统在交际语境中的应用。语言作为一个抽象的符号系统，本质上又是一种特殊的指号系统。作为一个复杂的符号系统，语言由基本符号、语形规则和语义规则三因素构成。只有这三要素都是明确的，才能实现语言的指称功能。语言除了以上三个基本构成因素之外，在具体的使用过程中，还要考虑其所在的具体环境因素，即语境。正如后文所要论述的，同样一个语词、语句，在不同的语境中有不同的意义。人们把关于语言在不同的语境下使用时所应遵守的规则称为语用规则，它规范的是语言与语境之间的关系。要真正表达和理解一个语词、语句的意义，还必须遵守明确的语境规则。语言的意义，是指根据一种语言的语形、语义、语用规则，语言的使用者应用相应的语言所表达或传达的思想感情。使用语境以及关注角度的不同，语言的意义有不同的类型。

一、语言与法律语言

基于所表达的意义的不同，可以将语句分为抽象语句、语句、话语和在语境中的话语。与之对应，语句的意义有四种类型：第一，抽象语句的意义——命题。抽象语句是根据语形规则由语词构成的语言表达式。由于抽象语句不考虑语句使用的语境，而仅表达它所包含语词指称的对象间的逻辑关系，所以，这样的语句所表达的，是研究思维形式结构的逻辑学中的命题。命题是指对语句所指称或描述事态的断定。命题可分为简单命题和复杂命题。简单命题是对某对象有无某种属性以及不同事态之间关系的断定。复杂命题是对简单命题之间逻辑关系的断定。抽象语句表达的是语言使用者的思想，命题所描述的是存在于思想之外的客观存在。思想与存在之间是反映被反映的关系。如果一个命题所描述的事态存在，则这个命题就为真，否则就为假。第二，语句的意义——命题态度。一个语句除了包含抽象的语句，

---

① ［美］鲁格罗·亚狄瑟：《法律的逻辑——法官写给法律人的逻辑指引》，唐欣伟译，29～30页，北京，法律出版社，2007。

② ［美］鲁格罗·亚狄瑟：《法律的逻辑——法官写给法律人的逻辑指引》，唐欣伟译，30页，北京，法律出版社，2007。

还包含言说这句话时的间歇、重音和语调等节律成分，这种节律成分表达的是说话者附加在该命题上的态度。人们把这种由语句节律成分所表达的态度称为命题态度。基本的命题态度有断定态度、命令态度和疑问态度，与之对应的有陈述语句、命令语句和疑问语句。第三，话语的意义——意谓。在言说一个语句时，通常还包含音高、音强、音长等副语言成分。人们把包含节律成分、副语言成分的语句称为话语，话语的意义称为“意谓”，它所表达的是言说者的感情。第四，交际语境中的话语的意义——意思。任何话语的表达都必须存在于特定的交际语境中，从而使一句话的意义在不同的语境中可能具有不同的意思。它所表达的是言说者对语境中的因素的认识和交际规则的意愿。如，对一个不言自明的语境因素的强调，或者用反话、岔话表达言外之意等。

逻辑学是研究思维的形式结构及其规律的科学，但是，思维只存在于头脑之中，只有借助特定的载体才能得以表现和把握，这种特定的载体就是语言。只有借助语言，才得以进行思维的信息处理，通过思维形成的观念才能够得以交流和表达。思维的基本逻辑形式包括概念、命题和推理，它们分别对应于语言的语词、语句和句群，思维的逻辑性反映在语言的运用过程中。但是，思维与语言又绝对不是同质的存在。法律思维是对各种法律现象的认知和反应，而法律语言仅是对这种思维的表达。并非所有的语言问题都属于逻辑问题，语言系统至少包含表达子系统和逻辑子系统两个方面。表达系统属于修辞学研究的对象，其目的在于通过对言辞论辩技巧的研究，提高言语交际的说服力；而逻辑研究的目的在于确立有效的推理形式，其目的在于基于真的前提得出真的结论。虽然有时逻辑是最有力的修辞，但有时为了保证概念的明确、命题的恰当和推理的有效，逻辑甚至反对修辞。逻辑与语言之间这种复杂的关系决定了，在法律思维过程中许多看似属于逻辑问题，事实上是与语言相关的，只有理解了法律语言的意义和特点，澄清了逻辑问题与语言问题之间的界限，才能够有针对性地运用相应的逻辑方法解决逻辑问题，运用相应的语言方法解决语言问题。

“法律者在其职业生涯的每时每刻均与语言、句子和文本结下了不解之缘。之于法律者，语言不仅是理解不语的客体之当然实用工具，其本身也是法律工作的核心对象——它要理解法律，描述事实行为，根据规范对案件进行推论。”[①] 法律语言与其他语言相比较有自己的特色，比如立法语言，不追求生动、形象，而要求朴实、简洁、冷峻、确切，反对使用模糊的、不确定含义的语言。我们看到，世界变得更加复杂了，但人们的语言能力并没有随着世界的发展而变强，我们无力用恰当的语言描绘变化的世界。现在法律越来越多了，法律的适用越来越具有挑战性，这就需要我们研究法律语言，研究法律运用的方法。但是我们经常把“人们所理解的就是能够理解的，所言说的就是我们可以言说的，不能言说的应该保持沉默”当成一个挡箭牌来拒绝深入理解，这是有问题的。社会科学的研究就是要进一步拓展理解的范围，语言学的研究也是要把不能言说的范围进一步缩小。然而，“法律语言不可能消除现实的多样性，它根植于日常语言，它必须用有限的手段去描摹现实的无限多样性，并必须配以评价”[②]。这种结论排除了语词含义的单一性、清晰性，引发了另一种法律方法论的学科——法律解释学——存在的必要性。法律解释学就是要把不清楚的说清楚。因而我们认为，法律方法论的变革首先应该从法律语言开始。

---

① ［德］考夫曼、哈斯默尔主编：《当代法哲学和法律理论导论》，郑永流译，291页，北京，法律出版社，2002。

② ［德］考夫曼、哈斯默尔主编：《当代法哲学和法律理论导论》，郑永流译，301页，北京，法律出版社，2002。

二、法律语言的性质和特点

法律语言是为法律人服务的工具，体现着法学家的理性思考以及对法律技能的凝练。法律语言不纯粹是自然语言，包括不少人工成分和理想设计。因而我们也可以说法律语言是有理想目标的，即通过专业术语的表述来构建法律思维，以推动法治的实现。法律语言及其逻辑推论建构了法律思维的规则，使社会生活具有了规范性。为了使法律问题得以纯正地表述，法学家们聚集语言的精华，创造了专业性的法律语言。但法律语言像日常语言一样，也是处在变化和意义的流动之中的。这种语言的演变加上情景的因素，使得即使是法律语言，也具有了很大的不确定性。经过法学家的千年努力，出现了法律专业，进而有了相对而言的法律语言体系。这个体系构成了法律人的工作语言。

（一）法律语言的性质

法律语言是在法律实践和理论活动中逐步形成的、服务于法律活动的、具有法律特色的一种专门语言。首先，法律语言是以一种以自然语言为基础的人工语言，也就是说，虽然法律语言的基本符号、语形规则主要还是自然语言的，但是，由于为了使其表达的意义更加规范、准确，往往需要对所借用的自然语言的语词、语句（当然更包括那些出于法律目的，人为构造的法律概念、术语、语句等）的意义予以了特别的界定，使其具有了不同的法律意义。其次，法律语言是一种以自然语言为元语言的对象语言。为了保证法律思维的严谨性、规范性，必须要求法律职业共同体在法律活动中使用的是法言法语。从法律语言的生成过程来看，自然语言先于法律语言而存在，是用自然语言解释、定义法律语言的意义，并且法律思维所运用的主体语言是法律语言。最后，也是最为重要的，是在进行法律思维时，必须实现从自然语言向法律语言的转换，即对所要处理的案件赋予法律的意义，予以法律语言的表达。

基于自然语言与法律语言之间的这种关系，可以评价一种法律语言系统的逻辑可靠性和完全性：如果有效的法律推理都能符合自然语言描述、规范的法律活动的要求，那么，我们说这个法律语言系统所表达的法律思维就是可靠的；否则就是不可靠的。如果自然语言描述、规范的法律活动的要求都能够通过法律语言描述、规范的法律思维得以表达，我们说这个法律语言系统就是完全的。理想的法律语言系统当然应当具有这种可靠性和完全性，但是，由于自然语言以及自然语言表达的法律世界的开放性，所以，这种理想的法律语言系统是不存在的。然而，这并不意味着我们应当放弃这种理想追求，而是应通过不断的努力，丰富、完善我们的法律语言，使其具有更大的可靠性和完全性。

（二）法律语言的特点

法律语言具有区别于其他语言的不同的特点，研究角度不同结论也会不同。法律语言与其他语言在生成、结构、运用等三个方面有不同的特点。这些特点揭示了法律、逻辑、语言之间的相互制约关系，许多看似属于逻辑方面的问题，本质上仅仅是因为表达逻辑的法律语言不够丰富，而有些看似属于对法律语言方面的要求，本质上是为了满足更严格的逻辑要求。

1. 法律语言的规范性

法律语言区别于自然语言的重要特点，在于其语词、语句都具有较强的规范性。这种规范性包含两个方面：一是法律规范性。自然语言生成的特点在于其约定俗成性，具有自然生成的特点。虽然一个自然语词、语句一旦生成，就具有了相对稳定的形式和意义，并且对其使用者具有一定的约束力，不容随意地解释和乱用，但其生成的过程具有一定的任意性。而法律语言的生成往往是一个自觉、人为的过程，法律语词和语句的界定、解释必须经过特定的程序、由特定主体作出。二是逻辑规范性。法律语言的出现是为了避免自然语言广泛存在的歧义、模糊等现象。这种歧义、模糊通常表现为语词所表达的概念的内涵和外延的不确定性。因此，在生成法律概念时，通常要对其内涵和外延予以明确的界定。

“概念乃是解决法律问题所必需的和必不可少的工具，没有限定严格的专门概念，我们便不能清楚和理性地思考法律问题。没有概念，我们便无法将我们对法律的思考转变为语言，也无法以一种可理解的方式把这些思考传达给他人。如果我们试图完全否弃概念，那么整个法律大厦将化为灰烬。”[①] 概念是反映对象本质属性的思维形式，而法律概念通常并不具有，或者主要不是为了这种认识功能，而是为界定、区分某类对象的法律意义确定明确的标准。“法律的基本作用之一乃是使人类为数众多、种类纷繁、各不相同的行为与关系达致某种合理程度的秩序，并颁布一些适用于某些应予限制的行动或行为的行为规则或行为标准。为能成功地完成这一任务，法律制度就必须形成一些有助于对社会生活中多种多样的现象与事件进行分类的专门观念和概念。这样它就为统一地和一致地调整或处理相同或基本相似的现象奠定了基础。”[②] 例如，我国《宪法》第 34 条规定：“中华人民共和国年满十八周岁的公民，不分民族、种族、性别、职业、家庭出身、宗教信仰、教育程度、财产状况、居住期限，都有选举权和被选举权；但是依照法律被剥夺政治权利的人除外。”我们实在看不出为什么一个年满十八周岁的公民就应当拥有选举权和被选举权，而一个年满十七周岁的公民就不应当拥有选举权和被选举权的实质差别。因此，这里的年龄资格仅仅是为判定一个公民是否应当具有选举权和被选举权确定一个明确的标准。而其中“不分民族、种族、性别、职业、家庭出身、宗教信仰、教育程度、财产状况、居住期限”的规定，也仅仅是为了保证外延的进一步明确。法律语言的逻辑规范性还表现在表达法律规范的语句的逻辑模式性。法律规范一般包括假定、处理、制裁三个组成部分，分别规定了“什么人”“在什么情况下”；“应当、可以怎样做或是不应当、禁止做什么”；“如果违反了这些规定，将会受到什么样的处置”。它们的表达和理解受到严格的逻辑规则的约束。

2. 法律语言的开放性

尽管法律语言具有自然语言所不具有的确定性，但是，相对于纷繁复杂的社会现象而言，其所表达、规范的依然仅仅是一些典型的情形，从而使法律语言具有一定的开放性。这种开放性最典型的表现是法律概念的空缺结构和缺省结构。

第一，法律概念的空缺结构。如前所述，法律语言区别于自然语言的一个重要特点在于其概念的明确性，然而，表面看来非常明确的法律概念，其外延界限往往是模糊的。首先是因为人们在确定法律概念并对之加以规定的时候，通常考虑的都只是、也只能是能够说明这个特定概念的最为典型的情形。正如美国法哲学家博登海默所说：“在法律的各个领域中，我们都发现了棘手的难以确定的两可情况，甚至像‘糖果’这类术语，虽然说第一眼看上去似乎相当具体、明确，但它在其中新含义和含义模糊不清之处也会产生解释上的困难。”[③] 其次，法律概念、法律规则总是高度抽象、概括的，这与个体案件的具体性、多样性形成了矛盾。例如，一条法律规定“任何车辆不得进入公园”，而在现实生活中有不同种类的车辆，汽车、卡车是车辆，救护车、救火车也是车辆，但这些车辆包括在该条法律规定之中吗？当一名游客驾驶着一

① ［美］E. 博登海默：《法理学、法哲学与法律方法》，邓正来译，484～489 页，北京，中国政法大学出版社，1999。

② ［美］E. 博登海默：《法理学、法哲学与法律方法》，邓正来译，484 页，北京，中国政法大学出版社，1999。

③ ［美］E. 博登海默：《法理学、法哲学与法律方法》，邓正来译，487 页，北京，中国政法大学出版社，1999。

辆卡车进入公园游玩时，该辆卡车属于被禁止范围，当一名工人受公园管理者的委托，驾驶着该辆卡车将公园内枯死的树干拉出去时，守门人能够以该条规定为依据拒绝该车的进入吗？法学家哈特把法律概念这种中心含义明确，而外延边界模糊的特点称为法律概念的空缺结构。

第二，法律命题的缺省结构。概念所具有的空缺结构是导致法律思维具有不确定性的一个重要原因，导致法律思维具有不确定性的另一个原因是法律命题的缺省结构。基于外在世界的复杂多样以及人类理性的局限性，在制定法律规则时，往往只是规定规则可以适用的肯定性条件，而对于其他可能影响其适用的否定性条件并不予以严格规定，甚至在一个开放性语境下，也不可能予以严格规定，例如下图。

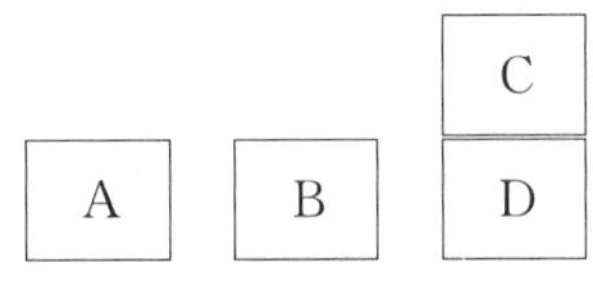

图 2-1

假定在一张桌子上有四块积木，分别是 A、B、C、D，其中 A、B、D 放在桌面上，C 放在 D 上，现在要求把 B 放在 D 上，唯一的规则要求是只能出现两层的叠加。根据该规则要求，我们很容易制定出行动方案：第一步，把 C 从 D 上取下；第二步，把 B 放在 D 上。但是，该行动方案显然仅仅考虑了该规则要求的情况，但是，该规则并不足以排除无法适用该规则的例外，例如，A 与 C 之间有一条连线，当把 C 从 D 上取下时，会把 A 带到 B 上，这时还需要增加一个步骤，把 A 从 B 上取下。如果存在把 A 从 B 上取下时，会把 C 再带到 B 或 D 上时，事情会变得更复杂。甚至如果存在 B 与 D 相斥的情况，那么，根本就不存在把 B 放在 D 上的可能。

3. 法律语言风格的严肃性

语言的意义最确定的部分是语词的概念意义和语句的命题意义，它们构成了我们理解语言意义的基础。语言其他方面的意义虽然丰富了语言的表达，并且对语言的表达和理解也是不可缺少的部分，却是造成了语言的意义理解上的不确定性。这些语言意义上的不确定性是影响法律有效实施的重要障碍，因此，人们提出了法律语言应当具有准确、清晰、严谨、平直的风格要求。当排除了语言的隐含意义、风格意义、联想意义、命题态度、意谓意义和话语意思之后，法律语言的意义就是指语词的概念意义和语句的命题意义。就此而言，法律语言本质上是一种逻辑语言，一个法律语词所表达就是一个逻辑词项，一个法律规范所表达的就是一个逻辑命题。

三、法律思维是运用法律语言的分析

法律思维以法律语言为其载体形式，但是，要用法律的方法处理社会矛盾、纠纷，并将处理结果表达给社会主体，使之能够理解和接受，就要求法律语言不能封闭在法律职业内部，还必须能够实现法律语言与自然语言之间的转换。这种转换主要包括两个方面：一是将社会现象、事实、行为的自然语言，描述、规范转换为法律语言；二是将法律思维的结果还原为能够被一般民众所能理解和接受的自然语言表达。能否实现这种转换是决定能否对法律思维进行逻辑分析的前提条件。从法律语言的生成和表达风格要求来看，答案是肯定的，因为之所以在自然语言的基础之上又人为地构建出专门的法律语言，其目的就在于使其成为一种逻辑语言，或者尽可能地接近逻辑语言，运用法律语言的过程，本质上就是运用逻辑规则对法律思维进行规范的过程。从法律语言的空缺结构的特点看，答案是否定的，因为法律语言无论多么丰富都无法满足法律思维对精确性的要求，法律思维、法律语言的表达和理解永远都具有似真的一面。这也从另外一个方面说明了法律在表达方式上，是一项存在瑕疵的事业。

人们对法律思维能否运用法律语言开展逻辑分析，存在着强烈的质疑和批判。主要有四个方面：（1）形式逻辑是建立在命题真值的语义基础之上的，它不适于无关真假的命题的推理评价。例如，澳大利亚逻辑学家汉布林（Hamblin）认为，对于前提来讲，“真”是个不恰当的标准，因为它既不是充分的也不是必要的。说“真”不是充分的，是因为一个本体论意义上为真的前提并不一定为论证者所知道为真，即认识论意义上未必为真；说“真”不是必要的，因为在许多领域“真”是有疑问的，真的思想可能假定了不可能的上帝眼中的立场来看待事物。[①] 佩雷尔曼认为，形式逻辑对论证的评价是从真前提开始，但如何判定前提的真假，这已经超出了形式逻辑所讨论的范围。真实论证未必都是从真前提出发的，往往只是从一致起点开始的。他们猜想主导非形式论证的理性可能来自修辞理论的原则，特别是听众的考虑与价值（一种非形式逻辑）。（2）形式逻辑研究的核心是演绎推理的有效性，而法律论证的可接受性并不依赖于逻辑的有效性，图尔敏认为，演绎有效性对于真实论证的评价来说，既不是充分条件也不是必要条件。除了逻辑标准之外，法律论证尚需另一种可供选择的、非形式的、实质的有效性标准，进而提出了他基于法律论证的评价模型——图尔敏模型。（3）形式逻辑是单调、封闭、协调、单主体、静态的系统，而法律思维具有非单调性、弗协调性、开放性、多主体性、动态性等特点，对于法律思维的这些特点，形式逻辑是无法表达的。（4）形式逻辑缺乏语境敏感性。形式逻辑只从语法、语义两个方面研究思维的形式有效性，而实际的思维还是语境相关的，即没有涉及逻辑的语用研究。对形式逻辑的批判，虽然看起来有一定的道理，但在解构了法律的逻辑基础后，又为法律提供了什么？这些理论有没有局限性？它们的批判是否真的意味着形式逻辑无法成为法律思维分析的工具，还是它们对逻辑的批判本身建立在对什么是逻辑的错误的理解基础之上，形式逻辑能够为此做些什么呢？对此，我们通过对这些批评的回应，揭示现代逻辑作为法律思维分析工具的特点，它们同样可以表达论证和推理，并且能够为法律思维发挥非形式逻辑所不能替代的作用。

第三节　法律逻辑批判与辩护

自 19 世纪后期以来，逻辑在法律理论界受到了越来越多的批评，先是历史主义法学、现实主义法学、实用主义法学，后来似乎所有的法学理论都把对逻辑的批判视为其理论建构的起点，特别是具有“后现代”倾向的一些法学理论更是否定逻辑在法律领域中的作用。事实上，在今天强调逻辑在法律中的作用要比批判逻辑冒更大的风险。本节的目的就在于通过对这些批评的分析和回应，更好地理解逻辑对于法律思维的作用。

一、法律逻辑的误解与澄清

我们认为，之所以在这个问题上产生这么大的分歧，一个根本的原因在于，不同的人对于逻辑这个概念本身持有不同的认识，甚至同一个人也在不同意义上使用这一概念。例如，以对法律中的逻辑主义持严厉批判态度而闻名的霍姆斯来说，在其《法律的道路》这篇文章中，他

① See Cf. Eemeren, F. H. van, et al., *Fundamentals of Argumentation Theory*, Lawrence Erlbaum, 1996, p. 180. 转引自熊明辉：《论证评价的非形式逻辑模型及其困境》，载《学术研究》，2007（9）。

至少是在五个不同意义上使用“逻辑”这个概念的：(1)“逻辑”大约相当于“有判断力的”“合理的”“正当的”“明智的”这一系列概念的同义词。(2)“逻辑”作为三段论推理（或者其他形式推理）。(3)“逻辑”作为和几何学类似的形式推理系统，包括公理、推理规则、定理。(4)“逻辑”作为理性的可辨别的因果关系的模式。(5)“逻辑”作为一系列的论证方式，它们各自有固定的形式却又区别于其他。[①] 因为对逻辑存在着如此多的不同理解，这也直接导致了对于法律与逻辑关系的不同的评价，在支持论者看来，那些对于法律逻辑的批评实际上是建立在对逻辑这个概念的误解基础之上的。这些误解包括以下几个方面：

第一种误解在于把“逻辑”当作了“三段论逻辑”。许多称“逻辑”不是用于分析法律论述的合适工具的学者，是从只有一种逻辑系统的错误假定出发的。他们反对将逻辑作为分析和评价法律的工具，在于不是每个论述都能被重构为三段论。这种误解的原因在于，在传统的法律论证方法中，学者们用三段论作为法律论证的实例。直到100多年前，三段论还是最有影响力的逻辑理论，因此，这种理论就成了许多学者认识逻辑之于法律论证的作用的依据。逻辑支持论者认为，在法学中，“逻辑”即是三段论逻辑的观点乃是基于对什么是逻辑这一错误的认识。在诸如命题逻辑、谓词逻辑和道义逻辑等现代逻辑理论中，人们提出了用于分析各类论证的理论体系。法律论证不能总是被重构为逻辑有效的论证，这种反对意见并不适用于那些采用现代逻辑理论的法律论证方法。反对论者没有证明，这些现代逻辑理论不适于分析法律论证。

第二种误解涉及逻辑在法律裁决过程和法律裁决证立中的作用。反对逻辑用于法律论证的人认为，法官在支持其裁决时提出的论证应当是对其（内在）裁决过程的准确描述。在这些学者看来，逻辑并不是分析反映裁决过程的合适工具，因为论证并不总是以逻辑的方式进行。法学中逻辑支持者认为，反对论者没有在裁决过程和裁决证立之间作出必要的区分，因而未能看到逻辑对于法律的重要性。逻辑对裁决制作过程的分析并不重要，但它对其证立的分析则颇为重要。从形式上看，关于裁决的证立，必须确定它是否是从论证中推导而出。如何找到这些论证的问题并非一个逻辑问题，而是一个在法律方法论问题。

第三种误解是，逻辑迫使法官得出特定的结论。既然在一个形式有效的论述中，如果前提为真，结论必然为真，那么逻辑促成了特定的结论。由于法律裁决并非如数学证明一样那么具有严格的形式有效性，所以，逻辑不能用来分析和评价法律论证。在倡导将逻辑运用于法学的学者看来，这种观点是基于逻辑促成特定结论的错误假设之上的。在此背景下，索特曼使用逻辑的“托词功能”(alibi function)一语，这是因为逻辑要向无法负责的事情负责。逻辑并不能充分保证某一结论的可接受性。为了维护某一特定结论的可接受性，就必须说明其前提是可接受的或真实的。要证明接受某一结论是合理的，就必须证明接受逻辑地导出结论的前提是合理的。如果某结论无法接受，错误不在逻辑，而在于作为前提的论断。如果结论不可接受，则必须改变某一前提。逻辑促成特定结论的观点，也与认为逻辑推论在某种程度上涉及法官服从法律的义务这种误解有关。法官遵循法律的义务并不意味着其裁决是由法律与案件事实规定的，裁决并不受法律规定约束是因为对特定规则的选择并不是强制的。如果某法官选择适用某一解释，他还必须提供一种额外的证立，由此证明该规则能够适用于面前的案件。

第四种误解源于这种看法，即认为逻辑对法律论证的实质向度没有什么作用。依佩雷尔曼之见，那种纯粹的形式推理方法将自己局限于检验形式推论的正确性，而不考虑该结论的可接受性，这不足以用来描述法律论证。法律论证之逻辑方法的支持者并不认为逻辑是评价法律论

---

① 参见［美］斯科特·布鲁尔：《从霍姆斯的道路通往逻辑形式的法理学》，载［美］斯蒂文·J.伯顿主编：《法律的道路及其影响》，张芝梅、陈旭纲译，131～132页，北京，北京大学出版社，2005。

证的唯一工具。在逻辑有效性的形式规范之外，尚需其他可接受的实质法律规范。前提的选择和形成常常立足于对事实的鉴别或对法律规则的解释，这种鉴别或解释又立足于某种价值判断。选择某种前提需立足于某种价值判断（反之亦成立），涉及道德的、社会的和政治的因素的运用。这种事实并不意味着在分析和评价法律论证的形式向度时不能使用逻辑。逻辑只能用于证明某一结论是从某些前提中推导出来的。逻辑方法的反对者将不属于逻辑方法支持者的主张强加在他们身上。

第五种误解基于这种看法，即有效性的形式标准因其特殊属性而不适于法律论证。法律论证涉及关于价值的推理，而这超出了形式推理的范围。佩雷尔曼等认为，如果研究的主题没有超越日常语言的论证范围，就必须发展出形式逻辑的替代工具。索特曼则认为，佩雷尔曼的错误设想，除了逻辑标准之外，法律论证尚需另一种可供选择的非形式的、实质的有效性标准。依索特曼之见，非形式的有效性标准纯属多余，而且，佩雷尔曼拒绝形式逻辑的理由也不正确，它是建立在一种对“什么是逻辑”的错误理解上。另外，在非形式逻辑中，结论可接受的主张依赖于下面的原则：如果前提可以接受，那么结论亦然。这种主张等于说“如果前提，那么结论”。假若把这一断言加之于论证，非形式的有效性又变成了形式有效性。①

二、法律中的逻辑与法律的逻辑

有一种观点认为，法律逻辑的研究对象是法律的逻辑，即在法律思维过程中有一种独特的逻辑体系或方法。那么，这种方法或体系到底是什么，至今也没有一个令人满意的答案，这也许从现实的角度证明了这种观点只是基于误解的一厢情愿。这种误解可能涉及以下四个方面：

第一，混淆了对象的逻辑和方法的逻辑这两个不同的分类标准。逻辑学的历史发展有两条并行的线索：一是研究对象的不断发展，开始是以思维形式及其规律为研究对象，到了现代社会，数理逻辑异军突起，数学基础成为逻辑的主要研究对象，而到了 20 世纪 60 年代以后，逻辑学的研究范围不断扩大，特别是以广义模态逻辑为代表的哲学逻辑的发展，使现代逻辑的研究对象远远超出了数学的领域。二是与研究对象不断转换相并行的逻辑研究方法的不断发展。在传统逻辑阶段，逻辑学的研究方法，基本上是以自然语言为主加上少许符号的非严格的形式化方法。而经典逻辑的方法主要是以精确的形式化语言和公理化方法建构严密的形式系统，并且接受与数学研究相适应的规则和语义解释。包括扩充逻辑和变异逻辑在内的非经典逻辑，基本上采用了经典逻辑的形式化和公理化方法，通过建构严密的形式系统和合适的语义解释研究诸多领域的逻辑规律。

第二，现代逻辑的主要优势在于其严密性和精确性，但其缺陷也是明显的。一是这种形式语言要真正实现对研究对象的可靠表达，可能变得非常复杂，从而不利于在日常生活使用。二是这样一套人工语言掌握起来比较困难，对于非逻辑专业的人来说是不必要的。这就为以自然语言为主要表达手段的普通逻辑留下了生存的空间。普通逻辑也许是不严密和精确的，但是它接近人们的日常思维表达，并能提供一些最基本的逻辑思维形式和方法，对于提高人们的逻辑思维能力、培养良好的逻辑思维品格是有益的。法律思维是根据法律，运用一般逻辑规则介入生活事实的思考形式。数理逻辑的训练只是对逻辑思维方式的养成有重要意义，并不能用其分析具体的案件。

第三，混淆了不同逻辑理论之间的关系，以其中的某种逻辑为标准否定其他的逻辑。如

① 参见［荷］伊芙琳·T. 菲特丽丝：《法律论证原理——司法裁决之证立理论概览》，张其山、焦宝乾、夏贞鹏译，32～36 页，北京，商务印书馆，2005。

今，逻辑已成为庞大的学科体系，并深入到经济、法律、伦理、人工智能、数学等领域，人们为了研究的方便，往往将相应的学科加在逻辑之前以作限定，如经济逻辑、数理逻辑、法律逻辑等。对于专业的逻辑学家而言，诸多不同逻辑的差异主要是基于不同领域客观逻辑对象的不同，从而表现出不同的逻辑规律，当然也要求以其为认识对象的逻辑学有不同的规则和公理，从而形成不同的逻辑体系。但这种差异主要体现在以现代逻辑为工具的研究中，就作为一般的应用而言，重要的不是建构了什么严格的形式化、公理化系统，而是运用一般的逻辑规则和方法解决具体的问题，就此而言，无论是法律逻辑还是经济逻辑，它们就方法论意义而言没有本质的区别，都是逻辑方法在相应领域的具体应用。

第四，忽略了不同法律理论之间的差异。如果不能否认法学理论存在着不同流派的话，那么，也就不能否认不同法学流派背后有不同的法律方法预设，或者反过来说，不同的法学理论对于不同的法律方法选择和判定存在着不同的标准。对于自然法学而言，以一些基本的价值范畴和法治原则衍生出的基本的法治理念，一方面需要基本的理性方法和标准，但另一方面往往又不需要对相应的法律概念、规则作精细的逻辑分析。法律需要逻辑，但这里的逻辑是理性的别称。对于分析实证主义法学而言，精确的语言分析需要精确的分析工具。他们仅要求把能够说得清的说清楚，把那些说不清楚的，如语言的模糊、心理学的暧昧、直觉、经验的混沌都视为法律不确定性的根源，要求将之尽可能地剔除，如果不能剔除的话就将它们封闭起来。

逻辑学者极力要把法律构造成为纯粹而自足的逻辑体系，认为只有逻辑才是可靠的法律思维的工具。这显然不是法治所需要的逻辑规则。社科法学的研究者认为，社会本身错综复杂，规范性法律难以与复杂的社会吻合，且法律的意义经常处于流变之中，企图以逻辑规则规制千变万化的社会，岂不是缘木求鱼。自然法学往往对逻辑与法律的关系不甚关心，逻辑很少进入他们的研究视线。而批判法学则认为法律本就无逻辑性，更无所谓是法律中的逻辑还是法律的逻辑之争。在各种法学流派中，只有规范法学或教义学法学关注法律与逻辑的关系；认为法律分析就是法律逻辑的分析，法律逻辑就是法律的逻辑。

三、法治中的逻辑与经验

20 世纪初以来，法理学者尤其是美国的法理学者，主要从事法院审判案件的推理方式的批判性研究中，产生了各种逻辑理论。在讨论司法判决的过程中，常常模糊地讲“逻辑”，其中大多数人属于法律逻辑的怀疑论者。他们认为，尽管表面上演绎推理和归纳推理起着重要作用，但实际上其作用是“经验”。在对“逻辑”和“经验”进行比较中，得出诸如霍姆斯所言的：“法律的生命不在于逻辑，而在于经验”；认定虽然司法判决过程的表面特点是逻辑方法和逻辑形式，但真实的过程是基于“经验”、“非形式主义”或“合理的直觉”。演绎推理和归纳推理意义上的逻辑不起作用，“法院判决基本上是任意的”[①]。很显然，这种批判与反思与西方的历史进程、社会基础密不可分。批判是重要的，但不论什么时候批判都是摧毁之后的弃而不顾。对此，奎因的评论是：“我们关于客观世界的陈述面临的经验认识的评判不是个别的而是一体性的。”[②] 通过经验形成假设性知识的复杂体系，如果结果是不可接受的，则必须通过对假设性知识的修正以重新获得其可接受性。修正可以在一体性知识的任意层面进行，或者是表达经验的一些陈述，或者是关于事实之间一般联系规律的认识，或者是采用不同的逻辑，甚至是评价知识可接受性的标准。引导这种调整过程的合理性标准也是一体性知识的一部分，都可

---

① ［英］哈特：《法律推理问题》，刘星译，载《法学译丛》，1991（5）。

② W. V. Quine, *From a Logical Point of View.*, New York: Harper & Row, 1953, p. 41.

能成为修正的对象。

知识概念是相当全面、包容的，不但包括传统所认为的假设性知识，还包括我们可能的认识世界的约束条件和合理性标准。事实上，我们更倾向于修正或放弃这个复杂的一体性知识的这一部分，而坚持另一部分。其中最不倾向于修正的那部分就是关于推理有效性的理论，我们称之为“逻辑”。基于这种观点，逻辑不是传统所认为的经验知识的对立面，我们的假设性知识具有一定的连续性，从我们随时都准备加以修正的非本质性的信念，到只有存在非常强的对立证据的情况下才可能修正的牢固的信念。信念和标准都是相互联结的一体性知识的一部分，我们尽可能地使其保持“一致性”，这里，一致性标准本身就是我们希望保持一致性的系统性理论的一部分。我们可以称这种一体性知识为一个“承诺集合”。逻辑属于这个承诺集合的一部分，并且是其最不愿意放弃的那部分。很明显，逻辑与该承诺集合的其他部分之间并不存在截然分明的界限，甚至也不存在为什么要在二者之间进行严格划分的根据，因为在逻辑和其他知识之间并不存在根本的不同。①

对于所有的推理而言，理论上存在着一个从最强的推理模式到最弱的推理模式的图谱，杰普·哈格在《法律逻辑研究》一书中描述了这两种仅存在于理论中的推理模式：最强的逻辑可能包括所有有效推理的序列。如果把一个推理分作一个前提集和一个结论，该序列应该对任意的前提集和结论的结合形式予以详细规定，判定结论能否从前提集中逻辑地推出。该序列中的每一条规则都应该被视为该逻辑的一条推理规则，这个逻辑还应该包括对应于每一个有效推理的推理规则。因为它把所有的对象都视为逻辑形式，所以它是最强的可能的逻辑。事实上，它对形式和内容并没有予以区分，它把推理的每一个因素都视为决定其有效性的因素。

可能的最弱的逻辑像最强的逻辑一样看起来很奇怪。如果把规定这个最强逻辑的序列写成下面的形式，就很容易理解这一点，这里 A，A'，……A'' 表示前提集，p，p'，……p'' 表示结论：

A ⊢ p，A' ⊢ p'，A'' ⊢ p''，……

在该序列中，每一个元素都不是逻辑语言的句子，而是规定推理有效性的元语言的推理规则。

可能的最弱的逻辑本质上是从命题逻辑中分离出来的，它把每一个推理形式

{p} →Q

{p}

所以：Q

都视为有效，这里 {p} 表示一个句子集（的真值）。对于前面所列的每一个推理，如果要在最弱逻辑的意义上保证其有效性，就需要增加一个相应的前提：

A→p，A'→p'，A''→p''，……

正像该例所表明的，新增加的前提由对象语言的一个句子予以确定，根据其他前提得出结论的推理是有效的。最强逻辑的推理规则被相应的对象逻辑的句子所替代，其他方面则是相同的。

因此，不同逻辑间存在着重要的区别，最强的逻辑把每一个对象都视为逻辑形式，而最弱的逻辑几乎没有确定任何逻辑形式。对于最弱的逻辑，每一个有效的推理都必须包括具有 {P} →Q形式的前提，以保证能从该推理的相关前提中得出结论 Q。也就是说，所有的有效推理都要把该推理的有效性作为它的一个前提。这样对于逻辑来说几乎没有什么工作了，因为推

① See Jaap Hage, *Studies in Legal Logic*, Springer, Vol. 70, New York, 2005, p. 5.

理的有效性被归结于决定该推理是否有效的前提的真实性。①

思考与练习

一、简答题

1. 什么是法律思维？法律思维有哪些特征？
2. 简述法律思维的类型。
3. 法律思维与法律语言是什么关系？
4. 法律思维与逻辑是什么关系？

二、案例说明与分析

陈正贵骑电动车去购买材料，被一辆车牌号为苏 D0529 的轿车撞上，驾驶员逃逸，至今没有抓获，后陈在医院不治身亡。当交警按照车牌号找到车主时，发现是套牌车，经核对发动机号进行检索，找到了原车主周伟峰。经审核这是辆已经报警的被盗车。在这种情况下，该由谁来对受害人承担责任呢？按照法律规定，当然该由肇事者承担责任，肇事者逃逸或者无力支付则应该由车主先行支付，并可以向肇事者追偿。但由于本案中的肇事车辆是在被盗后而发生的事故责任，根据最高人民法院 1999 年关于此问题的批复，车主可以不承担赔偿责任。这是以司法解释形式出现的“法律”规定。我们需要思考：在本案中还有没有其他的方式给陈正贵的家属予以救济。经询问律师，陈家得到一条救济路径。即按照《道路交通安全法》的规定，每一部车辆车主都应该缴纳交强险，这样的话，即使肇事者逃逸，根据交强险合同所产生的法律关系，保险公司也应该给受害人以救济赔偿。然而，在本案中出现的特殊情况是，被盗车辆在被盗以前没有缴纳交强险，因而保险公司与被害人之间没有产生法律关系。在这种情况下，被害人代理律师就循着这一法律关系方向继续探讨，提出了被盗车辆的车主是不是应该承担本应该由保险公司支付的赔偿。律师认为，在交通事故中，虽然肇事者使用的是被盗车辆，但是由于车主没有按照法律的规定缴纳交强险，因而应该承担本应由保险公司承担的救济责任。交强险种的设立目的就在于保护第三人的利益。现在，肇事者逃逸，车主就应该代替保险公司承担基于交强险而产生的赔偿责任。按照原告的请求，车主应该承担民事责任。车主在车辆被盗以前确实应该缴纳交强险，这是法律对第三人的保护性、强制性险种。原车主周伟峰应该在 2008 年 11 月 7 日缴纳交强险，但他没有按照法律规定的义务缴纳交强险。以至于在 2008 年 12 月 26 日车辆被盗后，使被害人不能获得基于交强险而得到应得的赔偿。于是，受害者家属在 2009 年 5 月 21 日，将车主周伟峰起诉到常州市新区法院，要求被告在交强险最低限额内赔偿原告 11 万元。原告代理人认为，投保交强险是机动车所有人的法定义务，由于被告没有履行该项义务，使得交通事故受害人丧失了向保险公司请求赔偿的救济途径，正是被告的过错导致原告权利的丧失，因而应该承担因为没有履行义务而产生的相应法律责任。

而车主周伟峰认为，他不应该承担责任。原因在于：他虽然是车主，但车辆是被他人盗走后肇事的。他和死者都是受害人，不应该承担赔偿责任。有评论认为，车主已经报警，被盗事实也得到了公安机关的确认。在这种情况下，车主是否还应该继续购买交强险是个不言而喻的问题。试想，如果小偷将被盗车辆开了十几年，难道车主还需要替盗贼缴上十几年的保险吗？照这样的逻辑每家每户都应该把自己的菜刀保管好。不然，一旦菜刀被盗而用于杀人，刀主还要承担相关责任，这不是很荒唐吗？其实，如果按照法律思维方式来观察这种推论的话，我们

① See Jaap Hage, *Studies in Legal Logic*, Dordrecht, the Netherlands: Springer, 2005, pp. 10 - 13.

会发现这种思路也是有问题的：因为被盗车辆需不需要缴纳强制险，法律是有明确规定的，只是参加讨论的人没有进行法律发现或法律检索。按照《道路交通安全法》和《机动车交通事故责任强制保险条例》（以下简称《交强险条例》）的规定被盗车辆车主不需要缴纳交强险。这里的问题在于：车辆在没有被盗以前，车主有义务缴纳交强险，因此，关于交强险的上述争论多少有些强词夺理。因为，现在讨论的是周伟峰按照《道路交通安全法》和强制保险条例的规定应该按时缴纳交强险，而不是车辆被盗以后还应该不应该缴纳交强险。实际上周伟峰是否该按时缴纳交强险与车辆被盗以后还需不需要缴纳交强险是两个问题。而车辆被盗以后就不需要缴纳交强险是有法律规定的。不按时缴纳交强险承担的是一种行政责任。但是没有缴纳交强险应不应该承担民事责任，以及该如何承担民事责任，我们还必须根据法律的规定进行讨论。[①]现在的问题是周伟峰有没有履行法律义务缴纳交强险，对这种行为他该承担什么样的责任？

我们看到，每一个人都是朝着有利于自己的方向谈论问题，虽然也都是在一定意义上运用法律，但是其寻求自己利益的思维倾向十分明显。为克服在利益追求或回避问题上的偏差，法律思维的形式逻辑作用在此就应该表现出来。受到伤害的权利需要救济，但需要一个合法的途径，即每一个人都应该追求其合法的利益，或依法保障自己的权利。按照法律就事论事、法在事中的线性思维，我们应该追问的是：由于车主没有依法按时缴纳交强险，现在被盗车辆发生了车祸，车主应该承担什么样的责任？是行政责任，还是民事责任，还是两种责任都应该承担？对此，法律方法论中设置的论证方法就应该发挥作用，参加诉讼的法律人都应该围绕着承担什么样的责任而展开。可是一些法律人，只知道法律关系分析和法律解释方法，而不知道运用法律论证方法。结果很多判决不可能达到胜败皆服的局面。我们认为，法律论证方法是达到讲法说理的途径。实现这种途径有两种方法：一是传统的法律解释方法的综合运用；二是非形式逻辑的实质推理方法。在一般情况下，传统的解释方法足以解决很多问题。本案可以运用传统的方法予以解决。可是现在很多人，还不能很好地掌握和运用传统的解释方法；而只是简单地想用超越法律思维，或直接运用简单的形式逻辑方法进行推论。比如，无原则、无方法地强调社会效果和司法能动；或者像本案中那样在一定意义上超越法律规定，直接应用了法律关系的简单分析，以及形式逻辑推理方法解释法律。因而得出了难以被解释共同体接受的结论。

① 有人认为，从法理上讲，车辆被盗不同于车辆灭失。财产所有权包括占有、使用、收益和处分权等，虽然车辆被盗，但车主并没有丧失对车辆的所有权，只是丧失了对车辆的占有、使用等权利。交强险是国家的强制性保险规定，所有人必须无条件投保。然而这又是一种逻辑的推论，是把逻辑当成了法律，缺乏的是法律依据。根据下面所进行的法律发现，我们可以认定，车辆被盗以后，车主是不需要缴纳强制险的。

第三章 概念与法律概念

法律概念在法学中占据重要地位。法的四个构成要素，就包括法律概念。其他三个是法律规范、法律原则、法律技术。法律概念在法律思维中也占据重要地位。定义思维是法思维的重要形式之一。虽然有法谚云，“单独的概念不能构成规范”，但离开概念，立法者想表达出来的意思就无法清楚地言说；定义思维就无法展开。法律思维必须运用法律概念，在法律判断和法律推理之中，概念是思维必须运用的基本要素。法律概念的运用不仅简化了法律人之间的交流，而且使法律人之间的交流更加精确或准确。随着法律概念的增多，法律的职业化和专业化更加明显，同时也使法律有脱离日常思维的倾向，使法律人的角色不仅在于解释法律，还在于充当对一般大众来说的翻译者。因而对法律人来说，掌握法律概念是至关重要的，能否掌握系统的法律概念成了衡量是否具备法律人资格的标准之一。要想很好地掌握法律概念就必须学好关于概念的基本原理。只有掌握逻辑学有关概念的基本知识，才能避免在使用法律概念时出现逻辑错误。

第一节　法律概念的逻辑学基础

概念是反映客观事物本质属性的思维形式。在客观世界中，存在着各种各样的事物，如自然领域中的日月星辰、山川湖海、花草树木、飞禽走兽等等；社会领域中的阶级、国家、政党、法律等等；思想意识领域中的感觉、思维等。这些事物相对于人的思维对象。概念是反映思维对象本质属性的思维形态。各种事物或思维对象都具有这样或那样的性质，如在我国，人民法院的性质是“国家的审判机关”；人民检察院的性质是“国家的法律监督机关”等。事物除了自身性质之外，还与其他事物发生一定的关系。如，检察院监督法院的审判活动，由此形成检察院与法院之间的监督与被监督的关系。事物的性质和事物之间的关系，统称为事物的属性。事物由于属性的相同和不同形成了类。具有相同属性的事物组成一类，具有不同属性的事物则组成不同的类。

一、概念的含义及逻辑特征

概念作为思维的最基本单位，它的语言表达形式是语词。概念与语词有密切的联系。语词是概念的语言形式，概念是语词的思想内容。任何概念都是通过语词来表达的。但是，概念与语词又有区别，主要表现在两方面：一是同一个概念可以用不同的语词来表达，或者说，不同的语词可以表达同一个概念。这种语词在语法中叫同义词。例如，“野战军”和“野战部队”，

“医生”和“大夫”等。其中每一组语词都是同义词，表达的是同一个概念。二是不同概念也可以用同一个语词来表达，或者说，同一个语词在不同的语境中可以表达不同的概念。这种语词在语法中叫多义词。如“逻辑”一词在不同的语境中可以表达不同的概念。“逻辑”有时可以用来表达思维规律；有时又可表达事物的客观规律；还可表示专门研究思维及其规律的科学——逻辑学等不同的概念。

（一）概念与事物的属性

每个或每类事物有许许多多的属性，其中，有些是本质属性，有些是非本质属性。世界上的事物所以千差万别、千姿百态，就是由事物的本质属性所决定的。换句话说，正是由于事物的本质属性不同，才显现了事物的差别性。所谓事物的本质属性，就是决定一事物之所以成为该事物并区别于其他事物的属性。如“人”的本质属性是有语言、能思维、能制造和使用生产工具。人之所以成为人并区别于其他动物，正是由于这些本质属性决定的。所谓事物的非本质属性，是对该事物不具有决定意义的属性。人的其他属性，如肤色、民族、信仰、性别、年龄等等，对人不具有决定意义，属于非本质属性。再如，“犯罪”具有社会危害性、刑事违法性、刑罚处罚性等本质属性。犯罪之所以成为犯罪并与无罪相区别，正是由这些本质属性决定的。至于犯罪的其他属性，如一罪或数罪、犯罪中止或未遂、抢劫罪或盗窃罪等，对犯罪不具有决定意义，属于犯罪的非本质属性。

分清事物的本质属性和非本质属性，是形成概念的关键。只有认识事物的本质属性，才能形成概念。概念是对事物本质属性认识的成果，要获得这种成果，需要对感性材料进行加工制作，即运用比较、分析、综合、抽象、概括等逻辑方法，分清什么是本质属性，什么是非本质属性，抽取其本质属性。例如，“商品”这个概念的形成。首先在各种物品当中进行比较，并分析出它们的各种属性，然后再把这些属性加以综合分类，从中把商品所特有的，而其他物品所没有的本质属性抽象出来，从而得到“用来交换的劳动产品”这个本质属性，这样就形成了“商品”这一概念。

人对事物的本质属性的认识不是一次完成的，总有一个认识的过程，从比较肤浅的认识到比较深刻的认识。开始只是认识事物一些表面的特有属性，由此形成的概念叫做初级概念。如在古代，由于认识水平很低，认为人是“没有羽毛的两足直立行走的动物”，这时形成关于“人”的概念是个初级概念。后来，随着人们认识的提高，提出人是“能抽象思维的理性动物”的看法。这虽然比古代的认识前进一步，但还没有达到真正科学的认识。当人们认识到“人是能制造和使用生产工具的动物”时，才揭示了人的比较深刻的本质。这时形成的关于“人”的概念才是比较深刻的概念。由此可见，人们对事物的本质认识越深刻，形成的概念也就越深刻。每个人对“法律”这个概念的认识，都会经历一个逐渐深化的过程。开始我们一般都会对法律有一些感性认识，了解一些关于法律的现象，而后形成对法律的本质性认识。但通过对法律的系统学习，会了解法律不同角度的本质，如社会角度的法律、政治角度的法律、经济角度的法律、文化角度的法律等。已经形成的法律概念是我们进一步认识法律的起点，同时，人们也会在研究中不断丰富对法律这一概念的认识。概念是人们抽象思维的产物，但对它的理解需要在语境中展开。

（二）概念的特征

概念既要对客观事物的本质属性有所反映，又要揭示被反映的客观事物的范围。由此，概念具备两个逻辑特征，即内涵与外延。

1. 概念的内涵

概念的内涵，是指反映在概念中的事物的本质属性，通常也可以叫做概念的含义。如“法人”概念的内涵，反映的是“法人”这类对象具有的本质属性，即“具有民事权利义务主体资格的社会组织”。因为事物的本质属性可以由一个属性或者几个属性组成，所以，构成概念内涵的属性可能是一个，也可能是几个。法人这个在法学上被拟称为人的概念，除了具有独立承担民事权利和义务的单位或组织外，还具有参加民事法律关系的特殊属性。单位或者组织如果参与的不是民事法律关系，也不能把单位或组织称之为法人。如国务院是国家行政机关，我们不能在任何场景下都把它称为法人，只有在国务院参加民事法律关系时，才能把它称之为法人。还有像“过失犯罪”这个概念的内涵有两个属性：“疏忽大意的过失”和“过于自信的过失”。概念反映的是事物的本质属性，但由于社会关系的复杂性，使得很多概念都有几个方面的本质属性。这是我们学习概念的时候应该认真注意的，不然就会产生不必要的认识混乱。

2. 概念的外延

概念的外延，是指具有概念所反映的本质属性的对象，通常称为概念的适用范围。如“法律”概念的外延，可以指古今中外各种各样的法律，如宪法、刑法、民法、行政法、刑事诉讼法、民事诉讼法、行政诉讼法等，所有这些对象都具有“法律”概念所反映的本质属性。由于概念所反映的对象不同，所以概念外延的数量也不同。有的概念外延仅仅包括一个单独事物，如“中华人民共和国最高人民法院”“北京市公安局”等。有的概念外延包含若干个事物，如前例中的“法律规范”“法人”等。还有的概念的外延包括无限数量的事物，如“自然数”，有1、2、3、4、5……这样数下去，永无尽头。

概念所具有的内涵和外延两方面的逻辑特征，是由客观对象本身具有质和量两个方面的特性决定的。任何客观对象都有质和量两个方面，是质和量的统一体。内涵反映的是对象质的方面，它说明概念所反映的是什么样的对象；外延所反映的是对象的量的方面，它说明概念所反映的对象有哪些、有多少。概念的内涵和外延既相互区别、又相互联系，缺一不可。概念明确的逻辑要求，就是要明确它的内涵和外延。如，明确“犯罪分子”，必须揭示它的内涵和外延，即实施了具有社会危害性的行为，触犯了刑律，应受到刑罚处罚的人，它包括犯有各种各样罪行而应受到刑罚处罚的那些人。

3. 内涵与外延的反变关系

概念的内涵和外延既相互区别，又相互联系，它们之间存在着一定的相互制约关系。这种关系表现为：概念的内涵确定了，在一定的条件下概念的外延也就相应地确定；内涵变化，外延也随着变化。反之，概念的外延确定了，在一定条件下概念的内涵也跟着确定。外延变化，内涵也随着变化。在内涵与外延的制约关系中，内涵的多少和外延的大小之间存在着一种反变关系。概念内涵与外延的反变关系，是指在外延上具有属种关系的概念之间，外延大的概念，内涵少；外延小的概念，内涵多。例如，“犯罪”“杀人罪”“故意杀人罪”三个概念在外延上具有属种关系。首先，从概念的外延来看，“犯罪”概念的外延比“杀人罪”概念的外延大。“犯罪”概念的外延，除包括“杀人罪”概念的全部外延外，还包括其他一切犯罪。“杀人罪”只是“犯罪”外延中的一部分。而“杀人罪”的外延又比“故意杀人罪”的外延大。“杀人罪”的外延还包括“过失杀人罪”。“故意杀人罪”只是“杀人罪”外延中的一部分。这就是说，“犯罪”的外延大于“杀人罪”的外延，而“杀人罪”的外延又大于“故意杀人罪”的外延。其次，从内涵来说，“犯罪”概念的内涵比“杀人罪”概念的内涵少。“杀人罪”除具有“犯罪”概念的内涵，即“违反刑法、依法受刑罚处罚的严重危害社会的行为”之外，还具有它本身特有的内涵，即“非法剥夺他人生命的行为”。而“故意杀人罪”内涵不但具有“杀人罪”的内涵，还具有“故意的心理状态”这一内涵。从以上三个不同概念的内涵可以看出，“杀人罪”概念的内涵比“犯罪”概念的内涵多；“故意杀人罪”概念的内涵又比“杀人罪”概念的内涵多。可见，概念的内涵愈少，其外延则愈大；概念的内涵愈多，其外延则愈小。这就是概念的内涵与外延的反变关系。

二、概念的分类与外延间的逻辑关系

逻辑是研究思维形式的学科，目的在于帮助人们进行理性的思维和成功地交际。概念的分类是达到这一目的的基本途径。从这个角度看，一切科学研究几乎都是关于对象分类的研究。逻辑学从概念的内涵和外延的一般共性对概念进行分类是其他学科进行分类研究的基础。只有清晰的概念分类，才能对某一学科有更深入的认识和研究。在法学学习中，我们要明确，成熟的规范法学的体系都是建立某一基石概念及其分类的基础上，如规范刑法学体系就是建立在犯罪构成的概念及其分类基础上的；民法学体系的基石是建立在法律关系及其概念基础上的。虽然有法学谑称这样的法学是概念法学，但不可否认的是，正是这些概念的分类构成部门法学的“完美”体系。

（一）概念的分类

逻辑学通常根据概念内涵与外延的某些共同特征，把概念分成不同的种类。

1. 单独概念和普遍概念

根据概念所反映的事物的数量不同，概念分为单独概念和普遍概念。

单独概念是反映某一个事物的概念。它的外延只有一个独立的对象。如：“北京”“马克思”“中华人民共和国最高人民检察院”等。从语言角度看，语词中的专有名词表达单独概念。此外，语词中的某些词组（一般指摹状词）也表达单独概念。如“世界上最大的沙漠”、“世界上最高的山峰”等。

普遍概念是反映一类事物的概念。它的外延不是一个单独对象，而是由两个或两个以上对象组成的类，如“国家”“法律”“犯罪”“法院”等等。它们所反映的对象不是单一的，而是由许多性质相同的事物组成的类。语法中的普遍名词是表达普遍概念的。如表示具体事物的普遍名词：“犯罪嫌疑人”“原告”“诉讼代理人”等；表示抽象属性的普遍名词：“法律本质”、“法律价值”等。用动词或形容词表达的概念也属于普遍概念，因为这些词是对一类事物的某个方面特性、状态的概括，它们都不能脱离一定的事物或现象，如动词“打”是对人的某种动作的概括；形容词“勇敢”是对人的某种品德的概括。

普遍概念也可以用词组来表达。如“宽严相济刑事政策”、“社会主义法治理念”等。普遍概念反映事物的类，类中包括的每一个对象相对于类来说叫做“分子”。例如，“犯罪”是普遍概念，它的分子是指每一种具体的犯罪行为，如盗窃罪、抢劫罪、诈骗罪等。有时大类中包含着小类，小类又叫做“子类”。如“犯罪”中包含的“危害公共安全罪”“侵犯财产罪”“危害国家安全罪”等属于“犯罪”的子类。普遍概念是对同类分子共同属性的概括。如“犯罪”是对犯罪行为中的每一种犯罪行为的共同属性，即具有社会危害性、刑事违法性、应受刑罚惩罚性的概括。普遍概念所反映的是一类对象具有的共同属性，该类中的每个子类或分子也必然具有这种共同属性。

2. 集合概念和非集合概念

根据概念所反映的对象是否为集合体，概念分为集合概念和非集合概念。

集合概念是反映事物的集合体的概念。集合体是由许多个体组成的统一整体，集合概念所反映的思维对象是集合体，而不是组成集合体的个体。因此，集合概念反映的是集合体所具有的本质属性，它为该集合体所具有的，而不必为这个集合体的某一个体所具有。如“法律汇编”“犯罪团伙”“犯罪集团”等是集合概念。因为这些概念是反映由许多个体构成的集合体。

“法律汇编”反映的是由多部法律组成的集合体。“犯罪团伙”或“犯罪集团”是反映组成犯罪团伙或犯罪集团所有犯罪分子的集合体。集合概念不反映组成集合体的个体，也就是说，一部法律不能称为“法律汇编”，一个犯罪分子不能称为“犯罪集团”或“犯罪团伙”。

非集合概念是相对于集合概念而言的，它是不反映事物集合体的概念。如“法律”“辩护人”“犯罪分子”等，属于非集合概念。一般地说，普遍概念在集合概念与非集合概念的划分中属于非集合概念。如上例中的“法律”、“辩护人”、“犯罪分子”等非集合概念，在单独概念与普遍概念的划分中则属于普遍概念。单独概念在集合概念与非集合概念的划分中有两种情况：一是属于集合概念，如“中国人民解放军”；二是属于非集合概念，如“中华人民共和国最高人民法院”。

要正确把握集合概念，应当注意以下两点：第一，分清集合概念和普遍概念的区别。普遍概念反映的是类和子类或分子的关系。这种关系的特点是：类是由分子组成的，类所具有的属性，同类的分子都具有这种属性。如“刑事诉讼当事人”与“被害人”的关系，“被害人”属于“刑事诉讼当事人”类中的一个分子，并且具有“刑事诉讼当事人”的属性。其中“刑事诉讼当事人”的概念反映的是一类对象，属于普遍概念。集合概念反映的是集合体和个体的关系。集合体是由同类个体组成的。这种关系的特点是：集合体具有的属性，个体不一定具有。如“犯罪集团”与“犯罪分子”的关系，“犯罪分子”是“犯罪集团”这个集合体中的个体，某个犯罪分子不一定具有犯罪集团的属性。因为“犯罪集团”是集合概念。第二，同一个语词在不同的语境中，有时在集合意义上使用，表示集合概念；有时在非集合意义上使用，表示非集合概念。如“律师是法律正义的捍卫者”“律师都有辩护权”。两个句子中都有“律师”概念。前一个句子中的“律师”是在集合意义上使用的，属于集合概念，因为这里的“律师”是指由所有律师组成的集合体而言，不是指某个律师。而后一个句子中的“律师”则是在非集合意义上使用的，是非集合概念，是指每个律师都有辩护权。如果“律师”概念不在一定的语境中，则是非集合概念。因此，区别集合概念和非集合概念，除掌握集合概念与非集合概念的特点外，还要注意分析表达概念的语词所处的语言环境。

3. 肯定概念和否定概念

根据概念反映的事物是否具有某种属性，概念分为肯定概念和否定概念。

肯定概念是反映具有某种属性的概念。肯定概念也称为正概念。如“合法行为”“起诉”“故意犯罪”等。否定概念是反映事物不具有某种属性的概念。否定概念也称为负概念。如“非法行为”“不起诉”“非故意犯罪”等。否定概念是对肯定概念的否定，因此，表达否定概念的语词一般带有“无”“不”“非”等否定词。但是，并非带有否定词的概念都是否定概念。如“非洲”“不丹”“无产阶级”等就不是否定概念。

在具体的思维过程中，否定概念总是被限定在一个特定的范围之内。一个否定概念所相对的范围，逻辑上叫做论域。如“非故意犯罪”是指故意犯罪以外的所有犯罪，它的论域是“犯罪”。否定概念总是与其相对应的肯定概念相联系的。

上述几种分类是从不同的角度、按照不同的标准对概念进行的分类。一个概念根据不同的标准可以分别属于不同的种类，如“中国共产党”是一个单独概念，又是一个集合概念，同时又是一个肯定概念。从不同角度来考虑概念所属种类，能全面了解概念所反映对象具有的各种属性，有助于明确概念。

（二）概念外延间的逻辑关系

客观存在的事物与事物之间存在着各种关系。反映客观事物的概念与概念之间也必然存在着一定的关系。逻辑学不研究概念之间的内在关系，仅分析概念之间的外在关系，即外延上的逻辑关系。两个概念外延之间的逻辑关系有下列五种。

1. 同一关系

A、B两个概念，如果它们的外延全部重合，即所有的A都是B，并且所有的B都是A，那么，A与B之间的关系是同一关系。同一关系又叫全同关系。如“人民法院”（A）与“国家审判机关”（B）、“宪法”（A）与“根本大法”（B）。这两组概念中的A与B概念之间的关系是同一关系。两个概念在外延上是完全相同的。如“人民法院”与“国家审判机关”两个概念，人民法院是国家审判机关，并且国家审判机关是人民法院。它们从不同的方面反映了同一个对象，外延是完全重合的。“宪法”与“根本大法”亦是如此。

两个概念之间的同一关系可用图3－1表示。

同一关系的概念只是外延相同（重合），但内涵却不相同。概念内涵反映的是事物的本质属性，而事物的本质属性又是多方面的。对同一事物可以获得不同方面的本质属性的认识，形成不同的概念。因而可能出现两个概念的外延完全相同，而内涵不同的情况。如“人民法院”与“审判机关”，它们的外延相同，但内涵各有所指。人民法院“通常是指中华人民共和国的审判机关”，而审判机关是“依法享有审判权的国家机关。通常称为法院或法庭等”。如果两个概念外延相同，内涵也相同，就不是具有同一关系的逻辑关系，而是两个不同的语词表达同一个概念。如“诉讼”与“打官司”、“检察院”与“检察机关”等。

由于同一关系概念的外延相同，内涵不完全相同，所以，在思维过程中，同一关系的概念可以交替使用，这不仅不违反逻辑，而且可以避免语词的重复，使语言丰富多彩，从而加深对同一对象的认识。

2. 真包含关系

A、B两个概念，如果所有的B都是A，但是有的A不是B，A与B之间是真包含关系。如“犯罪”（A）与“危害国家安全罪”（B）；“民事诉讼当事人”（A）与“原告”（B）等，上述两个概念之间的关系是真包含关系。如“犯罪”和“危害国家安全罪”概念，所有危害国家安全罪都是犯罪，但并非所有的犯罪都是危害国家安全罪。“犯罪”对于“危害国家安全罪”的关系是真包含关系。“民事诉讼当事人”与“原告”亦是如此。

两个概念之间的真包含关系可用图3－2表示。

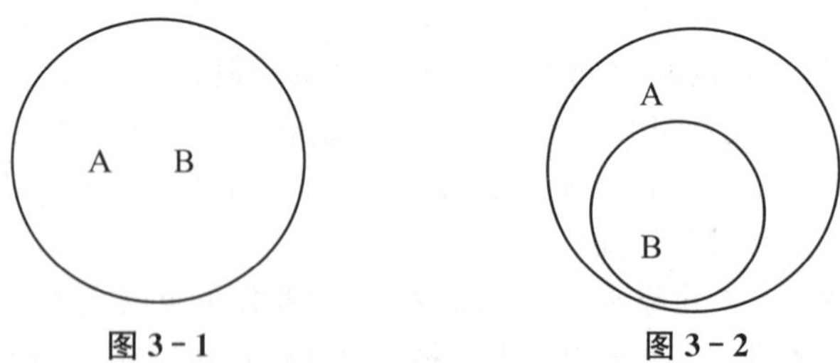

图3－1　　**图3－2**

3. 真包含于关系

A、B两个概念，如果所有的A都是B，但是有的B不是A，那么A与B之间的是真包含于的关系。如“故意杀人罪”（A）与“杀人罪”（B）；“民事法律关系”（A）与“法律关系”（B）。上面两个概念之间的关系是真包含于关系。如“故意杀人罪”和“杀人罪”两个概念，所有的故意杀人罪都是杀人罪，但是有的杀人罪，即过失杀人罪不是故意杀人罪。“故意杀人罪”对于“杀人罪”的关系是真包含于的关系。“民事法律关系”与“法律关系”亦是如此。

两个概念之间的真包含于关系可用图3－3来表示。

在真包含关系和真包含于关系中有一个外延较大的概念和一个外延较小的概念。在逻辑学中，外延较大的概念叫做属概念，又称之为上位概念；外延较小的概念叫做种概念，又称之为下位概念。如“犯罪”与“危害国家安全罪”，“犯罪”是“危害国家安全罪”的属概念或上位概念，“危害国家安全罪”是“犯罪”的种概念或下位概念。

属概念和种概念的区别是相对的。如“危害国家安全罪”是“犯罪”的种概念或下位概念，而“危害国家安全罪”则是“背叛国家罪”的属概念或上位概念。实际上，真包含关系即是外延较大的概念（属概念）对于外延较小的概念（种概念）的关系，因此，真包含关系又叫做属种关系。真包含于关系即是外延较小的概念（种概念）对于外延较大（属概念）的关系。因此，真包含于关系可称为种属关系。属种关系和种属关系合起来称为从属关系。需要指出的是，概念之间的从属关系不是整体与部分之间的关系。具有从属关系的概念外延反映的是大类与小类或是类和分子之间的关系。在内涵上，小类或分子具有大类或类的本质属性。而整体和部分之间的关系反映的不是大类和小类或类和分子之间的关系，如“北京大学”和“北京大学法学院”不存在外延上包含与被包含的关系，法学院仅是北京大学的组成部分。

4. 交叉关系

A、B两个概念，如果它们的外延仅有一部分是重合的，即有的A是B，有的A不是B，而且有的B是A，有的B不是A，那么A与B之间是交叉关系。如“律师”（A）与“辩护人”（B）、“检察官”（A）与“青年人”（B）概念之间的关系就是交叉关系。如“律师”和“辩护人”，有的律师是辩护人，有的律师不是辩护人；而且有的辩护人是律师，有的辩护人不是律师。因而“律师”与“辩护人”外延之间的关系是交叉关系。“检察官”与“青年人”之间亦是如此。

概念间的交叉关系的外延有一部分相同（重合），而有一部分不相同，因此，交叉关系是两个概念的外延部分有重合的关系。

两个概念之间的交叉关系可以用图3－4表示。

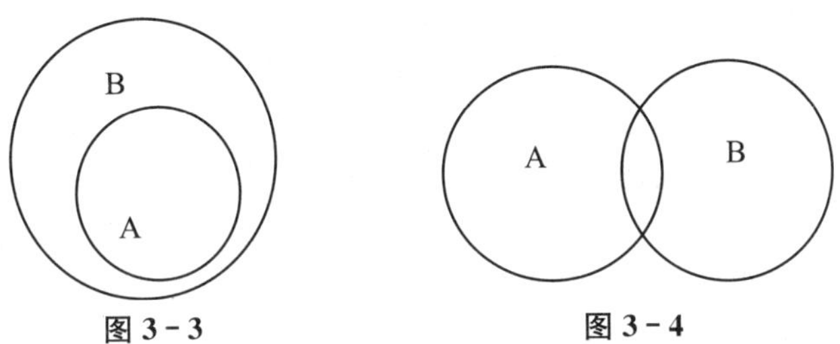

图3－3　　**图3－4**

上述两个概念之间的同一关系、真包含关系、真包含于关系、交叉关系4种关系，逻辑学统称为概念间的相容关系，即两个概念的外延至少有一部分重合的关系。

5. 全异关系

A、B两个概念，如果它们的外延没有重合，即所有的A都不是B，并且所有的B都不是A，那么A与B之间的是全异关系。全异关系也称为不相容关系。如“拘留”（A）与“逮捕”（B）、“成年人”（A）与“未成年人”（B）等两个概念之间是全异关系。

两个概念之间的全异关系可用图3－5表示。

逻辑学研究的全异关系并不是指任意两个在外延上互不相容的概念之间的关系，而是指在一个属概念中，两个或两个以上种概念外延之间的互相排斥关系。如上例中的“拘留”和“逮捕”两个概念，它们共同的属概念是“刑事侦查强制措施”；“成年人”和“未成年人”的共同属概念是“人”。“拘留”与“逮捕”；“成年人”与“未成年人”之间互相排斥、互不相容。

全异关系具体分为矛盾关系和反对关系。

矛盾关系，是指外延上互相排斥的 A、B 两个概念包含于另一个概念 C（属概念）中，如果 A 与 B 的外延之和等于 C 的全部外延，那么 A 与 B 之间的关系是矛盾关系。如“正义战争”（A）与“非正义战争”（B）；“成年人”（A）与“未成年人”（B）；“合法行为”（A）与“非法行为”（B）等。上列各组概念中 A 与 B 之间的关系是矛盾关系。如“正义战争”和“非正义战争”之间互相排斥，并且外延之和等于属概念“战争”的全部外延。“成年人”与“未成年人”、“合法行为”与“非法行为”这两组概念的情况亦如此。

两个概念之间的矛盾关系可用图 3－6 表示。

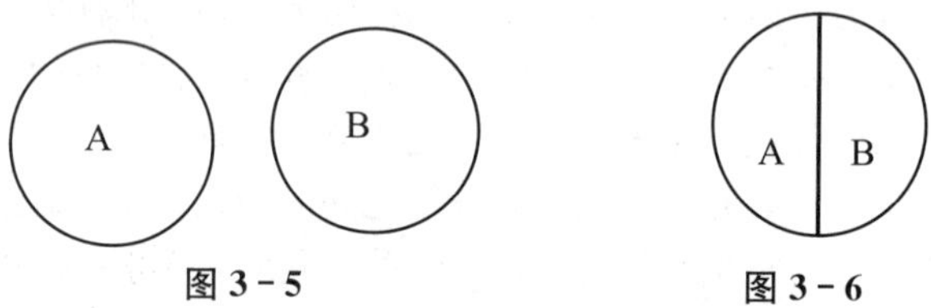

图 3－5　　　　图 3－6

一般地说，一个肯定概念与一个否定概念的外延间具有矛盾关系。如上列概念中，前一个是肯定概念，后一个是否定概念。但并非所有具有矛盾关系的概念都是这种形式。有的两个肯定概念之间也具有矛盾关系。如“唯物主义”和“唯心主义”，“故意犯罪”和“过失犯罪”等每对概念都是肯定概念，它们却是具有矛盾关系的概念。一个肯定概念与一个否定概念之间是否有矛盾关系，应分析二者的外延之和是否等于它们邻近的属概念的全部外延。如果一个肯定概念的外延与一个否定概念的外延之和等于它们邻近的属概念的全部外延，那么这两个概念间的关系属于矛盾关系。

反对关系，是指外延上互相排斥的 A、B 两个概念包含于另一个概念 C（属概念）中，如果 A 与 B 的外延之和小于 C 的全部外延，那么 A 与 B 之间的关系是反对关系。如“书证”（A）与“物证”（B）；“有期徒刑”（A）与“无期徒刑”（B）；“抢劫罪”（A）与“抢夺罪”（B）等。

上例各组概念中 A 与 B 之间是反对关系。如“书证”与“物证”的外延互相排斥，都包含于“证据”，而且“书证”与“物证”外延之和小于“证据”的全部外延。因为，刑事诉讼证据除这两种形式外，还有证人证言、被害人陈述、被告人供述和辩解、鉴定结论、勘验、检验笔录等。“有期徒刑”和“无期徒刑”，“抢夺罪”与“抢劫罪”这两组概念的情况亦如此。在同一个属概念中，如果两个种概念的外延互相排斥，并且他们的外延之和小于该属概念的全部外延，那么这两个概念之间是反对关系。

两个概念之间的反对关系可用图 3－7 表示。

以上两个概念间的关系，即同一关系、真包含关系、真包含于关系、交叉关系、全异关系等，是在一定论域内任何两个概念必然具有的关系，并且也只能具有其中的一种关系。在此基础上，可以进一步分析三个以上概念间的关系。如“年轻人”（A）、“审判员”（B）、“共产党员”（C）三个概念间的关系，其中任何两个概念之间都是交叉关系。这三个概念之间的关系可用图 3－8 表示。

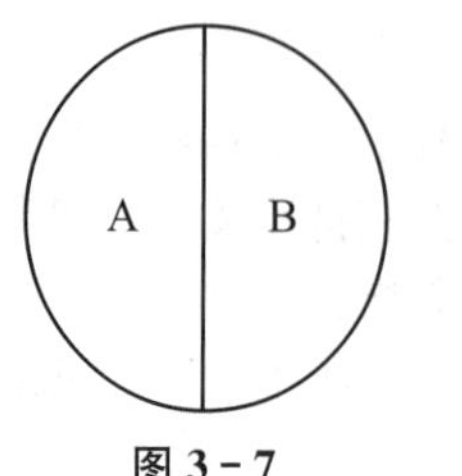

图 3－7

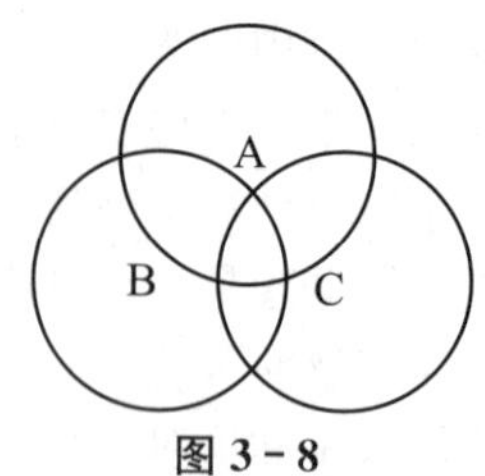

图 3－8

三、明确法律概念的逻辑方法

（一）概念限制与概括方法

根据属种关系，概念的内涵与外延之间存在着反变关系的原理，即内涵少的概念，外延大；内涵多的概念，外延小；可以对一个概念的外延进行限制或概括，以便准确地、规范地使用概念。

1. 概念限制方法

概念限制是通过增加内涵以缩小外延的逻辑方法，即由外延较大的概念过渡到外延较小的概念。换言之，限制是由属概念向种概念的过渡。根据内涵与外延的反变关系，内涵多的概念，外延小，对概念进行限制是通过增加它的内涵的方法来实现的。如在“杀人罪”的内涵中增加“具有明确的杀人动机”这一属性，就过渡到“故意杀人罪”。在“故意杀人罪”的内涵中增加“明知自己的行为会剥夺他人的生命，并且希望被害人死亡结果的发生”这一属性，又过渡到“直接故意杀人罪”。杀人罪→故意杀人罪→直接故意杀人罪是一个概念限制的过程。

人们在思维实践中，对一个外延大的概念可以进行一次或连续的限制。限制的程度、范围，可以根据人们思维的实际需要而定。概念限制的极限是单独概念。对单独概念不能再限制，单独概念的外延仅指一个客观对象。概念限制方法的作用在于使人们对思维对象的认识具体化，概念的适用范围更加明确、具体。在法律条文中，有的概念外延比较模糊或者笼统，所指的对象不具体，这就不利于正确理解法条的含义、适用范围。因此，在司法解释中，往往对这类概念的适用范围作出明确解释，使其所指的对象具体化，其解释方法一般采用概念限制的方法。法律解释中的限缩解释方法是以概念限制方法为逻辑基础的。如《中华人民共和国民事诉讼法》第 57 条规定，无诉讼行为能力人的监护人是他的法定代理人。最高人民法院对此作出司法解释：“在诉讼中，无民事行为能力人、限制民事行为能力人的监护人是他的法定代理人”。这一解释缩小了上述条文中“无诉讼行为能力人”这一概念的外延，即由“无诉讼行为能力人”限制到“无民事行为能力人”和“限制民事行为能力人”，使“无诉讼行为能力人”所指的对象更加具体、明确。

2. 概念概括方法

概念概括是通过减少内涵以扩大外延的逻辑方法，即由外延较小的概念过渡到外延较大的概念。换言之，概括是由种概念向属概念的过渡。根据内涵与外延的反变关系，内涵少的概念，外延大，对概念进行概括是通过减少内涵的方法来实现的。如在“直接故意杀人罪”中减去“明知自己的行为会剥夺他人的生命，并且希望被害人死亡结果的发生”这一属性，就扩大为“故意杀人罪”；在“故意杀人罪”中减去“具有明确的杀人动机”这一属性，就扩大为“杀人罪”。人们在思维过程中，对一个外延较小的概念可以进行连续的概括。概括的程度可以根据思维的实际需要而定。但对概念的概括也有极限，即哲学范畴。哲学范畴是外延最大的概念，没有上位属概念，因此不能再进行概括。

概念概括的意义在于扩大思考问题的范围，把某一具体问题提升到一般的原则高度来认识，从而有助于把握事物的共同本质。在法律解释中，对法律条文的适用范围作出比原适用范围大的解释时，通常采用概括方法进行说明。法律解释中的扩张解释方法以概念概括方法为逻辑基础。

（二）揭示概念内涵的方法——定义

1. 定义的含义及结构

定义是揭示概念内涵的逻辑方法。给概念下定义就是用简洁的语言、科学的术语表达概念的内涵。如：行政侵权是行政主体因违法行为而侵害行政相对人的人身或财产权利。夫妻关系是因婚姻而形成的男女之间的权利和义务关系。以上定义分别揭示了“行政侵权”“夫妻关系”概念的内涵。定义由被定义项、定义项和定义联项三个部分组成。被定义项是被揭示内涵的概念，也叫被定义概念。如上述定义中的“行政侵权”“夫妻关系”是被定义项。定义项是用来揭示被定义项内涵的概念，也叫定义概念，如“行政主体因违法行为而侵害行政相对人的人身或财产权利”“因婚姻而形成的男女之间的权利和义务的关系”是定义项。定义联项是联结被定义项和定义项的概念，通常用“就是”“是”来表示。定义的一般逻辑形式可表示为：DS就是DP。公式中的“DS”表示被定义项；“DP”表示定义项；“就是”表示定义联项。

2. 定义的方法

定义的方法有两种：真实定义的方法和语词定义的方法。

真实定义又称实质定义，是揭示概念所反映的对象本质属性的定义。真实定义的基本形式是属加种差，即定义项由一个属概念和种差构成。用公式表示为：被定义项＝种差＋邻近属概念。运用属加种差方法给概念下定义，首先应确定与被定义项邻近的属概念，然后找出被定义项所指的对象，在该属概念中与其他种概念所反映的对象之间的根本差别，即种差。最后，将种差和邻近属概念结合构成定义项，进而用定义联项把被定义项与定义项联结成为完整定义。如给“协助组织他人卖淫罪”下定义，首先确定被定义项，即“协助组织他人卖淫罪”邻近的属概念，即“行为”，然后把协助组织他人卖淫罪和其他各种犯罪加以比较，找出它和其他各种犯罪（如盗窃罪、诈骗罪、抢劫罪等）之间的本质差别，即“在组织他人卖淫的共同犯罪中起帮助作用”，最后把种差和属概念相加，就组成了“协助组织他人卖淫罪，是在组织他人卖淫的共同犯罪中起帮助作用的行为”这个罪名概念的定义。

由于事物的属性是多方面的，对同一事物从不同的角度分析，可以形成不同的属性。因而，可以从不同的方面揭示被定义项所反映的事物的本质属性，形成不同的种差，作出不同的定义。种差的多样性，决定了真实定义方法，即属加种差定义方法呈现出不同的类型：如，（1）发生定义，即通过种差揭示事物产生或形成过程的定义方法。例如，“亲属是人与人之间因婚姻、血缘或收养而发生的关系，包括配偶、血亲和姻亲”。（2）关系定义，即通过种差揭示被定义项所反映的对象与其他对象之间关系的定义方法。例如，“叔父是指跟父亲辈分相同而年纪较小的男子”。（3）功用定义，即通过种差揭示事物功用的定义方法。如“证据是指证明案件真实情况的一切事实”。发生定义、关系定义、功用定义都是属加种差的定义方法。所不同的是，种差是从不同角度揭示了被定义项所反映对象的本质属性。属加种差定义方法是下定义常用的方法，但不是所有的概念都可以用这种方法下定义。对于哲学范畴就不能用这种方法下定义，因为哲学范畴的外延最大，再也没有包含它的属概念，所以，不可能采用这种办法。单独概念也不能用属加种差的方法下定义。因为单独概念种差特别多，很难压缩在一起，对它们一般采用特征描述的方法下定义。

语词定义，也称“名词定义”，它是规定或说明语词意义的定义。这种定义只对表达概念的语词的意义作出说明性或规定性的解释，不一定揭示概念所反映的事物的本质属性。语词定义有两种：说明的语词定义和规定的语词定义。说明的语词定义是对某个语词意义的说明。例如，“‘大辟’就是我国古代隋朝以前对死刑的通称”，“‘宇宙第一速度’就是每秒7.9公里的速度”。规定的语词定义是对某个语词意义的规定。例如，“共同犯罪是指二人以上共同故意犯罪”，“减轻处罚是在法定刑以下处罚”。

语词定义对于理解法律条文的含义有重要作用。

首先，在法律条文中，有些语词的意义虽然已经确立，但是为进一步明确它的含义，需要运用说明语词定义方法加以阐述。如最高人民法院在《关于适用〈中华人民共和国民事诉讼法〉若干问题的解释》第3条对“公民的住所地”的含义作出说明，即“是指公民的户籍所在地”。在这里，用说明的语词定义方法揭示了“公民的住所地”这个语词的意义，从而也明确了这两个法律概念的含义。

其次，法律条文往往包含一些带有歧义性或多义性的语词，或是意义比较模糊的概念。如“情节较轻”“情节较重”“数额较大”等。对这类语词的意义可以用规定的语词定义方法作出规定，以消除歧义、避免模糊，明确具体的适用对象。例如，全国人大常委会《关于严禁卖淫嫖娼的决定》中的“他人”“多人”“多次”等属于模糊性的语词，对此，最高人民法院、最高人民检察院作出司法解释：“组织、协助组织、强迫、引诱、容留、介绍他人卖淫中的他人主要指女人，也包括男人”，“多人、多次的‘多’是指‘三’以上的数（含本数）”。这些都是用规定语词定义规定了“他人”“多人”“多次”等语词的意义，使这些语词的意义既有确定性又有法律约束力。

3. 定义的规则

运用真实定义的方法给概念下定义，必须遵守如下定义规则：

（1）定义必须是相应相称的。这条规则要求，定义中的定义项和被定义项的外延必须是同一关系的概念。违反这条规定，将会犯“定义过宽”或“定义过窄”的逻辑错误。“定义过宽”的逻辑错误，是指定义项的外延大于被定义项的外延。例如，“刑法是法律规范的总称”。这个定义中的定义项“法律规范的总称”的外延大于被定义项“刑法”的外延。“定义过窄”的逻辑错误，是指定义项的外延小于被定义项的外延。例如，“刑法是关于刑罚的法律”。这个定义中的定义项“关于刑罚的法律”的外延小于被定义项“刑法”的外延。

（2）定义项不能直接或间接地包含被定义项。给概念下定义的目的是揭示被定义项的内涵。如果定义项直接或间接包含被定义项，就等于用被定义项去揭示定义项，达不到揭示概念内涵的目的。违反这条规则，犯“同语反复”或“循环定义”的逻辑错误。“同语反复”的逻辑错误，是指定义项直接包含了被定义项。定义项和被定义项只是在语言表达上有所不同，而实际意思一样，等于是同一个词语反复。如“亲属是有亲属关系的人”。“循环定义”的逻辑错误，是指定义项间接包含了被定义项。如“原因是引起结果的事件；结果是被原因引起的事件”。

（3）定义一般不应是否定的。这条规则要求，在给肯定概念下定义时的定义联项或定义项不能使用否定概念。如果定义联项或定义项是否定概念，只能说明被定义项不是什么，而不能说明定义项是什么，达不到揭示概念内涵的目的。违反这条规则，犯“定义否定”的逻辑错误。如“人民内部矛盾不是敌我矛盾”。这个定义没有揭示“人民内部矛盾”的内涵，因此，人们仍不了解什么是“人民内部矛盾”。但是，如果被定义项是个否定概念，而否定概念是反映事物不具有某种属性的，在给否定概念下定义时，定义项可以是否定概念。如“非婚生子女是指没有婚姻关系的男女所生子女”。这个定义的被定义项“非婚生子女”是否定概念，因此，它的定义项“没有婚姻关系的男女所生子女”可以是个否定概念。

（4）下定义必须用清楚明确的概念。这条规则要求，定义项必须是明确、科学的语言，不能用非科学的术语和含混不清的概念，也不能用比喻作为定义。违反这条规则所犯的逻辑错误有两种情形：一是定义中使用了含混不清的概念，犯“定义含混”的错误。如“生命就是内在关系对外在关系的不断适应”。这个定义中定义项是一个含混不清的概念，没有揭示“生命”的本质属性。二是把比喻作为定义，犯“以比喻代定义”的错误。如“宗教是麻醉人民的鸦片”。这不是一个科学定义，而是一个生动、形象的比喻。如果把这个比喻作为定义，犯“以比喻代定义”的逻辑错误。法律解释者随时都可能面对定义的错误。因为，立法是一种利益的衡量，有时候不是因为立法者不懂逻辑，而是因为对有些事物和行为的概括需要考虑和协调各方面的关系，故意留下解释的余地。

4. 罪名概念定义的逻辑特征

罪名概念是对具体犯罪行为的本质属性的反映。它是区别罪与非罪，此罪与彼罪的基本依据。罪名概念定义揭示了某种罪名概念的内涵，也就是某种犯罪具有的本质属性。司法人员在审理刑事案件中，根据犯罪嫌疑人或被告人的犯罪事实，以罪名概念定义为依据，分析犯罪嫌疑人或被告人的行为是否构成犯罪，以及构成什么罪。在刑事案件的事实材料准确、齐备的情况下，司法人员对于有关罪名概念定义的理解是否准确，直接关系到对犯罪定性是否准确，判决承担刑罚是否恰当的问题。例如，1982 年 1 月 10 日，在北京发生女司机姚锦云（因未完成任务受到处分而发生对领导不满）驾车撞死 5 人，重伤 11 人的特大案件。有人主张定“反革命罪”；有人主张定“故意杀人罪”；还有人主张定“危害公共安全罪”。这就涉及对罪名概念定义的理解与把握问题。根据案情，北京市中级人民法院认为，姚没有反革命的目的，也没有特定的杀人对象，因而定“反革命罪”或“故意杀人罪”与刑法规定的这两个罪名的内涵，即定义内容不相符合，都不能成立。姚的犯罪行为与《刑法》（1979 年）第 106 条，“或者以其他危险方法致人重伤、死亡”的规定相符合，因此，给姚定了“以驾车撞人的危险方法危害公共安全致人重伤、死亡罪”，判处死刑。北京市中级人民法院对姚的定罪是正确的。前两项定罪之所以发生错误，主要是没有正确理解有关罪名概念定义。只有正确理解罪名概念定义，才能正确地定罪量刑。

给罪名概念下定义，一般用属加种差的定义方法。由于罪名概念定义的种差往往是多方面的，情况比较复杂。因而在定义结构上形式也不一样，主要有如下两个特性：

第一，定义项由两个以上种差组成，种差所揭示的若干本质属性为被定义项（具体罪名概念）同时具有，否则，就不能构成被定义项所指的罪名。如“贪污罪”的定义，即“贪污罪是指国家工作人员，利用职务上的便利，非法占有公共财物的行为”。构成“贪污罪”必须同时具有“国家工作人员”、“利用职务上的便利”和“非法占有公共财物”这三项种差的情况。如果缺少其中一种情况，都不能构成贪污罪。

第二，定义项也是由两个以上种差组成，种差所揭示的若干本质属性，只要被定义项（具体罪名概念）具备其中任何一种本质属性，就构成被定义项中所指的罪名。如“过失犯罪”的定义，即“应当预见自己的行为可能发生危害社会的结果，因为疏忽大意而没有预见，或者已经预见而轻信能够避免，以致发生这种结果的，是过失犯罪”。这个定义的种差揭示过失犯罪具有两个本质属性：一是“应当预见自己的行为可能发生危害社会的结果，因为疏忽大意而没有预见，以致发生这种结果的”；另一是“已经预见而轻信能够避免，以致发生这种结果的”。只要具有上述两个种差中的任何一种情况，都构成过失犯罪。以上是对罪名概念定义的两种基本形式的分析。刑法法律条文中，有些罪名概念定义还综合运用了上述两种基本形式的结构。

（三）揭示概念外延的方法——划分

1. 划分的含义及结构

划分是揭示概念外延的逻辑方法。这种方法是按照一定的标准，把一个属概念分成若干个种概念。例如，根据犯罪分子犯罪时的心理状态不同，把“犯罪”分为“故意犯罪”“过失犯罪”。划分由三个要素组成，即母项、子项和划分的标准。母项是被划分的属概念。如上例中的“犯罪”。子项是划分后所得到的种概念。如上例中的“故意犯罪”“过失犯罪”。划分的标准是把母项划分为若干子项的根据。如上例中的“犯罪”分为“故意犯罪”和“过失犯罪”的依据是犯罪分子犯罪时的心理状态。由于一类事物通常具有多个属性，所以，对同一个母项（概念）可以选择不同的属性作为划分的标准进行不同的划分。划分标准不同，从一个母项中分出来的子项也不同。例如，根据法律规定的内容不同，“法律”可以分为“实体法和程序法”；根据法律适用的范围不同，“法律”可以分为“国内法和国际法”；根据法律表现的形式不同，“法律”可以分为“成文法和不成文法”等。

划分和分解不同，不能把二者混在一起。划分的特点在于分类列举概念的外延，把一个属概念分为若干个种概念，被划分的概念（母项）与划分后的概念（子项）外延上必须具有属种关系。根据需要列举的数量情况，可以全部列出，也可以部分列出，但对没列出的部分需用“等”或“等等”来代替。例如，我国刑法规定的“犯罪”种类有“危害国家安全罪”“危害公共安全罪”“破坏社会主义市场经济秩序罪”“侵犯公民人身权利、民主权利罪”“侵犯财产罪”等。分解是把整体分为若干部分，而整体和部分之间的关系不是属种关系。如把“人民法院”分为“立案庭”“民事审判庭”“刑事审判庭”“行政审判庭”等，不属于划分，而是分解。

2. 划分方法

一次划分和连续划分。根据划分后子项的层次不同，划分可以分为一次划分和连续划分两种方法。一次划分是对被划分的概念（母项）一次划分完毕。划分的结果只有母项和子项两个层次。如前例中的“犯罪”分为“故意犯罪”和“过失犯罪”。连续划分是把母项分为若干子项之后，再将子项作为母项继续进行划分，直到满足实践需要为止。划分后的结果使母项和子项是多层次的关系。例如，“刑罚”分为“主刑”和“附加刑”；“主刑”又分为“管制”、“拘役”、“有期徒刑”、“无期徒刑”和“死刑”。“附加刑”又分为“罚金”、“剥夺政治权利”和“没收财产”。

二分法。二分法是根据被划分的概念（母项）所反映的对象是否具有某种属性，把一个属概念分为两个具有矛盾关系的种概念的方法。例如，根据“人”是否年满十八岁，把人分为“成年人”和“未成年人”。又如，根据“行为”是否具有合法的属性，把“行为”分为“合法行为”和“非法行为”。

3. 划分规则

为了正确揭示概念的外延，除了须掌握概念所反映的对象的具体知识，还必须遵守如下几条规则：

（1）划分必须相应相称。这条规则要求，划分后的各个子项外延之和必须等于母项的外延。违反这条规则，将犯“划分过宽”或“多出子项”、“划分过窄”或“子项不全”的逻辑错误。

“划分过宽”是指划分后的子项外延之和大于母项的外延，即不属于母项外延所包括的对象也被列入母项所指的范围之内。例如，把“刑事强制措施”分为：传唤、拘传、取保候审、监视居住、拘留、逮捕。这个划分犯了“划分过宽”或“多出子项”的逻辑错误。因为根据刑事诉讼法的规定，“传唤”不属于“刑事强制措施”。

“划分过窄”是指划分后的子项外延之和小于母项的外延，即子项没有穷尽母项的外延。例如，把“法院分为最高人民法院、高级人民法院、中级人民法院和基层人民法院”。这个划分犯了“划分过窄”或“子项不全”的逻辑错误。因为划分中遗漏了“专门人民法院”这个子项。

（2）划分后的各个子项外延之间具有互相排斥的关系。这条规则要求，划分后的各个子项外延之间是全异关系，即不相容关系。违反这条规则，将犯“子项相容”的逻辑错误，即出现一些对象既属于这一子项，又属于另一子项的现象。例如，“把罪犯分为男犯、女犯、老年犯、中年犯、青年犯”等，这个划分犯“子项相容”的逻辑错误，因为各子项外延之间是相容关系中的交叉关系。

（3）同一次划分必须依据同一个标准。这条规则要求，在对一个概念的同一次划分中，只能依据同一标准进行，不能用两个或两个以上的标准同时对一个概念进行划分。违反这条规则，将犯“多标准划分”的逻辑错误。例如，把“罪犯分为盗窃犯、抢劫犯、诈骗犯、杀人犯、男犯、女犯”等，是根据两个标准进行的划分：一是根据罪犯的犯罪的性质，一是根据罪犯的性别。因此，这个划分犯了“多标准划分”的逻辑错误。

划分的规则（2）和规则（3）是相互联系的，即违反规则（2）条“划分后的各个子项外延之间具有互相排斥的关系”，所犯的“子项相容”的逻辑错误，是由于没有按同一个标准进行划分所致；而违反规则（3）“同一次划分必须依据同一个标准”，所犯的“多标准划分”的逻辑错误必然导致“子项相容”的情况。如上例“罪犯分为男犯、女犯、老年犯、中年犯、青年犯”等，既是“子项相容”的逻辑错误，又是“多标准划分”的逻辑错误，即一是以罪犯的性别为标准，一是以罪犯的年龄为标准。而上例中的“罪犯分为盗窃犯、抢劫犯、诈骗犯、杀人犯、男犯、女犯”等，由于依据两个标准对“罪犯”进行划分，其结果为划分后的各个子项外延之间不是排斥关系，而是相容关系中的交叉关系。可见，划分的规则（2）和规则（3）规则是从不同的角度出发防止出现逻辑错误。

4. 法律概念划分的意义

划分是揭示概念外延的逻辑方法。概念的外延是指概念所反映的那些事物，也就是概念的适用范围。在法律条文中，由于有些概念的外延不十分明确或不很确定，直接影响了对法律规范具体适用范围的正确理解：（1）运用划分的方法对这些概念的外延作出规定，有助于正确认识和理解法律条文的适用范围。如，我国《刑事诉讼法》第108条第2项规定：当事人是指被害人、自诉人、犯罪嫌疑人、被告人、附带民事诉讼的原告人和被告人。这条规定，即是对“当事人”外延的划分，明确了刑事诉讼中“当事人”所包括的对象范围。（2）法律概念的划分，使人们能够更加容易和清楚地认识法学体系和法律体系。没有概念的分类就不会有法律体系和法学体系。（3）法律概念的划分使法律思维的层次更加分明，使得法律分析的逻辑递进关系更加分明。反过来，认真研究法律的分类和法律概念的分类以及划分标准，对完善法学体系、法律体系具有重要的意义。这是理论法学的基本问题，但我国法学界对此缺乏深入细致的研究。

四、法律概念的分类

整个法学体系就是建立在概念分类的基础上的。从一定意义上可以说，法学体系或者说法律体系都是建立在基石概念、基本概念、一般概念、个别概念的基础上的。学习法学在一定程度上就是掌握一系列概念和原理。概念和规范构成法学和法律的基本细胞。依据不同的标准对法律概念进行不同的分类，有助于正确理解法律条文的含义、适用范围、构成要件、法律后果等内容。法律概念通常分为如下几种概念：

（一）涉人概念、涉事概念、涉物概念

依据概念涉及的内容，法律概念可以分为：涉人概念、涉事概念、涉物概念。涉人概念是关于参与法律活动，尤其是诉讼活动的主体（自然人和法人）的概念，如“诉讼代理人”“原告”“被告”“检察官”等。涉事概念是关于法律事件和法律行为的概念。如“不可抗力”“行贿”“交通事故”“侵权”“无因管理”等。涉物概念是法律事件或法律行为中有关物品的种类、数量、质量、用途等内容的界定或描述的概念，如“淫秽书刊”“证件”“毒品”“数额较大”

“伪劣商品”等。诸如此类的概念划分对初学法律的人意义更为重要，它可以使我们更加系统细致地掌握法律，构成了法律思维的基本前见。

（二）确定性概念和不确定性概念

依据概念的内涵或外延的确定性程度，法律概念可以分为确定性概念与不确定性概念。确定性法律概念是指内涵或外延的确定性程度较高的概念。大致有三种情况：一是内涵清晰、外延封闭的概念。例如，《中华人民共和国法官法》第2条规定：“法官是依法行使国家审判权的审判人员，包括最高人民法院、地方各级人民法院和军事法院等专门人民法院的院长、副院长、审判委员会委员、庭长、副庭长、审判员和助理审判员。”二是内涵清晰、外延开放的概念。例如，《中华人民共和国刑法》第15条规定：“应当预见自己的行为可能发生危害社会的结果，因为疏忽大意而没有预见，或者已经预见而轻信能够避免，以致发生这种结果的，是过失犯罪。”这条规定，虽然没有明确告知哪些行为是“过失犯罪”，哪些行为不是“过失犯罪”，但却提供了司法归类的依据和标准，借此也可以间接地把握“过失犯罪”指称的对象范围。三是内涵不清晰、外延封闭的概念。例如，最高人民法院《关于执行〈中华人民共和国行政诉讼法〉若干问题的解释》第11条第1款“行政诉讼法第二十四条规定的‘近亲属’，包括配偶、父母、子女、兄弟姐妹、祖父母、外祖父母、孙子女、外孙子女和其他具有抚养、赡养关系的亲属。”

不确定性法律概念是指内涵不清晰，且外延开放的概念。这类概念在法学上被称为类型式或规范性概念。例如，现代民法中的“公序良俗”这一概念，在法律上没有确定的内涵和外延，其适用范围几乎没有限制。此外，如“公平”、“合理”、“合理期限”、“情节恶劣”、“社会公德”等，也属于不确定性法律概念。其实根据哈特对概念的语义分析所揭示的情形，任何概念都存在中心意义的清晰和边缘意义的模糊或不确定。因而，确定性概念和不确定性概念的划分只是相对的。法律解释更多的是对意义模糊概念的解释，而对中心意义清晰的概念只需要认定就能满足法治的要求。

（三）一般法律概念和部门法律概念

依据法律概念适用范围的大小可以将法律概念分为：一般法律概念和部门法律概念。一般法律概念是指适用于整个法律领域的概念，例如，“权利”“义务”“正义”“公正”等。一般法律概念的适用范围比较广泛，是法律概念的最高等级，通常可称为法律范畴。部门法律概念是指仅适用于某一具体法律领域的法律概念，它的适用范围远比一般法律概念的适用范围小得多，例如：“定罪”“量刑”“无期徒刑”等，仅适用于刑法领域；“债权”“债务”“合同”等，仅适用于民法领域；“行政相对人”“行政处罚”等，仅适用于行政法领域；“管辖”“强制措施”“举证”等，仅适用于诉讼法领域。一般的法律概念和较为具体的法律概念，在分析案件的时候都具有意义，但在具体案件分析的时候，我们必须注意把二者结合起来，不能只使用一般的概念，法治的实现必须注意细节问题，这就意味着必须将一般的法律概念与部门法的概念结合使用才能使我们对案件的分析具有针对性。

第二节　法律概念的特征

法律概念是构成法律规范的基础材料[①]，对法律体系的建构起着重要作用。法律概念与日常概念不同，带有法律、法学自身的特性，可很多人在对法律概念的特征进行概括时，没有从

① 参见黄茂荣：《法学方法与现代民法》，100页，北京，中国政法大学出版社，2001。

法学的角度进行，如不少学者将法律概念的特征概括为主观规定性与客观性的统一、明晰性与模糊性的统一、确定性与灵活性的统一等。本节对法律概念的概括是司法立场的概括。

一、法律概念的规范性

法律概念具有规范性。这里的规范是约束，即法律思维需要从概念定义开始。原因在于：

第一，法治要求法律自主，而要达到法律自主就要使用法律概念。辩证思维带来了诸多的争论，可能导致法律更大的不确定，从概念定义出发、根据法律思考能部分解决法律的不确定性。诸多争论只能通过对概念的再定义来解决。按照法治要求再定义并不是随便定义，已有的法律概念是再定义的基础。再定义需要避免一般与个别交叉所产生的误解，防止以个别、特殊否定一般的思维倾向。理解法律需要注意立法和法律运用两个维度。立法是从拟制的角度定义法律，是明确法律的一般意义所指。立法所明确的法律定义解决的是法治的开端或者说思维依据问题。然而，立法之法律定义只是解决了法律的一般性、明确性、体系性、独立性等思维前提问题。司法执法者还要展示法律意义的自主性。法律自主性是法律生命得以延续的基础。没有法律的自主就不会有法律生命的延展。只有法律自主才能演绎出多样性的法律人生。有了法律自主性才有法治舞台。法治舞台不尽是政治等的安排，主要是法律自主意义的释放。[①] 法律的自主性来自法律的明确性、独立性、安全性、稳定性拟制。法治是由法律所定义的秩序，因而必须认真对待法律定义。

第二，法治思维也需要使用法律概念。没有法律无法开展法治思维。而法律的基本构成要素就是法律概念。法律调整不仅需要赋予主体以权利；而且要用定义覆盖事实和行为以法律意义。没有明确的法律概念定义，就没有办法对思维和行为开展以法之名的调整；就会产生概念的混乱，胡乱进行定义会出现思维的矛盾。根据法律思考的法理教义，要求人们首先需要了解法律定义。定义是构成法律语句的基本细胞。思维能否接近法治的要求，关键要看明确的法律定义是否被使用。不同定义导致不同结论。法律定义需要设法避开模糊的含义，尽量予以清晰地表达。“定义在法律科学中都扮演着重要角色。对于法律逻辑而言，它们在精确固定初始材料方面具有决定意义。只有对前提中出现的概念进行精确定义才能联结起可验证的结论。”[②]法治思维的基本特征是一般优于个别，正确结论都是根据正确的前提而推出的。从基本走向看，法治思维就是一般优于个别模式的推演。针对个案事实的意义是从一般法律中推演出来。“法律人有证立（说明）包摄的需求。”[③] 当然法律定义所表达的法律一般性，只具有相对意义。因为执法、司法活动是在具体语境之中对法律再次定义。

第三，定义法律概念是法学研究及法学教育的需要。所有的思维都是运用概念（定义）、判断、推理等所进行的活动。“法律概念的表达，实质上体现了一种态度、一种立场。同时法律概念的分析，从其本身来说，是内在于法律、法学职业的要求的；这是在说，无论自觉与否，从事法学专业的主体必须回应法律概念的解释问题，不然将无法实现社会分工所要求的细节操作。”[④] 法律概念定义使用不是杂乱无章的，需要遵循法治逻辑或法律思维规则。法学思维的重点是在思维流动中确定法律的意义，因而法律思维规则具有非常重要的意义。在法学教

---

① 当然，法律自主源自法律、法治等的拟制性，并不是说法律真的像人一样能够自主。对法律主体的拟制性论述参见陈金钊、俞海涛：《国家治理体系现代化的主体之维》，载《法学论坛》，2020（3）。

② ［德］乌尔里希·克鲁格：《法律逻辑》，雷磊译，121页，北京，法律出版社，2016。

③ ［德］英格伯格·普珀：《法学思维小学堂——法律人的6堂思维训练》，蔡圣伟译，36页，北京，北京大学出版社，2011。

④ 刘星：《法的历史实践：从康熙到路易十四》，238页，北京，中国法制出版社，2018。

学过程中，有些教授非常重视对法律概念、定义的讲解。然而“有很大一部分法律训练，特别是在精英法学院里，就是研究法律的不确定性，并且创造了一种与外行人并在事实上也许与许多法律人看法相距遥远的关于法律的基本看法”①。这被视为对法条主义、概念法学的背叛。其实对法律概念的不重视主要表现在法理学的研究之中，是法学思维（包括法律思维、法治思维和法理思维）以及法治话语体系的建构出了问题，以至于在实践中出现不会运用法律概念、定义的现象。

二、法律概念的开放性

按照通常的理解，概念的意义是封闭的。但这一判断仅对自然科学有效。在社会科学中，概念与类型间的区分并不是显而易见的。当一个概念的意义相对确定，并且当下案件所涉及的事实完全可以由这一概念所涵摄，就无须费力地运用类型思维为法律适用的合法性进行论证。然而，当一个概念的内涵并不清晰，当下案件涉及的主要事实又不能顺理成章地被制定法上的概念所涵摄时，为了实现法律解释的合法性，就必须对这一概念的意义射程进行分析，而这一分析过程实际上往往演变为一个类推的过程。“虽然法律中适用的大多数概念具有一个稳定的意义内核，但同时也具有一个‘边缘领域’。如何给一个概念的适用范围划定界限呢？在‘边缘领域’内部，也只能通过解释才可确定其界限。在许多情况下，法律看上去是给某个概念下了定义，但实际上只是对某种类型进行了限定。”② 这虽然是以概念思维为法律适用找到了根据，但实际上是利益衡量的类推。在解释的过程中，法律概念不仅要向事实和解释者开放，还需要向价值开放。

基于上述认识，当弗里特约夫·哈夫特说“法是历史的，在方法论的法之发现过程之外，不可能存在法的客观正确性。法的概念不应通过概念性的是——否思维（Ja-Nein-Denken），而应通过类型学的多——少思维（Mehr-oder-Minder-Denken）来理解。”③ 当我们把概念与类型看作性质相同的思维形式时，法律概念的意义将呈现出明显的开放性。相对于类型的开放性，概念一直以来被认为在意义上是封闭的。这是概念法学受到长期批判的原因。对法律概念的误解无疑受到近代理性主义的影响。试图通过对概念的严格定义来实现法学的科学品性是幻想。且不说概念所具有的先天模糊性特征，“在立法过程中必须有计划地使用不确定的法律概念和一般条款，换言之，概念的‘不确定性’是预料中的事。通过这种方式，就能够为相应的法律规则确立比较大的适用范围和裁量空间，法律也因此具备了灵活性。借助于法律概念的这种‘开放性’和不确定性，既可以将法律适用于新的事实，又可以适用于新的社会与政治的价值观”④。考夫曼也精辟地指出，“单一概念是从未在一个真实的判决中出现的——它甚至不应该是这样的，否则它没有办法满足它的功能，也就是将在法律理念中的张力——平等、法律安定性、衡平加以调和”⑤。法律概念必须面向案件事实开放，并服务于法治目的。

法律概念的开放性并不意味着可以任意解释。这是因为：第一，既然法律概念基于规范目的而生，其意义之开放就必须以规范目的为限度。实际上，在多数情形下，涉案法律概念的意义都是明了的，法官无须确定该概念的意义范围。第二，如果相关法律概念的核心意义无法适

① ［美］理查德·A. 波斯纳：《法理学问题》，苏力译，55页，北京，中国政法大学出版社，2002。

② ［德］卡尔·拉伦茨：《德国民法通论》，王晓晔等译，102页，北京，法律出版社，2003。

③ ［德］弗里特约夫·哈夫特：《法律与语言》，载［德］考夫曼、哈斯默尔：《当代法哲学和法律理论导论》，郑永流译，303页，北京，法律出版社，2002。

④ ［德］伯恩·魏德士：《法理学》，丁晓春、吴越译，88页，北京，法律出版社，2003。

⑤ ［德］阿图尔·考夫曼：《法律哲学》，刘幸义译，124页，台北，五南图书出版公司，2000。

用于当下的案件，并因而需要在规范目的之关照下探求这一概念的可能意义，那么这一探求过程必须遵循严格的程序，并以法律共同体的合意作为最后结果。这使法律概念带有明显的主观色彩。可是，如果承认法律共同体存在，那么这种合意就是客观的。合意意味着共识，而共识是一种客观知识。

三、法律概念意义的衍生性

概念的意义不是自己生成的，它一方面需要依附解释主体，另一方面必须和推理等方法结合起来才能衍生出意义。概念意义衍生的过程是主体理解、解释和运用法律的过程。无论是概念的自在的意义，还是解释者所添加的意义，都依附于解释者的理解及其释放。概念意义的衍生性是与概念解释的开放性联系在一起的。既然法律概念已经定义了法律，那么对于执法、司法的三段论推理的大前提，为什么还要用法律方法对概念再次定义呢？第一，虽说法治是被定义的秩序，但这是宏观的判断。只是从思维方向上说，没有法律概念定义的使用就没有法治。但这里言说的是法治秩序之大势；并不是说法律定义能解决所有问题。法律概念定义只能解决一般法律的明确性，是相对明确，而不是说法律意义都是明确的。然而，正是部分明确解决了法律思维的前提，不明确部分是为司法、执法能动性发挥所提供的空间。必须看到，制定法之文字已经进行了明晰化定义，但依然存在很多的不确定；特别是在与个案遭遇以后，法律定义的不周延性、模糊性还会显现出来。这就需要运用法律解释方法把不清楚的法律说清楚。法律解释方法之中，既包括了文义解释优先也包含了体系解释、目的解释。这是再次定义的常用方法。第二，明确的法律定义也可能与法律价值、目的等发生冲突。这就要用价值衡量的方法。然而法律价值多是一些大词，具体含义不容易确定。不仅价值与规范定义之间常常存在冲突，而且价值之间也有不少矛盾。这就需要法律论证等方法的介入，以便在语境中找出更恰当的法律意义。第三，在法律实施过程中，法律的稳定性可能会与社会的变化性之间发生矛盾；法律定义可能会与社会之情理等不一致；特别是我国诸多法律概念定义，不是原初的拟制而是移植的产物。所以在法律定义之后还需要处理好法律与社会、情理法的矛盾。对这类问题的解决，不能仅有姿态还必须辅之以方法。这种方法有人称为社会学解释方法。可社会解释学的方法必须符合法治思维的基本要求，即在穷尽了规范法律的手段不能尽法达义，不能解决当前问题之际方可使用。在规范法律能解决问题的场景不宜用社会学解释方法。

第三节　法律概念的功能

不同的法学流派对法律概念的功能定位有较大差异。自然法学将法律概念看做是抽象价值之载体，规范法学强调法律概念的功能在于为法思维提供前见性因素，社会学法学则认为法律概念仅是社会纠纷的解决提供形式合法性借口。对法律概念功能的定位与法认识论的立场密切相关。尽管法律概念乃组成法律文件的基本单位，但它的功能绝不仅仅在于建构法律文件，更重要的是，由于它所具有的前述特征，对法律概念的操作在实质上成为法律运行的核心。

一、体系建构功能

法律概念的体系建构功能是指法律概念在法律形成以及法学学科体系的建构上所具有的逻

辑结构功能。法律概念是法学体系的基本细胞，法学研究者对法律概念进行了逻辑上的划分，使得概念之间有了逻辑一致和清晰的关系，在此基础上，经过语法、修辞的运用，法学家把此表述为法学体系，而立法者则用立法的形式构建法律体系。法律概念的体系建构功能主要包括两个方面：

一是对于法典学理的体系建构功能。按照一般的看法，法典由原则、规则和概念构成。不过，一个重要的问题是，原则和规则的实际意义仍需要通过法律概念来表达。在这个意义上，当我们说法典实际上不过是一个概念体系时，这一点并没有错误。以刑法典为例，刑法典实际上是围绕犯罪、刑事责任和刑罚这三个概念构建起来的。尽管刑法典在总体结构上分为总则、分则和附则，但几乎所有规定，都不过是对前述三个概念的进一步逻辑演绎或者细化。在演绎和细化的过程中，一个属概念又包含了不同的种概念，这样层层演绎，最后形成了一个完整的概念体系。譬如，就犯罪概念而言，它的逻辑结构大致可作如下描述（图 3－9）：

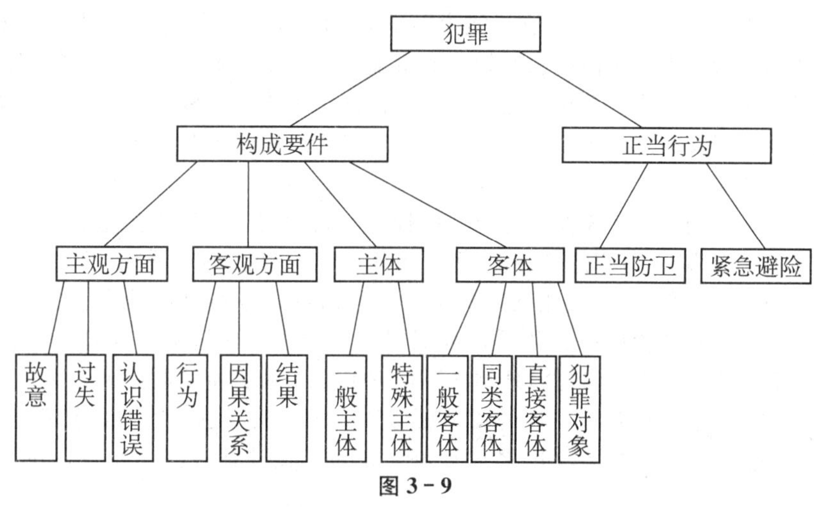

图 3－9

需要说明的是，图 3－9 中的第二层次概念以及构成要件下属的四个要件概念在法典中并不存在，也就是说，严格而言，它们并不是法律概念而是法学研究中对法典进行抽象化概括的产物。但在此之所以将其列出，是因为在我们看来，法典的制定必然受到法学研究的重大影响，对犯罪规格的确定，必须在一定观念的指导下进行。譬如，犯罪构成究竟应由几个要素组成，这不是立法者的任务，而是理论研究的任务。当一种理论足够成熟并获得广泛认可后，它就必然通过立法予以确认。立法者也许并不使用这些法学研究中的概念，但立法者对法律概念的选择和使用，需要在法学研究的观照下进行。在这个意义上，占据主流的法学研究话语，在很大程度上决定了立法者对法律概念的选择。

二是对于法学学科的体系建构功能，即建构规范法学学科体系。如果说法哲学和法理学的学科体系建构并不必然受到制定法的约束，那么法典体系以及作为其基本构成要素的法律概念，对于规范法学（部门法学）学科体系的建构来说，将发挥明显的指导作用。甚至可以说，规范法学的任务，无非是在法典体系的观照下，对法律概念的含义进行学理性解释。对此，只要我们翻开任何一本部门法学的教材，前述判断都会得到清晰的验证。以刑法学教材为例，在整体结构安排上，教材体系基本上与刑法典体系相一致。而每一部分叙述的核心内容，归根结底都是围绕法律概念的含义展开。体系的一致离不开这一学科的核心概念、基本概念和一般概念之间合乎逻辑的分类。

二、意义储藏与固定功能

概念是关于事物本质属性的确定，虽然概念有意义中心和边缘含义的区分，但就意义中心来说，它确实确定、固化了一部分语词的含义，无论人们怎样理解和解释，意义中心的含义基本不发生变化。法律借助语言来表述，以期实现法治，就是看中了法律概念意义的相对确定性。但是，这种意义的固定性是相对的，在具体的场景中，即使是意义中心的含义也可能会随着语境以及解释者价值立场的不同发生一些微妙的变化。传统法学看重法律意义的固定性，使法律的运用出现了机械性，而当代法学过度强调了法律概念意义的流变性，致使法律意义的固定性被否定。这是有问题的。“设计一个法律规定或用语，当时必是有所为而来，亦即对其设计有功能上的期待，希望其有助于解决当时、当地所遭遇的问题。因此，该用语设定成功时，并非一个人的创造，而是整个社会对所提出的价值互相共认之后，使得那个用语，具备通过相约成俗，负荷该价值的能力”①，此即所谓法律概念的承认、共识及价值储藏。对于法律适用者而言，法律概念所储藏的价值，构成了对这些概念进行解释的边界。法律概念所储藏的价值一旦成为共识，它的意义即被固定下来，并成为对这些概念进行解释的合法性标准。法律概念的意义固定功能就成为了近代法治赖以建立的基本前提之一。

法律概念的意义固定功能，大大减轻了法律适用者的思维负担，提高了司法的效率。至少对简单案件而言，司法者不需要通过查阅各种资料去发现涉案法律概念的意义，而只需要根据这些法律概念所储藏的约定俗成的意义及其价值，直接加以适用。正如黄茂荣所言，“当法律概念负载了价值，便可应用法律概念来传递信息，并利用逻辑的运作来减轻思维的负担，盖将法律所肯定的价值概念化后，可把很多复杂的考虑隐藏在法律所运用的用语里头，使得后来者不必再重复去考虑这些情事”②。法律意义及其价值的储藏为法律解释者完成独断性解释提供了可能，使解释出来的意义更像法律的意义。法律概念的储藏意义的功能，不仅解释成为必要，也为法律意义的释放规制了范围，使法律在法治范围内的安全性得以实现。

三、意义及价值演进功能

法律概念的开放性可以使解释与时俱进。这种“通过概念而又超越概念”的解释，既维护了法的安全性，又使法律与社会之间出现吻合的关系。法律解释在很大程度上就是对法律概念明示的含义以及隐含的意义的揭示。在解释过程中，意义与价值的变化既是符合社会发展的，也应该是符合逻辑的。单纯地从逻辑的角度强调法律概念对法律意义的固定，将可能使法律失去适应社会生活的能力，而这正是概念法学遭到强烈批判的最主要原因。③ 也正是由于这个原因，现代法学对传统立法中对法律概念进行定义的做法产生了不少质疑。④ 由于大多数法律概念实际上指向某种事物类型，因而关于这些概念的思维在实质上乃类型性思维。而在社会科学

---

① 黄茂荣：《法学方法与现代民法》，53页，北京，中国政法大学出版社，2001。

② 黄茂荣：《法学方法与现代民法》，54页，北京，中国政法大学出版社，2001。

③ 概念法学对法律概念的推崇本身并没有错，它的错误仅仅是封闭了法律概念的意义空间，并妄想通过概念之间的逻辑演绎，形成一个无漏洞的概念天国，并以此解决所有法律问题。

④ 参见许中缘：《论民法典中法律概念的构建》，载《当代法学》，2006（6）。通过列举民法典中对一些法律概念的定义性规定，许氏在分别讨论了民法典对法律概念进行定义的优点和缺点，并在最后得出如下结论：“在民法典中对概念进行定义应该慎之又慎，因为，这种概念定义性的做法所带来的弊远大于其所带的利，除非万不得已，不应该对法律概念进行定义性的立法。”

领域，类型思维的典型特征是意义的开放性。这种开放性，使得法律概念在被理解的过程中，借助于案件中具体的行为事实，就可能创造出即使是当初的立法者也无法预料到的新的意义和价值。譬如，以盗窃罪中的“财物”概念为例，原本意义上的财物仅指有体物，但随着社会的发展以及新生事物的不断出现，司法实践中，对财物的理解不再限于有体物，也包括在法律上与有体物具有相同核心特征——具有经济价值，而且对这些物品的不当使用会给他人、集体或国家带来经济上的损失——的无体物，譬如电力、煤气、天然气、电信号码等等。而这些无体物原本并不在立法者设计财物概念时的价值期待之内，在通常意义上也并不符合人们对“财物”意义的理解。[①] 但根据规范目的，对这些无体物的非法占有和使用，与对其他有体物的非法占有和使用一样，都会给其所有者带来经济上的损失，因而，将其看作为盗窃罪的行为对象，实乃社会情势之发展而赋予“财物”这一概念新的意义。法律概念的这一功能是通过解释者的思维与时俱进而获得的。

第四节　法律概念的解释

司法过程中关于法律适用的争论，绝大多数都起因于一些法律概念意义的模糊，或者由于司法过程中对法律概念的意义期待与立法者对该概念的意义设定发生冲突。因而，如果说法律适用的过程就是法律解释的过程，那么对法律概念的解释就成为法律运用的重要工作。实际上，前文关于法律概念特征和功能的讨论，即是在法律解释学的语境下，在动态的法律概念意义的实现过程中所进行的一种概括。反过来，我们研究和讨论法律概念的含义、特征以及功能的最终目的，当然也是为更进一步讨论法律概念的意义实现进行铺垫。

一、法律概念、规则与原则

在具体的司法操作中，什么原因导致了法律规则意义的模糊？原因主要来自两个方面，其一，法律规则的意义原本很清晰，但将所发生的案件事实涵摄于规则之下并依据该规则作出判决时，却发现这一判决结果偏离了人们对该案的心理预期；其二，由于规则中存在着模糊的法律概念，我们不能确定可否将一个特定的案件事实涵盖于该规则之下。在第一种情况下，解决途径通常有两条：其一，直接援用法律原则判案，抛弃在形式上完全符合需要的规则；其二，重新解释规则的意义，直到这种解释能够达到我们对该案的心理预期。在第二种情况下，我们仅需澄清规则中模糊概念的意义射程，并依据对该案的心理预期，决定是否将该规则适用于当下案件。问题至此，法律概念和原则如影随形地伴随着对法律规则所进行的司法操作。而用法律原则直接作为判决依据的做法，从来都没有摆脱在传统法治框架内的合法性追问，因而，除非万不得已，法官对此方法的运用一般采取拒斥的态度。相反，为了避免这种职业风险，同时获取“法治”这一意识形态裁判的支持，法官更喜欢以更为成熟的圆滑，在形式上与司法这种特殊的游戏规则保持一致。于是，将法律的价值追求诉诸对法律概念的解释，常常成为一个稳健法官的最佳选择。通过这种解释，法律规则获得了新的生命，而一个形式合法的判决也通过这一解释获得。当然，法官为此必须感谢法律概念所拥有的先天模糊性，它为法律概念意义的

① 在人们对此达成共识以前，这些无体物是否可归属为财物，在理论和实践上都存在诸多争论。譬如，在把“电力”理解为财物时，日本和法国对此予以承认，但在德国就受到禁止。参见陈忠林：《刑法的解释及其界限》，载赵秉志、张军主编：《刑法解释问题研究》，53～54页，北京，中国人民公安大学出版社，2003。

包容性提供了广阔的理解空间。

在规范意义上，虽然法律文本由法律概念、规则和原则构成，但在动态的司法实践中，概念乃规则意义的主要承受者，原则为法律概念意义的扩散负有正当性论证之职责。正基于此，从技术的角度看，法律解释的核心问题就是对法律概念的操作问题。当然，必须说明的是，在很多时候，法律原则一方面设定了法律概念意义的可能范围，另一方面又为法律概念意义的扩散提供了理论支援。[①] 如果运用法律原则而附加给法律概念的意义已经超越了法律概念解释本身，那么二者间的关系在此时便宣告断裂。法官可以直接运用法律原则来创造一个新的规则，这时的法律解释因此也就演变为对法律原则的解释。[②] 但是，毕竟这种情况在法律解释的理论与实践中所占的比例都是微乎其微。也正是由于这个原因，我们才说概念解释是法律解释的核心，而非全部。

二、法律概念的解释原则

迄今为止，专门针对法律概念解释原则所进行的研究很少。这可能与长期以来我们对法律概念研究中轻视逻辑的作用有关。由于法律概念在法体系的建构和法律运行中的至关重要地位，关于法律概念的解释问题就成为规范法学的一项重要任务。基于此，我们将站在规范法学的立场上，对法律概念的解释原则问题进行研究。

（一）安全性原则

法律概念承载着法治的理想，法治能在多大程度上实现，主要看法律概念和规范对人们的思维有多大程度的约束。因此，在对法律概念进行解释时，必须维护法律规范及概念之安全性，所谓安全性，是指维护通过对解释客观性的追求来确保法律作用的发挥。关于法律之客观性，学术界存在很多争议[③]，甚至有许多学者认为，法律之客观性根本无法获得，其中最典型者，乃后现代法学的主张。但从法治的立场而言，为了保证法律适用之公平和正义，我们必须要保证法律不被随意曲解，并尽可能地限制法律适用者对权力的可能滥用，以维护最起码的法律意义之安全性——即法律概念的固有意义在于能够规范人们的思维。法律的客观性与哲学上的客观性不同，它主要指的是隐含在法律概念之中的固有含义。而作为法律适用安定性的一个最低限度的标准，即是要求任一法律适用都尽可能满足一般民众对该法律适用的心理预期。

维护法律意义安全性的解释原则，要求我们在解释法律概念时，一方面要尽可能在法律文本的意义范围内寻找意义，以保证法律文本的权威；另一方面，如果立法原意无法获得，则必须按照法律概念通常的含义进行解释。只有当按照前述原则进行解释的结果可能带来明显的不公正时，才可以例外地采取目的解释等方法进行解释。但即使如此，按照规范目的对法律概念进行解释时，也不能超出某一法律概念的意义射程，更不能违背法律之基本精神。

（二）整体性原则

整体性原则，是指在对法律概念进行解释时，一方面要将法律概念置于整个法律文本的语

---

① 譬如，一方面，在传统的刑事司法意识形态中，无罪推定原则对法律概念意义的边界就作了严格限制，任何超越立法者所设定的法律概念的意义之解释，都被认为是对立法权的僭越。另一方面，私法中的公平、正义原则，又可能在具体的案件中扩大了对一些概念的理解。

② 当然，我们也完全可以这样认为，至少在当下司法的意识形态中，运用法律原则直接判案必须经由一个对法律概念理解的“试错”过程。亦即，只有在法官穷尽了对法律概念解释的所有努力但却仍然无法从中找到一个他所需要的结论时，他才会诉诸法律原则作为裁判的直接理由。

③ 关于法律解释的客观性的讨论，参见陈金钊：《法律解释的哲理》，96～115页，济南，山东人民出版社，1999。

境当中，另一方面还应考虑概念与概念之间、概念与规范之间、概念与原则之间、概念与整个法律体系之间的逻辑（种属）关系。整体性解释也称为体系解释、系统解释或结构解释。对此，拉伦茨指出，“解释规范时亦须考量规范之意义脉络、上下关系体系地位及其对该当规整的整体脉络之功能为何”①。我国学者梁慧星亦认为，“法律是由许多概念、原则、制度所构成的，但这许多概念、原则、制度绝不是任意的、杂乱无章的堆砌，而是依一定的逻辑关系构成的完整体系，各个法律条文所在位置及与前后相关法律条文之间，均有某种逻辑关系存在。因此，当我们对某个法律条文作解释时，不能不考虑该条文在法律上的位置及其与前后相关条文之间的逻辑关系”②。尽管前述两位学者的论述并非专门针对法律概念的解释，而更多的是就一般法律解释而言，但整体性原则对于法律概念的解释来说尤为重要。因为，法律规则的核心意义一般都通过法律概念来承载，对法律规则的整体性解释的核心，在实质上就是对法律概念的整体性解释。或者说，只要我们实现了对法律概念的整体性解释，那么也就基本满足了对法律规则解释的整体性要求。整体性原则要求，对单独概念意义的解释不能构成法律规范。法律的含义是整体法律的意义。

（三）合法性原则

在通常意义上，法律概念解释的合法性是指对法律概念的解释的合乎逻辑性的要求。不过，至少在法律问题上，我们常常是在两种不同的语境中论及合法性：本体论上的合法性关注法律自身的正当性根据的法哲学问题，方法论上的合法性则是关注法律实现的法律方法论问题。法律方法论中把合法性也称为合法律性。对于“外行人”来说，合法性的含义似乎无须讨论，因为简而言之，合法性无非是指行为合乎法律规定。不过，在法学研究种，合法性的判断是个棘手的问题，是一个没有标准含义的概念。造成这一局面的原因大致有二：其一，只要对“法律是什么”的回答存有争议，那么合法性问题就不可能有确切答案。遗憾的是，迄今为止关于“法律是什么”的讨论还在进行中，并且随着法律文本语境的不断变化，这一问题将成为法律的永恒问题。有多少种关于法律的认识，就有多少种合法性的观念。譬如，以规则为核心的法律，构建的是一种严格规则意义上的合法性理论。这种合法性理论也可称为形式意义上的合法性，它以官方发布的规范作为衡量是否合法的标准。其他的如以程序为核心的合法性、以国家强制为核心的合法性等，都有着不同的对合法性的解读。③ 其二，随着法律解释学研究的不断深化，法律概念、规则甚至原则的意义的不确定性被不断渲染。在这种背景下，除非我们仅仅把合法性理解为一种态度，合法性的标准就不可避免地因为语言本身的模糊性而变得富有争议。由于解释过程中诸多因素的参与，究竟如何理解合法性似乎成了一个很大的问题。也许正是由于这一原因，学术界开始反思传统的经验主义和规范主义两种范式对合法性的理解。通过对法律中商谈主义的系统阐释，哈贝马斯认为法律中的合法性只能通过商谈获得。尽管他的基本观点获得了众多支持者，为了解决这一问题，哈贝马斯又步入了另一个极端：放任没有限度的民主必将带来诉讼的久拖不决，而这将导致法律秩序的丧失。

我们的看法是，如果我们能够实现考夫曼的类型理论④与哈贝马斯理论的视域融合，即一方面接受考氏理论在坚持目光来回往返于事实与规范之间的基础上对理解者偏见的承认，从而赋予法以实质内容，另一方面又将这种偏见纳入哈氏论证规则的约束之下，以法律共同体的合

① ［德］卡尔·拉伦茨：《法学方法论》，陈爱娥译，316页，北京，商务印书馆，2003。

② 梁慧星：《裁判的方法》，89页，北京，法律出版社，2003。

③ 参见陈金钊：《法律解释的哲理》，124～125页，济南，山东人民出版社，1999。

④ 详细论述参见［德］亚图·考夫曼：《类推与“事物本质”——兼论类型理论》，吴从周译，颜厥安审校，台北，学林文化事业有限公司，1999。

意替代考氏抽象的事物本质，那么合法性也许就能实现。当然，考虑到理性与效率的关系，我们也不同意类似哈贝马斯和阿列克西对论证程序的无限期搁置，并认为在理性与效率难以兼顾的情形下，必须以效率截断理性之滥用。因而，法律论证的主体必须受到限制。法律概念解释的合法性的基本含义是：以类型思维，在法官“目光来回往返”于规范与事实之间的基础上，所实现的法律共同体之间最大程度的合意。

（四）妥当性原则

在绝大多数案件中，对涉案有关法律概念的解释，一般都可通过合法性解释获得恰当的结论。但在疑难案件尤其是在该案件引起足够多的关注时，仅通过合法性解释就可能影响到案件审理的政治的、社会的和法律的效果。在这种情况下，解释者必须把某一法律概念置于一个更大的背景下进行理解，以使他的解释在不违背法律安定性的前提下，能够最大限度地被接受。根据这一看法，并按照我们讨论合法性问题的基本思路，我们认为，此处所言之法律概念解释的妥当性，是指在不违背法律安定性的基本前提下，超越法律共同体对法律规范的可能意义所“划定”的界限，为在个案中实现利益平衡和满足一般人对法律的心理需求，而对法律概念的意义进行扩张或限缩、在最广泛的主体之间所达致的一种合意。

三、法律概念解释的方法

关于法律解释方法的研究取得了丰硕的成果①，但对法律概念的解释方法的专门研究还很少见。当然，一般意义上的法律解释方法似乎都可以运用到对法律概念的解释当中，因为法律解释的核心即是对法律概念的解释。不过，由于法律概念、规则和原则间的不同，对它们的解释方法亦应有所不同。譬如，对于原则的解释，基本上完全在价值层面进行；而对规则的解释，则更多地侧重于语义及体系解释。而对法律概念的解释方法，除了可以参考一般的法律解释方法外，还应考虑到法律概念自身的特点。根据前文对法律概念的含义、特征和功能的分析，接下来将就法律概念的解释方法问题进行讨论。根据我们的看法，法律概念的解释方法大致有如下四种：词（字）典解释方法、逻辑解释方法、类型化解释方法、价值分析方法。

（一）词（字）典解释方法

法律概念一般以词或字的形式表现出来。为了便于一般民众对法律的了解，立法者在使用这些词或字时，一般都赋予了这些词或字最为人们所熟知的含义，而这些含义，一般来说是通过词典而被固定下来的，如果有超越字词的一般含义，立法者就会有特别的说明或者界定。对法律没有特别的约定和说明的概念，人们便可以运用查词典的方法对相关字或词进行解释，“使得判决意见书得出的结论透露出一种客观、精准、确定的味道”②。也许正是由于这个原因，“在美国，各级法院很早就使用了词（字）典作为一种辅助工具，对法律进行文义解释。‘最高法院在长达两个世纪的岁月中，已经参考了各种词典处理了不下600宗案件……近年来，最高法院对词典的依赖已渐渐到了前所未有的程度’”③。不过，由于词典中对某一字、词往往并非只有一个解释，这样一来，我们该怎样确定词典的某一含义是法律条款中的应有之意，应选择哪一种词典作为我们解释的工具，就成为一个很大的问题。④ 运用词典对法律文本进行解释面临着不少难以克服的困难。以美国最高法院为例，他们对词典的倚重，受到了如下批

① 就该问题的专门研究，参见陈金钊等：《法律方法论》，111～190页，北京，中国政法大学出版社，2007。

② 屈文生：《布莱克法律词典述评：历史与现状》，载《比较法研究》，2009（1）。

③ 陈金钊：《法律解释的哲理》，277～278页，济南，山东人民出版社，1999。

④ 参见陈金钊：《法律解释的哲理》，277～278页，济南，山东人民出版社，1999。

评：其一，最高法院对词典的使用具有很大的或然性。其二，使用词典并不能达到真正解释某一争议语词确切含义的目的。其三，词典实际上并不能真正反映出语词在某一特定情境下的含义。①

尽管运用词典对法律文本进行解释面临着上述诸多困难，但从法治的基本理念而言，以词典解释为基本工具的文本主义无疑在姿态上是对法治的最好诠释。而从法律运行的实际状况而言，绝大多数案件都可通过对词典的使用来获得对相关法律文本含义的说明，并最终达致一个较为妥当的审判意见。也正因此，学术界一般认为，在法律方法的使用位阶中，以词典解释为典型特征的文义解释乃法律适用者首先需要尝试的方法。唯有在借助词典无法实现规范意旨的时候，方可使用其他方法对法律文本进行解释。用词（字）典的解释方法与常义解释的方法很接近，是确定法律概念日常意义的一种方法。这种方法不适合于法律已经明确表示的意义；也不适合解释一些专业性很强的概念，即法义优于日常含义，专业含义优于日常含义。

（二）逻辑解释方法

通过对法律概念进行逻辑演绎而获得判决结论，乃概念法学的基本主张。而关于概念法学，学术界的一般评价是：它奠基于自文艺复兴以来弥漫于西欧学术界的理性主义意识形态。作为对人类理性神圣崇拜的结果，它先是构建了一个法律概念的金字塔，然后通过演绎的方法，以数学般精确的计算，演绎出一个逻辑自足、价值无涉，并因而是纯粹、自洽、完美的法律体系，以此达到维护法学作为科学的品性。

概念法学所铸造的法律的概念天国受到了后世的无情嘲讽。而伴随对概念法学进行激烈批判而来的利益法学及其后裔自由法学、现实主义法学、后现代法学等，却又一步一步地迈入了法律不确定性的深渊。在我们看来，尽管奠基于近代科学理性的概念法学在其基本宗旨上带有很大的理想成分，但其对法律客观性的追求无疑是必须肯定的。而在方法论上，概念法学对逻辑演绎的情有独钟虽然也有些言过其实，但这并不意味着逻辑方法在法律概念的操作上应该完全被抛弃。而且，在经历了后现代法学对法律不确定性的极度渲染的背景下，我们必须要认真对待传统的逻辑推理，并最大可能地发挥逻辑推理在法律适用中的优势，以此维护法律的安定性。

对法律概念进行逻辑推理的一般要求是，下位概念必须能够被上位概念所涵摄。由于法律文本在实质上乃一个概念体系②，且绝大多数法律概念都具备承载价值的功能，法律适用者在对法律概念的意义进行解释时，就必须将法律文本中的各种法律概念进行逻辑归类，并发现其中的涵摄关系，然后，在这一逻辑体系中对法律概念进行操作。譬如，前文提到的刑法典中的核心概念体系，其中的每一个要素都处于一个相对完整的逻辑体系当中，它们之间必须在意义上具备某种关联，并形成一个完整的意义脉络。对法律概念的任何解释，都必须在这个意义脉络或意义链条内进行方为有效。

（三）类型化解释方法

依《辞海》解释，所谓类型，是指按照事物共同性质、特点而形成的类别。按照这个对类型的一般定义，我们首先获得的就是类型的强烈客观性特征。而且，根据这一定义，类型与概念间的区分似乎是显而易见的，亦即，对不同概念本质上的认同，构成了某一具有共同特征的类型。然而，当我们从法学方法论的角度试图对二者作出区分时，却发现这一工作并非如其概

① 参见屈文生：《布莱克法律词典述评：历史与现状》，载《比较法研究》，2009（1）。

② 按照规范法学的一般看法，法律由概念、规则和原则构成。但无论是规则还是原则，其核心要素实际上都是概念。从这个意义上，概念法学将法律看作是一个概念天国并没有错。

念所表明的那样简单。尤其是，当我们把法律概念理解为“基于法律共同体的约定而承载法律价值的制定法上的最小语言单位”时，二者间的界限就愈发模糊。因为，法律思维无时无刻都伴随着法律适用者的价值判断，对法律概念进行具体操作的实质，无非是发现该概念的意义射程。而在这一寻求概念之意义射程的过程中，传统意义上非此即彼的概念式思维根本无法满足理解者的需要。很多时候，他们往往根据对案件事实的解读，为某一概念设定一个能够实现意义扩散的关键点。而这一思维方式已经是一种不折不扣的类型思维了。举一个简单的例子，在我国刑法所规定的危险犯罪中，什么是“危险方法”？这些通常作为概念来看待的语词，其实也是类型。在与案件事实遭遇之前，我们仅知道它是一种类似于放火、投毒、决水等可能造成不特定多数人的生命和财产权利受到损害的行为。但这仅仅是它的核心特征，法官的任务无非是运用这一特征对当下案件事实进行归类，以决定可否将某一具体行为定性为危险方法，这显然是一种类型思维。

当一个概念的意义相对确定，并且当下案件所涉及的事实完全可以由这一概念所涵摄，我们就无须费力地运用类型思维为法律适用的合法性进行论证。然而，当一个概念的内涵并非清晰，当下案件涉及的主要事实又不能顺理成章地被制定法上的概念所涵摄，那么，为了实现法律解释的合法性，就必须对这一概念的意义射程进行分析，而这一分析过程实际上往往演变为一个类推的过程。正如莱嫩所言：“虽然法律中适用的大多数概念具有一个稳定的意义内核，但同时也具有一个‘边缘领域’。如何给一个概念的适用范围划定界限呢？在‘边缘领域’内部，也只能通过解释才可确定其界限。在许多情况下，法律看上去是给某个概念下了定义，但实际上只是对某种类型进行了限定。”① 这样一来，虽然我们仍然宣称我们是以合法的概念式思维为法律的具体适用找到了根据，但这充其量仅仅是一种姿态，而这一姿态背后，恰恰是悄悄进行着的基于利益衡量的类推。

（四）价值分析方法

价值判断充斥于法学以及法律实践的各个角落，而这些价值判断绝大多数都伴随着对法律概念的解释而进入人们的思想和生活。原因在于，作为具有强烈规范性特征的法律概念，承载着立法者及一般民众对它的价值期待。法律适用者在解释这些法律概念时，必须以规范意旨为导向，通过价值分析的方法，发现蕴藏在这些法律概念背后的意义。为更清晰地说明法律概念解释中的价值分析方法，现以前文提到过的刑法典中的“财物”概念为例对此加以说明。在以“财物”作为行为对象的犯罪中，一个首要的问题是，什么是财物？对此，中外学术界有不同的看法。譬如，日本学术界曾认为作为盗窃对象的财物包括有体物和无体物，但现在日本的权威学者在界定财物时，一般都主张财物仅限于有体物。这样一来，除了刑法典有明确规定者外(譬如通过法律拟制的方式将电气规定为财物)，盗窃其他无体物则不构成盗窃罪。而我国有学者认为，从我国的立法体例与司法实践来看，盗窃罪中的财物应包含有体物和无体物。因而，除了刑法典中的明确规定外，其他未被明示的无体物亦可成为盗窃罪的行为对象。②

财物是否包括无体物，这实际上涉及法哲学上实质刑法观和形式刑法观的争论。尽管“财物”本身与法哲学上的价值无关，但“财物”范围的界定，却是一个法哲学问题。而这一问题的解决，必然回溯到对不同刑法立场和价值诉求的讨论。质言之，若坚持实质刑法学立场，那么解释者将赋予无体物“财物”的身份，反之则相反。因而，对许多法律概念的不同解释背后，都包含着不同价值观之间的冲突。解释者最后选择了哪一种解释，取决于他在刑法基本问

① 转引自［德］卡尔·拉伦茨：《德国民法通论》，王晓晔等译，102页，北京，法律出版社，2003。

② 参见张明楷：《刑法分则的解释原理》，266～267页，北京，中国人民大学出版社，2004。

题上所持的立场。在这个意义上，对法律概念的价值分析，就带有明显的价值相对主义成分。尽管我们应力图避免法律适用中的价值相对主义，但由于法学的特性，价值相对主义似乎将伴随着法律运行的整个过程，也正因此，我们才需要进一步加强对法律概念解释的研究，以最大限度地对法律解释中的价值相对主义进行限制。

思考与练习

一、简答题

1. 什么是概念？概念的种类有哪些？各有什么特点？

2. 什么是概念的内涵和外延？概念与语词有什么关系？

3. 如何区分集合概念与非集合概念？

4. 概念的外延之间有哪几种关系？矛盾关系与反对关系有何区别？

5. 什么是定义？定义有哪些规则？

6. 什么是划分？划分有哪些规则？

7. 什么是概念的限制和概括？

8. 什么是法律概念？法律概念有什么特征与功能？

9. 法律概念的解释应该注意什么问题？

二、指出下列各题中，是从内涵还是从外延方面来说明标有横线的概念

1. 凡是具有中华人民共和国国籍，依照宪法和法律享有权利和承担义务的人都是中华人民共和国公民。

2. 军队、警察、法庭等项国家机器是阶级压迫的工具。

3. 严重违法行为是指触犯刑事法规，应该受到刑事处分的行为。

4. 专门人民法院包括：军事法院、铁路运输法院、水上运输法院、森林法院以及其他专门法院。

三、指出下列各题中，标有横线的概念，是集合概念还是非集合概念

1. 小兴安岭山脉资源丰富。

2. 中国人说话是算数的。

3. 华罗庚是中国人。

4. 群众是真正的英雄。

5. 张同志不是党员是群众。

四、指出下列概念分别属于单独概念还是普遍概念，集合概念还是非集合概念，肯定概念还是否定概念

例：中国共产党（单独概念、集合概念、肯定概念）

1. 法律

2. 中华人民共和国

3. 非正常死亡

4. 无罪

五、指出下列各组概念之间的关系

1. 司法工作人员、审判员

2. 教师、律师

3. 青年、法律工作者

4. 贪污罪、盗窃罪
5. 正常死亡、非正常死亡

六、用图解的方法表示下列各组概念之间的关系

1. 审判员、共产党员、青年人
2. 工人、石油工人、先进工作者
3. 资本主义国家、日本、亚洲的国家
4. 犯罪、侵犯财产罪、盗窃罪

七、对下列概念各进行一次概括和限制

例：

犯罪 ←概括— 侵犯财产罪 —限制→ 盗窃罪

1. 刑法
2. 罪犯
3. 中级人民法院
4. 概念

八、下列语句作为定义是否正确，对其中不正确的，指出其违反了哪条规则、犯了哪种逻辑错误

1. 宪法是国家的法律。
2. 非法行为就是违法反法律的行为。
3. 失败是成功之母。
4. 国家是资产阶级压迫劳动人民的工具。

九、指出下列划分是否正确，对其中不正确的划分，指出其违反哪条规则，犯了哪种逻辑错误

1. 人的行为分为：合法行为、违法行为和犯罪行为。
2. 非正常死亡分为自杀、他杀。
3. 犯罪集团分为：主犯、从犯。
4. 近亲属有：父、母、夫、妻、子、女、同胞兄弟姊妹、叔父、伯父。
5. 犯罪分为：故意犯罪、过失犯罪和共同犯罪。

第四章 判断与法律判断

司法权在本质上是一种判断权。[①] 法官的主要工作就是要对原被告争议的事实、诉求等进行判断。因而一个法官的能力主要就表现在其判断力上。虽然我们都清楚，司法是综合法律、价值、方法和社会情势等因素的运用过程，但在思维的每一个环节都离不开判断。法律推理被有些法学家视为法律逻辑或法律方法论的核心，然而必须牢记的是：推理是在判断的基础上进行的，没有判断就无所谓推理，因此，法律判断是法律人最基本思维方式之一，在法律逻辑学体系中具有重要位置。

第一节　法律判断的逻辑基础

尽管法律判断是判断在法律领域中的运用，但并不是所有在司法、立法领域的判断都是法律判断。法律判断像其他判断一样，必须遵守判断的一般规则，然而它有自身的特点：法律判断是根据法律的判断。关于事实真假的断定属于一般判断，只有据法判断才是法律判断。这里的法是广义上的法，包括制定法、法律精神、法律价值等。法律判断是在具体的语境之中对事实的法律意义或者待处理的纠纷问题有所断定，主要描述法律判断的逻辑基础。

一、判断、命题与语句

思维是人脑的特殊机能，是对客观事物情况的反映。不管什么样的思维内容，理性思维都要依赖概念、判断、推理这样的思维形式。法律人最重要的专业能力就是判断力，从某种意义上说，司法过程就是一个解释、论证法律命题和形成法律判断的过程。在司法中，对法律的意义初步有所断定的命题，经证成就会形成法律判断。这个命题既是法律思维的结果也是进一步分析法律事实并赋予事实以法律意义的根据。

（一）判断与命题

在逻辑学中，判断与命题是一对关系密切的概念。命题是对事物有所断定的思维形式。通常认为，命题与判断一样，都具有断定性和真假值的逻辑特征，但是，与命题不同的是，判断都是由特定主体作出的，主观性比较强，由于认识主体认识能力、知识结构、评价标准等因素的不同，所以，对于同样的事物情况，不同的主体可能会作出不同的断定，形成不同的判断。另外，命题一旦形成就只表示其抽象、确定的文本意义，判断更强调的是断定作出的过程。对

---

① 参见孙笑侠：《司法权的本质是判断权》，载《法学》，1998（8）。

于逻辑基础知识而言，命题是重点研究的核心概念，而对于法律方法而言，则是重点研究判断。

（二）命题的含义和特征

命题是对事物情况有所断定的思维形式，相当于自然语言中的句子。事物情况多种多样，可以是事物自身的性质，也可以是事物之间的关系，或者是一事物情况与另一事物情况的联系。这些事物情况反映在脑海中就形成了思想。思想通过语句的形式表达出来就形成了命题。断定是指人们对某种事物情况的肯定或否定。对事物情况的断定有两种：肯定的断定或者否定的断定。断定表现的是人们对客观事物情况的一种认识，是对事物情况的反映。

例如：

① 如果有法不依，那么有法亦同无法。

② 权力没有监督和制约机制必然会产生腐败。

③ 相同的事情应当相同处理。

④ 只有被告人口供，没有其他证据的，不能认定被告人有罪和处以刑罚。

命题有两个基本的逻辑特征：第一，命题都有所断定。要么对事物情况作出某种肯定，要么作出某种否定。上述列举中，①②③表达的是肯定断定，④表达的是否定断定。而“你是法官吗?”这样的语句表达的是询问，既没有肯定什么，也没有否定什么，所以不是命题。第二，命题都有真值。真值有两种：真值真和真值假。在二值逻辑中，一个命题要么是真的，要么是假的。命题表达的是人们对事物性质和关系的断定，是对事物情况的反映，这种断定和反映就有是否符合客观实际的问题。凡是符合客观实际的命题就是真命题，凡是不符合客观实际的命题就是假命题。真命题的真值为真，假命题的真值为假。例如，“外面在下雨”，这一语句就是关于目前客观情况的命题；“张三借给了李四 3 000 元”，这是关于过去已发生的客观情况的命题；“我不应该闯红灯”，这是“我”对过去的行为认识的命题。这些命题如果与实际符合就是真的或者相当于真的，其评价常常为合理的、妥当的、正当的、有效的等。不符合就是假的或者相当于假的，其评价常常为不合理的、不妥当的、不正当的、非有效的等。本节所言之命题的真值非真即假、非假即真。命题的这两个逻辑特征是区分一个语句是否是命题的依据，所有命题都有所断定有真假（或相当于真假），有所断定有真假的语句才是命题。这两个特征也是区分多个语句是否是同一个命题的依据，有相同断定相同真假的语句是同一个命题，真假不同断定不同的语句则是不同的命题。

（三）命题与语句

命题和语句既有联系又有区别。一方面，所有的命题都是由语句表达的，命题作为一种思维形式，不能离开语句而存在；另一方面，语句是包含思想内容的特殊符号形式，通常表达一定的命题。但命题和语句不是一一对应关系。

第一，所有的命题都通过语句来表达，但是并非所有的语句都直接表达命题。一般认为，只有陈述句和反诘句直接表达命题；疑问句和感叹句用来提出疑问和抒发感情，对客观事物并没有肯定或否定，也没有真假，所以不表达命题；祈使句往往预设一个命题，而不直接表达命题。

第二，同一命题可以用不同的语句表达。例如下面三个语句：“没有无因之果。”“难道会有没有原因的结果吗?”“所有的结果都不是没有原因的。”它们的断定是一样的，表达了同一个命题，但是语言表达方式不同。从修辞学的角度来看，在不同的场景中针对不同的受众，可能会有不同的效果。另外，在交流过程中，我们要注意不同的语句断定了什么，避免把表达相同命题的语句当做不同的命题。同一语境下，对同一件事情，不同主体可能用不同的语句表达其观点和看法，这些语句可能是同一命题（或不同命题）。不同一语境下，对同一件事情相同的主体也可能用不同的语句表达其观点和看法，这些语句可能是不同的命题（或同一命题）。

第三，同一语句可以表达不同的命题。通常因为语句包含歧义词，或者语句的逻辑结构不确定所导致。例如，古时一老人立遗嘱："八十老人所生一子家中财产完全付给女婿外人不得干涉"，由于断句的原因，儿子和女婿都可以进行完全有利于自己的解释。又如《民法典》第1253条规定："建筑物、构筑物或者其他设施及其搁置物、悬挂物发生脱落、坠落造成他人损害，所有人、管理人或者使用人不能证明自己没有过错的，应当承担侵权责任。"承担侵权责任的主体可以有两种理解：其一，指"建筑物"的所有人、管理人或者使用人，其二，指"坠落物"的所有人、管理人或者使用人。由此，同一个法条有两种不同的断定，可以表达两个命题。我们从立法者原意或者法律体系的角度才可以判断出哪一种解释正确。

命题和语句的关系提醒我们，尽可能用符合逻辑规范的语句来表达法律规定。比如，我国行政诉讼第一案就是因为《治安管理处罚条例》规定拘留15天的一个条件是"造谣惑众，寻衅滋事"，如果当事人"寻衅滋事"但并没有"造谣惑众"，那么，其中的逗号"，"断定的是"并且"还是"或者"，产生了法律适用的困难，因而经过一审、二审和再审。后来在《治安管理处罚法》中就用"或者"来替代了逗号"，"避免理解分歧。"并且""或者"是规范的逻辑用语，含义清楚明确，立法技术层面上更加严谨。

（四）命题的逻辑形式及其逻辑性质

命题的逻辑形式，是指命题内在的规范的逻辑结构，即命题究竟断定的内容是什么。逻辑形式与语言表达形式不同。例如，"未经人民法院依法判决，对任何人都不得确定有罪"这个命题，语言形式上并没有逻辑量词和连接词，但是我们分析的时候需要添加逻辑连接词，这个命题规范的表达是：只有经过人民法院判决，才可以确定一个人有罪，它断定了"经过人民法院判决"是"确定一个人有罪"的必要条件。因此，对一个命题进行逻辑分析时，我们需要确定特定语言环境下的语句究竟断定了什么，把语言形式上没有而逻辑上有的东西补充完整，分辨出逻辑常项和逻辑变项，明确命题各个组成部分的相互关系。经过这样的逻辑分析，命题断定的内容就更加清晰了，而且，通过这样的逻辑分析，还可以检验语句是否表达了应有之义。

例如，对下面的命题进行逻辑分析：

如果精神病人在不能辨认自己行为时造成危害结果，或者不能控制自己行为时造成危害结果，并且经法定程序鉴定确认，那么他应当不负刑事责任。

首先找出其主联结词，即"如果，那么"，其次看子命题的形式。其中，"精神病人在不能辨认自己行为时造成危害结果，或者不能控制自己行为时造成危害结果，并且经法定程序鉴定确认"总体上是联言命题，"精神病人在不能辨认自己行为的时候造成危害结果或者不能控制自己行为的时候造成危害结果"是选言命题。整个命题的逻辑结构为：

如果（p或者q）并且r，那么应当s。

p为"精神病人在不能辨认自己行为的时候造成危害结果"；q为"精神病人在不能控制自己行为的时候造成危害结果"；r为"经法定程序鉴定确认"；s为"不负刑事责任"。

通过上述逻辑分析，还可以发现法律规范中存在的漏洞。例如："判处死刑缓期执行的，在死刑缓期执行期间，如果没有故意犯罪，二年期满以后，减为无期徒刑；如果确有重大立功表现，二年期满以后，减为十五年以上二十年以下有期徒刑；如果故意犯罪，查证属实的，由最高人民法院核准，执行死刑。"这个命题断定了判处死刑缓期执行的罪犯的可能情况：或者没有故意犯罪或者故意犯罪，或者确有重大立功表现或者没有重大立功表现。如果没有故意犯罪，二年期满以后，减为无期徒刑；如果故意犯罪，查证属实的，由最高人民法院核准，执行死刑。逻辑上，存在"没有故意犯罪和有重大立功表现"和"故意犯罪又有重大立功表现"的可能性。如果“没有故意犯罪和有重大立功表现”，那么可以适用“二年期满以后，减为十五年以上二十年以下有期徒刑”。但是，如果故意犯罪又有重大立功表现，法律上就出现了矛盾，“查证属实的，由最高人民法院核准，执行死刑”和“二年期满以后，减为十五年以上二十年以下有期徒刑”不能同时执行。

命题形式不同，则命题的逻辑性质不同，命题的逻辑性质不同，则断定不同，真假不同，由此而进行的推理形式也不相同。如前面所述，相同的语言形式（语句）可以表达不同的命题，内容不同的命题，它们的命题形式可以相同。比如，相同的命题形式“如果 p，那么 q”，我们可以用不同的题材替代其中的变项“p”和“q”：

① 如果有法不依，那么有法亦同无法。

② 如果公司为公司股东或者实际控制人提供担保的，必须经股东会或者股东大会决议。

命题的基本逻辑要求是：命题应当正确、恰当。所谓命题正确，包括两方面含义：一是命题应当正确地反映思维对象的实际情况，达到主观断定与客观对象的符合一致；二是命题的形式应当正确，即合乎相关的形式结构及逻辑规则。命题恰当是对命题量的要求，就是说，一个命题不仅应当内容真实、形式正确，而且对思维对象的断定在量上还应当是恰如其分的，这是对命题的更高层次的要求。做到命题的正确、恰当涉及多方面因素，法律逻辑学主要是结合对法律规范的分析，来研究各种命题的形式结构，它们各自的逻辑特性及彼此间的真假关系，从而为法律工作者进行正确恰当的判断，正确恰当地理解法律条文中的各类命题提供有用的逻辑知识和逻辑方法。

（五）命题的种类

命题的形式是多种多样的，对命题的分类也可以有不同的方法。从命题的形式结构出发，首先根据命题是否包含有“必然”“可能”“必须”“允许”之类的模态词，可以把命题分为模态命题和非模态命题。对非模态命题，根据一个命题是否包含有其他的命题可以把命题分为简单命题和复合命题，简单命题即不包含其他命题的命题，复合命题即包含有其他命题的命题；然后可以把简单命题分为直言命题和关系命题；最后根据复合命题所包含的支命题之间的逻辑关系不同，可以把复合命题分为联言命题、选言命题、假言命题和负命题。模态命题又可以分为狭义模态命题和规范命题。

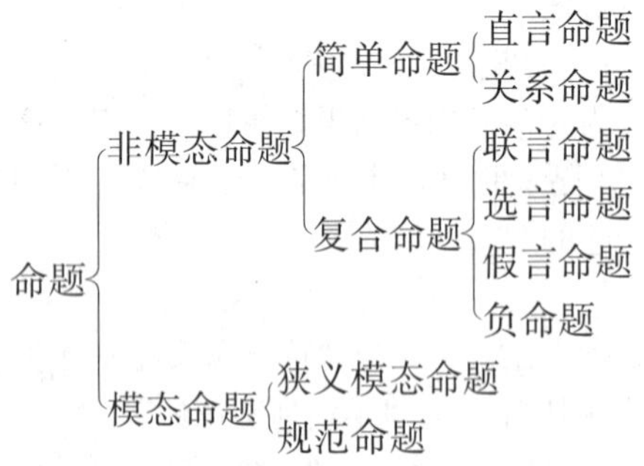

二、常见的命题种类

（一）简单命题

简单命题有直言命题和关系命题两种。

1. 直言命题

直言命题是断定主项 S 与谓项 P 之间的外延关系的命题。例如：

① 用人单位规章制度是在本单位内部实施的、关于组织劳动过程和进行劳动管理的制度。

② 所有人都不是完美无缺的。

③ 有些律师是兼职的。

从逻辑结构上分析，直言命题由四个要素组成：主项、谓项、量项和联项。主项是在命题中表达被断定对象的概念。谓项是表示命题所断定的对象具有或不具有性质的概念。量项是表示主项外延数量的概念，量项有三种情况：全称、特称和单称。全称量项表达直言命题所断定的是主项的全部外延，通常可以省略；特称量项表达主项所指称的对象存在，需要注意的是逻辑上的“有”“有的”的含义是“至少一个，至多全部”，日常语言中所讲的“有的”“有些”含义是“仅仅有一些”，不包括全部；单称量项表达直言命题断定的是某类对象的一个分子。联项是表示主项和谓项之间联系的概念，联项可分为肯定联项和否定联项。如果用字母“S”代表主项，用“P”代表谓项，那么可以用如下公式表示直言命题的结构：

所有的（或有些或某个）S是（或不是）P。

根据量项和联项的不同，可以对直言命题进行分类，共有6种直言命题：单称肯定命题、单称否定命题、全称肯定命题、全称否定命题、特称肯定命题和特称否定命题。通常情况下，单称命题可以看作主项外延只有一个的全称命题。这样，我们就得到四种基本的直言命题：全称肯定命题、全称否定命题、特称肯定命题和特称否定命题。

（1）全称肯定命题：所有的S是P。（A命题，SAP）

（2）全称否定命题：所有的S不是P。（E命题，SEP）

（3）特称肯定命题：有些S是P。（I命题，SIP）

（4）特称否定命题：有些S不是P。（O命题，SOP）

在一个直言命题中，其主项和谓项的外延被断定的情况有两种：如果它的主项或谓项的外延被全部地作出了断定，那么，这个直言命题的主项或谓项就是周延的；反之，如果一个直言命题的主项或谓项的外延没有被全部断定，那么，这个直言命题的主项或谓项就是不周延的。项的周延性是针对直言命题形式而言的，与实际内容无关。换句话说，只需要通过直言命题形式来判断主谓项是否周延。具体来讲，主项的周延情况取决于量项。“所有S”断定了主项S的全部外延，“有的S”没有断定主项S的全部外延。因此，全称命题的主项周延，特称命题的主项不周延。谓项的周延情况取决于联项。“是P”断定了有P，但没有断定谓项P的全部外延；“不是P”断定了谓项P的全部外延被排斥。因此，肯定命题的谓项不周延，否定命题的谓项周延。我们可以用下表来表示A、E、I、O四种直言命题主项和谓项的周延情况：

表4-1　直言命题主项和谓项的周延情况

命题种类	主项	谓项
A	周延	不周延
E	周延	周延
I	不周延	不周延
O	不周延	周延

最后我们讨论直言命题真假的判定。

从定义可以看出，直言命题本质上就是断定主项S与谓项P之间外延关系的命题，因此，一个直言命题的真假值，就取决于它的断定是否符合主项S与谓项P之间事实上的外延关系。

客观上，主项 S 与谓项 P 之间事实上的外延关系有并且只有五种：全同关系、真包含关系、包含关系、交叉关系和全异关系。据此我们可以写出四种直言命题的真值规律，如下表所示：

表 4－2　直言命题的真值规律（T 表示“真”，F 表示“假”）

S 与 P 的外延关系 / 命题形式的真假 / 命题形式的种类	SP	S P	P S	S P	S P
SAP	T	T	F	F	F
SEP	F	F	F	F	T
SIP	T	T	T	T	F
SOP	F	F	T	T	T

由表 4－2 可以看出：SAP 和 SOP、SEP 和 SIP 不能同真，不能同假；SAP 和 SIP、SEP 和 SOP 可以同真，可以同假，并且当全称命题真的时候相应的特称命题也真，当特称命题假的时候相应的全称命题也假；SAP 和 SEP 不能同真，可以同假；SIP 和 SOP 不能同假，可以同真。

如果两个直言命题的主项和谓项都相同，那么，这两个命题就称为同素材的命题。如“有些教师是律师”和“有些教师不是律师”，这两个命题虽然质不同，一个为肯定命题，一个为否定命题，但它们的主、谓项相同，就属于同素材的直言命题。在同素材的直言命题之间存在着一种真假上的相互制约关系，即知道了一个命题的真或假，就能推知另一个或几个同素材直言命题的真或假。同素材的直言命题之间的真假制约关系，传统逻辑称之为“对当关系”。A、E、I、O 四种直言命题间的对当关系有四种不同情况：

矛盾关系，存在于 SAP 和 SOP、SEP 和 SIP 之间，不能同真，不能同假；差等关系，也叫从属关系，存在于 SAP 和 SIP、SEP 和 SOP 之间，可以同真，可以同假，并且当全称命题真的时候相应的特称命题也真，当特称命题假的时候相应的全称命题也假；反对关系，存在于 SAP 和 SEP 之间，不能同真，可以同假；下反对关系，存在于 SIP 和 SOP 之间，不能同假，可以同真。如下图所示：

图 4－1　直言命题的对当关系

上图也称为“逻辑方阵”，“逻辑方阵”直观地表示出了四种直言命题间的真假关系，根据这一图形所表示的关系，可以从一种命题的真假，去推知另三种命题的真或假。

2. 关系命题

关系命题也是简单命题的一种，它是断定思维对象之间关系的命题。思维对象之间最常见、最主要的关系有两种，即对称性关系和传递性关系。

对称性关系存在于两个思维对象之间，在一个特定论域中，它有三种不同的情况：第一种情况是：对于两个思维对象 a 和 b 而言，如果 a 对 b 存在着关系 R，那么，b 对 a 也一定存在着关系 R，这种关系 R 在逻辑上称为对称关系。对称关系用公式来表示就是：如果 aRb 真，则 bRa 也真。第二种情况是：对于两个思维对象 a 和 b 而言，如果 a 对 b 存在着关系 R，那么，b 对 a 就一定不存在关系 R，这种关系在逻辑上称为反对称关系。反对称关系用公式来表示就是：如果 aRb 真，则 bRa 必假。第三种情况是：对于两个思维对象 a 和 b 而言，如果 a 对 b 存在着关系 R，那么，b 对 a 可能存在关系 R，也可能不存在关系 R，这种关系在逻辑上称为非对称关系。非对称关系用公式来表示就是：如果 aRb 真，则 bRa 真假不定。

传递性关系存在于三个或三个以上思维对象之间，在一个特定论域中有三种情况：第一种情况是：对于思维对象 a、b、c 而言，如果 a 对 b 存在关系 R，b 对 c 也存在关系 R，那么，a 对 c 就一定存在关系 R，这种关系在逻辑上称为传递关系。传递关系用公式来表示就是：如果 aRb 真，bRc 真，则 aRc 也真。第二种情况是：对于思维对象 a、b、c 而言，如果 a 对 b 存在关系 R，b 对 c 存在关系 R，那么，a 对 c 就一定不存在关系 R，这种关系在逻辑上称为反传递关系。反传递关系用公式来表示就是：如果 aRb 真，bRc 真，则 aRc 必假。第三种情况是：对于思维对象 a、b、c 而言，如果 a 对 b 存在关系 R，b 对 c 存在关系 R，那么，a 对 c 可能存在关系 R，也可能不存在关系 R，这种关系在逻辑上称为非传递关系。非传递关系用公式来表示就是：如果 aRb 真，bRc 真，则 aRc 真假不定。

（二）复合命题

复合命题是包含其他命题的命题，它是由两个或两个以上的简单命题通过一定的逻辑连接词联结而成的，因此，复合命题的逻辑变项是命题，而不是概念。复合命题的真假则取决于构成它的子命题的真假。复合命题因构成它的子命题之间的逻辑关系不同而显现不同的逻辑特性，形成不同的复合命题形式。我们可以根据各种复合命题的逻辑特性进行推理。复合命题分为联言命题、选言命题、假言命题、负命题和多重复合命题。

1. 联言命题

所谓联言命题，就是断定思维对象若干种情况同时存在的命题。联言命题通常由两部分构成：其一是子命题，即构成联言命题的命题，又叫联言肢，联言命题的子命题至少是两个，也可以有更多。其二是联结项，即联结子命题的逻辑连接词。在汉语中，用于表达联言命题逻辑连接词的语词有很多，常见的有：“……和……”“……并且……”“不仅……而且……”“既……又……”“虽然……但是……”等。

如果用 p、q 表示联言命题的子命题，用“并且”表示联言命题的逻辑连接词，那么，一个由两个联言肢组成的联言命题的逻辑结构可用如下公式来表示：

p 并且 q

连接词“并且”用符号“∧”（读作“合取”）表示，这样，上述公式也可表示为：

$p \land q$

这个公式在数理逻辑中称为“合取式”，读作“p 合取 q”。

组成联言命题的每一个子命题都是对一种思维对象情况的断定。联言命题的真假取决于构成它的联言肢的真假。一个联言命题只有当它的子命题都是真的，亦即构成它的每一个子命题所断定的情况都存在时，该联言命题才是真的。联言命题只要有一个子命题是假的，那么整个联言命题就不成立。

联言命题的真假和构成它的子命题的真假之间的制约关系，可以用下表来表示：

表 4－3　联言命题的真值表

p	q	p∧q
真	真	真
真	假	假
假	真	假
假	假	假

上表在现代逻辑中被称为“真值表”，由美国逻辑学家皮尔斯首创，用以对构造复合命题的逻辑连接词进行严格的定义，同时也揭示了各种复合命题的逻辑特征。从表中可以清楚地看出，一个联言命题的逻辑值（包括真值和假值）与构成它的子命题的逻辑值之间的关系。按照真值表，一个联言命题只要它的子命题都是真的，该联言命题便是真的，至于子命题排列的前后顺序如何并不影响该联言命题的逻辑值，也就是说，如果“p 并且 q”真，那么“q 并且 p”也一样真，它们是等值的。但实际上，有些联言命题的子命题其前后顺序是不能随意颠倒的，一旦改变子命题的前后顺序，整个联言命题的意思就会发生变化，甚至不能成立。

2. 选言命题

选言命题，就是断定思维对象若干可能情况中至少有一种是存在的命题。例如：他的死或者是自然死亡，或者是自杀，或者是他杀。

如果用 p、q 表示选言命题的子命题，用“或者”表示选言命题的逻辑连接词，那么，一个由两个选言肢组成的选言命题的逻辑结构可用下面的公式来表示：

p 或者 q

相容选言命题的逻辑连接词“或者”用符号“∨”（读作“析取”）表示，这样，上述公式也可写作：p∨q。该公式叫做“析取式”，读作“p 析取 q”。在汉语中，常用作相容选言命题连接词的语词有：“……或者……”“可能……可能……”“也许……也许……”等。

一个相容选言命题的真假是由组成它的子命题的真假而确定的。一个真的相容选言命题，其子命题中至少有一个是真的，也可以全都为真；只有当组成相容选言命题的所有子命题都为假时，这个相容选言命题才是假的。相容选言命题的真假与构成它的子命题的真假之间的制约关系可用“真值表”表示如下：

表 4－4　选言命题的真值表

p	q	p∨q
真	真	真
真	假	真
假	真	真
假	假	假

选言命题是断定思维对象若干可能情况的命题。思维对象的可能情况是多种多样的，因而对选言命题而言，存在着一个选言肢是否穷尽的问题，即它的子命题是否列举出了思维对象的所有可能情况。如果一个选言命题的子命题列举出了思维对象的所有可能情况，那么，这个选

言命题的选言肢就是穷尽的，否则就是不穷尽的。

由选言命题的逻辑连接词联结的若干子命题，它们所断定的情况有些是可以同时并存的，有些则是相互排斥的，由此，形成两种逻辑特性各异的选言命题，即相容的选言命题和不相容的选言命题。相容的选言命题就是指其子命题所断定的几种可能情况至少有一种存在并且可以同时存在的选言命题。不相容的选言命题就是指其子命题所断定的若干可能情况有一个存在并且只能有一个存在的选言命题。相容的选言推理就是以相容选言命题为大前提，并根据相容选言命题的逻辑特性进行的推理。相容选言命题的逻辑特点是，它的支命题至少有一个是真的，也可以同时为真。据此，我们可以通过否定一个相容选言命题的一部分选言肢而肯定它其余的选言肢。不相容的选言推理就是以不相容选言命题为大前提，并根据不相容选言命题的逻辑特性进行的推理。不相容选言命题的特点是：它的支命题至少有一个是真的，也只能有一个是真的。

一个选言命题不穷尽，这个选言命题未必就是假的。因为它虽然没有列举出命题对象的所有可能情况，但如果现有的几个选言肢中有一个反映了思维对象的真实情况，那么，这个选言命题仍然是真的。

3. 假言命题

假言命题与其他命题形式相比，其突出的逻辑特征在于，它不是对思维对象的可能情况作出断定，而是断定了思维对象情况之间的条件关系，我们在法律条文中常可见到这种命题形式。假言命题反映了思维对象间存在的条件关系，也称为条件命题。

例如："如果被教唆的人没有犯被教唆的罪，那么对于教唆犯，可以从轻处罚"这个命题，并没有断定被教唆的人没有犯被教唆的罪，也没有断定对于教唆犯可以从轻处罚，只是断定了"被教唆的人没有犯被教唆的罪"是"对于教唆犯，可以从轻处罚"的充分条件关系。我们把"被教唆的人没有犯被教唆的罪"称为前件，"对于教唆犯，可以从轻处罚"称为后件，这个命题只断定了前件和后件之间的充分条件关系。

思维对象间的条件关系可分为三类，即充分条件关系、必要条件关系和充分必要条件关系，由此形成三种不同的假言命题：充分条件假言命题、必要条件假言命题和充分必要条件假言命题。一个充分条件假言命题"如果 p，那么 q"断定了：当前件所断定的情况存在或者出现的时候，后件所断定的情况就一定存在或者随之出现。但是，当前件所断定的情况不存在或未出现的时候，后件所断定的情况是否存在或出现，对此，充分条件假言命题"如果 p，那么 q"没有作出断定。一个必要条件假言命题"只有 p，才 q"断定了：只要前件 p 所断定的情况不存在或者不出现，那么，后件 q 所断定的情况就一定不存在或者不会出现。但是，当前件所断定的情况存在或出现的时候，后件所断定的情况是否存在或者出现，对此，必要条件假言命题"只有 p，才 q"没有作出断定。充分条件假言命题和必要条件假言命题具有不同的逻辑特征，但它们又是可以相互转换的。就充分条件假言命题来说，其前件断定的情况是后件所断定情况的充分条件，同时，其后件断定的情况也就构成前件所断定情况的必要条件。

用作充分条件假言命题的连接词常见的有："如果……那么……""只要……就……""有……就……""一旦，则……"等。如果用 p 表示充分条件假言命题的前件，用 q 表示后件，用"如果……那么……"表示它的逻辑连接词，那么，充分条件假言命题的逻辑结构可用如下公式来表示：

如果 p，那么 q

逻辑连接词"如果……那么……"用符号"→"（读作"蕴涵"）表示，这样，上述公式也可写成：p→q。这个公式叫做"蕴涵式"，读作"蕴涵"。充分条件假言命题的逻辑含义：一个充分条件假言命题的真假，由组成它的支命题，即前件和后件的真假确定的。

根据充分条件假言命题的逻辑特征，一个真的充分条件假言命题，其前件真，后件也一定真；由于充分条件假言命题对前件所断定的情况不存在的时候，后件所断定的情况是否存在没有作出断定，所以，在其前件为假的情况下，不论后件是真还是假，整个命题均为真。一个充分条件假言命题只有在它的前件真而后件假的情况下，它才是假的。一个充分条件假言命题的真假和它的子命题的真假之间的制约关系，可以用真值表表示如下：

表 4-5　充分条件假言命题的真值表

p	q	p→q
真	真	真
真	假	假
假	真	真
假	假	真

用作必要条件假言命题的连接词常见的有：“只有……才……”“除非……就不……”“没有……没有……”“不……不……”等。如果用 p、q 表示必要条件假言命题的前件和后件，用“只有……才……”表示必要条件假言命题的逻辑连接词，那么，必要条件假言命题的逻辑结构可用如下公式来表示：

只有 p，才 q

逻辑连接词“只有……才……”用符号“←”（读作“逆蕴涵”）表示，这样，上述公式也可写成：p←q

这个公式叫做“逆蕴涵式”，读作“p 逆蕴涵 q”。

一个必要条件假言命题“只有 p，才 q”断定了：只要前件 p 所断定的情况不存在或者不出现，那么，后件 q 所断定的情况就一定不存在或者不会出现。必要条件假言命题“只有 p，才 q”没有断定：当前件所断定的情况存在或出现的时候，后件所断定的情况是否存在或者出现。一个必要条件假言命题的真假和它的子命题的真假之间的制约关系，可以用真值表表示如下：

表 4-6　必要条件假言命题的真值表

p	q	p←q
真	真	真
真	假	真
假	真	假
假	假	真

要是在两个思维对象 p 和 q 之间存在这样一种关系：一旦思维对象 p 存在或者出现，另一思维对象 q 就一定存在或者出现；一旦思维对象 p 不存在或者不出现，另一思维对象 q 也就一定不存在或者不出现，那么，这两个思维对象之间的关系就是充分必要条件关系，思维对象 p 对于思维对象 q 的存在和出现来说不仅是充分的而且也是必要的。

用作充分必要条件假言命题逻辑连接词常见的有：“当且仅当……才……”“只有当……才是……”等。也可以用前、后件相同的一个充分条件假言命题和一个必要条件假言命题的合并来表达，即："如果……那么……，并且只有……才……"

如果用p、q表示充分必要条件假言命题的前件和后件，用"当且仅当……才……"表示充分必要条件假言命题的逻辑连接词，那么，充分必要条件假言命题的逻辑结构可用如下公式来表示：

当且仅当p，才q

逻辑连接词"当且仅当……才……"用符号"↔"（读作"等值"）表示，这样，上述公式也可写成：p↔q，这个公式叫做"等值式"，读作"p等值于q"。

一个充分必要条件假言命题"当且仅当p，才q"的逻辑含义是：只要前件所断定的情况存在或者出现，那么后件所断定的情况就一定存在或者出现；如果前件所断定的情况不存在或者不出现，那么后件所断定的情况就一定不存在或者不出现。

充分必要条件假言命题的真假同样是由组成它的前件和后件的真假确定的。一个真的充分必要条件假言命题，当其前件真时，后件必真；当其前件假时，后件则必假。一个充分必要条件假言命题只有在其前件真而后件假，或者前件假而后件真的情况下，它才是假的。

一个充分必要条件假言命题的真假和它的子命题的真假之间的制约关系，可以用真值表表示如下：

表4-7　充要条件假言命题的真值表

p	q	p↔q
真	真	真
真	假	假
假	真	假
假	假	真

从表中可以看出，一个充分必要条件假言命题当其前、后件等值（即同真同假）的时候，它便是真的；当其前、后件不等值的时候，它便是假的。

4. 负命题

负命题是否定一个命题的命题。命题的思维对象既可以是具体事物，也可以是命题本身。在法律实践中，我们不仅要对某一具体事物作出断定，也要对别人所下的命题作出断定。负命题是我们在否定别人的命题时常用的一种命题形式。常见的几种负命题及其等值命题："并非p并且q"等值于"非p或者非q"；"并非p或者q"等值于"非p并且非q"；"并非如果p，那么q"等值于"p并且非q"；"并非只有p，才q"等值于"非p并且q"。

常用作负命题的连接词的语词有"并不是""并非""说……是不对的""说……是假的"等。如果用p表示负命题的支命题，用"并非"表示负命题的逻辑连接词，那么负命题的逻辑结构可以用如下公式来表示：并非p

逻辑连接词"并非"用符号"¬"表示（读作"并非"），这样，上述公式也可写成：¬p

负命题是否定某个命题的命题，因此，一个负命题的真假取决于被它所否定的子命题的真假。如果子命题真，那么其负命题就是假的；如果子命题假，那么其负命题就是真的。也就是说，负命题与构成它的子命题是一种矛盾关系。一个负命题的真假和构成它的子命题的真假之间的制约关系可用真值表表示如下：

表 4-8　负命题的真值表

p	¬p
真	假
假	真

5. 多重复合命题

由复合命题作子命题构成多重复合命题。一个多重复合命题总体上可以是联言、选言、假言、负命题等形式。

例如：如果客观条件已经成熟，而且主观方面做了充分准备，那么，工作一定能做好。

主连接词是“如果，那么”，总体上是充分条件假言命题，其中的前件是联言命题。

需要注意的是，日常生活中的语言丰富多样，在逻辑分析的时候需要转换为规范的命题。“条条大道通罗马”即“所有的大道都是通罗马的”，是 A（全称肯定）命题。“组织、领导犯罪集团进行犯罪活动的或者在共同犯罪中起主要作用的是主犯。”这个命题断定了称之为主犯的三种情况：组织、领导犯罪集团进行犯罪活动的是主犯，在共同犯罪中起主要作用的是主犯，组织、领导犯罪集团进行犯罪活动并且在共同犯罪中起主要作用的是主犯。主连接词不是“或者”而是“并且”。

又如：“有抚养能力和抚养条件的继承人，不尽抚养义务的，分配遗产时，应当不分或少分……”用规范的自然语言表述为：“如果继承人有抚养能力并且有抚养条件，但是不尽抚养义务，那么应当不分配遗产或少分配遗产。”主连接词是“如果，那么”，总体上是充分条件假言命题，这个充分条件假言命题的前件是联言命题，后件是选言命题。

（三）模态命题

包含模态词的命题就是模态命题，根据模态词的不同，我们通常把模态命题分为狭义模态命题（包含“必然”“可能”）和规范模态命题（包含“必须”“允许”），本部分只讨论狭义模态命题（以下简称模态命题），规范模态命题在本章第二节讨论。

在现实世界中，某一思维对象存在或出现的确然程度（趋势）是不同的，有的具有必然性，有的具有实然性，有的则只具有可能性。反映思维对象存在或出现之不同确然程度（趋势）的命题就是模态命题。模态命题在形式结构上的突出特征是包含诸如“必然”“一定”“可能”“也许”之类的模态词。例如：

①外星人必然到过地球。

②外星人可能到过地球。

命题①、②都是模态命题，前者断定了一思维对象出现的必然性，后者断定了一思维对象出现的可能性，而“外星人到过地球”则断定了思维对象存在的现实性。在逻辑学上，通常把一思维对象存在或发生的趋势分为必然性和可能性两种，据此，也可以把模态命题定义为是断定思维对象必然性和可能性的命题。

模态词在模态命题中的出现有三种不同的情况：一种情况是，模态词置于整个模态命题的后面，模态词前面是一个完整的命题。模态命题既可以是简单命题，也可以是复合命题。复合模态命题总是以简单模态命题为基础而构成的。为研究的方便，我们主要以简单命题为主来讨论。例如，“明天要下雨是可能的”；另一种情况是，模态词只是命题中的一部分，例如，“明天可能要下雨”；还有一种情况是，模态词位于整个模态命题的前面，其后是一个完整的句子。例如，“可能明天要下雨”。

在数理逻辑中，通常用符号□表示“必然”，用◇表示“可能”，这样有四种模态命题：

① 必然 p；（□p）

② 必然非 p；（□ ¬p）

③ 可能 p；（◇p）

④ 可能非 p。（◇ ¬p）当 p 内容相同时，我们称之为同素材的命题。同素材的四种模态命题之间也存在着一种真假制约关系，这种关系与性质命题 A、E、I、O 之间的对当关系相类似：矛盾关系，存在于□p 和◇ ¬p、□ ¬p 和◇p 之间，不能同真，不能同假；差等关系，也叫从属关系，存在于□p 和◇p、□ ¬p 和◇ ¬p 之间，可以同真，可以同假，并且当必然命题真的时候相应的可能命题也真，当可能命题假的时候相应的必然命题也假；反对关系，存在于□p 和□ ¬p 之间，不能同真，可以同假；下反对关系，存在于◇p 和◇ ¬p 之间，不能同假，可以同真。下图直观地表示出了四种模态命题间的真假关系，根据这一图形所表示的关系，可以从一种命题的真假，去推知另三种命题的真或假。

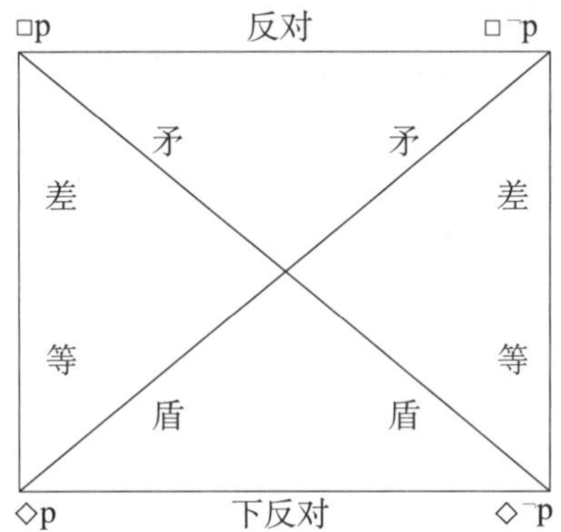

图 4－2　狭义模态命题之间的对当关系

在人们的具体思维过程中，模态命题的运用通常有两种不同的情况：一种是用模态命题来反映客观情况自身的确然程度，断定某一客观情况存在或发生的必然性和可能性。以上所举的例子大多属于这一类用法，我们可以把这种模态命题称为客观模态命题。另一种是用模态命题来反映命题者对思维对象主观认识的确然程度，如命题“她可能不会去开会”就属于这种用法。命题对象“她”去开会还是不去开会，是一个确定的事实，但命题者由于受某些条件的限制，对这一确定的事实一时无法达到十分确切的认识，就可用这样一个可能否定模态命题来表示他对该事实认识的不完全确然程度。这种模态命题可以称为主观模态命题。

在运用模态命题的时候，应当注意弄清必然模态命题和可能模态命题的区别，不要把可能性当作了必然性，在应当用可能模态命题的情况下用必然模态命题；或者把必然性当作了可能性，在该用必然模态命题的场合用了可能模态命题。

三、谓词逻辑中的直言命题

谓词逻辑是通过把简单命题分析为个体词、谓词和量词（以及连接词）等非命题成分来研究简单命题的形式结构和推理规律与规则的逻辑理论。在谓词逻辑中，人们把反映某些特定个体的概念称为个体词，把反映某一个体所具有的性质或若干个体之间所具有的关系的概念称为谓词。表示一个个体有什么性质的谓词称为一元谓词，表示两个个体之间有什么关系的谓词称为二元谓词，依次类推，谓词有三元乃至 n 元谓词之分。传统逻辑中的直言命题是一元谓词，传统逻辑中的关系命题是二元谓词。

我们通常用英文小写字母a、b、c等表示个体常项（某个个体）。用大写字母D、E、F、G表示谓词常项（某一个体所具有的性质）。在符号化一个单称命题的时候，把谓词符号写在个体符号的左边。

例如："鲁迅是作家"被符号化为Fa，其中，F表示作家，a表示鲁迅。

如果谓词没有特定的个体，那么就使用个体变项表示常项缺位，个体变项用x、y、z表示，Fx既不真也不假。我们可以用个体常项对其中的个体变项一一替换得到一个单称命题，Fa就是Fx的一个替换实例，替换实例才有真假。一元谓词公式记为Dx、Ex、Dy、Ey，二元谓词公式记为Dxy或xDy、Exy或xEy。

我们把"对任一x来说"符号化为$\forall x$，$\forall x$称为全称量词；把"至少存在一个x"符号化为$\exists x$，$\exists x$称为特称量词。量词的辖域是紧接该量词之后的最短公式。例如：$\exists x Sx \wedge \neg Px$，$\exists x$的辖域是"$Sx$"；$\exists x(Sx \wedge \neg Px)$，$\exists x$的辖域是"$(Sx \wedge \neg Px)$"；$\forall x \exists x(Sx \wedge \neg Px)$，$\forall x \exists x$的辖域是"$(Sx \wedge \neg Px)$"。

在谓词逻辑中，全称命题一般表示为蕴涵式，特称命题（存在命题）一般表示为合取式。

1. SAP可表示为：$\forall x(Sx \rightarrow Px)$；

所有人都是有缺点的。可重述为：

对任一x来说，如果x是人，则x有缺点。

2. SEP可表示为：$\forall x(Sx \rightarrow \neg Px)$；

所有人都不是完美无缺的。可重述为：

对任一x来说，如果x是人，则x不是完美无缺的。

3. SIP可表示为：$\exists x(Sx \wedge Px)$；

有些律师是兼职的。可重述为：

至少存在一个x，x是律师并且x是兼职的。

4. SOP可表示为：$\exists x(Sx \wedge \neg Px)$；

有些律师不是兼职的。可重述为：

至少存在一个x，x是律师并且x不是兼职的。

最后，我们讨论存在含义与直言命题的解释。如果说出一个命题就肯定了某种对象的存在，那么就说这个命题有存在含义。特定论证中所用的命题是否有存在含义，直接影响到该论证中推理的正确性，因此，对直言命题必须有一个清晰、融贯的解释，以便能确定什么东西可以从它们正确地推出，同时避免推论错误。直言命题的现代解释不再假定我们言说的类中必定有元素。拒绝这种假定的解释称为布尔解释。布尔是英国的逻辑学家、数学家。现代逻辑学家否定了全面存在预设。对于一个不能明确断定其中有元素的类，我们就不能假定它有元素，否则就是错的。任何依据这种错误假定的论证都会产生存在预设谬误，简称为存在谬误。在布尔解释的解释下，I、O命题有存在含义，A、E命题没有存在含义。如果日常话语中我们说出的全称命题确实假定了某事物存在，就要用两个命题来表述，一个是没有存在含义的全称命题，一个是有存在含义的特称命题。

例如：

凡是触犯刑法的都要受到刑罚制裁。

表述为"凡是触犯刑法的人都是要受到刑罚制裁的，并且有人触犯刑法"。

用公式表示为：$\forall x(Sx \rightarrow Px) \wedge \exists x(Sx \wedge Px)$。

需要注意的是，经过这种解释和翻译，传统逻辑中所讲的A、E、I、O之间的对当关系，只有矛盾关系成立，其他关系都不成立。

四、事实命题与价值命题

命题有两种作用，一种作用是对事物情况的描述，另一种作用是对自己关于某种事物在情感态度方面的表达。真假是命题的基本特征，莱布尼茨最先把命题的真区分为必然真和事实真，其后休谟把命题划分为事实命题和价值命题。价值命题的认同将产生各种各样的社会规范，逻辑学家对规范和规范命题的研究形成了规范逻辑（道义逻辑）。事实命题是关于客观事物状况的陈述，它表达的是陈述者的一种信念：确信事物状况就是自己陈述的那样。例如："这个案件有三名犯罪嫌疑人。""两月后，诉讼时效将届满。"价值命题是关于某种事情或现象的情感、态度的陈述。例如："他是一位优秀的法律工作者。""见义勇为应当给予政府奖励。"这些命题表达的是我们基于一定的价值观念对事物状况的评价。法律规范命题都是价值命题。

除了单纯的事实描述和单纯的价值评价外，实际生活中还有不少命题，它既有事实描述的性质，又有价值评价的性质。例如："校园连续发生多起凶杀案，手段恶劣，情节严重。"这里的"连续发生多起凶杀案"，就既有事实描述，又有价值评价；"手段恶劣、情节严重"则更带有价值评价的成分。值得注意的是，对价值评价的描述是事实命题，而对事实描述的价值评价则是价值命题。例如："被告说他参与杀害了某甲，这一供词是可信的"是价值命题。而"公诉人说，被告的供词是可信的"是事实命题。从表达的语句形式来看，无论事实命题还是价值命题，都同样地表现为具有命题结构形式的语句。不同的价值命题和不同的事实命题之间，都具有一定的逻辑关系，这是它们的相同之处。区别两种不同的命题，目的在于认识它们不同的性质、作用、并在运用中正确对待。二者的不同在于：

第一，两种命题的性质不同。事实命题有真假，而价值命题只有对错、合理不合理、妥当不妥当。对事实命题来说：如果它对事物状况的断定，与客观事物状况符合，它就是真的；反之，就是假的。价值命题则不同，它表达的主要是陈述者对某件事情或某种现象的评价。尽管评价也同事物自身的状况有关，但更主要的还是取决于评价的标准，而评价标准又往往因人而异。比如，对于同样的电影，甲说"很有品位"，乙说"特别糟糕"。要解决这样的判断问题，关键是要确立评价的标准。评价现实的标准，可以是美学、宗教、伦理、道德方面的，也可以是政治、法律方面的。正因评价命题都有它评价的标准，所以，对于任何一个价值命题，都可以问一个"为什么"。

第二，两种命题所产生的分歧以及解决分歧的方法不同。任何分歧，在其终极意义上，都可以归入信念分歧或态度分歧。由事实命题所产生的分歧，称之为"信念分歧"。信念分歧是我们关于事实究竟是怎样的分歧。它具有两个特点：（1）两种相互对立的命题不可能都正确；（2）事实命题发生分歧主要是依靠证据予以验证，对应于事物自身的情况来确定谁真谁假，从而达到调整或改变自己或对方的观点，实现观点的统一，一般来说不依赖于论证。从根本上说，事实命题可以被证伪。在司法实务中，当事人以及法官等司法人员在案件的事实问题上发生的分歧就属于信念分歧。因此，在司法工作中，当出现信念分歧时，就必须依赖于证据来解决彼此间的分歧。

由价值命题所产生的分歧，称为态度上的分歧。态度上的分歧，也就是人们关于"事物应当怎样"的态度上的分歧。态度分歧也具有两个不同的特点：（1）相互对立的观点可以并存。在态度对立中，可以在坚持自己观点的同时充分理解对方所作的价值命题；（2）态度不能单纯用证据来验证。态度分歧，实际上反映的是人们对同一现实的不同评价标准的分歧。因此，不同价值命题之间出现态度分歧的时候，而客观上又需要统一的时候，只能通过论证或者提供能使对方改变评价标准的依据，以确立双方的统一的评价标准。司法实务中，法官因法律适用而发生法律解释争论而产生的分歧，就属于价值命题的态度分歧。

第三，两种命题的作用不同。事实命题具有叙述或叙事的功能与作用，它只是描述客观事物的状况，它表达的是陈述者的这种信念，即确信事物情况正如他陈述的情况那样。单纯的事实命题，没有掺杂陈述者对事物状况的情感、态度，只是表明事物状况是怎样的。价值命题主要表达的是陈述者对事物状况的情感、对某件事情或某种现象的认识，以及由此而决定的陈述者的态度。正因如此，价值命题可以起到一定的暗示、建议乃至规范的作用。例如说，“见义勇为应当受到政府奖励”，这一价值命题表达了陈述者对见义勇为这种行为的认识、情感和态度，这种评价暗示希望别人按这样的建议行事。为了让人们接受对现实的某种评价，并依照价值命题隐含的暗示、建议行事，人们在这种评价的基础上建立起人的行为规范。法律规范命题都是价值命题。

第二节　法律命题与法律判断

法律命题有两种存在形式：第一种是法律文本中所表达的各种规范就是一个个的命题。法律规范是法律人进行法律判断的根据。由于法律规范的一般性使得人们在思考案件时必须进行再思考，需要与法律思维或法律方法结合起来才能对当前的案件的法律意义有所断定。这就衍生出第二种法律命题——法律人根据一般的法律和个案的具体情况所构建的裁判规范。这种命题是根据法律、依据事实作出的判断。它能否成立主要看是否适合具体的案件，即能否合法、公正、合理地解决案件。法律命题属于法律思维的组成部分，法律是人们进行判断的根据。无论是对事实赋予法律意义，还是解释法律都需要法律规范人们的思维。在本节中，主要介绍第一种形式。第二种形式则主要通过法律方法的有关章节介绍。

一、法律命题

法律命题是断定特定行为、事实状态或关系具有或不具有以及具有什么法律意义的思维形式。法律规范是最为重要的法律命题。“所谓法律命题，是指以命题或语句的形式存在着的法律规范。在现代，它主要是指国家制定的法律或法院适用的判例。”① 在传统的法学研究理论中，法律命题是法律存在的一种形式，是一种由概念按照特定的逻辑结构创造出来的观念。当我们说某一法律命题的提出十分准确时，往往是指它作为一种独立存在的观念，与现实生活对立并支配着现实的生活。②

（一）法律规范命题的含义

所谓规范命题就是包含有规范词的命题。“应当”、“允许”或“禁止”这一类语词称为规范词，用以表明某种行为规定的执行方式。任何规范总是同人的行为相联系的，因此，任何规范都可以称为行为规范。行为规范表达了要求特定的人在假定的某种情况出现的时候，应当或不应当作出什么样的行为。当然，这种行为只能是属于人的意志可以控制的行为，否则，这样的规范就是不合理的或无效的。任何行为规范，不仅必然表现为命题的形式，而且总是给特定对象发出的某种指令，因而也总是要表明某种行为是必须做出的，或是允许做出的，或是禁止做出的。

---

① ［日］川岛武宜：《现代化与法》，王志安等译，218页，北京，中国政法大学出版社，1994。

② 参见［日］川岛武宜：《现代化与法》，王志安等译，218～219页，北京，中国政法大学出版社，1994。

由于规范命题是针对人们的行为所作的某种规定，这种规定又总是根据规定者的价值观念、利益要求等人为制定的，因而对于规范模态命题，不存在一个类似于衡量狭义模态命题真假与否的那种确定的标准。我们是根据它们是否恰当地反映了规定制定者的价值观念、利益要求等而区分其妥当还是不妥当、合理还是不合理、有效还是无效。就法律规范来讲，它是一定社会集团（阶级）利益、意志的体现，而不同社会集团的利益、意志又是有差异甚至是对立的，对某一社会集团是可接受的行为规范，对另一社会集团而言未必是可接受的。但是规范命题的妥当还是不妥当、合理还是不合理、有效还是无效，相当于前面我们所讨论的命题的真和假。

从命题的逻辑结构来分析，任何规范命题都由这样两大部分构成：一是可以代入不同规定内容的部分，称为行为规定部分。它表明规范要求承受者做出或不做出的，是什么样的行为，这部分是规范命题的变项部分。二是关于该行为规范的执行方式部分，通常用规范词表示，这部分是规范命题的常项部分。我们可以把一个法律规范的规范词放在命题成分的前面或者后面或者中间。比如："X必须做出p这样的行为"。也可以表示为：必须"X做出p这样的行为"，或者表示为："X做出p这样的行为"是"必须"的。例如："未成年人犯罪，应当从轻或减轻处罚。"该规范命题也可做这样的表述："未成年人犯罪，从轻或减轻处罚"是"应当"的。

（二）法律规范命题的种类

根据不同的标准可以对法律规范进行不同的分类。不同类型的法律规范在规范词的使用或结构上有所区别。从法律规范命题的性质来看分为三种类型，即授权性规范命题、义务性规范命题和禁止性规范命题，各自都通过相应的规范词表示。授权性规范是规定人们可以作出一定的行为，或者要求他人作出或不作出某种行为的规范。按其规定的不同内容，又可以分为两类：一是授予公民或法人某种权利；二是授予国家机关、公职人员某种权力（职权）。义务性规范是规定人们必须依法作出一定行为的法律规范。这类规范在法律条文中常以"必须""应该""应当""有……义务""有义务"等词汇表述。禁止性规范是禁止人们作出某种行为或者必须抑制一定行为的法律规范。这类法律规范在法律条文中多以"禁止""严禁""不得""不许""不准"等词汇来表述。从不同类型规范命题之间的逻辑关系来看，我们把规范命题归结为两种基本类型："允许"型规范命题和"必须"型规范命题。同一行为规范内容，可以用肯定形式的语句表达，也可以用否定形式的语句表达。我们把"允许"型规范命题分为允许肯定命题和允许否定命题；把"必须"型规范命题分为必须肯定命题和必须否定命题。

1. "允许"型规范命题

"允许"型规范命题是包含有"允许""可以"一类规范模态词的规范命题，又叫授权性规范命题。它表明，一旦假定的情况实际出现，执行相关的行为规定或制裁规定，是许可的。表示"允许"规范模态的语词，除"允许"外，还常用"可以""准予""有权"一类语词表示。在法律规范中，关于权利性的法律条文，一般也都属于"允许"型规范命题。

2. "必须"型规范命题

"必须"型规范命题，就是包含有"必须""应当"一类规范模态词的规范命题，它表明相关的行为规定是被命令履行的，亦即：一旦假定的情况出现，不履行相关的行为规定是被禁止的。法律规范中，关于义务性的法律条文，一般也都属于"必须"型规范命题。

在一个规范命题中，除去规范模态词以外，还有它制约的相关行为规定部分。为便于研究规范命题的类型，我们用符号"p"来表示关于行为规定的命题成分，这样，前述两种基本的规范命题，就可以简略表示为："p"是允许的（或"允许p"），"允许p"即"有权p"；"p"是必须的（或"必须p"），"必须p"即"有义务p"。此外，与上述两种规范命题形式相对应的还有："非 p"是允许的（或"允许非 p"）；"非 p"是必须的（或"必须非 p"）。在此基础上，我们再借用规范逻辑中以符号表示规范模态词的方法，用"P"（Permission）表示"允许"，用"O"（Obligation）表示"必须"，在符号前面加"¬"表示对该符号所代替内容的否定，这样，四种基本的规范命题就可以表示为：

① 必须 p，Op；

② 必须非 p，O ¬p；

③ 允许 p，Pp；

④ 允许非 p，P ¬p。

再把对规范模态词的否定考虑进去，比如，对"允许"的否定就是"不允许"，对"必须"的否定就是"不必须"。这样，就又可演变出如下四种规范命题形式：不允许 p，¬Pp；不允许非 p，¬P ¬p；不必须 p，¬Op；不必须非 p，¬O ¬p。我们用符号"F"表示"禁止"，Fp 等值于 O ¬p。

（三）不同法律规范命题间的逻辑关系

具有相同素材的几种基本的法律规范命题形式之间具有正确与否、妥当与否的对当制约关系。必须 p、必须非 p（禁止 p）、允许 p、允许非 p 四种法律规范命题间的对当关系如图 4－3所示：

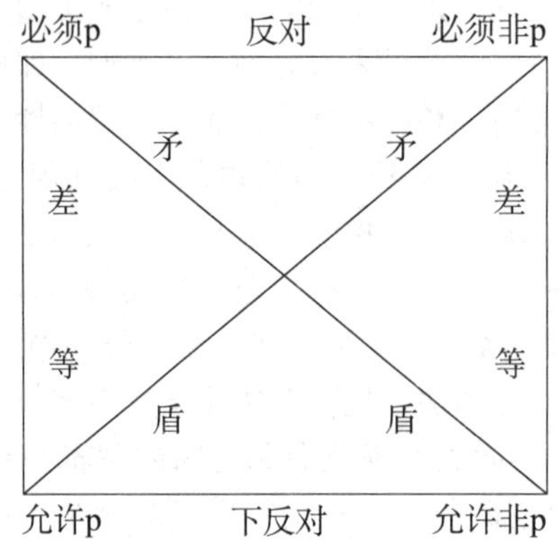

图 4－3　规范命题之间的对当关系

1. 在同一规范体系中，"必须 p"与"必须非 p"之间为反对关系。也就是说，在同一规范体系中，不能把"p"与"非 p"这样两种行为同时确立为义务，亦即不能要求承受者既做"p"这样的行为，又做"非 p"这样的行为，否则，这样的规范就是自相矛盾。

2. 在同一规范体系中，"必须 p"与"允许 p"，"必须非 p"与"允许非 p"之间，为差等关系："必须 p"蕴涵"允许 p"，"必须非 p"蕴涵"允许非 p"。换句话说就是：义务蕴涵权利，对权利的否定也就意味着对义务的否定。不同规范命题的差等关系表明：首先，在制定规范过程中，在确立权利和义务时，若某种行为可以确立为义务，那么，这种行为也就可以同时确立为权利。其次，从规范与执行之间的关系来看，如果规范中规定承受者有"p"这样的义务，要求承受者必须做出"p"这样的行为，那么就得承认承受者有做出"p"这种行为的权利；既然规定"p"是"必须"的，当然可以推知做"p"是"允许"的。

3. "允许 p"与"允许非 p"为下反对关系。可以同时为真，不能同时为假。p 与非 p 可以同时规定为权利，不能同时都不是权利，也就是说，如果法律规定 p 不是权利，那么非 p 一定是权利，反之亦然。

4. “必须 p”与“允许非 p”，“必须非 p”与“允许 p”，它们之间分别为矛盾关系。意思是说：在同一规范体系中，二者正确与否的关系非此即彼。如果规范中确立了承受者有“p”这样的义务，就不能同时又承认他有“非 p”这样的权利；如果否认承受者有“p”这样的义务，就得承认他有“非 p”这样的权利。

不同规范命题之间的上述各种关系，也可用如图 4－3 所示的逻辑方阵图来表示。基于上述规范命题之间的逻辑关系，可概括出如下这样一些推演关系：若以“→”表示由左面的公式可推出右面的公式，以“←”表示由右面的公式可推出左面的公式，以“↔”表示左右两面的公式可以互推，意即“等值”，那么，这些推演关系就有：Op↔ ¬P ¬p；¬Op↔P ¬p；Pp↔ ¬O ¬p；P ¬p↔ ¬Op；Op→Pp；O ¬p→P ¬p。在上述这些推演关系的基础上，我们以符号“F”表示“禁止”。又有如下推演关系：Fp→ ¬Op；¬Fp←Op；¬Fp↔Pp；Fp↔ ¬Pp。

上面这些推演关系，表明了三种不同性质的规范命题之间，亦即义务性规范命题、授权性规范命题和禁止性规范命题之间的相互关系。同时，由于“禁止”型规范命题，又同制裁性规范命题相联系，规定“禁止 P”，就意味着要制裁做“P”者，因而也表明了这些规范命题同制裁性规范命题的关系。从上面这些关系可以看出，只有当“P”（或“非 P”）被确立为义务，亦即规定“必须 P”（或“必须非 P”）的时候，才可作出“禁止非 P”（或“禁止 P”）这样的规范命题，也才能确立制裁“非 P”者（或制裁“P”者）这样的规范。

需要注意的是，法律规范由法条组成，但是法律规范不等于法条。无论三要素说还是两要素说，一个法律规范都可能由一个法条组成，也可能由多个法条组成。拉伦茨将法条以其可否作为请求权的独立依据为标准，划分为完全性法条和不完全性法条两种。完全性法条，是指能够作为请求权的独立依据的法条，该种法条的特征是兼具构成要件和法律效果两个要素。对法条语句进行限制的法条，就属于限制性法条。将限制性法条在另外的条文中规定，可以保证被限制性法条的文字语句简练、明确和优美，不至于臃肿、笨拙或让人难以理解；被限制性法条与限制性法条一起构成“原则”与“例外”的模式，适用上遵循例外优先的原则。只有将积极性的适用规定与对其限制的法条结合在一起才能获得完全法条，只有完全法条才可以作为确定法律效果的三段论的大前提。大部分的法律都是经过不断的司法裁判过程才具体化，才获得最后清晰的形象，成为法律命题，有清晰的断定，然后才能使用于个案，许多法条事实上是借裁判才成为现行法的一部分。[①] 法律规范是具有特殊意义的一种社会规范。它不同于一般社会规范的根本特点，就在于它是由国家机关制定和认可的，并且，又是依靠国家强制力来保证其实施的。法律规范的强制性，突出地表现为，在给出行为规范的同时还给出相应的制裁规范。如果法律规范也如同其他某些社会规范那样，只对承受者提出应当怎样行为的要求，没有相应的制裁规定，承受者就会觉得履行义务也可，不履行义务也没有什么痛苦或损害的威胁。这样一来，法律规范也就不成其为法律规范了。当然制裁并非目的，目的在于使规范的承受者预见到违反规范的害处，懂得必须做或不做什么，进而保证行为规范得以实现它的效力。

二、法律判断

法律判断是主体对特定行为、事实状态或关系具有或不具有以及具有什么法律意义的肯定性或否定性断定，是一种基本的法律思维形式和方法，比如法院的判决和裁定、仲裁机关的仲裁裁决、行政复议决定、行政处罚决定等都是法律判断。作为名词的法律判断与作为动词的法律判断有所不同，前者表现为一个断定结论，是一种法律思维形式；后者表现为一个

① 参见［德］卡尔·拉伦茨：《法学方法论》，陈爱娥译，20 页，北京，商务印书馆，2003。

过程，一种方法。要得出一个合法、合理、合情的判决结果，司法工作的每一环节都离不开法律判断。德国法学家魏德士撰写的《法理学》教材中将法律适用的过程分为三段论式的四个步骤：

——认定事实

——寻找相关的（一个或若干）法律规范

——以整个法律秩序为准进行涵摄

——宣布法律后果

从上述步骤可以看出，认定事实之后，寻找相关的（一个或若干）法律规范，以整个法律秩序为准进行涵摄，断定特定行为、事实状态或关系具有或不具有以及具有什么法律意义或性质，从思维形式的角度看，就是作出法律判断。立法者借规范来规整特定的社会生活领域时，通常受规范的企图、正义或合目的性的指引，而它们最后又以评价为基础。要理解法律规范就必须发掘其中所包含的评价以及该评价的作用范围；在适用规范时，应依据规范来评价待判断的事件。[①] 立法者针对社会的需要制定法律规范，面对个案，两造当事人从各自的立场、角度出发，举证据，说法理，各执一词，司法者寻找适用法律规范，认定案件事实，得出裁判结论。如果在裁判过程中寻找到的相关的法律规范是唯一的，或者相关的若干个法律规范之间没有矛盾，那么得出的法律后果就是一个；如果相关的法律规范不是唯一的，或者相关的若干个法律规范之间不一致，那么得出的法律后果就可能不是一个，如果“以整个法律秩序为准进行涵摄”得不出唯一的结论，那么就只能以程序法来进行论证，平息法律纠纷。

三、法律判断与法律命题的关系

法律命题与法律判断的联系主要表现在，它们都是对特定行为、事实状态或关系具有或不具有以及具有什么法律意义或性质作出断定。法律命题与法律判断的区别主要表现在，法律命题表现为立法结果的文本表达形式，即法律规范是法律命题的前提，强调的是法律意义的释放，而法律规范本身具有较强的稳定性和确定性。法律命题在于强调法律的规范意义。而法律判断主要表现为法律工作者在适用法律的过程中，依据法律规范对特定行为、事实状态或关系具有或不具有以及具有什么法律意义或性质作出断定，强调的是把相对抽象的法律规范与具体的案件事实相结合，对特定行为、事实的状态或关系予以断定的过程。其重点在于，经过思维赋予事实或行为以意义。法律命题的根据是抽象的，法律判断的对象是具体的。在司法实践中，因为主体的视角、经验、价值观念的不同，对同样的行为、事实状态可能会有不同的法律判断。因此，法律判断具有可变通性、可论辩性。法律命题需要解释予以确定，法律判断需要论证予以证成。

一般来说，法律命题（主要指法律规范）都不是针对个别的人，而是针对具备同样特征的许多人而提出的，它的适用也不是一次性的，因此，法律规范都属一般规范，并且也都属抽象规范。法院等司法机关针对某个特定行为对象作出的裁决、判处结论，是法律规范在具体条件下的适用，是以法律规范为依据而推出的结论，它不是一般规范，而是从一般规范中推导出来的法律判断。但我们必须注意到，法律命题与法律判断之间并没有截然的界限，二者的关系不是对立的关系，而是一种包容关系，二者在很多方面是重合的。

---

① 参见［德］卡尔·拉伦茨：《法学方法论》，陈爱娥译，7页，北京，商务印书馆，2003。

第三节　法律判断的形成过程与类型

法律判断的形成是一个复杂的心理和法律思维的过程。从哲学上所讲的人之所以能够思维所提供的原理来讲，法律判断的形成需要有思维的前见：既包括思维者对法律经验的感受与理解，也包括对法律规定、精神、价值、原理、方法等的掌握。要形成法律判断，法律最一般的知识不可缺少，逻辑知识与思维能力等也很重要。很多法学家认为，法律判断的形成主要靠法律感，但是法律感的形成也离不开对法律经验与知识的把握。我们今天学习的法律知识与原理，包括一些案件的了解和感知，都在提升着人们的法律感。法律感虽然对法律判断形成有着重要作用，但是，法律命题或法律判断能否成立，不取决于法律感，而是取决于认真的法律论证及论辩。建立在理性法律人的法律感基础上的命题或判断，往往是能够证立的，而一些缺少法律经验和知识的人的命题或判断，往往经不起推敲，很难成为判决的理由。

一、法律判断的形成过程

根据法律的思维以及思维的全面性是正确进行法律判断的关键。例如，有一个案例：17岁女孩贾某与父母在餐厅吃火锅，因卡式炉爆炸致其面部烧伤，请求法院判决一笔精神损害赔偿金。关于精神损害赔偿，我国《民法通则》第119条曾规定：“侵害公民身体造成伤害的，应该赔偿医疗费、因误工减少的收入、残废者生活补助费等费用。”以往的观点一直将其理解为只赔偿受害人的财产损失，而不包括精神损害赔偿。人身伤害能否判决精神损害赔偿金，《民法通则》没有规定。[①] 如果对《民法通则》第119条作反对解释，即应驳回原告请求。但是，北京市海淀区人民法院在1997年3月15日作出判决，令被告支付10万元精神损害赔偿金。有学者认为“判决书认为，此案精神损害是明显的，必须给予抚慰和赔偿。判决显然自动排除了对《民法通则》第119条作反对解释，作了利益衡量，依据的是《消费者权益保护法》第41条关于残疾赔偿金的规定。”“通过利益衡量得出实质判断后，一定要找到法律根据，不能直接从实质判断得出判决，而仍应从相应的法律依据得出结论。”[②] 即如果没有找到《消费者权益保护法》(2013年已修订）第41条，就不能作出这样的判决。那么，利益衡量的作用就在于，法官在找法过程中，当发现找到的法律规范所产生的法律效果不合理，与自己的价值判断相悖时，再找一次，看是否有法律规范规定的法律效果支持自己的结论，如果有，就依据此法律规范作出判决，如果没有，就按照原来的法律规范得出与自己价值判断不一致的判决结论。《消费者权益保护法》有规定，《民法通则》(现为《民法典》）和《消费者权益保护法》的关系是一般法与特别法的规定，特别法优先适用的原则在此可以应用。法官使用利益衡量的方法从“公民身体受伤害时的赔偿”出发寻找所有的法律规范，在此基础上进行法条竞合，选择适用某一法条，摒弃其他法条，并论证选择的理由。

法官能否寻找到所有与此有关的法律规定，如何寻找到与此有关的法律规定？制度上如何安排？我们可以容忍两造当事人只寻找对自己有利的事实和法律，但是我们不能容忍法官只寻找自己认可的事实与法律，我们希望法官能够从不同的意见中主持法庭辩论，给出居中的公平

---

① 《民法典》第1183条规定，侵害自然人人身权益造成严重精神损害的，被侵权人有权请求精神损害赔偿。本案适用的是当时有效的《民法通则》。

② 陈金钊主编：《法理学》，528页，济南，山东大学出版社，2008。

裁判结论，尽管最终法官的意志参与裁判，但是我们希望法官依据程序，给出理由，希望法官的思维是探究的、全面的、而不仅是形式主义的或者纯粹独断的判断。法官的司法义务就是裁判者应当根据裁判的基本要求，在思维中坚守法律体系的一致性。这就是说，裁判者要受到法律整体的约束，或者说在整体性法律中考虑个案的法律意义。因此，如果裁判者只根据自己的喜好进行判断，就无法正当地完成法律义务。判断如果是根据道德或者公众意见而形成，那么法治（可预测性、公平、权力分立、同等情况同样对待等等）就会由此丧失。因而要想完成司法义务，裁判者不能因为部分或者单个法律标准偶然的不正义或者民众的反对，就拒绝将其在个案中加以落实。这就要求我们必须将两种考虑做切割式的处理：法律标准自身的具体要求与有关法律标准的道德批评或公众异议。① 对大陆法系国家来说，要作出一个正确、恰当的法律判断，法律人的思维步骤如下：

首先是处理具体的生活事件，确认案件事实发生。其次判断案件事实是否具备法律的构成要素，其中有目光的往返流转过程。案件事实就是法律家陈述的在法律上重要的个别事实，这种个别事实一般是从当事人、证人等的主动提及陈述中筛选出来的。如果当事人没有主动提及，对实践作法律判断的法律家应该追问所有和法规范的命题有关的事情。法律家以这种方式缩减或者补充原本的讲述，使终局的案件事实只包含全部在法规范的适用上有意义的实际事件的构成要素。因此，（最终的）案件事实是思想加工处理后的成果，处理过程包含法的判断。所有经法律判断的案件事实都不仅是单纯事实的陈述，而且是考量法律上的重要性，对事实所作某些选择、解释及联结的结果。② 为了对实际发生的案件事实作法律上的判断，判断者必须把它陈述出来，陈述中又只采择与其法律判断有关者。以其描述的案件事实为起点，命题者进一步审查，可以适用于案件事实的法条有哪些，根据这些法条的构成要件再进一步补完案件事实，假使法条本身不适宜涵摄，就需要针对案件情境作进一步具体化。只有考虑到可能符合命题依据的法条，陈述的案件事实才能获得最终的形式，法条的选择和必要的具体化必须考虑被命题的案件事实。只要实际事件中陈述的案件事实都获得证实，判断者没有因为需要而“曲解”法条，“在大前提与生活事实间的目光往返流转”并不构成循环论证。③

判断者以“未经加工的案件事实”为出发点，将可能可以选用的法条一一检视，排除详细审视之后认为不可能适用者，添加经此过程认为可能适用的其他条文。④ 在这个过程中，“外部”体系具有重要意义。熟悉体系的判断者能够随即对事件划定范围，找到可适用的规范所属的领域。选择适用法条的过程，未必很简单。生活经验上看来简单的事例，可能可以从完全不同的法律角度来观察，甚至或者公法或者私法。为解决此疑义，首先要寻找区别这两类规定的具体标准，其次要认识所有出现在已发生的案件事实中就区别标准而言重要的情境。当然，如果没有疑义，就不需要提起和考虑这些问题。因此，作为陈述的案件事实之终局形成，取决于可能适用于该事件之法规范的选择，而这项选择一方面取决于命题者已知的情境，另一方面取决于判断者对案件事实所属的规范整体的认识。⑤ 总之，法律判断的形成过程是复杂的，但绝不是机械、呆板的。下面的案例就说明这个问题。

一个农民跑到别人家里偷了三只鸡，在他离开的时候被发现并遭到拦截。这个农民顺手推

---

① See Steven J. Burton, *Judging in Good Faith*, Cambridge: Cambridge University Press, 1992, p. 35. 转引自陈景辉：《裁判可接受性概念之反思》，载《法学研究》，2009（4）。

② 参见［德］卡尔·拉伦茨：《法学方法论》，陈爱娥译，161页，北京，商务印书馆，2003。

③ 参见［德］卡尔·拉伦茨：《法学方法论》，陈爱娥译，162页，北京，商务印书馆，2003。

④ 参见［德］卡尔·拉伦茨：《法学方法论》，陈爱娥译，163页，北京，商务印书馆，2003。

⑤ 参见［德］卡尔·拉伦茨：《法学方法论》，陈爱娥译，164页，北京，商务印书馆，2003。

了一下拦截者，夺路而逃。拦截者倒在地上摔成轻伤。法院的判决是该农民犯抢劫罪，判处10年有期徒刑。这个农民的行为显然是被放大的恶。因为很多人不认为偷鸡摸狗是严重犯罪。可在重刑主义下，法官倾向于入罪而不是出罪。依据形式主义解释，法院对本案的判决没有错误。根据《刑法》第263条，入户抢劫的法定刑是10年以上有期徒刑、无期徒刑或者死刑。本案被告人的行为符合这一规定。“但是如果考虑刑法的目的是维持最基本的社会生存和社会秩序，而不是为了惩罚偷鸡摸狗，就可以在现行刑事立法框架下对刑法规范和不法事实作出更加合理的解释。”① 当法院意识到自己在做什么的时候，收获将更多，而且还能够促使他们有意识地尽其所能将事情做得更好。② 一般人容易对直觉产生误解，认为直觉是非理性的，根据直觉判案会出问题。庞德认为，法官判案往往依据直觉，而直觉形成于日积月累和千锤百炼之中，包含了无数的细节和微妙的差别，根据直觉判案总是能引向正确的结果。③ 直觉基于人情的练达，如果对法律的基本精神有较为透彻的理解，又有良好的直觉，这样的法官极有可能是优秀而宽容的法官。在某种意义上，如果连人类的正常直觉都没有的法官是不称职的法官！④

针对上述案例，我们可以根据大陆法系犯罪论体系来判断这个农民是否构成抢劫罪。大陆法系犯罪论体系，由构成要件的符合性、违法性和有责性三个具有递进式逻辑结构的要件构成。构成要件的符合性，是指行为具有与《刑法》分则所规定的某一犯罪具体特征相一致的性质。但行为具备构成要件的该当性的还不一定成立犯罪，是否构成犯罪，还须考察该行为是否具有违法性，即该行为是否侵害或威胁了类罪名中刑法所保护的合法权益。以此来排除该行为具有刑法上所规定或者法秩序所认可的违法性阻却事由，这种违法性阻却事由包括正当防卫、紧急避险等法定的阻却事由以及自救行为、被害人承诺、正当业务和义务冲突等超法规的阻却事由。最后，某一行为构成犯罪，除行为符合构成要件并属于违法之外，还要求行为人必须负有责任（有责性），即能够对行为人的危害行为进行谴责、归责，此时主要考虑的因素是行为人是否具有责任能力、是否有罪过（故意责任或过失责任）、有无期待可能性等，即是否具有犯罪概念所包含的社会危害性。具体说，在认定犯罪时，要判断是否存在《刑法》分则具体罪状所规定的行为、后果；然后再分析是否因存在违法阻却事由而排除犯罪的成立；而后，再确定行为人是否具备刑事责任能力、主观上是否具备犯罪的故意或过失、是否具有社会危害性等。根据这种犯罪论体系，犯罪其实就是形式上符合罪状、实质上侵害法益并明显可以归咎于个人的行为。

二、法律判断的类型

法律适用的核心部分是对案件事实作必要的判断。在判断案件事实是否符合法条的构成要件时，判断者需要作出各种不同种类的断定。司法过程中的法律判断主要包括以下几类：

第一，以感知为基础的判断。这是指对案件事实指涉的实际事件或状态进行的判断。这类判断以个体的日常经验及评价为依据，以个体的感知为基础联结成一些观念现象。“通常把这些——以感知及对感知的注解为基础的——观念形象连接成陈述，即我们所谓的未经加工的案件事实。”⑤ 第二，以对人类行为的解释为基础的判断。感知只能触及人类行为的外观部分。大部分的人类行为是目的取向的作为。我们之所以能理解这些作为是基于我们由自己，或是由

① 童伟华：《法律与宽容：以中国刑政为视点》，北京，社会科学文献出版社，2008。

② 参见［美］本杰明·N. 卡多佐：《法律的成长——法律科学的悖论》，60页，北京，中国法制出版社，2002。

③ 参见［美］本杰明·N. 卡多佐：《法律的成长——法律科学的悖论》，52～53页，北京，中国法制出版社，2002。

④ 参见童伟华：《法律与宽容：以中国刑政为视点》，北京，社会科学文献出版社，2008。

⑤ ［德］卡尔·拉伦茨：《法学方法论》，陈爱娥译，166页，北京，商务印书馆，2003。

他人而得的经验。这类命题把感知的外部行为注解为一种目的取向的行为，也就是根据先前经验对特定行为或事件赋予特定性质或类型的范畴归类。第三，其他借社会经验而取得的判断。所借助的“一般经验法则”既可以是法官自己的社会经验，也可以是被普遍认可的科学理论知识。第四，价值判断。即在将案件事实涵摄于法律规范的构成要件之前，必须依据“须填补的”标准进行的判断，这类标准有：善良风俗、诚信原则、交易上必要的注意等。立法者借规范来规整特定的社会生活领域时，通常受规整的企图、正义或合目的性的指引，而它们最后又以评价为基础。要理解法规范就必须发掘其中所包含的评价以及该评价的作用范围，在适用规范时，应依据规范来评价待判断的事件。① 第五，法官基于自由裁量作出的判断。

根据法律判断是否具有法律约束力，我们把法律判断分为具有法律约束力的法律判断和不具有法律约束力的法律判断，法院的判决是具有法律约束力的法律判断，律师的辩护意见是不具有法律约束力的法律判断。

根据法律思维方式的不同，可以把法律判断分为涵摄思维模式的法律判断，类型思维模式的法律判断和反思思维模式形成的法律判断。法官的任务是针对实际发生而非想象的案件事实作法律判断。因此，案件事实的形成及其法律判断，一方面取决于可能适用的法条的构成要件以及其中包含的判断标准，另一方面以法官能够确定的实际发生的事件为准。法律判断因法律思维的一般要求而具有区别于一般性判断的重要特征。将法律规定适用于特定事实，探求法律对于特定行为、事件的法律意义是法律判断的核心工作。而对特定行为、事件的哪些方面进行断定，以及断定该行为、事件是否具有该性质的标准都取决于已有的法律规定。在司法过程中，对哪些对象进行断定、怎样作出断定、断定是否正确等都有严格的界定，这个标准在大陆法系主要取决于所依据的法律规范体系。尽管法律判断皆由特定主体基于具体语境作出，具有主观性、多元性的特点，但是，又因法律思维的规范性、论证性的特点使法律判断具有相对确定、统一的趋向。通常认为，判断是一种基于某种立场的思维活动，往往会因立场的不同而作出不同的命题，特别是因为价值多元的原因而使价值判断呈现多元化的外相。当某种行为、事件具有多种意义和目的，就需要对不同的解释进行选择，并对选择的标准和理由作出说明，对为什么作出这样的选择而不是那样的选择予以论证。以这种方式作出一个法律判断，是以比较、衡量诸多事实为基础而取得的最终决定，其过程与将某事物归属于一类型的程序相类似，此时的法律思维方式就不是涵摄思维模式，而是类型思维模式和反思思维模式。

第四节　法律规范命题的逻辑结构

法律规范是指通过法律条文等表现出来的具有严密的内在逻辑结构的特殊行为规则。法律规范总是通过一定的结构表现出来。从不同的角度可以对法律规范的结构进行不同的划分：从法律语言的角度存在法律规范文法结构；从法律体系的角度存在法律规范系统结构；从法律规范的组成要素的关系角度存在法律规范的逻辑结构。② 本节主要叙述法律规范的逻辑结构。法律规范作为行为的尺度和标准，逻辑上必然具有效力。尽管行为标准被适用和服从具有事实上的概然性，存在例外，但是在规范逻辑世界中不存在例外情形。法律规范的这种有效性依赖于其逻辑结构中每个要素的并存同构和互动协调。

---

① 参见［德］卡尔·拉伦茨：《法学方法论》，陈爱娥译，7页，北京，商务印书馆，2003。

② 参见李振江主编：《法律逻辑学》，257页，郑州，郑州大学出版社，2009。

法律规范的逻辑结构是指组成法律规范的各要素及其相互关系。法理学对法律规范的结构有三要素说和两要素说两种观点。三要素说认为，法律规范作为一个完整的法律体系或一个法律文件来看，它都包含了这样三个部分，即假定、处理和制裁。其中，“假定”和“处理”这两部分可合称为“行为模式”，“制裁”部分也称之为“法律后果”；就一个具体的法律规范命题而言，则都可分解为“行为模式”和“法律后果”这两部分。假定是指适用该规范的条件或情况的那一部分。所谓“条件”，又包括承受者应具备的特征和要求作出或不作出某种行为所需具备的条件。处理是规范命令（允许或禁止）承受者作出什么样的行为。制裁是违反该规范将要承担的法律后果。两要素说是将法律规范分为行为模式和法律后果两部分。行为模式指法律制定的关于主体如何行为的标准，主要是指法律规范对主体权利义务关系的规定。又可进一步分为：授权式行为模式、义务式行为模式、权义复合式行为模式。法律后果是指法律对具有法律意义的行为赋予的某种结果，是指人们在作出符合或者违反规范行为时会带来什么法律后果。可以分为肯定性法律后果和否定性法律后果。

完整的法律规范命题包含四个方面的内容①：第一，确立规范的接受对象。法律规范可能有不同的接受对象与不同的目标，它可能针对公民、法人，也可以只针对法院（或其他国家机构）。规范的接受对象表明该规范是针对谁发出的指令，是对谁提出的行为要求，或者为法官预先规定了具有约束力的评价，法官借助它就可以判案。有一些法律规范既是行为规范（针对公民、法人），又是裁判规范（针对法官）。第二，表明规范接受对象应当或不应当作出的是什么样的行为，法律规范可以积极地影响接受对象的特定行为，并进而在其效力范围内调控特定的过程。许多法律规范清晰地表达了这样的当为内容，当为可以分为要求、禁止、允许和免除（义务），命令要求人们为一定行为，禁止则要求人们不为一定行为。允许赋予积极行为的可能性，而免除（义务）则是权利的放弃。第三，指出要求接受者作出或不作出某种行为时所需具备的情况或条件。即有法定事实构成和法律后果安排，一个完整的法律规范首先要描写法定事实构成，然后赋予该事实构成某个法律后果，例如补偿义务、刑罚等。第四，表明法律的评价标准。通过事实构成与法律后果之间的连接，每个法律规范都将表明：在事实构成所描述的事实行为中什么才是适当的、“正义的”。通过事实构成与法律后果的连接，立法者部分地表达出了他们如何组织社会的设想。这样，任何法律规范都包含了立法者的“利益评价”，也就是“价值判断”，法律适用就意味着在具体的案件中实现法定的价值判断。

我们把一个完整的法律规范（不是指具体的某一个法律规范命题）的结构，表述为这样一个公式：

如果具有性质 T 的人，并且出现情况 W，那么，必须（禁止或允许）C；违者（或侵犯者）处以 S。②

但是，这一结构仅仅是就一个法律规范来说的。在一个具体的法律规范命题中，很少如此明确、完整地表示出这四个部分的情况。实际生活中，规范的表述形式常常不是完整的。如果规范中没有明确指出该规范的承受者，就表明该规范的承受者是没有预期特征的承受者。如果规范中没有明确指出履行该规范指令的情况、条件，就表明该规范要求行为人在任何情况下都得履行该规范的指令。上述情况进一步表明，完整的法律规范的结构与具体的法律规范命题（法律条文）的结构，不是一回事。

逻辑结构能够清楚表明法律规范命题断定了什么，对于复杂的法律规范命题尤其重要。如

① 参见［德］魏德士：《法理学》，吴越等译，61 页，北京，法律出版社，2005。

② 参见雍琦：《法律逻辑学》，143 页，北京，法律出版社，2007。

果用现代逻辑公式表示，首先需要把变项指代的内容写出来，即 p、q、r、s 指代什么，然后再写出完整的公式。借助于这样一些符号，我们就可以结合法律条文的语句含义，把一个由自然语言表述的法条表述为一种完全用符号表示的命题逻辑语言形式。

例如：

有抚养能力和抚养条件的继承人，不尽抚养义务的，分配遗产时，应当不分或少分……

这个法律规范的逻辑结构是 $(p\land q\land r)\rightarrow O(s\lor t)$，其中，p：（继承人）有抚养能力；q：（继承人）有抚养条件；r：（继承人）不尽抚养义务；O：应当；s：不分遗产；t：少分遗产。也可以直接用规范的自然语言表达其逻辑结构：如果继承人有抚养能力并且有抚养条件，并且不尽抚养义务的，那么应当不分配遗产或少分配遗产。或者表述为：凡是有抚养能力和抚养条件而不尽抚养义务的继承人都应当不分或少分遗产。

思考与练习

一、简答题

1. 什么是法律命题？
2. 举例说明法律规范命题的逻辑结构。
3. 分析法律判断的形成过程有什么作用？

二、写出下列命题的逻辑形式

1. 某甲和某乙都不是法官。
2. 如果有法不依，那么有法亦同无法。
3. 他不愿意说或没有机会说。
4. 某甲是凶手当且仅当某乙不是凶手。
5. 并非如果他被逮捕那么他就是罪犯。

三、指出下列命题属于何种复合命题，并写出它们的命题形式

1. 刑法和民法都是法律。
2. 到过现场的人并不都是作案人。
3. 某甲和某乙至少有一个人是律师。
4. 死刑案件由最高人民法院判决或者核准。
5. 法律没有明文规定为犯罪行为的，不得定罪处刑。

四、分析下列多重复合命题的形式

1. 如果一个人的行为没有社会危害性，或者情节显著轻微危害不大的，则不认为是犯罪。

2. 行为在客观上虽然造成了损害结果，但不是出于故意或者过失，而是由于不能抗拒或者不能预见的原因所引起的，不是犯罪。

3. 在犯罪过程中，自动放弃犯罪或者自动有效地防止犯罪结果发生的，是犯罪中止。

4. 被判处有期徒刑以上刑罚的犯罪分子，刑罚执行完毕或者赦免以后，在 5 年以内再犯应当判处有期徒刑以上刑罚之罪的，是累犯，应当从重处罚，但是过失犯罪除外。

5. 明知自己的行为会发生危害社会的结果，并且希望或者放任这种结果发生，因而构成犯罪的，是故意犯罪，应当负刑事责任。

第五章 推理与法律推理

法律思维的一个基本原则是“以事实为根据，以法律为准绳”，但如何依据事实和法律得出相应的法律结论，则是一个复杂的推理过程。所谓推理是指根据已知的知识推断未知知识的思维形式。通常把已知的知识称为前提、理由或根据，而把推断出的知识称为结论。做到正确推理需要满足两个方面的要求：第一，前提真实。推理的过程是把前提的真实性、合法性和可接受性等传递给结论，也就是为结论的真实性、合法性和可接受性等提供理由，如果前提不具有这些性质，那么也不会通过推理将这些性质传递给结论。第二，推理形式有效可靠。只有通过有效、可靠的推理形式才能够把前提的真实性、合法性和可接受性等传递给结论，否则，即使前提是真的，也无法确认结论因而也是真的。[①] 这两个方面的要求分别属于思维内容和思维形式，对于前者，需要经验性认知活动得以确认，对于后者，只有符合相关逻辑规则才能得以保证。从认识论角度看，如果结论尚未被认知，则推理过程体现出知识创新的一面，该创新既可以指结论超出了前提断定的范围，即扩大了认知主体知识的范围；也可以指结论没有超出前提断定的范围，而是本已蕴涵在前提之中，经过推断而使其凸显出来。如果结论已被认知，则推理过程体现出理性论辩的一面，即以前提作为理由为结论的真实性、可靠性、可接受性等提供支持，结论因前提的成立而成立，因前提的可接受而被接受。推理之所以成为重要的法律方法，主要就是借助于推理这种知识创新和理性论辩的功能，从而表明法律结论可靠、真实、具有可接受性，并且因其大前提通常为法律规范，所以能满足合法性的要求。

第一节 法律推理的逻辑基础

法律推理的逻辑基础主要是指保证其推理形式有效、可靠的一系列形式规则体系。因为无关具体的思维内容和特点，所以，法律推理与其他领域的推理方法和形式的逻辑基础并没有什么不同，其基本内容就是普通逻辑学关于推理的理论。[②] 推理形式不同，其逻辑基础也不同，本节主要讲必然推理的简单命题推理和复合命题推理，以及或然推理的归纳推理、类比推理和溯因推理的逻辑基本形式和规则。

---

① 一个前提真，结论也为真的推理不一定是正确的推理，例如：“所有人都是有思想的，所有木头都不是人；所以，所有木头都不是有思想的。”即使我们能够通过经验知识确认前提和结论都是真的，但是，我们结论的真并不是由前提的真所保证的，因为这个推理形式是无效的。

② 当涉及具体应用的时候，法律推理才会表现出某些特点或倾向于采用某些推理模式，这些内容我们在后面各节进行讨论。

一、推理的一般理论

在法律思维中，法律问题与事实问题是有所区分的。在司法中，推理的运用也至少涉及这两个方面。从一般意义上，人们认为法律推理在司法过程中有两种情形：一是根据法律的推理，即把法律规范的意义通过各种推理方法释放到具体的案件事实中；二是在司法实践中，对事实的认定采用推理的方式予以确认、论证等，这属于涉及司法活动的推理。对于这两种推理，法律逻辑学都给予了重视，但从法律方法论的角度看，法律推理主要是指根据法律的推理。但无论哪种推理都离不开推理的一般规则的运用。

（一）推理的含义及逻辑结构

推理是一组命题序列，可以从一个或一组命题推导出另一个命题。其中，据以推出的命题是推理的前提，被推导出的命题是推理的结论。推理虽由命题构成，但不是命题的任意组合，它要求组成推理的命题组合必须满足两个基本要求：第一，推理者必须断定组成推理的命题间具有相应的逻辑关系，如果某些命题为真，那么另一些命题也必然或可能为真，即：一些命题（前提）能为另一些命题（结论）的真实性提供证据和理由，从而使这些命题（结论）有理由可信。第二，推理者必须断定或者默认作为前提的命题是真实的，从而保证结论也为真。例如：

船员是指包括船长在内的船上一切任职人员； ①

轮机长是船上的任职人员； ②

所以，轮机长是船员。 ③

上例是由三个命题组合而成的一个推理，是根据命题①和②推出另一命题③。

推理由三部分构成：前提、结论和推理联项。前提是作为推理根据的命题，前例中的命题①和②是前提，可以用“Pr”表示；结论是从前提中推出来的新命题，前例中的命题③是结论，可以用“C”表示；推理联项是表明前提与结论之间具有逻辑推导关系的部分，前例中的“所以”是推理联项，通常用“所以”“因此”“因而”等表示，在有些形式语言中用“→”或“∴”表示，而在有些情况下推理联项可以省略。在推理的逻辑形式中，前提和结论是变项，推理联项是常项。推理的一般逻辑公式可以表示为：

Pr；所以 C

（二）推理的分类

按照不同的分类标准，可以将推理分为不同的种类。

第一，根据前提与结论间逻辑联系性质的不同，推理可以分为必然推理和或然推理。[①] 必然推理是从真前提必然推出真结论的推理；或然推理是从真前提不能必然，而只能或然推出真结论的推理。

第二，必然推理又可以分为完全归纳推理、简单命题推理和复合命题推理。简单命题推理

---

① 在不同的语境下，必然推理又被称作演绎推理，或然推理又被称作归纳推理。但事实上，这是两种不同的分类方法，必然推理与或然推理的划分根据是前提与结论之间的逻辑联系性质不同，即根据前提是否必然推出结论进行的划分。演绎推理与归纳推理的划分根据是推理方法的不同，演绎推理是指根据一般推导特殊的推理，归纳推理是根据特殊推导一般的推理。但因为演绎推理是最典型和常见的必然推理，而在不作严格界定的情况下，归纳推理主要指不完全归纳推理，是最典型的或然性推理，所以才将必然推理等同于演绎推理，将归纳推理等同于或然推理，这时候的必然性推理并不包括完全归纳推理，而归纳推理则还包括类比推理、假说推理等形式。

是由简单命题构成的推理，复合命题推理则是其前提或结论至少包含一个复合命题的推理。

第三，或然推理根据其前提反映的不同情况，可以分为不完全归纳推理、类比推理和溯因推理。不完全归纳推理是根据部分对象具有或不具有某种性质而断定所有对象都具有或不具有某种属性的推理；类比推理是从个别性（或一般性）前提推出个别性（或一般性）结论的推理；溯因推理又称回溯推理，是指由果溯因，或者为特定论题寻找解释的推理。

推理的分类可以图示如下：

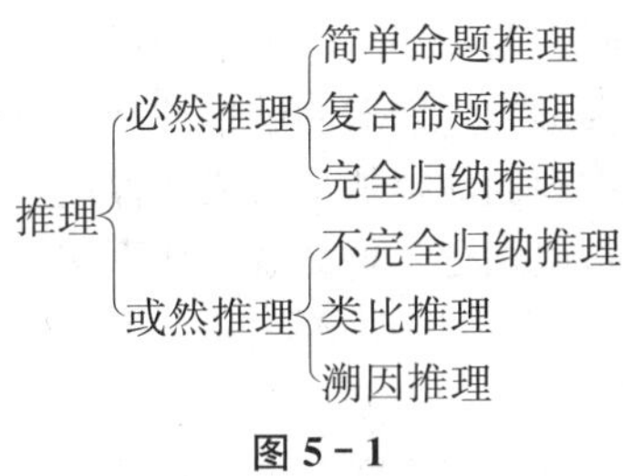

图 5-1

第四，根据前提的增加是否会改变对结论的支持度的不同，可以将推理分为单调推理和非单调推理。传统的（演绎）逻辑理论通常是单调的，一旦能够证明从一个前提集 Γ 中推出结论 A，那么该前提集的扩张不会改变对结论的支持。然而，在现实的推理过程中，我们发现，关于某结论的信念往往会随着信息知识的增长而改变，原来成立的结论不再成立了。例如，以鸟会飞和 Tweety 是鸟为前提我们可以推出结论 Tweety 会飞，但是，我们进一步了解到 Tweety 是一只企鹅，而我们又知道企鹅是不会飞的，因而原来的推理就不再成立了。事实上，绝大部分包括法律推理在内的推理都是非单调的。关于这类法律推理的逻辑基础我们在后面各节讲到关于法律推理的特点时再进行详细的讨论。

以上分类主要是从思维形式的角度对推理的分类。由于在实际思维过程中不仅涉及思维形式，还必须涉及思维内容的真假，因此，还可以对推理作以下分类：

第五，根据推理是否涉及推理前提的实质内容，可以把推理分为形式推理和实质推理。形式推理又称分析推理，是不涉及推理的实质内容而仅根据前提与结论在思维形式结构方面的逻辑推导关系进行的推理。我们一般所说的逻辑推理实际上就是指形式推理。实质推理又称为论辩推理，是根据推理前提的实质内容以及推理者的价值倾向进行的推理。因为实质推理的前提涉及思维内容的复杂性，所以，在其推理的过程中必须对其前提进行实质的分析，其结论虽然是从前提推出的，但往往并不具有必真的属性，而只具有某种程度的妥当性、合理性、可接受性和说服力。

（三）演绎推理的有效性和归纳推理的可靠性

推理是从前提推出结论的思维形式。但是由于前提对结论的支持程度不同，所以，前提推出结论时，“推出”的含义不同。演绎推理是一种“必然推出”，即如果前提真，就为结论真提供了完全的支持，因而一个演绎推理是有效的，如果其前提真，结论必然真，或者说其前提真，结论不可能假，否则就是无效的。这说明，一个演绎推理是否有效是由它的推理形式所决定的。因而，“有效”和“无效”仅是对演绎推理的推理形式所作出的一种评价。一个演绎推理其形式要么有效，要么无效，演绎逻辑的中心任务就是提供区别推理有效或无效的方法和规则。对一个有效的演绎推理来说，其结论可从前提必然推出，并且，无论对该有效推理的前提增添再多的前提也不会使结论的推出更有效，更合乎逻辑，而归纳推理则与此有着显著的不同。

归纳推理（不包括“完全归纳推理”）的一个重要特征是：结论的知识超出了前提所提供

的知识范围，换言之，前提并非蕴涵结论。因而，即使归纳推理的前提都是真实的，也不能由此保证结论必定真实，但它却为所思考的结论很可能为真提供了一定的证据。因而归纳推理都只是在某种程度上前提为结论的或然性提供了支持。人们可以通过强化前提以提高结论的或然性，从而对不同归纳推理的或然性作出评估。如上所述，对演绎推理，我们总是用“有效”“无效”来加以评价，并且对每一个有效的演绎推理来说，不管再增加多少新前提，也不管增加的前提内容性质如何，结论如能从原有前提必然推出，则从扩充了的前提仍然照样必然推出结论。而归纳推理则与此完全不同，若对一个归纳推理增添新的前提，就有可能增强或减弱前提支持结论或然性的程度，从而会影响人们对归纳推理和推理结果的看法。因而，归纳逻辑的一个重要任务，就是如何为归纳推理的前提能更大或然性地支持结论提供方法和要求。

人们对归纳推理也作正确与错误之分，譬如观察如下两个推理：

（1）“某食品厂的新饮料经 100 个男运动员服用，没有一个人不夸赞其口味好，因而这种新饮料任何人都会喜欢饮用的。”

（2）“某食品厂生产的新饮料，经 10 000 个不同年龄，不同性别，不同职业的人饮用，每个人都夸赞其味道好，因而，这种新饮料一定会在市场上畅销的。”

虽然上述（1）和（2）运用的是相似的推理（简单枚举归纳），但（1）与（2）相比较，我们会认为，前者的前提对结论的支持强度没有后者有力，后者比前者的结论更有可能真实。因为后者的前提比前者提供了更多的证据，因而其结论更可靠，也更令人可信。所以，对归纳推理来说，有前提对结论的支持程度不同之分，有可靠、不可靠之分，或者说有“正确”“错误”之分。

二、简单命题推理

简单命题推理是其前提和结论都是简单命题，并且根据简单命题的逻辑性质进行的推理。例如：

“董事长为公司的法定代表人，所以非公司的法定代表人不是董事长。”

“所有鱼类都是用鳃呼吸的，有些水生动物不是用鳃呼吸的，所以有些水生动物不是鱼类。”

我们在前面已经谈到，逻辑学讨论的是推理或论证的有效性和正确性问题。对于简单命题的推理而言，其推理的有效性是由构成推理的简单命题形式决定的。简单命题推理的前提可以是一个简单命题，也可以是多个简单命题，由此，我们将其区分为直接推理和间接推理。直接推理是前提只有一个简单命题的推理，间接推理是前提包含两个或两个以上简单命题的推理，本章讨论的简单命题间接推理仅限于直言三段论推理，简称三段论。

（一）简单命题直接推理

既然直接推理是前提只有一个简单命题的推理，这样的推理就只能或者是根据这个命题与其相同素材的其他命题之间的对当关系进行的推理，或者是通过改变该命题的逻辑形式进行的推理，前者我们称之为对当关系推理，后者称之为变形推理。

1. 对当关系推理

对当关系推理是根据简单命题之间的对当关系，由一个命题必然地推出另一个命题的推理。我们用“，”表示推导符号，它左边的命题是前提，右边的命题都是结论；用“¬(SAP)”表示对“SAP”的否定，即 SAP 真时，¬(SAP) 为假，而 SAP 为假时，¬(SAP) 为真。根据对当关系，我们可以得到如下的有效推理形式：

（1）SAP 为前提的推理

SAP，¬(SEP)　　（上反对关系：A 真，E 必假）

SAP，SIP　（差等关系：上位真，下位必真）

SAP，¬(SOP)　　（矛盾关系：A 真，O 必假）

¬(SAP)，SOP　（矛盾关系；A 假，O 必真）

（2）SEP 为前提的推理

SEP，¬(SAP)　　（上反对关系，E 真，A 必假）

SEP，SOP　（差等关系：上位真，下位必真）

SEP，¬(SIP)　　（矛盾关系：E 真，I 必假）

¬(SEP)，SIP　（矛盾关系：E 假，I 必真）

（3）SIP 为前提的推理

SIP，¬SEP　（矛盾关系：I 真，E 必假）

¬(SIP)，SEP　（矛盾关系：I 假，E 必真）

¬(SIP)，¬(SAP)　　（差等关系：下位假，上位必假）

¬(SIP)，SOP　（下反对关系：I 假，O 必真）

（4）SOP 为前提的推理

SOP，¬SAP　（矛盾关系：O 真，A 必假）

¬(SOP)，SAP　（矛盾关系：O 假，A 必真）

¬(SOP)，¬(SEP)　　（差等关系：下位假，上位必假）

¬(SOP)，SIP　（下反对关系：O 假，I 必真）

根据以上有效推导式，我们可以得出以下等值推理。等值推理是指由前提可推结论，并且由结论可推前提的推理，等值推理表明其推理前提和结论是逻辑等值的。这些推理式有：

SAP↔ ¬(SOP)

SEP↔ ¬(SIP)

SIP↔ ¬(SEP)

SOP↔ ¬(SAP)

2. 变形推理

变形推理是通过改变一个简单命题的逻辑形式而得到结论的推理。改变简单命题的逻辑形式有两种基本方法，一是改变命题联项，即把肯定联项变成否定联项，或者把否定联项变成肯定联项，这类推理因为改变了命题断定的性质因而被称为换质推理。二是改变命题主谓项的位置，把主项换成谓项，谓项换成主项。这类推理因为改变了命题主项和谓项的位置因而被称为换位推理。

（1）换质推理

换质推理是改变简单命题的联项，由一个肯定命题推出否定命题，或者由一个否定命题推出肯定命题的推理。

换质推理不能改变前提的联项，而是通过否定其联项和谓项而得出结论。例如：

所有人都会死，所以人都不会不死。

这个推理由一个 A 命题推出了一个 E 命题，为保证前提与结论的逻辑一致性，我们在保持主项不变的前提下，用与其谓项相矛盾的词项替换前提的谓项。我们用“$\overline{S}$、$\overline{P}$”表示词项 S、P 的矛盾词项。谓项的矛盾词项实质上是对谓项的否定，加上联项的否定，从而构成了否定之否定，结论没有改变前提的逻辑值，因此，前提真时结论必定也是真的，即换质推理是有效的。

换质推理有如下四种有效的推理形式：

SAP，SE$\overline{P}$

SEP，SA$\overline{P}$

SIP，SO$\overline{P}$

SOP，SI$\overline{P}$

（2）换位推理

换位推理是通过交换前提主项和谓项的位置而推出结论的推理，即结论的主项是前提的谓项，结论的谓项是前提的主项。例如：

所有董事都不是监事，所以所有监事都不是董事。

演绎推理之所以能保证推理的形式有效性是因为结论没有超出前提断定的范围，这应该是所有演绎推理都应遵守的基本规则。因为直言命题的主项和谓项在周延性方面并非都是对称的，所以，经过换位可能导致前提不周延的项变得周延，从而超出了前提断定的范围，这样的推理形式显然是无效的。据此换位推理存在以下规则：

第一，换位不换质，即命题的联项不得改变。

第二，前提中不周延的项，结论中也不得周延。

因为E命题和I命题的主项和谓项的周延性是一样的，所以E命题和I命题可以进行简单换位推理。例如：

有的法官是党员。

经换位可有效推理出：

有的党员是法官。

A命题的谓项不周延，如果简单换位，则违背第二条规则，因而需要改变量项予以限制，即限量换位，从而只能得出一个I命题。例如：

所有犯罪行为都是违法行为。

只能推出：

有些违法行为是犯罪行为。

O命题的主项不周延，经简单换位成为否定命题的谓项变得周延，并且在直言命题逻辑中无法对谓项予以量项限制，所以O命题不能换位推理。

据此可确定换位推理的有效形式为：

SEP，PES

SIP，PIS

SAP，PIS

（3）换质位与换位质推理

换质推理与换位推理可以结合起来依次应用，从而形成既换质又换位的推理。这类推理没有专门的规则，只需在各个环节遵守相应的换质、换位规则即可。

换质位推理与换位质推理的有效形式有：

SAP，SE$\overline{P}$，$\overline{P}$ES

SEP，SA$\overline{P}$，$\overline{P}$IS

SOP，PI$\overline{S}$，$\overline{S}$IP

SIP，SO$\overline{P}$

SAP，PIS，PO$\overline{S}$

SIP，PIS，PO$\overline{S}$

（二）简单命题间接推理——直言三段论

1. 三段论的结构

三段论是由包含着一个共同词项的两个简单命题为前提，推出另一个简单命题作为结论的推理。例如：

所有利用内幕信息进行证券交易的行为都是违法行为。

所有利用公司股权结构的重大变化的尚未公开的信息进行证券交易的行为都是利用内幕信息进行证券交易的行为。

所以，所有利用公司股权结构的重大变化的尚未公开的信息进行证券交易的行为都是违法行为。

在该例中，作为前提的两个命题中包含着一个共同的词项“利用内幕信息进行证券交易的行为”。正是由于这个共同词项的媒介作用，才使作为前提的两个命题建立了逻辑联系，从而推出了结论。

任何一个三段论都是由三个简单命题构成的，其中两个是前提，一个是结论。三段论的两个前提，一个称大前提，一个称小前提。大前提是指包含大项的前提，小前提是指包含小项的前提。

这样，该例的推理形式可表示为：

MAP

SAM

SAP

或者用蕴涵式表示为：

$MAP \wedge SAM \rightarrow SAP$

由此可见，大小前提的名称与前提的先后排列顺序无关，而是与它们包含的词项的性质有关。理论上讲，一个三段论的表达与前提、结论的排列顺序无关，但习惯上，人们总把大前提排列在小前提之前，结论排列在最后。

任何一个三段论都有并且只有三个不同的词项。这三个词项分别叫做中项、小项和大项。中项是指在两个前提中都出现而在结论中不出现的词项，用 M 表示。小项是作为结论主项的词项，用 S 表示。大项是作为结论谓项的词项，用 P 表示。小项和大项都在前提和结论中各出现一次。因此，虽然一个三段论包含三个命题，每一个命题都包含两个词项，但因为每一个词项都出现两次，所以，一个三段论只包含三个词项。如果一个三段论中只包含两个不同的词项，则前提和结论必然是由这两个词项构成的同素材的简单命题，其推理形式属于简单命题的直接推理，而非三段论。如果一个三段论包含的词项多于三个，例如，是四个不同的词项，假设这四个词项都出现在前提中，则没有起媒介作用的中项，因而就构不成一个三段论。假设前提中包含三个词项，第四个词项出现在结论中，则无法断定第四个词项与前提中的三个词项间的关系，即无法推出相应的结论。如果超过四个，情况更是如此。传统逻辑中，通常把这种错误叫做“四词项（或四概念）错误”，并把避免这种错误而提出的规则作为三段论的构成规则。即如果违反该规则则无法构成一个三段论推理。

需要注意的是，在现实的三段论推理中很少有直观上违反该规则的事例。通常的情况是表面上看似只包含三个不同的词项，而实质上可能因为一个语词指称两个不同的概念而犯有四词项错误。例如：

鲁迅的作品不是一天能读完的。

《阿 Q 正传》是鲁迅的作品。

所以，《阿Q正传》不是一天能读完的。

之所以从两个真的前提得出了一个假的结论，原因即在于前提中的“鲁迅的作品”事实上指称两个不同的词项，大前提中的“鲁迅的作品”指称一个集合概念，而小前提中的“鲁迅的作品”指称一个非集合概念，因此，该推理犯有四词项错误。

2. 三段论公理

公理是演绎推理系统中初始的依据。在演绎系统中，公理作为演绎的出发点和初始依据，它自身不是推理的结果，而是被当然地接受。公理具有直观上明显的真理性，以至可以作为不证自明的东西接受下来。

三段论的公理是：一类对象的全部是什么或不是什么，那么，这类对象中的部分也是什么或不是什么。换句话说，如果对一类对象的全部有所断定，那么对它的部分也就有所断定。这在直观上是明显的。三段论的形式可以是复杂的，但它们都是基于三段论公理所揭示的上述简单关系之上的。

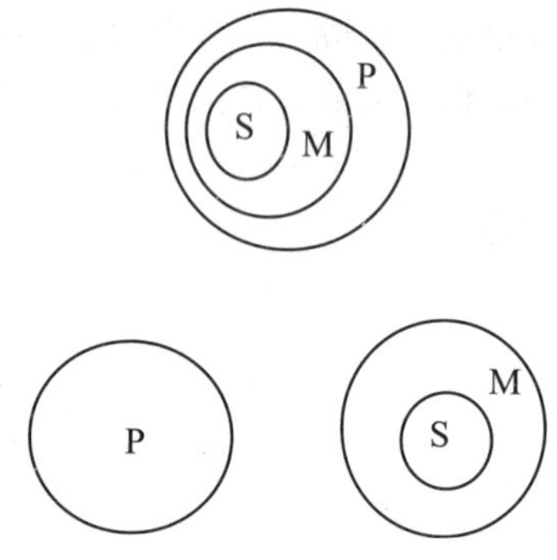

图 5－2

在三段论中，由于中项在前提中的媒介作用，才把小项和大项联结起来。这里，前提中大项和小项分别与中项的联结、结论中大项和小项的联结，实际是指词项外延之间的关系。因此，三段论的理论，实质上是指词项外延关系的理论，也可以说是词项相容或排斥关系的理论。据此，我们可以将三段论的公理刻画如下：

该图表示三段论公理肯定方面的含义：M类的全部外延都是P类的外延，那么M中的部分外延S也是P类的外延。例如：

所有金属都导电。

铜是金属。

所以，铜导电。

该图表示三段论公理否定方面的含义：M类的全部外延都不是P类的外延，那么M中的部分外延S也不是P类的外延。例如：

所有犯罪行为都不是受法律保护的行为。

盗窃是犯罪行为。

所以，盗窃不是受法律保护的行为。

3. 三段论推理规则

虽然三段论都是遵循三段论公理所进行的推理，依据该公理可以判定一个三段论是否有效，但这种判定往往不具有直观性。传统逻辑检验三段论的推理形式是否有效的标准，还需要具体的推理规则。三段论推理规则是三段论公理的具体化，是三段论推理形式有效的充分必要条件，遵守这些规则就能保证由真前提必然地推出真结论。

三段论推理的一般规则有 7 条，其中前 5 条是基本规则，后 2 条是根据前 5 条规则可以推出的导出规则。

规则一：中项至少周延一次

如前所述，三段论的实质是通过分别确定大项和小项与中项外延之间的关系，把握大项与小项外延之间的关系，要求中项至少有一次是以全部外延和另一个词项（大项或小项）发生关系，这样才能确保中项在小项和大项之间起到媒介作用，从而确定小项和大项之间的关系。如果中项在两个前提中都不周延，就可能出现这样的情况：小项与中项的一部分发生联系，而大项与中项的另一部分发生联系，在这种情况下，中项就不能在大项和小项之间起到媒介作用，从而无法得出关于小项和大项联系的必然结论。

例如：所有美国人都是会死的。

所有法国人都是会死的。

所以，?

这个三段论的推理形式为：

PAM

SAM

?

该三段论之所以无法得出结论，是因为其中的中项作为两个肯定命题的谓项，一次也不周延。因此，无法确定大项与小项之间的关系。

违反这条规则的逻辑错误被称为“中项不周延”。上例即犯了这一错误。

规则二：前提中不周延的词项，在结论中不得周延

有效的演绎推理形式之所以能够保证根据真的前提推出真的结论，是因为结论没有超出前提断定的范围，即前提蕴涵着结论。具体到三段论推理，就是只有结论中包含的词项指称的范围不能超出前提中该词项指称的范围，才能保证结论必然为前提所蕴涵。所以，如果在前提中没有对某个词项指称的范围完全断定，则在结论中也不能对该词项指称的范围予以完全的断定，即在前提中不周延的词项，在结论中不得周延。

违反这条规则有两种情况：

第一种是大项在前提中不周延而在结论中周延。

例如：所有人都是会死的。

所有猴子都不是人。

所以，所有猴子都不是会死的。

该三段论的推理形式为：

MAP

SEM

SEP

在该推理形式中，大项在大前提中作为肯定命题的谓项是不周延的，而在结论中作为否定命题的谓项是周延的。因而，虽然前提为真，结论却为假。这样的逻辑错误被称为“大项不当周延”。

第二种是小项在前提中不周延而在结论中周延。

例如：所有审判员都是在法院工作的。

所有审判员都是懂法律的人。

所以，所有懂法律的人都是在法院工作的。

该三段论的推理形式为：

MAP

MAS

―――

SAP

在该推理形式中，小项在小前提中作为肯定命题的谓项是不周延的，而在结论中作为全称命题的主项是周延的。因而，虽然前提为真，结论却为假。这样的逻辑错误被称为“小项不当周延”。

在掌握这条规则时应注意：前提中不周延的项到结论中不得变为周延；但是，前提中周延的项在结论中可以周延，也可以不周延；结论中不周延的项，在前提中可以周延，也可以不周延；而结论中周延的项，在前提中必须周延。

规则三：两个否定前提不能推出必然的结论

如果两个前提都是否定命题，则它们所断定的是小项与大项的外延分别和中项的外延之间部分地或全部地具有排斥关系。这样，中项就不能在大项和小项之间起媒介作用，从而无法确定大、小项之间的外延关系。因此，也就不能从两个否定前提有效地得出结论。

例如：所有犯罪行为都不是合法行为。

所有犯罪行为都不是合乎道德行为。

所以，所有合乎道德的行为都（不）是合法行为？

该三段论的推理形式为：

MEP

MES

―――

S（E）AP

在该例中，因为两个前提皆为否定命题，所以，无法通过中项的媒介作用断定大项和小项之间的外延关系，因而得不出必然的结论，也就是说，既不能得出“所有合乎道德的行为都是合法行为”的结论，也不能得出“所有合乎道德的行为都不是合法行为”的结论。

规则四：前提中有一个是否定命题，则结论必是否定命题

根据规则三，如果两个前提中有一个是否定命题，那么另一个必是肯定命题。否定的前提断定中项和一个项在外延上排斥，肯定的前提断定中项和另一个项在外延上相容。这样，通过中项的媒介作用，大、小项之间的关系必是互相排斥的，而不会是相容的。因此，结论必然是否定的。

例如：所有合法行为都是受到法律保护的行为。

盗窃行为不是合法行为。

所以，盗窃行为不是受到法律保护的行为。

该三段论的推理形式为：

MAP

MES

―――

SEP

在该例中，小前提是否定命题，断定小项与中项的外延相排斥，大前提是肯定命题，断定大项与中项的外延相容，则小项的外延与中项相容的大项的外延必然相排斥，因而结论是否定的。

规则五：如果结论为否定命题，则前提之一必是否定命题

如果结论是否定的，则小项与大项的外延部分或全部相排斥。假设两个前提都是肯定的，

则前提所断定的小项与中项、大项与中项的外延是相容的，无法断定小项与大项的外延具有排斥关系，因而无法得出否定的结论，所以，假设不成立。这条规则断定：两个肯定前提得不出否定结论。

例如：所有违反法律的合同都是无效合同，

所有无效合同都是不受法律保护的合同，

所以，有些不受法律保护的合同不是违反法律的合同。

该三段论的推理形式为：

$$\frac{\begin{array}{c}PAM\\MAS\end{array}}{SOP}$$

在该例中，尽管前提和结论都是真的，但推理性是无效的，即结论不是根据前提必然推出的，而是得出的结论恰好符合了我们基于相关知识的理解而作出的实质性的判断，假设违反法律是判定合同无效的唯一标准，那么，结论就是假的。

如果把规则一、二、三结合起来考虑，则可以断定：一个有效三段论，若结论是肯定命题，则两个前提必都是肯定命题；若两个前提都是肯定命题，则结论必是肯定命题。总之，一个有效三段论的三个命题中，至少有一个是肯定命题，并且要么是三个，要么是一个；而对于否定命题，要么没有，要么是两个，不可能都是否定命题，也不能仅有一个否定命题。

以上 5 条是三段论的基本规则，它们构成了三段论有效的充分必要条件，也是判定一个三段论是否有效的基本标准。

根据这 5 条规则可以推导出下面的二条导出规则，目的在于为判定某些三段论形式是否有效提供方便。

规则六：两个特称命题作前提，不能推出必然结论

证明：

以两个特称命题作前提，其组合情况不外乎以下三种：

① II 组合。即两个前提都是特称肯定命题，由于特称肯定命题的主、谓项都不周延，因此，两个前提中没有一个项是周延的。根据规则一，不能得出必然结论。

② OO 组合。即两个前提都是特称否定命题。根据规则四，不能得出必然结论。

③ IO 或 OI 组合。即两个前提一个是特称肯定命题，一个是特称否定命题，那么，两个前提中只有一个项是周延的，即特称否定命题的谓项。根据规则一，这个唯一周延的项应为中项，否则会犯“中项不周延”的错误。这样，大、小项在前提中都不周延。又根据规则四，结论必是否定命题，而否定命题的谓项是周延的，即大项在结论中周延；又因为大项在前提中是不周延的，这就违反规则二，犯了“大项不当周延”的错误。如果避免“大项不当周延”的错误，以前提中唯一周延的项作为大项，中项又会一次都不周延，从而会犯“中项不周延”的错误。因而，以特称肯定命题和特称否定命题为前提，也不能必然得出结论。

综上所述，两个特称命题前提不能推出必然结论。

规则七：如果前提中有一个是特称命题，那么结论必是特称命题

证明：

根据规则六，如果两个前提中有一个特称的，那么另一个必是全称的。其组合情况不外乎以下四种：

① EO 组合。即两个前提一个是全称否定命题，一个是特称否定命题。根据规则四，不能得出必然结论。

② AI组合。即两个前提分别是A命题和I命题，则前提中只有一个周延的项，即A命题的主项。根据规则一，这个唯一周延的项应当作中项，否则会犯“中项不周延”的错误。这样，小项在前提中不周延，根据规则二，小项在结论中也不得周延，因而结论只能是特称命题。

③ AO组合。即两个前提分别是A命题和O命题，则前提中有两个周延的项，即A命题的主项和O命题的谓项。根据规则一，这两个周延的项其中一个要充当中项，否则会犯“中项不周延”的错误。另一个项应当充当大项，因为根据规则四，这两个前提中有一个是否定的，结论必是否定的；结论否定，作为结论谓项的大项必是周延的，根据规则二，大项在前提中必须周延，否则会犯“大项不当周延”的错误。这样，其余两个不周延的项中必有一个是小项，根据规则二，前提中小项不周延，在结论中也不得周延，所以，结论是特称的。

④ EI组合。即两个前提分别是E命题和I命题。根据规则四，结论必定是否定的，所以大项在前提中必是周延的。假设结论是全称的，则小项在前提中也是周延的。而在前提中只有两个项是周延的，即E命题的主项和谓项，根据规则一，其中一个项必须是中项，这样只剩一个项是周延的，要么作主项，要么作谓项，总之无法满足假设要求。假设不成立，结论只能是特称命题。

综上所述，前提中有一个特称命题，所得出的有效结论必然是特称命题。

需要注意的是：若结论为特称命题，并不必然要求两个前提一定有一个是特称命题；两个全称命题作前提，结论也不一定是全称命题。

4. 省略三段论及其补充

从理论上讲，每一个三段论推理必然包含三个命题，但在具体应用时，基于表达的简洁性要求及不言自明的语境，常常隐含三段论的某一部分。这种没有明白表达出大前提或小前提或结论的三段论，称之为省略三段论。

省略三段论包括三种情况：

（1）省略大前提。例如：

被告的行为是正当防卫的行为，所以，被告的行为是合法行为。

该三段论省略了大前提“所有正当防卫的行为都是合法行为”。

（2）省略小前提。例如：

所有正当防卫的行为都是合法行为，所以，被告的行为是合法行为。

该三段论省略了小前提“被告的行为是正当防卫的行为”。

（3）省略结论。例如：

所有正当防卫的行为都是合法行为，被告的行为是正当防卫的行为。

该三段论省略了结论“被告的行为是合法行为”。

需要注意的是，这种省略只是语言表达上的省略，而不是三段论结构上的省略。任何一个三段论，在逻辑结构上都必须包括大前提、小前提和结论三部分，三者缺一不可。因此，从三段论的构成上看，被省略的部分，仍然是它的必要组成部分，只不过没有明白地表达出来而已。但是，由于省略了一些必要的因素，也容易遮掩一些前提的虚假或推理形式无效的逻辑错误。这就要求能够根据三段论理论，将省略三段论恢复成完整的三段论，以便于检查出可能存在的逻辑错误。

恢复省略三段论的方法包括以下步骤：

首先，确定省略的是前提还是结论。通常可根据推理标志词，如“因为……所以……”“因此”“因而”等进行判断，一般而言，“因为”“由于”等连接词之前，“所以”“因此”“因而”等连接词之后的命题是结论；“因为”“由于”等连接词之后，“所以”“因此”“因而”等连接词之前的命题是前提。如果缺乏推理联结项，可依据语境确定。

其次，如果省略的是结论，则应把两个前提中都包含的项作为中项，剩下的两个项分别作为结论的主项和谓项，根据两个前提是否包含否定命题确定结论是肯定命题还是否定命题，根据小项是否周延确定结论是全称命题还是特称命题。

再次，如果省略的是某个前提，还需要进一步确定省略的是大前提还是小前提。若已知的前提中含有小项，则已知前提为小前提，省略的为大前提；若已知的前提中含有大项，则已知前提为大前提，省略的为小前提。基于三段论规则，分别由结论的谓项和中项、结论的主项和中项构成省略的大前提或小前提。

最后，对经过以上步骤形成的完整的三段论根据三段论规则予以评价，确定其是否有效。

需要特别注意的是，根据以上方法恢复的三段论不一定是唯一的，还要根据所在的语境进一步确定。

三、复合命题推理

复合命题推理是其前提或结论中包含复合命题的推理，是根据命题间的逻辑性质进行的推理。例如：

如果被告遗失武器装备且不及时报告，那么，被告应当被处以三年以下有期徒刑或者拘役。

事实证明被告遗失武器装备且不及时报告。

所以，被告应当被处以三年以下有期徒刑或者拘役。

在该例中包含两个前提，第一个前提是一个充分条件假言命题，断定遗失武器装备且不及时报告是应当被处以三年以下有期徒刑或者拘役的充分条件；第二个前提是一个联言命题，断定第一个前提的前件为一个真命题。根据充分条件假言命题的逻辑性质，肯定前件则必然肯定后件，所以，必然推出被告应当被处以三年以下有期徒刑或者拘役的结论。

在复合命题推理中，简单命题被当做最基本的单位，对其内部的结构不再分析，被称为命题变项；而复合命题可以分析为简单命题根据逻辑连接词的性质的复合。因此，复合命题的推理形式就是只包含命题变项和逻辑连接词的真值形式。复合命题推理的真值形式是一个蕴涵式：前提的合取蕴涵结论。因此，一个复合命题推理是形式有效的，当且仅当它的真值形式是重言的蕴涵式。下面介绍几种基本的复合命题推理：

（一）联言推理

联言推理是前提或结论为联言命题，并依据联言命题的逻辑性质所进行的推理。联言命题的逻辑性质为：支命题同真时，联言命题为真；联言命题为真时，每一支命题为真。[①] 由此可以得出联言推理的规则：第一，由各个支命题为真，可推知它们所构成的联言命题为真。第二，由一个联言命题为真，可推知其中某一个联言肢为真。

根据联言推理的规则，联言推理有两个有效式，即合成式和分解式。

1. 合成式联言推理

合成式联言推理是以联言命题的全部支命题为前提，根据联言命题的逻辑性质，推出一个联言命题为结论的推理。例如：

合法性是判决的基本要求。

---

① 为简明起见，这里只讨论两个联言肢的情况。对于多个联言肢的情况，可依据将两个联言肢组合成一个支命题，再与其他的联言肢依次组合的方法，最终归结为两个联言肢的情况。

合理性是判决的基本要求。

所以，合法性和合理性都是判决的基本要求。

合成式联言推理的逻辑形式是：

$$\frac{\begin{array}{c}p\\q\end{array}}{\therefore p \wedge q}$$

用蕴涵式可表达为：(p，q) →p∧q

2. 分解式联言推理

分解式联言推理是以一个联言命题为前提，根据联言命题的逻辑性质，推出该命题的某一个支命题为结论的推理。例如：

该判决既是合法的又是合理的。

所以，该判决是合法的。

分解式联言推理的逻辑形式是：

$$\frac{p \wedge q}{\therefore p} \quad \text{或者} \quad \frac{p \wedge q}{\therefore q}$$

用蕴涵式可表达为：(p∧q) →p；或者 (p∧q) →q

尽管联言推理是一种结构比较简单的推理形式，但在实际思维活动中经常被用到。合成式联言推理的意义在于通过把并存的断言联结在一起，从而形成一个整体性断言。例如，我国《刑法》第 14 条规定："明知自己的行为会发生危害社会的结果，并且希望或者放任这种结果发生，因而构成犯罪的，是故意犯罪"。根据该规定，如果能够断定被告"明知自己的行为会发生危害社会的结果"，并且能够断定该被告"希望或者放任这种结果发生"，因而构成犯罪的，那么，就可以断定该被告的行为"是故意犯罪"。因为很多法律规定本身就是联言命题，所以，在根据这些法律规定处理具体案件时，就必须对规定的各个要素进行断定，进而作出整体的断定，这时所应用的推理形式就是合成式联言推理。

分解式联言推理的意义在于通过整体性断定推出部分性断定，从而将部分性断定凸显出来，起到强调、突出的作用。例如，我国《刑法》第 20 条规定："正当防卫明显超过必要限度造成重大损害的，应当负刑事责任，但是应当减轻或者免除处罚"。在具体适用该条过程中，可以根据不同需要强调"正当防卫明显超过必要限度造成重大损害的，应当负刑事责任"。也可以强调"正当防卫明显超过必要限度造成重大损害的，应当减轻或者免除处罚"。这时所应用的推理形式就是分解式联言推理。

(二) 选言推理

选言推理是以选言命题为前提或结论，并依据选言命题的逻辑性质所进行的推理。选言命题分为相容选言命题和不相容选言命题，相应地，选言推理可分为相容选言推理和不相容选言推理两类。

1. 相容选言推理

相容选言推理是以相容选言命题为前提或结论，并依据相容选言命题的逻辑性质所进行的推理。相容选言命题的逻辑性质为：一个为真的相容选言命题断定其支命题中至少有一真，也可以都真。因此，相容选言推理的规则是：第一，否定一部分选言肢，可以肯定另一部分选言肢。第二，肯定一部分选言肢，不能否定另一部分选言肢。

根据以上规则，相容选言推理有一个有效式，即否定肯定式，和一个无效式，即肯定否定式。否定肯定式是以否定相容选言命题的一部分选言肢为前提，肯定另一部分选言肢为结论的推理形式。例如：

财务室被盗或者是外盗，或者是内盗。

经查明财务室被盗不是外盗。

所以，财务室被盗是内盗。

否定肯定式选言推理的逻辑形式（有效）是：

$$\begin{array}{l} p\vee q \\ \underline{\neg p} \\ \therefore q \end{array} \quad \text{或者} \quad \begin{array}{l} p\vee q \\ \underline{\neg q} \\ \therefore p \end{array}$$

用蕴涵式表达为：$(p\vee q)\wedge\neg p\rightarrow q$ 或者：$(p\vee q)\wedge\neg q\rightarrow p$

肯定否定式选言推理的逻辑形式（无效）是：

$$\begin{array}{l} p\vee q \\ \underline{p\qquad} \\ \therefore\ \neg p \end{array} \quad \text{或者} \quad \begin{array}{l} p\vee q \\ \underline{q\qquad} \\ \therefore\ \neg p \end{array}$$

用蕴涵式表达为：$(p\vee q)\wedge p\rightarrow\neg q$ 或者：$(p\vee q)\wedge q\rightarrow\neg p$

否定肯定式选言推理通常表现为通过对事物出现的多种可能情况或原因的部分可能性的排除，而断定其他情况或原因。需要注意的是：第一，应用否定肯定式选言推理时，一定要穷尽所有可能的情况或原因。例如，在上例中，如果不能排除既非内盗又非外盗的可能性，则无法根据这类推理得出必然的结论。第二，肯定否定式选言推理之所以无效，是因为多种可能情况或原因可能同时存在，肯定其中的部分情况或原因，并不能排除其他情况或原因的存在。例如，在上例中，如果不能排除内外勾结盗窃的可能性，则无法通过肯定内盗而否定外盗的可能性（即内外勾结盗窃）。

2. 不相容选言推理

不相容选言推理是以不相容选言命题为前提，并依据不相容选言命题的逻辑性质所进行的推理。不相容选言命题的逻辑性质为：一个为真的不相容选言命题，它的各个支命题中必有一真，且只有一真。因此，不相容选言推理的规则是：第一，否定一个选言肢以外的选言肢，可以肯定该选言肢。第二，肯定一个选言肢，可以否定其余选言肢。根据以上规则，不相容选言推理有两种有效式，即否定肯定式和肯定否定式。

（1）否定肯定式不相容选言推理

否定肯定式不相容选言推理是以否定不相容选言命题的一部分选言肢为前提，进而得出肯定其余选言肢结论的推理形式。例如：我国《刑法》第 50 条规定：判处死刑缓期执行的，在死刑缓期执行期间，如果没有故意犯罪，二年期满以后，减为无期徒刑；如果确有重大立功表现，二年期满以后，减为十五年以上二十年以下有期徒刑；如果故意犯罪，查证属实的，由最高人民法院核准，执行死刑。以此作为一个不相容选言推理的一个前提，并能够断定某人被判处死刑缓期执行，且在死刑缓期执行期间，没有故意犯罪，也没有重大立功表现，以其作为另一个前提，则可以推出结论：该人在二年期满以后，减为无期徒刑。

否定肯定式不相容选言推理的逻辑形式为：

$$\begin{array}{l} p\dot{\vee}q \\ \underline{\neg p} \\ \therefore q \end{array} \quad \text{或者} \quad \begin{array}{l} p\dot{\vee}q \\ \underline{\neg q} \\ \therefore p \end{array}$$

用蕴涵式表达为：$(p\vee q)\wedge\neg p\rightarrow q$；或者：$(p\vee q)\wedge\neg q\rightarrow p$

（2）肯定否定式不相容选言推理

肯定否定式不相容选言推理是以通过肯定不相容选言命题的一个选言肢为前提，得出否定其余选言肢的结论的推理形式。例如，对上例而言，如果能够断定该人在死刑缓刑执行期间故意犯罪，则可以否定二年期满以后，减为无期徒刑和减为十五年以上二十年以下有期徒刑的可能性。

肯定否定式不相容选言推理的逻辑形式为：

$$\frac{p\dot{\vee}q \quad p}{\therefore \neg q} \quad 或者 \quad \frac{p\dot{\vee}q \quad q}{\therefore \neg p}$$

用蕴涵式表达为：$(p\vee q)\wedge p\rightarrow\neg q$；或者：$(p\vee q)\wedge q\rightarrow\neg p$

不相容选言推理的否定肯定式在实践中的应用同相容选言推理的应用基本相同。可以通过否定一些选言肢，缩小认知的范围。而不相容选言推理的肯定否定式还可以用于间接的证明和辩护，通过肯定与论题表达的情况或原因不相容存在的情况或原因，而达到对所论证的论题真的否定。

（三）假言推理

假言推理是前提中有一个假言命题，并依据假言命题的逻辑性质所进行的推理。假言命题分为充分条件假言命题、必要条件假言命题和充分必要条件假言命题三类，与此相对应，假言推理也有三类：充分条件假言推理、必要条件假言推理和充分必要条件假言推理。

1. 充分条件假言推理

充分条件假言推理是以充分条件假言命题为前提，并依据充分条件假言命题的逻辑性质进行的推理。充分条件假言命题的逻辑性质是：一个为真的充分假言命题，前件真时，后件必真；后件真时，前件不定；前件假时，后件不定；后件假时，前件必假。据此，充分条件假言推理的规则是：第一，肯定前件可以肯定后件。第二，肯定后件不能肯定前件。第三，否定后件可以否定前件。第四，否定前件不能否定后件。

根据以上规则，充分条件假言推理有两个有效式：肯定前件式和否定后件式，和两个无效式：否定前件式和肯定后件式。

（1）肯定前件式充分条件假言推理。肯定前件式充分条件假言推理，是指通过以肯定充分条件假言命题的前件为前提，得出肯定其后件的结论的推理形式。例如，我国《刑法》第49条规定：犯罪的时候不满18周岁的人和审判的时候怀孕的妇女，不适用死刑。在具体的司法过程中，可以以此法律规定形成一个具体的案件规范：如果张三犯罪的时候不满18周岁，那么，张三不适用死刑，并且能够断定张三犯罪的时候不满18周岁，那么，就可以得出张三不适用死刑的结论。

肯定前件式充分条件假言推理逻辑形式是：

$$\frac{p\rightarrow q \quad p}{\therefore q}$$

用蕴涵式表达为：$[(p\rightarrow q)\wedge p]\rightarrow q$

因为很多法律规定都可以表示成为一个以适用条件为前件，以相应的法律后果为后件的充分条件假言命题，所以，在具体的司法实践中，就可以通过肯定前件的成立，而得出应当承担相应法律后果的结论。通常把法律规定视为大前提，把对适用条件的认定作为小前提，把承担相应法律后果作为结论，所构成的推理模式称为假言司法三段论。这样的推理模式在司法中应用得最为广泛。

（2）否定后件式充分条件假言推理。否定后件式充分条件假言推理，是指以否定充分假言命题的后件为前提，以否定其前件为结论的推理形式。例如：

如果被告作案，那么他一定有作案的动机。

事实证明被告没有作案动机。

所以，被告没有作案。

在该例中包含两个前提，第一个前提是一个充分条件假言命题，断定有作案动机是作案的充分条件；第二个前提是一个简单命题，断定第一个前提的后件为一个假命题。根据充分条件假言命题的逻辑性质，否定后件则必然否定前件，所以，必然推出被告没有作案的结论。

否定后件式充分条件假言推理的逻辑形式为：

$$\begin{array}{l} p\rightarrow q \\ \underline{\neg q} \\ \therefore \neg p \end{array}$$

用蕴涵式表达为：〔（p→q）∧ ¬q〕→ ¬p

因为否定后件式充分条件假言推理得出的结论是一个否定命题，所以，在司法论辩中往往被作为一个反驳或辩护的工具。又因为充分条件往往表达的是前件描述的事实是后件描述的事实发生的充分原因，而后件描述的事实是前件描述的事实发生的必然结果，所以，我们就可以通过否定某个结果没有发生的事实，断定促使该结果发生的充分的原因不存在或者没有发生。

2. 必要条件假言推理

必要条件假言推理是以必要假言命题为前提，并依据必要假言命题的逻辑性质所进行的推理。必要假言命题的逻辑性质是：一个为真的必要假言命题，前件假时，后件必假；前件真时，后件真假不定；后件真时，前件必真；后件假时，前件真假不定。据此，必要条件假言推理的规则是：第一，肯定后件可以肯定前件；第二，肯定前件不能肯定后件；第三，否定前件可以否定后件；第四，否定后件不能否定前件。

根据以上规则，必要条件假言推理有两个有效式：肯定后件式和否定前件式，和两个无效式：肯定前件式和否定后件式。

（1）肯定后件式必要条件假言推理。肯定后件式必要条件假言推理，是指通过以肯定必要条件假言命题的后件为前提，得出肯定其前件的结论的推理形式。例如，我国《宪法》第34条规定：中华人民共和国年满十八周岁的公民，不分民族、种族、性别、职业、家庭出身、宗教信仰、教育程度、财产状况、居住期限，都有选举权和被选举权。基于该规定，我们可以断定，年满十八周岁是具有选举权的必要条件，那么，我们就可以根据某人具有选举权的事实断定该人必然年满十八周岁。该推理形式可表达为：

只有年满十八周岁，某人才有选举权。

某人具有选举权。

所以，某人年满十八周岁。

肯定后件式必要条件假言推理的逻辑形式是：

$$\begin{array}{l} p\leftarrow q \\ \underline{q} \\ \therefore p \end{array}$$

用蕴涵式表达为：〔（p←q）∧q〕→p

（2）否定前件式必要条件假言推理。否定前件式必要条件假言推理，是指以否定必要条件假言命题的前件为前提，以否定其后件为结论的推理形式。以前例言之，如果能够断定该必要条件的前件为假，即某人没有年满十八周岁，则可以根据本推理模式断定其后件为假，即某人没有选举权。

否定前件式必要条件假言推理的逻辑形式是：

$$\begin{array}{l} p\leftarrow q \\ \underline{\neg p} \\ \therefore \neg q \end{array}$$

用蕴涵式表达为：$[(p\leftarrow q)\wedge\neg p]\rightarrow\neg q$

必要条件假言推理在法律活动中也有广泛的应用。其中，肯定后件式更多地应用于事实认定过程中，可以根据事物之间存在的必要条件因果关系，以及作为结果的事物的存在，断定导致其存在的必要原因也必然存在。而否定前件式更多地应用于法庭论辩等活动中，通过断定某表达为必要条件假言命题的规范的前件为假，而断定其后件为假。

3. 充分必要条件假言推理

充分必要条件假言推理是以充分必要条件假言命题为前提，并依据充分必要条件假言命题的逻辑性质所进行的推理。充分必要条件假言命题的逻辑性质是：一个为真的充分必要条件假言命题，前件真时，后件必真；前件假时，后件必假；后件真时，前件必真；后件假时，前件必假。据此，充分必要条件假言推理的规则是：第一，肯定前件可以肯定后件；第二，肯定后件可以肯定前件；第三，否定前件可以否定后件；第四，否定后件可以否定前件。

根据以上规则，充分必要条件推理有四种有效式，即肯定前件式、否定前件式、肯定后件式、否定后件式。因为充分必要条件假言命题可以表述为充分条件假言命题和必要条件假言命题的联言，所以，充分必要条件假言命题推理实质上是分别根据充分条件假言命题和必要条件假言命题的逻辑性质进行的推理，其四个推理有效式也分别对应于充分条件假言命题推理的两个有效式和必要条件假言命题推理的两个有效式。为表述的简洁性，这里仅仅列出四个推理有效式的定义和逻辑形式，而不再举例分析。

（1）充分必要条件假言推理肯定前件式。肯定前件式充分必要条件假言推理，是指以肯定充分必要条件假言命题的前件为前提，以肯定其后件为结论的推理形式。其逻辑形式为：

$$\begin{array}{l} p\leftarrow\rightarrow q \\ \underline{p} \\ \therefore q \end{array}$$

用蕴涵式表达为：$[(p\leftarrow\rightarrow q)\wedge p]\rightarrow q$

（2）充分必要条件假言推理肯定后件式。肯定后件式充分必要条件假言推理，是指以肯定充分必要条件假言命题的后件为前提，以肯定其前件为结论的推理形式。其逻辑形式为：

$$\begin{array}{l} p\leftarrow\rightarrow q \\ \underline{q} \\ \therefore p \end{array}$$

用蕴涵式表达为：$[(p\leftarrow\rightarrow q)\wedge q]\rightarrow p$

（3）充分必要条件假言推理否定前件式。否定前件式充分必要条件假言推理，是指以否定充分必要条件假言命题的前件为前提，以否定其后件为结论的推理形式。其逻辑形式为：

$$\begin{array}{l} p\leftarrow\rightarrow q \\ \underline{\neg p} \\ \therefore \neg q \end{array}$$

用蕴涵式表达为：$[(p\leftarrow\rightarrow q)\wedge\neg p]\rightarrow\neg q$

（4）充分必要条件假言推理否定后件式。否定后件式充分必要条件假言推理，是指以否定充分必要条件假言命题的后件为前提，以否定其前件为结论的推理形式。其逻辑形式为：

$$\begin{array}{l} p \leftarrow\rightarrow q \\ \neg q \\ \hline \therefore\ \neg p \end{array}$$

用蕴涵式表达为：$[(p \leftarrow\rightarrow q) \land \neg q] \rightarrow \neg p$

4. 其他复合命题推理

在日常实践应用中，包括在法律活动中，复合命题推理往往表现为以上几种基本推理形式的综合应用，并且具有相对稳定的推理形式。以下以经常用到的二难推理和反三段论推理为例予以说明。

（1）二难推理。常见的二难推理[①]是由两个充分条件假言命题和一个二肢选言命题为前提，并依据相关命题的逻辑性质进行的推理。

二难推理的逻辑形式为：

$$\begin{array}{l} p \rightarrow r \\ q \rightarrow r \\ p \lor q \\ \hline r \end{array}$$

在具体法律论辩中，p 和 q 往往是两个相互矛盾的命题，所构成的选言命题是一个永真命题，表明两个充分条件假言命题至少有一个为真命题，从而根据充分条件假言命题推理的肯定前件式，必然能够推出相应的结论为真。因此，二难推理具有很强的论证性。例如美国总统林肯在做律师时就曾经用到过一个二难推理的例子：

一次，林肯得知他青年时代的好友、已经去世的老阿姆斯特朗的儿子小阿姆斯特朗被人诬告图财害命，并且已被法庭判定有罪。出于对老阿姆斯特朗的友情，林肯决定以小阿姆斯特朗律师的身份提请复审。林肯首先查阅了法院的全部卷宗，然后又到案发现场进行了实地勘察。经过调查，林肯发现该案中的关键人物是证人艾伦，他在陪审团面前发誓说：1857 年 10 月 18 日夜 11 时，他曾亲眼看见小阿姆斯特朗和被害人梅茨克殴斗，当时皓月当空，月光下他看见小阿姆斯特朗用枪击毙了被害人梅茨克。按照美国法庭的惯例，林肯作为被告的辩护律师与原告的证人艾伦进行了对质：

林肯：你发誓你看见的是被告？

艾伦：是的。

林肯：你在草堆后面，被告在大树下，相距二三十米，能看清吗？

艾伦：看得很清楚。因为月光很亮。

林肯：你肯定不是从衣着等方面辨认的？

艾伦：我肯定看清了他的脸，当时月光正照在他脸上。

林肯：你能肯定是晚上 11 点吗？

艾伦：完全可以肯定。因为我回屋看了时钟，那时是 11 点 15 分。

林肯：你担保你说的完全是事实吗？

艾伦：我可以发誓，我说的完全是事实。

林肯（对众人）：我不能不告诉大家，这个证人是个彻头彻尾的骗子。接着，林肯出示了美国的历书，证明：10 月 18 日晚 11 点时，月亮已经落下看不见了。这个铁的事实已明白无疑

① 一般来说，二难推理包括简单构成式、简单破坏式、复杂构成式和复杂破坏式四种形式，为表述的简洁性，我们这里只介绍最常见的简单构成式二难推理。其他几种形式可参见相关逻辑学教材。

地说明艾伦是在说谎。林肯依此做了激动人心的辩护："证人发誓说他于10月18日晚11点钟在月光下看清了被告小阿姆斯特朗的脸，但历书已证明那天晚上是上弦月，11点钟月亮已经下山了，哪来的月光？退一步说，就算证人记不清时间，假定稍有提前，月亮还在西边，而草堆在东大树在西，月光从西边照过来，被告如果脸朝大树，即向西，月光可以照到脸上，可是由于证人的位置在树的东面的草堆后，那他就根本看不到被告的脸；如果被告脸朝草堆，即向东，那么即使有月光，也只能照着他的后脑勺，证人怎么能看到月光照在被告脸上，而且能从二三十米的草堆处看清被告的脸呢？"

艾伦在这无懈可击的辩驳面前，灰溜溜地败下阵来，在众人咒骂声中，承认是被人收买来陷害被告的，小阿姆斯特朗被当庭释放。

该推理的逻辑形式可表达为：

如果被告面对证人，则月光照不到被告的脸，所以，证人无法看清被告的脸。

如果月光照在被告的脸上，则被告背对证人，所以，证人无法看清被告的脸。

被告或者面对证人，或者背对证人。

总之，证人都无法看清被告的脸。

事实上，逻辑作为有效的论辩工具可以被任何人所运用。当发现自己陷入对方设置的二难推理的陷阱时，可以从以下几个方面做出应对：第一，对二难推理的逻辑形式予以分析评估，确认是否真的构成一个有效的二难推理；第二，审查相关前提，看充分条件是否存在，选言肢是否穷尽；第三，构造一个与原结论相反的二难推理。

(2) 反三段论推理。反三段论推理是以一个前件为联言命题的充分条件假言命题为前提，断定如果结论为假且一个联言肢命题为真，则另一个联言肢命题为假的推理。例如：我国《刑法》第23条规定：已经着手实行犯罪，由于犯罪分子意志以外的原因而未得逞的，是犯罪未遂。根据该规定则可以推断，如果断定犯罪分子并非属于犯罪未遂并且已经着手实行犯罪，那么可以断定该犯罪分子由于其意志以外的原因而未得逞的事实为假。该推理形式可以表达为：

如果犯罪分子已经着手实行犯罪，由于其意志以外的原因而未得逞的，是犯罪未遂。

所以，如果断定犯罪分子并非属于犯罪未遂并且已经着手实行犯罪，那么，可以断定该犯罪分子由于其意志以外的原因而未得逞的事实为假。

反三段论推理的逻辑形式是：

$$\frac{(p \wedge q) \rightarrow r}{\therefore (\neg r \wedge q) \rightarrow \neg p}$$

用蕴涵式表达为：$[(p \wedge q) \rightarrow r] \rightarrow [(\neg r \wedge q) \rightarrow \neg p]$

反三段论得名于其前提是由三个命题构成的一个充分条件假言命题，该命题被认为表达的是一个假言三段论，而得出的结论也是一个充分条件假言命题，并且其后件为假，从而断定作为前一个充分条件假言命题前件的联言命题的一个联言肢为假。因此，反三段论往往用于反驳论辩中。

5. 一般复合命题推理及其有效性判定

以上介绍的都是一些基本的或者典型的推理形式，可以依据相应的推理规则判定其逻辑形式是否有效，但在具体实践中，一个推理往往非常复杂，仅仅依据以上规则判定其有效性可能会有困难。下面我们介绍对于一般复合命题推理的有效性进行判定的方法。

一般复合命题推理的有效性的判定方法包括以下步骤：

第一，写出所要判定的复合命题推理的逻辑形式。方法是根据推理标志词以及语境，区分推理的前提和结论，并用蕴涵连接符"→"联结起来。如果推理有多个前提和结论，则将各前提和结论分别用逻辑变项符号（如 p、q、r 等）和合取联结符“∧”联结起来。通过以上方法所得到蕴涵式即为所要判定的复合命题推理的逻辑形式。

第二，运用相应方法判定命题推理的蕴涵式是否为逻辑重言式。判定一般复合命题推理有效性的方法主要有前面讲过的真值表方法、归谬赋值法等。下面我们举例予以说明，分别用真值表方法和归谬赋值法判定以下推理是否有效。

某地发现一具尸体，假设导致死亡的原因有自杀、他杀和自然死亡三种原因，经查明，该尸体既非自然死亡所导致，也非他杀所导致。因而结论是，该尸体因自杀所导致。

解：令 p 表示自杀，q 表示他杀，r 表示自然死亡，则该推理的逻辑形式可表达为：

$((p\vee q\vee r)\wedge \neg q\wedge \neg r)\rightarrow p$。

用真值表方法对其有效性予以判定。构造真值表如下：

p	q	r	$((p\vee q\vee r)\wedge \neg q\wedge \neg r)\rightarrow p$
真	真	真	真
真	真	假	真
真	假	真	真
真	假	假	真
假	真	真	真
假	真	假	真
假	假	真	真
假	假	假	真

以上真值表表明该推理的逻辑形式为重言式，推理有效。

四、归纳推理

归纳推理是以个别性知识为前提，引出一般性知识作为结论的推理。归纳推理是或然性推理。前提与结论之间不是充分条件关系，前提真结论不一定真，而是必要条件关系。归纳推理的前提必须是真的，否则，归纳也就没有意义。

归纳推理与演绎推理具有密切的关系：第一，演绎离不开归纳。作为演绎推理前提的一般性知识需要通过归纳才能得到。归纳离不开演绎，为提高、验证归纳推理的可靠性，需要将通过归纳得出的一般性结论作为大前提运用演绎推理对归纳的个别性前提进行分析，把握其因果性和必然性。第二，归纳与演绎又有区别。首先，思维进程不同，演绎是从一般性知识引出个别性知识；归纳是从个别性知识引出一般性知识。其次，对前提的真实性要求不同。演绎不要求前提必须真实，归纳则要求前提必须为真。再次，结论断定的范围不同。演绎的结论没有超出了前提所断定的知识的范围；归纳的结论超出了前提所断定的知识的范围。最后，前提与结论的联系程度不同。演绎的前提与结论间的联系是必然的，前提真且形式有效，则结论必然为真；归纳的前提与结论间的联系是或然的，前提真实且形式正确，也不能保证结论也必然真。

广义的归纳推理包括完全归纳推理和不完全归纳推理，而狭义的归纳推理仅指不完全归纳推理，因为完全归纳推理从思维形式上虽具有归纳的性质，但从前提与结论间的联系来看，又具有演绎的性质。

（一）完全归纳推理

完全归纳推理是根据某类事物中每一个对象都具有某种属性，推出该类事物全部对象都具有该属性的推论。例如：

氦是惰性气体，

氖是惰性气体，

氩是惰性气体，

氪是惰性气体，

氙是惰性气体，

氡是惰性气体。

氦、氖、氩、氪、氙和氡是元素周期表中零族的所有元素。

所以，零族所有元素都是惰性气体。

在该例中，前提中考察了元素周期表中零族的每一个元素，结论中对零族的某种属性（属惰性气体）进行了概括，使人们获得了一种一般性知识。

完全归纳推理的公式为：

S_1是 P，

S_2是 P，

S_3是 P，

……

S_n是 P，

S_1，S_2，S_3，……，S_n是 S 类中的全部对象。

所以，所有 S 都是 P。

S_1，……，S_n分别代表某一对象，S 代表某类对象，P 代表对象的属性。

完全归纳推理在前提中逐一考察了一类事物的全部对象，结论在此基础上进行概括，则结论所断定的范围没有超出前提所断定的范围，因此，如果完全归纳推理的前提都是真实的，则结论必定真实，换言之，其前提蕴涵结论，就此来说，完全归纳推理实质上是一种演绎。

完全归纳推理的结论虽然没有超出前提的范围，但是由于其结论并非是对前提简单的重复，而是有关一整类事物某种属性的概括，因而在认识上，从前提到结论是由个别上升到一般，是认识的一种飞跃，因而它也可为人们提供新知识。完全归纳推理还可作为一种独立的证明方法。但是完全归纳推理的运用也具有很大的局限性，它只适用于前提所考察的事物类，其包括的对象的数量是有限的，且为数不多，如果一类事物的对象很多，尤其是无穷多时，完全归纳推理就不适用了。而在科学发现过程中，对象往往是无限多的，因而，完全归纳推理在科学活动中不具有充分的普遍意义。

（二）不完全归纳推理

1. 不完全归纳推理的定义和逻辑形式

不完全归纳推理又叫简单枚举归纳推理、简单枚举归纳法、简易归纳法，是根据某类事物部分对象具有（不具有）某种属性，并且从未遇到相反情况（反例），从而断定该类事物全部对象都具有（不具有）某种属性的不完全归纳推理。例如：人们在数学运算中发现：$3^2-1=8$；$5^2-1=24$；$7^2-1=48$；$9^2-1=80$；$11^2-1=120$；$13^2-1=168$；$15^2-1=224$；3、5、7、9、11、13、15 都是大于 1 的奇数；8、24、48、80、120、168、224 都是 8 的倍数；而其他的大于 1 的奇数的平方减去 1 的差同样是 8 的倍数，所以，人们得出结论：一切大于 1 的奇数的平方减 1 的差都是 8 的倍数。这样一个认识过程运用的就是简单枚举归纳的推理方法。其推导方式如下：

$3^2-1=8$；

$5^2-1=24$；

$7^2-1=48$；

$9^2-1=80$；

$11^2-1=120$；

$13^2-1=168$；

$15^2-1=224$；

3、5、7、9、11、13、15 都是大于 1 的奇数的部分对象；8、24、48、80、120、168、224 都是 8 的倍数；

没有发现其他的大于 1 的奇数的平方减去 1 的差不是 8 的倍数的反例；

所以，一切大于 1 的奇数的平方减 1 的差都是 8 的倍数。

不完全归纳推理的逻辑形式是：

S_1是 P

S_2是 P

……

S_n是 P

S_1、S_2……S_n是 S 类的部分对象；

没有发现属于 S 类的对象不是 P 的情况；

所以，凡 S 都是 P。

2. 不完全归纳推理的特点和局限性

不完全归纳推理是一种或然性推理。其推理根据是：第一，人们已经观察到某类事物包含的许多对象具有（不具有）某种属性的情况多次重复出现；第二，在已考察的所有事例中，人们没有发现与重复出现的情况相矛盾的例外情况。但是，这种根据对于推出的结论来说是不充分的，这是因为：第一，已考察的对象没有遇到反例不等于说不存在反例，也不等于说以后永远不会遇到反例。例如：我们看到第一只天鹅的颜色是白色的，我们看到第二只天鹅的颜色也是白色的，我们看到第三只天鹅的颜色还是白色的……我们见过的许多天鹅的颜色都是白色的，于是我们得出结论说所有天鹅的颜色都是白色的。很显然这个结论并不是必然的，因为，可能存在着黑色的或其他颜色的天鹅没有被发现；现在不存在黑色的或其他颜色的天鹅不等于说将来不会出现。第二，一类事物中部分对象所具有的某种共同属性，只是为全部对象都具有该种属性提供了某种可能而不是必然。例如：世界石油有机生存学派中的某些欧美地质学者根据其国内的大量考察材料，归纳得出结论“只有海相沉积的地质构造的地方才储存石油”。这一结论只是基于其国内的事例而得出的，随着勘探手段的不断进步和考察范围的扩大，人们发现在非海相沉积的地质构造的地方也储存有石油，因此，“石油只存在于海相沉积的地质构造中”只是欧美国家地质的共同属性，而不是所有地区的共同属性。因此，应该以科学的态度对待不完全归纳推理获得的结论。首先，应以归纳的态度而非演绎的态度对待通过不完全归纳推理得出的结论，认识到该结论的或然性，当出现反例时就要及时纠正原来的结论，而不是仅仅根据有限的经验固守成见，否则就会犯下“以偏概全”的逻辑错误。其次，不完全归纳推理的结论毕竟建立在其前提的一定支持的基础之上，因此，当存在这种足够的前提支持时，就应该承认该结论的可靠性，如果仅仅以不完全归纳推理没有将认识对象全部予以考察，结论具有或然性为理由，拒不承认大量的经验事实对不完全归纳推理结论的支持，那么，就犯了“懒散概括”的逻辑错误。例如：人们根据张三、李四、王五、马六等人被眼镜蛇咬伤后迅速死亡的经验，经过不完全归纳推理得出结论说：被眼镜蛇咬伤后所有的人都会迅速死亡。如果某人认为张三、李四、王五、马六的死都是偶然事故，和被眼镜蛇咬伤无关，那么，该人犯的就是“懒散概括”的错误。

3. 提高不完全归纳推理可靠性的方法

归纳推理结论的可靠性与观察事例的数量、范围以及对于观察对象的分析程度具有直接的关系。一般说来，观察的东西越多，考察的范围越广，归纳推理的可靠性越大。归纳推理的结论可靠性不仅与对前提的考察范围及数量有关，还与推理结论的断定内容有关。结论断定内容越少，其可靠程度越高；反之，结论断定内容越多，其可靠程度越低。在运用归纳推理时，如果不注意扩大考察对象的范围，不注意结论断定的内容的多少，又不注意可能出现的反面事例，就作出一般性结论，其结论的可靠性就低，这样运用归纳推理就容易犯“轻率概括”的错误。例如：在我国民间有一种说法，农历羊年出生的人尤其是女性命运都不好，并且，在不同的时期、不同的地域有不同的事例在支持着这一说法，如羊年出生的张家姑娘出生后就死了妈妈，羊年出生的李家姑娘童年的时候死了爸爸，而羊年出生的王家姑娘接连嫁了三任丈夫都死了等等，仅仅根据有限的几个羊年出生的姑娘命运不好的事例便得出结论：羊年出生的人的命运都不好，这样的“归纳”便是轻率概括，其结论势必很容易被反面事例所推翻。

具体来说，提高不完全归纳推理的可靠程度应注意以下几点：

第一，增加被考察对象的数量。归纳推理的客观基础在于事物联系的个别和一般的关系。对于一个单一的认识对象，虽然由它自身所独有的个性和与同类事物所共有的共性构成了它复杂的属性体系，但是由于没有比较，所以，很难把握哪些属性是共性的，哪些属性是个性的东西，只有通过增加被考察对象的数量，经过不断地比较、筛选，才能在众多的个性中把握共性，进而断定该类事物都具有该种属性。但是，需要注意的是：仅仅增加被考察对象的数量，虽然能提高不完全归纳推理结论的可靠性，但这只具有相对的意义，在没有把被考察对象全部考察完毕时，并不能保证不完全归纳推理的结论是必然可靠的。例如，著名的哥德巴赫猜想包含两个命题，一是“每个大于2的偶数都是两个素数之和”，二是“每个大于5的奇数都是三个素数之和”。这两个命题由德国数学家哥德巴赫自1742年提出后，后世不断地有人试图予以证明，有人曾对它演算到了3.3亿，证明都是正确的，但是，这样的演算是不能最终证明这两个命题就是必然真的，因为它不可能将所有的符合条件的数都进行演算。

第二，扩大被考察对象的范围。由于被考察对象所处的具体条件不同，它所表现的事物的共性也比较复杂，在特定的条件下，所考察的对象都具有某种属性，而这种属性却是该类对象在特定条件下的共性，并不为该类事物在其他条件下所共有，因此，对于一类事物对象的考察不要局限于一时一地，而要尽量扩大考察不同条件下对象的情况。例如，我们进行人口受教育情况考察，却把考察地点确定在高校，而高校的学生受教育程度最低都是大学专科，因此，不完全归纳推理我国现阶段人口教育水平全部达到或超过大学专科水平，这一结论显然是荒谬的。

第三，正确对待相反事例，即不具有归纳推理结论所断言的性质的事例，与结论相矛盾的事例。出现反例，结论将会被推翻。科学地运用推理需要寻找与猜想相矛盾的事例。

第四，不作过多断定。这说明下列含义，即结论断定的内容越少，不完全归纳推理结论的可靠程度就越高。因为人类对客观世界的认识是一个逐步深入的过程，在认识的初识阶段，对认识对象属性的把握是简单的，所以，通过不完全归纳推理得出的关于该类事物的共性也是简单的，随着人类对该类事物认识的逐步深入，所把握的共性也越来越丰富，通过不完全归纳推理得出的结论也越来越丰富，在此之前，当然是断定的内容越少可靠性程度越高。例如，我们通过对各种具体的物质如日月星辰、山川河流、树木花草、飞禽走兽等进行考察，发现它们都存在于具体的运动之中，于是我们通过不完全归纳推理得出结论说“一切物质都在运动之中”，或者“一切物质都在做机械运动”，显然前者要比后者的可靠性要高，因为后者断定的内容要比前者多（我们这里所举的例子都只局限于逻辑学意义上的意义，而不管其思维内容的具体意义）。

第五，结论所涉及的被考察对象的外延越小，不完全归纳推理的可靠性程度越高。事实上，不完全归纳推理的逻辑意义就是根据某类事物的个别对象具有某种属性，进而断定该类事物全体具有该属性的认识过程，其结论之所以是或然的，就是因为结论超出了前提考察的范围，所以，结论所涉及的被考察对象外延越小，被考察过的对象在整个类对象中所占的比重也越大，结论的可靠性程度也越高。当结论所涉及的被考察对象外延等于前提被考察对象的外延时，该归纳推理就是完全归纳推理了，其结论也就是必然的了。

五、类比推理

类比推理通常称为类比、类比法或类推法，是根据两个或者两类事物某些属性相似或相同，进而推出它们的另一个（些）属性也相似或相同的推理。两对象某些属性相似或相同是据以得出结论的依据，即推理的前提；确认另一属性也相似或相同，是通过类比推理得出的结论。类比推理的逻辑形式可以表示为：

事物A具有属性a，b，c，d；　　①
事物B具有属性a，b，c；　　②
所以，事物B具有属性d。　　③

在这个公式中，命题①②是类比推理的前提，因为事物A和B都具有属性a，b，c，因此，我们断定事物A，B会有更多的相同或相似属性，又因为事物A还具有属性d，所以，我们断定与其相同或相似的事物B也具有属性d。

（一）类比推理的特征

类比推理表现为从个别对象向另一个别对象，或者从一类对象向另一类对象认识的过渡。当一个对象需要解释，而该对象与另一对象的某些属性相同或相似，人们通过类比，可对该对象以相似的解释。因此，类比推理具有以下逻辑特征：

第一，类比推理是一种从特殊到特殊的推理。它的思维进程的方向性都表现为从个别性到个别性、从特殊到特殊，它的推理前提是对个别和特殊的认识，得出的结论也是对个别和特殊的认识。而演绎推理是由一般到个别的推理，是从已知的一般性知识中推导出包含于其中的特殊知识。归纳推理则是从个别到一般的推理，它是把个别性的知识加以分析、综合，从中总结出带有规律性的认识。因此，类比推理是区别于演绎推理和归纳推理的一种新的推理形式。

第二，类比推理是或然性推理，其结论具有或然性。类比推理的客观依据是事物间的同一性和相似性，然而，事物之间除了同一性和相似性外，还存在差异性，它们在某些属性上相同或相似，但无法保证它们的其他属性也必然相同或相似，因此，类比推理的结论不是必然的，当前提真时，其结论仍然存在两种可能：可能真，也可能假。类比推理结论的可靠程度取决于已知的共有属性与推出属性之间的联系程度。事物间的相似性之间的联系程度有以下两种情形：（1）共有属性与被推出属性之间具有必然联系。特别是当共有属性有本质属性时，由于本质属性是事物的根本的起决定作用的属性。所以，这时推理它所决定的其他属性具有更大的可靠性。（2）共有属性与被推出的属性之间具有偶然联系。由于偶然属性的不确定性、易变性，以此作类比则结论显然不具有太大的可靠性。

在类比推理过程中，推理的前提依据是两个或两类事物之间的共同性。然而，共同属性和推出属性之间的联系可能是必然的，也可能是或然的，并且类比推理的前提所提供的知识并未告知我们它们之间是哪一种联系，这是类比推理在依据上的不充分性，根据这种不充分的知识，我们不能在逻辑上作出必然性的结论。因此，类比推理的结论是或然的，必须经过实践加以证明才能具有可靠性和合理性。

第三，类比推理的结论受前提制约的程度较小。推理这种思维形式的特点就在于以前提为依据推出结论，但在不同类型的推理中，推出的含义并不完全相同。在演绎推理中，前提在最大限度上制约着结论，结论的外延不能超出前提的外延，也就是说，演绎推理并没有知识的创新，而是经过推理，把蕴涵于前提中的某些知识明确化了而已。在归纳推理中，结论是前提的扩展，由前提中对部分的断定而扩展到结论中对总体的断定，结论外延超出了前提的外延，因此，归纳推理的前提对结论的制约小于演绎推理，但这种超越毕竟还局限在同一知识领域。而类比推理则在更广阔的领域进行，它把人们的认识从一知识领域扩展到另一新的知识领域，所以，类比推理的前提对结论的制约程度最小。可以说，演绎推理使人们认识了一类事物的个别事物；归纳推理使人们通过对个别事物的认识，扩展到对一类事物的认识；而类比推理则使人们的认识从一个领域扩展到了另一个领域。

（二）类比推理的种类

根据不同的分类标准，可以对类比推理进行不同的分类。其中根据类比推理的结论是肯定还是否定思维对象具有某些属性，类比推理可以分为正类比推理、负类比推理和合类比推理。

正类比推理是根据两个或两类对象的某些属性相同或相似，又知其中一个或一类对象还具有其他某种或某些属性，进而推断另一个或一类对象具有相同属性的类比推理。其逻辑形式是：

A具有属性a、b、c、d

B具有属性a、b、c

所以，B具有属性d。

负类比推理是根据类比推理的两个或两类对象的某些属性相同或相似，又知其中一个或一类对象不具有某些属性，进而推断另一个或一类对象也不具有相同属性的类比推理。其逻辑形式是：

A具有属性a、b、c

B具有属性a、b、c

A不具有属性d

所以，B不具有属性d。

合类比推理是正负类比推理的综合运用。是根据两个或者那个类对象某些属性相同，一对象还具有其他属性，推断另一对象也具有相同属性；根据一对象不具有某些属性，推断另一对象也不具有某些属性的类比推理。

（三）类比推理的可靠性

从以上分析我们知道，类比推理是一种或然性推理，其结论只具有或然性，而不具有必然性。由于据以推出结论的共有属性和所推出的属性的关系不同，前提对结论的制约程度也不同，所以，得出的结论的可靠性程度也不同。在思维实践中，提高类比推理可靠程度的逻辑方法主要有：

第一，以类比对象的本质属性或者接近本质属性的属性进行类比。类推的客观基础是事物间属性的相似性，而事物的相似性可以表现为本质属性的相似，也可以是非本质属性的相似。本质属性因为是事物内部稳定的必然联系，它在客观上对其他属性的制约性最大。因此，如果两个或两类事物的本质属性相同或相似，那么，其他属性也有较大的相同或相似的可能性。而非本质属性是事物的偶然的、不稳定的联系，它在客观上对其他属性制约性较小，以此为前提类比推理所得出的结论的可靠性程度也较低。这是类比推理需要遵守的最基本的逻辑规则。进行类比推理时如果不注意遵守这一规则，就可能出现“机械类比”的逻辑错误。机械类比，是指根据对象的非本质属性的相同或相似推出其他属性也相同或相似的类比推理。

第二，增加据以类比的共有属性的数量。任何事物都是多种属性的综合，这些属性虽然有本质属性和非本质属性之分，但是，由于人类认识的局限性，对于哪些是事物的本质属性，哪些是非本质属性并不能完全确定。这时，只要我们注意增加类比对象的相同属性，类比推理的结论可靠性就越高，因为两个或两个事物的相同属性越多，也就意味着它们就越相同或相似，待推的属性就越有可能为两类比对象所共有。所以，增加类比对象的相同属性的数量是提高类比推理结论可靠性的重要方法。

第三，查证推出的结论是否与该事物的已知属性相矛盾。由于类比推理的结论是根据该事物的某些属性与另一事物的某些属性相同或相似，而断定该事物具有另一事物的其他属性得出的，又由于事物间总是存在着差异，世界上并不存在两种绝对相同的事物，所以，结论所断定的该事物具有的属性可能实际上并不为该事物所拥有，甚至可能与我们已知的该事物的其他属性相矛盾，在这种情况下，我们可以断定该类比推理的结论是不可靠的。例如，在某地区连续发生多起入室盗窃案件，在其中的一起案发现场，王某被抓获，由于这几起案件的作案手段等都极其相似，所以，侦查机关推断其他几起案件也是王某所为，由于某种原因，王某也承认自己是这些案件的作案人，司法机关据此对王某进行了判决。然而，就在王某服刑期间，该地区又发生了多起类似案件，从而使侦查机关的类推的可靠性受到质疑，后来真正的罪犯赵某被抓获。

六、溯因推理

溯因推理，是指以已知的结果性事实为前提，依据一般规律性知识，推断该结果发生的原因的推理方法。

溯因推理的逻辑结构形式可表示为：

q

如果 p，那么 q

所以，p

用蕴涵式表达为：$q \wedge (p \rightarrow q) \rightarrow p$

在这里，q 表示已知的结果，如果 p，那么 q，表示一般规律性知识，p 表示根据已知的结果和一般规律性知识推测出的事件发生的原因。

根据该逻辑形式可以看出，溯因推理实质上是充分条件假言推理的肯定后件肯定前件式，即以一个充分条件假言命题的后件为一个前提，以该充分条件假言命题为另一个条件，而结论则是该充分条件假言命题的前件。因为事物间的因果关系通常可以表达为原因与结果之间的充分条件关系，即前件表示原因，后件表示结果，所以，溯因推理具有根据结果推测原因的性质。

根据充分条件假言推理的规则，很显然，溯因推理是一个逻辑无效的推理模式，前提并不蕴涵结论，即前提真，结论不一定为真。但是，溯因推理在日常生活中起着非常重要的作用，尤其是在法律活动中，任何司法判决都必须以探明相关案件事实作为基础，依据特定行为与法律后果之间的因果关系确定相应的法律责任。然而，由于案件事实的不可逆性，既不可能完全依靠科学实验的方法重演事件发生的过程，也并不都能依据充分的证据完全客观地复原事件本身。根据结果事实和相关规律性知识信念探知案件原因事实的溯因推理就不可避免。例如，在轰动一时的南京彭宇案件中，原告徐老太诉称自己是被被告彭宇撞倒而导致左股骨颈骨折；被告彭宇则辩称自己并未与原告发生碰撞，反而是发现原告摔倒后做好事对其进行帮扶。双方虽然都言之凿凿，但事实的真相究竟是什么却成为案件审理的难点。在一审判决书中，法官多处运用溯因推理的方法，对案件发生的原因进行了如下分析[①]：

根据日常生活经验分析，原告倒地的原因除了被他人的外力因素撞倒之外，还有绊倒或滑倒等自身原因情形，但双方在庭审中均未陈述存在原告绊倒或滑倒等事实，被告也未对此提供反证证明，故根据本案现有证据，应着重分析原告被撞倒之外力情形。人被外力撞倒后，一般首先会确定外力来源、辨认相撞之人，如果相撞之人逃逸，作为被撞倒之人的第一反应是呼救并请人帮忙阻止。本案事发地点在人员较多的公交车站，是公共场所，事发时间是在视线较好的上午，事故发生的过程非常短促，故撞倒原告的人不可能轻易逃逸。根据被告自认，其是第一个下车之人，从常理分析，其与原告相撞的可能性较大。如果被告是见义勇为做好事，更符合实际的做法应是抓住撞倒原告的人，而不仅仅是好心相扶；如果被告是做好事，根据社会情理，在原告的家人到达后，其完全可以在言明事实经过并让原告的家人将原告送往医院，然后自行离开，但被告未作此等选择，其行为显然与情理相悖。

…………

被告在事发当天给付原告二百多元钱款且一直未要求原告返还。原、被告一致认可上述给付钱款的事实，但关于给付原因陈述不一：原告认为是先行垫付的赔偿款，被告认为是借款。根据日常生活经验，原、被告素不认识，一般不会贸然借款，即便如被告所称为借款，在有承担事故责任之虞时，也应请公交站台上无利害关系的其他人证明，或者向原告亲属说明情况后索取借条（或说明）等书面材料。但是被告在本案中并未存在上述情况，而且在原告家属陪同前往医院的情况下，由其借款给原告的可能性不大；而如果撞伤他人，则最符合情理的做法是先行垫付款项。被告证人证明原、被告双方到派出所处理本次事故，从该事实也可以推定出原告当时即以为是被被告撞倒而非被他人撞倒，在此情况下被告予以借款更不可能。综合以上事实及分析，可以认定该款并非借款，而应为赔偿款。

那么，根据溯因推理最终所得出的结论“认定原告系与被告相撞后受伤”是否具有必然性呢？很显然没有，并且恰恰是这个推理过程受到的非议最多。首先，是否可以依据常理进行推理的问题，很多人认为，往往常理并不为所有人所接受，也不具有自然规律的客观必然性和法律规定的强制性，一方面，常理总是存在着其相对性，例如，该法官认为如果原被告素不相识，一般不会贸然借款，即使借款也会索要借条。很显然这种所谓的常理并不符合普遍的道德价值标准，基于自私人性的考虑这种常理也许是成立的，但对于推崇助人为乐、助危救困的道德人性的人来说这种常理也许就是不成立的。另一方面，常理总是存在着例外。因而依据常理进行的推理不具有必然性，前提与结论之间不具有充分条件假言关系。其次，能否运用溯因推理作为法律推理方法的问题，有学者认为，该推理结果之所以不能接受是因为漏掉了导致原告倒地的其他原因，如果没有穷尽所有可能，那么，导致原告倒地的真正原因也就可能被遗漏掉。最后，法官是否可以通过排除其他一些可能导致原告倒地的原因，进而得出是被告导致原告倒地呢？在该案中，原告并没有提供充分的论证，直接证明其倒地确实是被告所为，那么，这里所用到的溯因推理是否具有充分的证明力，对此，很多人提出了质疑。

我们的观点是：首先，应当肯定法官在无法直接探明案件事实时，运用溯因推理探究事件发生原因的方法，事实上，在缺乏充分的证据确定案件事实的案件中，溯因推理是唯一可资利用的方法。其次，该法官没有很好地注意溯因推理所应遵守的规则，导致得出的结论可靠性不高。最后，法官和批评者都没有正确把握溯因推理所具有的或然性推理的性质。法官错误地把得出的结论作为必然的结论，从而与后面作出的“对本次事故双方均不具有过错”的结论相矛

① 参见南京市鼓楼区人民法院（2007）鼓民一初字第 212 号民事判决书。

盾；而批评者没有认识到溯因推理在司法过程中的重要作用。

作为或然性推理的一种，溯因推理具有可靠性程度的差别。为保证推理的可靠性，溯因推理应当遵守以下规则：

第一，溯因推理从已知的结果出发，只能或然地推断其原因。因为客观世界的因果联系是复杂多样的，既有一因一果，也有多因一果，如果是前者，则溯因推理所依据的一般规律事实上可以表达为一个充分必要条件假言命题，根据结果推断原因本质上是充分必要条件假言推理的肯定后件式，因而是一个逻辑有效的推理形式，其结论具有逻辑的必然性。如果是后者，并且其中的一个原因是结果的必要条件，则其推理形式本质上是必要条件假言推理的肯定后件式，也是一个逻辑有效的推理形式，则其结论也具有逻辑的必然性，但需要注意的是，该原因究竟是结果的唯一必要条件，还是和其他原因结合在一起才成为结果发生的必要条件？无从判断。因此，如果其中的一个原因仅仅是结果发生的充分条件，那么，并不能得出必然性的结论。

第二，所推知的原因是结果的充分条件。

第三，如果溯因推理推知的结论是结果发生的一个充分条件，那么，必须尽可能地猜测引起结果的其他各种原因，并通过一定的方法否定其他原因存在的可能性。因此，溯因推理最重要的环节也许并不是提出一个可能的一般规律，使结果发生的原因得到解释，而是通过否定其他的原因使其中的一个原因成为唯一的，或者最具说服力的原因。因此，溯因推理的逻辑形式可以进一步表示为：

q

如果 p_1 或 p_2……或 p_n，那么 q。

并非 p_2。

…………

并非 p_n。

所以，p_1

用蕴涵式表达为：$q \land (p_1 \lor p_2 \cdots\cdots \lor p_n \to q) \land \neg p_2 \cdots\cdots \land \neg p_n \to p$

第二节　法律推理方法

《韦氏新大学词典》对“推理”（reason）的解释是（1）按逻辑的方法而思维，或者以论据和前提之理由而推考或按断；（2）支以理由；解释以及论辩（argument）证明之，折服之，或感动之。“它不仅包括了逻辑的推导关系，更强调了理由的列举与说明，突出了论证与论据的过程，着力于折服与感动的效果。”[①] 这是广义的推理概念。狭义的推理概念强调逻辑的推导功能，而狭义的法律推理仅指逻辑推理在法律活动中的应用。因为逻辑只研究思维形式结构，是所有理性活动都应遵守的基本规则，因而法律领域中的推理，同其他领域中的推理没有什么区别。作为法律方法研究的法律推理，采用的是广义的推理概念，不仅指法官在司法过程中的推理，即依据法律规定和案件事实作出司法判决结果时所进行的推理，还包括不同主体，如检察官、律师、警察、当事人等在所有法律活动中所进行的推理，如侦查推理、立法推理等。即使在司法过程中，刑事司法、民事司法中对于法律推理的要求也有区别，法官在作出判决结果

① *Webster's New Collegiate Dictionary*，G. &C. Merriam Company，1973，p. 962.

和论证判决结果的过程中所进行的推理也有区别。基于表述的简洁性，我们这里所讲的法律推理仅指法官以法律规定、法律事实为前提，推导并论证审判结果的过程。从这个意义上讲，法律推理不仅指从前提中推导出结论，还包括推理前提的发现、识别、解释，结论的合理正当性证明等过程，因而法律推理成为法律方法的同义词，其缺陷是混淆、遮蔽了其他法律方法，优势在于能够较好地刻画整个司法过程。

一、法律推理的一般过程

基于对法律推理的广义的理解，一个法律推理过程可能非常广泛而烦琐，涉及多种因素、方法和评价标准，为了表述的方便，我们借用 FRANCISCO J. LAPORTA. BARTOSZ BRO. ZEK 模型，对法律推理的一般过程做以下刻画：

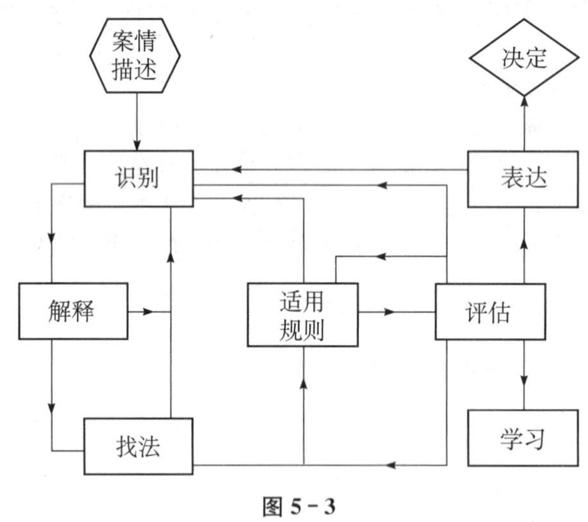

图 5-3

根据该模型，法律推理一般过程可分为以下环节：案情描述；经验判断；寻找、解释法律；适用规则；论证评估；结论表达。其中前两个阶段主要是建构法律推理的小前提的过程，通过直觉经验对案件事实进行范畴归类，识别、分析相关法律因素和意义，确定相应案件的法律性质，进行基本的法律定位，作出初步的性质判断。中间两个阶段是建构法律推理大前提的过程。对于一个典型的案件，如果案件事实清楚，法律规定明确，可以直接形成案件事实和法律规定的逻辑联结。而对于一个非典型案件，则需要通过对法律规定的解释、漏洞补充以及不同规则间的衡量，才可能确定可供适用的法律规定，实现案件事实与法律规定的逻辑联结。后两个阶段根据相应标准对法律推理的结论进行衡量、筛选。法律推理的大、小前提往往不具有认知上的唯一性，因而不同的案件事实认定、不同的法律规定的选择，会形成不同的推理链条，得出不同的结论。因而还需要根据相关标准对法律推理进行评估，如所作出的判决结果是否真正符合相关价值要求，是否保持了与类似案件判决结果的一致，是否实现了法律效果与社会效果的统一等。对于一个典型案件，法律推理的过程简单而清晰，而对于一个复杂案件，前提的构建、结论的评估也许会花费更多的精力。只有通过法律推理，才能满足法治对思维方式的要求。

二、法律推理的特征

就基本的逻辑形式而言，法律推理不具有区别于一般逻辑推理的本质属性，但是，这并不是说法律推理就没有自身的特点。也许有些特点在其他领域也会存在，但法律推理表现得最为典型，或者在众多的特点中某些特点最为突出。

（一）法律推理的可废止性

根据《科林斯英语词典》，可废止性是法律专门术语，指对于不动产的权利或者土地的收益权作废的效力，或者——可以说其他相同的事情——归于无效。哈特把这个观念的用法扩展到所有具有这种属性的概念，即其应用都有一定的条件，同样的，一种或多种情形一旦存在，就会终止这个概念的初始的运用。合同这个概念就是一个典型的例子。一个要约被接受之后一个合同就成立了，但是，它可能因为一方涉及一个违约条件而无效，例如，欺诈性的错误意思表达，不适当地施加影响。在这种情况下，作废条件的激活是关键的；只有事实的发生并不足以废止合同。因此，可废止性区别于合同存在的一般条件，这些条件并不需要直接包含在内。① 如今，可废止性已成为法律推理研究中最受重视的特征之一，其对应的英文是"defeasibility"，又可被译为可废除性、可撤销性。某《英汉法律词典》把与之相关的"defeasible"翻译为：可作废的、可取消的、可撤销的、可宣告无效的。② 相应的还有一些其他的哲学词典把"defeasible"翻译为"可破例的、允许有异议的"③。可废止性刻画的是法律推理的逻辑性质，即在前提信息可能不充分或存在不一致的情况下，基于必须进行推理得出相应结论的要求，假定前提具有充分性、一致性而进行的推理，在没有提出充分的反驳理由时，该推理具有必然性和确定性，而在加入新的不一致前提时，经过比较、衡量，以构造出的新的推理、废止初始作出的推理，从而相应地废止原有的结论。这一特点涉及三个方面：

第一，前提的缺省性和开放性。所谓法律推理前提的缺省性，一般指作为法律推理的大前提的法律规范规定的一般性和典型性。任何法律规范的适用条件都存在着可能的例外，基于这些例外，相应的规范的适用被废止。一般要求通过推理得出的结论具有必然性，这就要求推理的前提是结论的充分条件，只要前提真，通过推理得出的结论也必然真。然而，对于包括法律推理在内的实践推理而言，推理的前提往往是不充分的信息，案件事实可能模糊不清，法律也存在着诸多漏洞，但是，不得拒绝审判是近现代法治国家适用法律的通用原则，法官不允许在信息不充分的条件下拒绝审理。在这种情况下，法律推理要求尽可能地考虑各种相关形式化的实质要素，从中作出较合理的选择。同时，关联要素作为补充信息或前提参与论证，但是，关联要素总是以隐含、默示的方式存在，具有不确定性和开放性。"法院判决时所面对的实际情况不是在真空中，而是在一套现行的法规的运作中出现的……在这种运作中，根据实际情况而作的各种考虑，都可以被看做是支持判决的理由。这些考虑是广泛的，包括各种各样的个人和社会的利益，社会的和政治的目的，以及道德和正义的标准。"④ 因此，法律推理通常包括寻找前提的环节。例如：在法学之"提问辩难"或对话论辩的过程中，参与对话的人们所讨论的问题与其说是法律推理过程本身，不如说更多的是在争论、寻找、确定推论的前提（尤其是大前提）。⑤ 按照现代科学哲学所揭示的，它属于发现的脉络。

① See Jaap Hage, *studies in legal logic*, Dordrecht, The Netherlands : Springer, c2005. p. 22.

② 参见夏登峻总主编：《英汉法律词典》3版，263页，北京，法律出版社，2008。

③ ［英］安东尼·费卢主编：《新哲学词典》，黄颂杰等译，123页，上海，上海译文出版社，1992。

④ ［英］哈特：《法律推理问题》，刘星译，载《法学译丛》，1991（5），20页。

⑤ 参见［德］罗伯特·阿列克西：《法律论证理论》，舒国滢译，285页及以下，北京，中国法制出版社，2002。转引自舒国滢：《寻访法学的问题立场》，载《法学研究》，2005（3），12页。

第二，推理机制的弗协调性[①]和实质论辩性。法律推理要考虑的相关要素通常是复式的，并且可供发现的要素通常是不一致的，根据演绎逻辑的矛盾命题蕴涵一切命题的原则，当前提存在矛盾时演绎推理就会束手无策，而对于法律推理则选择不同的要素作为推理的前提，从而得出不同的子结论，并对最终结论的合理性、可靠性给出具有说服力的理由，这样一个说服的过程属于论证的脉络。由于前提的开放性和推理机制的弗协调性，法律推理得出的结论是或然的，思维主体如果要求其结论具有必然性，就必须基于支持度、价值量、确信度等确定一个对子结论的评估标准，这些标准与特定领域的实质内容相联系，以外显的方式作为元规则参与论证。

第三，结论的可废止性和似真性。因为与问题关联的要素总是在不断变化之中，原本得出的结论可能因某些因素的变化而不再成立，面对新的情况，旧的结论或者被废止，或者被修正，即使要保持也要在融入新的因素后被重新论证。

（二）法律推理的合法性

合法性是所有法律活动的必然要求之一。合法性要求基本上是通过形式推理来实现的，实质推理能够增强法律结论的合理性、可接受性。合法性主要是通过形式推理所具有的权威的形式性、内容的形式性、解释的形式性和强制的形式性四个特点所实现的。内容的形式性和解释的形式性如前所述。权威的形式性是指特定规则或其他法律事实（例如合同或裁决）成为一个形式依据所属的等级，一旦完成这种转化，该规则或法律事实就成为了法律的一部分，从而使以其作为依据进行的推理获得了法律的支持。强制的形式性是指形式性依据所具有的至上性，排除权衡考虑，或至少是弱化一些相反的实质性依据的影响。这几个特征是法律推理具有合法性的有力保证。

（三）法律推理的现实性

很多法学理论研究存在着定位混乱的错误，没有正确把握法学理论的目的取向和价值取向，把法学混同于一般性的人文社会科学。一般来说，法学理论研究的目的在于为法律实践提供理论的指导和规范，而法律活动的核心目标在于息讼止争，促进多元化社会主要目标的实现："在必须达成一致意见的情况下，使一致意见成为可能；在不可能达成一致意见的情况下，使一致意见成为不必要。"[②] 基于这一目标的导向，法学研究的学术品格必须具有以下功能：第一，能帮助法律人在复杂的矛盾分歧中形成一个最优的问题解决方案，该方案也许不符合绝对理性的最高标准，但它具有最大的可接受性，能够被当事人及社会等主体认可。第二，能帮助社会人对自己或他人的行为作出法律意义的解读，按照法律的标准进行明确的预测和规范。第三，维护法律自身的稳定和发展，一方面是法律自身内部的一致、明确，另一方面是法律与社会之间的协调。这些功能的实现要求法学理论研究必须具有规范性、可操作性、确定性的特征。尽管社会本身错综复杂，社会主体因情感、意志、价值、欲望的多元而充满非理性的特征，但这不能成为法律本身也必然是矛盾、模糊、多元的借口，而是更加要求法律必须成为能够提供唯一确定答案的动力。法学理论主要的目标就是提供明确、一致、合理、正当的问题解决方法。从这个意义上讲，法律是约束、规范社会主体行为、思维的规则体系，具体到司法主

---

① 弗协调性：一个理论如果包含两个否定的命题，则被称为是不协调的。一个理论如果包含了由两个相互矛盾的命题可以推出 一切命题的定理或推理规则，那么这个理论就是不足道的，否则就是足道的。如果一个理论既是不协调的，又是足道的，那么它是弗协调的。

② ［美］凯斯·R. 孙斯坦：《法律推理与政治冲突》，金朝武、胡爱萍、高建勋译，7页，北京，法律出版社，2004。

体法官而言，就是对其如何认定法律事实、解读法律规定，进行法律推理和法律判断，对特定案件作出裁断的规范和指导。

第三节　形式法律推理与实质法律推理

从认识论角度看，根据前提推断结论有两条模式可供选择，一是根据前提与结论之间的历史的、社会的、政治的、价值的等实质性联系进行推断，例如，根据特定主体认知能力和精神状况推断其是否应为自己的某种行为负责；二是根据前提与结论之间的形式联系进行推断，例如，根据某一个特定的权威法律规范的存在，推断某一行为应当引起某个特定法律后果。前者之所以能够根据前提推出结论是因为存在一个实质依据。所谓实质依据，是指道德的、政治的、习俗的或者其他社会因素。后者之所以能够根据前提推出结论是因为存在一种形式依据——权威性法律。法官和其他人被授权或要求以其为基础作出判决或采取行动，这种依据通常排斥、无视或至少是弱化出现在判决或行为过程中的、与之相对抗的实质性依据。①

根据形式依据进行的推理是形式推理，根据实质依据进行的推理被称为实质推理。按照理性主义的标准，任何法律结论的作出都必须借助法律推理的形式，而任何法律推理都必须存在至少一个推理依据，至于说是实质依据还是形式依据，主要取决于一个国家的法律制度、历史传统、社会文化特点等，但很多情况下是根据以上因素所做的一种策略选择。实质推理与形式推理的划分，打破了法学和法律实施中形式逻辑的唯一性。使推理在司法中也变成了一个思维系统。在这种意义上，推理、论证、解释和衡量实际上没有质的区别，只不过是各显自己独特方法的一种形式。推理、解释、论证与衡量是在逻辑上存在交叉重合关系的一组概念，都是人们常用的思维方法，我们不可能找出它们之间的截然界限，但它们各自有都有自己的特色。特别是它们在作为修饰词的时候，我们的运用是否得当取决于语境。

一、法律推理的形式和实质

把推理分为形式推理和实质推理有很悠久的传统。在古希腊，亚里士多德根据前提对结论的支持以及各自的性质特点，把推理分为四种类型，其中，证明性推理可以对应于形式推理，而论辩性推理可以对应于实质推理。② 近代也出现过形式推理和辩证推理的论争，但就其实质而言，更倾向于哲学层面的世界观和方法论的争论。③ 关于形式推理与实质推理的二分理论，在我国法学界产生较大影响的是美国法学家 E. 博登海默④《法理学、法哲学与法律方法》引入。他把法律推理分为分析推理和辩证推理。分析推理“意指解决法律问题时，所运用的演绎方法（有时用对某个模棱两可的术语所做的解释来补充）、归纳方法和类推方法。分析推理的

① 相关内容可参见［英］P. S. 阿迪亚、R. S. 萨默斯：《英美法中的形式与实质》，金敏、陈林林、王笑红译，北京，中国政法大学出版社，2005。

② 当然，这样一种对应并不十分贴切，但因为证明性推理要求“推理借以出发的前提为真实而原始，或者我们对它们的知识来自原始而真实”似乎更适合数学、数理逻辑等形式科学；而论辩性推理是“推理从被普遍地接受的意见出发”，会涉及更多的道德、伦理等实质内容，因此更适合于伦理、法律领域。

③ 参见张传新：《通过法律推理形式的历史考察看法律思维的性质》，载梁庆寅、熊明辉：《法律逻辑研究》，114～124 页，北京，法律出版社，2005。

④ 当然，这种影响并非仅仅是因为其理论的前沿性和深刻性，很重要的一面是因为其著作《法理学、法哲学与法律方法》在我国广泛的发行。

特征乃是法院可以获得表现为某一规则或原则的前提，尽管该规则或原则的含义和适用范围并不是在所有情形下都是确定无疑的，而且调查事实的复杂过程也必须限于该规则的适用”①。辩证推理是亚里士多德所讲的论辩推理，是指“寻求一种答案，以对两种相矛盾的陈述中应当接受何者作出回答。”“由于不存在使结论具有确定性的无可辩驳的‘首要原则’，所以我们通常所能做的就只是通过提出有道理的、有说服力的和合理的论辩去探索真理。”②

把法律推理分为形式推理和实质推理似乎成为了通行的做法，但又因为受到后现代法学的影响，对形式推理更多持批判的态度，而过分地强调实质法律推理的作用。如“法律推理的风格越是形式化，越容易被法律家以装作不考虑利益的名分加以操纵。而且，单纯的形式法律推理实际上是不存在的，否则，法官就可以作机械的操作了，成为‘自动售货机式的判决机器’”③。而实际上，实质推理的运用具有明确的条件和限制，博登海默认为：“在法律领域中，法官在解决争议时有必要运用辩证推理的情形主要有三种。这三类情形是：(1) 法律未曾规定简洁的判决原则的新情形；(2) 一个问题的解决可以适用两个或两个以上互相抵触的前提却必须在它们之间做出真正选择的情形；(3) 尽管存在着可以调整所受理案件的规则或先例，但是法院在行使其所被授予的权力时考虑到该规则或先例在此争议事实背景下尚缺乏充分根据而拒绝适用它的情形。”④ 并且，实质推理也离不开形式推理，甚至可以说，实质推理仅仅是形式推理的一个环节，最终依然要通过形式推理的形式得以表达。即“只要我们通过辩证筛选程序确立一个可行的前提——这个前提有可能成为一个可被接受的结论的基础，那么我们就可以用三段论演绎方法把这一前提适用于某个具体问题的解决”⑤。

二、形式推理的特点及策略选择

首先，形式推理与“唯形式逻辑”推理之间是有区别的。历史上确实存在一种观点，相信依靠逻辑的力量就可以解决所有的法律问题，或者说法律运行中只有逻辑一种力量。斯科特·布鲁尔指出，如果霍姆斯坚持认为法律的生命不在于逻辑而在于经验，那么他就必须说明是什么人，什么观点坚持逻辑是法律唯一的力量源泉，“他必须说明攻击的不是个稻草人”⑥。当然，形式推理与形式主义法学之间具有密切的关系。对明确规则的遵守，按照文本意义解释法律规则是形式推理的基本要求，也往往被视为形式主义法学的基本特征。但就法律推理而言，形式推理与“唯形式逻辑”推理之间的区别是显而易见的，形式推理仅强调法律推理必须存在一个形式依据才能根据前提推出相应的结论，其所采用的推理形式当然只能是普通逻辑的推理方法，但它仅仅将逻辑视为一个必要的因素，法律推理的力量还源于形式依据的权威性。如判断一个主体是否应承担完全的刑事责任，往往并不实质性地考量其实际的精神智力状况，而是看他是否达到了法定年龄等形式要件，当然在存在对其精神智力状况进行测试的必要性的时候，也必须是依据特定形式标准作出的判断，从这个意义上讲，形式依据并不仅仅局限于逻辑

① ［美］E. 博登海默：《法理学、法哲学与法律方法》，邓正来译，491 页，北京，中国政法大学出版社，1999。

② ［美］E. 博登海默：《法理学、法哲学与法律方法》，邓正来译，497 页，北京，中国政法大学出版社，1999。

③ 郝建设：《法律逻辑学》，192 页，北京，中国民主法制出版社，2008。

④ ［美］E. 博登海默：《法理学、法哲学与法律方法》，邓正来译，498 页，北京，中国政法大学出版社，1999。

⑤ Aristole，“*Analytica Priora*”，in Organon，transl. H. Tredennick（Loeb Classical Library ed.，1949），Vol. I，Bk. I. ii. 24a，转引自［美］E. 博登海默：《法理学、法哲学与法律方法》，邓正来译，498 页，北京，中国政法大学出版社，1999。

⑥ ［美］斯科特·布鲁尔：《从霍姆斯的道路通往逻辑形式的法理学》，载［美］斯蒂文·J. 伯顿：《法律的道路及其影响》，张芝梅、陈绪刚译，137 页，北京，北京大学出版社，2005。

形式，就具体表现而言应包括以下内容：（1）规则。（2）法官判决和陪审团裁决。（3）程序法。（4）身份状况，诸如婚姻情况或公民身份，也可以成为确认某些权利或义务的形式性依据。（5）关于时间、地点或数量的强制性规范。（6）从众多变数中确认权利或义务的规则。①

其次，法律推理的最理想的模式就是制定一个详细、严密的规则体系，使任何行为、事件都与特定的法律后果对应起来，从而当该行为、事件出现时，就按照特定的规则推导出相应的法律后果。这就是所谓的最弱的逻辑，因为所有的逻辑规则都被法律化了，都成为了某条法律规则，也就是在这时，人们才不需要逻辑。然而，正如很多理论所批判的，这样的逻辑体系不可能存在。没有规则作为前提，法治也不可能存在。把法律推理定位于形式推理也仅仅是一种策略选择，因而有必要论述这种策略选择的理由，也就是形式推理的特点和优势：

第一，形式推理具有较强的可判定性。矛盾冲突之所以转化成为法律案件是因为双方都认为自己会得到法律的支持，而之所以作出矛盾的判断又恰恰是因为法律蕴涵着不一致的价值追求，假如诉诸实质考量的话，往往因为价值立场的多元性而受到指责。而形式推理所要求的恰恰就是把实质的考量转化为形式的判定，例如，道路交通法规定靠右行驶，并在道路中间画出一条标志线；红灯停绿灯行，并设立相应的设施要比仅仅的实质论证谁更有理由优先行驶，或者应承担更多的交通事故责任方面更具有可判定性。事实上，之所以要限制实质推理的一个重要的理由，就是无法为复杂的实质因素划分出一个优先等级，而形式推理则可以根据形式依据的权威等级进行排序。如根据制定颁布法律规则的机构的上下级关系进行的排序等。“在一个井然有序的法律体系中，根据各个规则的优先性程度，所有的形式性依据都有一个各自所属的等级。但是，纯粹的实质依据不具有任何程度的等级形式性。”② 这种有序的形式性依据等级就为某个推理是否有效提供了一个严格的标准。另一个标准是法律推理的逻辑形式标准，之所以逻辑推理成为理性思维的最根本的基础，就在于通过几千年的发展，逻辑学等确立了严格的推理的形式有效性规则，违背这些规则就意味着不讲理，就意味着放弃法律的支持。

第二，形式推理具有更强的确定性。确定性是法治的必要条件，没有确定性将无法以法律指导、约束行为，无法预测特定行为会导致什么样的法律后果，也就没有法治。“法院的存在主要是要以一种有序的和相关的非暴力手段解决纠纷。为了便于预测，就要求法院严格地把现有的规则运用到已经发生的事件的可确定的事实中。普通法就是运用先例，从个别的判决中创造出一系列的规则，并且通过拟制和衡平使规则适应社会的变化而形成的。随着现代社会变化的加速，清晰、明确的朝前看的立法变成了规则细化和法律改革的重要手段。”③ 这里必须面对的一个问题是，如何实现抽象的法律规定与具体的案件对接的问题。霍姆斯批判形式逻辑时所坚持的观点是一般原则不能决定具体的案件。如果霍姆斯的指责是正确的，又该如何决定一个具体的案件呢？我们通常有两种选择，一是诉诸有很大不确定性的实质推理，二是制定完全详尽的具体规则。第一个选择是我们要极力避免的，第二个选择是不断努力但终究还是难以达到的。事实上，这两种选择都是不可取的，也是不必要的。形式推理的核心价值或者最根本的

---

① 参见［英］P. S. 阿迪亚、R. S. 萨默斯：《英美法中的形式与实质》，金敏、陈林林、王笑红译，9～10页，北京，中国政法大学出版社，2005。

② ［英］P. S. 阿迪亚、R. S. 萨默斯：《英美法中的形式与实质》，金敏、陈林林、王笑红译，11页，北京，中国政法大学出版社，2005。

③ ［美］托马斯·C. 格雷：《霍姆斯论法律中的逻辑》，载［美］斯蒂文·J. 伯顿：《法律的道路及其影响》，张芝梅、陈绪刚译，175页，北京，北京大学出版社，2005。

特点就在于它的内容和解释的形式性，也就是通过特定的程序使特定的内容成为形式性依据，如同我们后面将要讨论的，法律规定的不仅是抽象的法律概念的内涵是什么，它还要不断地通过形式化一个概念的外延标准使法律概念变得更加具体，并依据逻辑的分析确定其相应的种属关系，甚至传统的反形式主义者也把它作为法学家的一项重要工作。霍姆斯认为："法学家的工作就是要让人们了解法律的内容：也就是从内部进行研究，或者说从最高的属到最低的种，逻辑地整理和分类，以满足实践的需要。"① 当然，这项工作的目的不仅仅是为了霍姆斯所讲的"更易于记忆和理解"，而且是各种法律推理形式中最重要的环节之一。对法律概念、法律规则的解释多少也是形式化的，它按照特定规则确定某种解释的优先性，并且判断某种解释的可接受性。尽管有些解释方法看起来更倾向于实质推理，如对法律规则创制者本意的探究，但它也要遵守某种形式的要求，也就是说，形式推理并不排斥实质内容的考量，它只是将各种实质要素纳入到相应的形式标准之中。从这个意义上也就可以理解为什么西方的法律女神往往被塑造成为一个蒙着双眼，一手持剑，一手持天平的少女。她为什么要蒙上双眼呢？有人给出的解释是因为她始终保持中立，从不偏袒任何一方当事人；手中的天平象征着公平，而剑则象征着斩除邪恶势力。我们也可以认为，天平象征着公平中立，蒙上双眼是为了不想了解世界的真相到底是什么，她只需要倾听诉讼双方有什么诉讼请求以及有什么依据支持其诉讼请求；她也不需要去探究实质上的孰是孰非，而应按照内心的标准判断谁更应该得到法律的支持。

第三，形式推理具有较强的可操作性。法律不是纯粹的理论知识，归根结底要能应用于司法实践，较强的可操作性是判定一种法律推理方法的重要标准。而形式推理的可判定性与确定性为其提供了较强的可判定性。几乎所有案件都会涉及实质利益之争，然而并非所有的案件都要借助利益衡量的方法，甚至会有意识地回避直接的利益衡量。因为中国人有羞于言利的传统，还是法院本是讲理的地方？大概都不是，而仅仅是因为价值利益因其多元性、对立性、标准的主体性等因素，从而使其很快转化为不可调和的纷争。所以，实质利益衡量方法不具有简明的可操作性，也不易维持法院中立的立场。特别是在面对具体案件时，往往借助于形式或程序，借以表现其思维的刚性原则，是非分明，容易界定，避免无谓的争执。同样，解释的方法也具有很大的局限性，从哲学的角度讲解释是不可能的。很多解释不是因为语言的模糊歧义，很多所谓的口舌之争仅仅是利益之争的外在表现。产生冲突的根本原因并非因为对于具体的事实或者对事实的描述存在争议，或者对法律文本的理解存有先在的分歧，而是因为不同的理解遮盖着实质的利益冲突。如果法院以实质的利益衡量方法介入，则很容易被其中一方，甚至双方指责为拉偏手。俗话讲，"清官难断家务事"，为什么家务事难断，盖因家务事多为鸡毛蒜皮的小事，法律并没有严格的形式规定，从这个意义上讲，没有形式，就没有裁判；没有形式，就无法裁判。

第四，公正性、稳定性、效率性等衍生特征。公正是法律的核心价值之一，但公正必须借助于特定的手段才能得以实现。支持实质推理的最大理由之一是它具有实现个别正义的更大可能性。然而，这样的公正价值的实现可能要付出更大的代价。因为每一个具体的案件都必然存在其特殊性，而每一个法官都会有不同的价值、政治倾向，法律很容易被个别的法官以案件的特殊性为由突破和放弃。所以，在实质推理时很容易导致类似的案件难以得到类似的处理，从而动摇人们对法律的信念，朝令夕改是法治的大忌，而失去了法律的刚性更无所谓法治，最终

① ［美］托马斯·C. 格雷：《霍姆斯论法律中的逻辑》，载［美］斯蒂文·J. 伯顿：《法律的道路及其影响》，张芝梅、陈绪刚译，178页，北京，北京大学出版社，2005。

使法律失去公正的保证功能。另外，过度地推崇实质推理还容易导致法律运行的成本增高，效率下降。因为形式推理具有更强的可判定性和确定性，从而使法律具有更强的可操作性，也较容易被理解。当当事人可以很好地预测不利的法律判决结果时，他可能就会为了减少损失而放弃必然要输掉的官司。即使在诉讼过程中也可以减少因法律推理的模糊性而导致的不必要的环节，使正义尽快得到实现，这也就是为什么更倾向于形式推理的英国法律比更倾向于实质推理的美国法律更具效率的重要原因。“较之始终根据实质性考虑行事的做法，根据形式性依据形式，会更具确定性和可预测性（并且形式性依据会更有效地进行自我适用）。这就是为什么具有高度内容上之形式性的、详尽又精确的规则，通常比具有低度内容上之形式性的宽泛规则更为优越。举例来说，管理工业作业场所的成文法规（例如在英格兰广泛存在的那些法规），常常极为详尽地规定了那些安全状况的精确尺度，譬如脚手架的宽度，安全屏障的尺寸，等等。很显然，雇主们肯定会发现，较之普通法上的合理注意规则，这些法规大多数更容易理解并遵照执行，也更容易查明这些规则是否被违反。”①

最后，我们必须强调的是，纯粹的形式推理也许是一个永远不可企及的理想模式，但不能因为现实的不足而放弃对理想的追求；从另一个角度讲，实质正义才是法治的根本目标，形式推理仅仅是实现这个目标的工具和途径。但是我们要说，借助该工具和途径我们会离法治的目标越来越近，而缺乏形式约束的实质推理最终可能背离我们追求的目标。

思考与练习

一、简答题

1. 什么是推理？
2. 什么是演绎推理的有效性和归纳推理的可靠性？
3. 如何恢复省略三段论？
4. 如何提高不完全归纳推理的可靠性？
5. 如何提高类比推理的可靠性？
6. 什么是溯因推理？其结构形式和推理规则是什么？
7. 法律推理有哪些特征？
8. 论述法律推理的一般过程。
9. 论述法律推理的可废止性。
10. 什么是形式法律推理？什么是实质法律推理？各有什么特点？

二、用真值表方法判定下列推理是否有效

1. $(p \vee q \to r) \wedge \neg r \wedge \neg p \to \neg q$
2. $(p \vee q \to r) \wedge \neg r \wedge p \to \neg q$

三、用归谬赋值方法判定下列推理是否有效

1. $(p \to q) \to (\neg p \vee q)$
2. $\neg q \to ((p \to q) \to \neg p)$

四、选择题（从所列的五个备选答案中选出一个，多选为错）

1. 在某餐馆中，所有的菜或属于川菜系或属于粤菜系，张先生的菜中有川菜，因此，张

① ［英］P. S. 阿迪亚、R. S. 萨默斯：《英美法中的形式与实质》，金敏、陈林林、王笑红译，20页，北京，中国政法大学出版社，2005。

先生点的菜中没有粤菜。

以下哪项最能增强上述论证？（　　）

A. 餐馆规定，点粤菜就不能点川菜，反之亦然。

B. 餐馆规定，如果点了川菜，可以不点粤菜，但点了粤菜，一定也要点川菜。

C. 张先生是四川人，只喜欢川菜。

D. 张先生是广东人，他喜欢粤菜。

E. 张先生是四川人，最不喜欢粤菜。

2. 如果小赵去旅游，那么小钱、小孙和小李将一起去。如果上述断定是真的，那么，以下（　　）项也是真的？

A. 如果小赵没去旅游，那么小钱、小孙、小李三人中至少有一人没去。

B. 如果小赵没去旅游，那么小钱、小孙、小李三人都没去。

C. 如果小钱、小孙、小李都去旅游，那么小赵也去。

D. 如果小李没去旅游，那么小钱和小孙不会都去。

E. 如果小孙没去旅游，那么小赵和小李不会都去。

3. 英国哲学家伯特兰·罗素有一个关于归纳主义者火鸡的故事。在火鸡饲养场里，有一只火鸡发现，第一天上午9点钟主人给它喂食。然而作为一个卓越的归纳主义者，它并不马上作出结论。它一直等到已收集了有关上午9点给它喂食这一经验事实的大量观察；而且，它是在多种情况下进行这些观察的：雨天和晴天，热天和冷天，星期三和星期四……它每天都在自己的记录表中加进新的观察陈述。最后，它的归纳主义良心感到满意，它进行归纳推理，得出了下面的结论："主人总是在上午9点钟给我喂食"。可是，事情并不像它所想象的那样简单和乐观。在圣诞节前夕，当主人没有给它喂食，而是把它宰杀的时候，它通过归纳概括而得到的结论终于被无情地推翻了。大概火鸡临终前也会因此而感到深深遗憾。

在这则故事中，火鸡的归纳及其失败类似于下面哪项？（　　）

A. 在过去很长一段时间里，人们认为地球不动，太阳绕地球转，直到科学的发展推翻这一结论。

B. 在过去很长一段时间里，由于人们一直不曾看见白色以外颜色的天鹅，所以，认为天鹅都是白色的，直到澳洲发现黑天鹅才推翻这一结论。

C. 过去人们一直在物理上绝对相信"以太"的存在，直到爱因斯坦相对论提出后，才推翻"以太"存在说。

D. 一个识字的人出于对他所读不懂的书的神秘感，而认为"所有的书都是好的"。当然这个结论是不成立的。

E. 甲地有一座金矿，综合考察乙地的各项地理条件类似甲地而认为乙地也有金矿，实际开采发觉这个结论是错误的。

五、证明题

1. 证明一个有效的三段论，如果结论是全称命题，那么其中项不能周延两次。

2. 证明一个有效的三段论，如果大前提是特称的，那么小前提必然是全称肯定命题。

3. 证明一个有效的三段论，若小前提为全称否定命题，则大前提必为全称肯定命题。

六、综合题

1. 假设下列三句话只有一句是假的，请问甲公司总经理是否懂计算机？

(1) 甲公司所有员工都懂计算机。

(2) 甲公司小王懂计算机。

(3) 甲公司所有员工都不懂计算机。

2. 一件谋杀案，经查证有以下事实：

(1) 凶手是甲或者是乙。

(2) 若凶手是甲，则谋杀发生在午夜前。

(3) 若乙的供词是正确的，则谋杀发生在午夜前。

(4) 若乙的供词不正确，则在午夜前受害者房里的灯光没有灭。

(5) 在午夜前受害者房里的灯光灭了。

请判断凶手是谁？并写出推理过程。

3. 某商店失窃，职员甲、乙、丙、丁四人涉嫌被调查。

(1) 甲说：我没作案，作案的是乙。

(2) 乙说：我和丙都没有作案。

(3) 丙说：除非甲作案，否则乙不会作案。

(4) 丁说：甲和丙两人至少有一人作案。

经查四人中只有一人说真话。问：谁作的案？谁说真话？写出推理过程。

4. 在下列括号内填入适当的符号，构成一个有效的三段论，并说明理由。

(1)
M (　　) P
S (　　) M
———————
SAP

(2)
(　　) (　　) (　　)
SOM
———————
S (　　) P

(3)
(　　) E (　　)
MIS
———————
S (　　) P

(4)
(　　) O (　　)
(　　) (　　) (　　)
———————
S (　　) P

5. 小明和小强都是张老师的学生，张老师的生日是M月N日，二人都知道张老师的生日是下列10组中的一天，张老师把M值告诉了小明，把N值告诉了小强，张老师问他们知道他的生日是哪一天吗？

3月4日　3月5日　3月8日

6月4日　6月7日

9月1日　9月5日

12月1日　12月2日　12月8日

小明说：如果我不知道的话，小强肯定也不知道。

小强说：本来我也不知道，但是现在我知道了。

小明说：哦，那我也知道了。

请根据以上对话推断出张老师的生日是哪一天？

七、案例说明与分析

经审法院认定原告系与被告相撞后受伤，理由如下：

原告徐××诉称，2006年11月20日上午，原告在本市水西门公交车站等83路车。大约9点半，2辆83路公交车进站，原告准备乘坐后面的83路公交车，在行至前一辆公交车后门时，被从车内冲下的被告撞倒，导致原告左股骨颈骨折，住院手术治疗。因原、被告未能在公交治安分局城中派出所达成调解协议，故原告诉至法院，请求判令被告赔偿原告医疗费40 460.7元、护理费4 497元（住院期间护理费897元、出院后护理费3 600元）、营养费3 000元、伙食费346元、住院期间伙食补助费630元、残疾赔偿金71 985.6元、精神损害抚慰金15 000元、鉴定费500元，共计人民币136 419.3元，并由被告承担本案诉讼费。被告彭×辩称，被告当时是第一个下车的，在下车前，车内有人从后面碰了被告，但下车后原、被告之间没有碰撞。被告发现原告摔倒后做好事对其进行帮扶，而非将其撞伤。原告没有充分的证据证明被告存在侵权行为，被告客观上也没有侵犯原告的人身权利，不应当承担侵权赔偿责任。如果由于做好事而承担赔偿责任，则不利于弘扬社会正气。原告的诉讼请求没有法律及事实依据，请求法院依法予以驳回。

1. 根据日常生活经验分析，原告倒地的原因除了被他人的外力因素撞倒之外，还有绊倒或滑倒等自身原因情形，但双方在庭审中均未陈述存在原告绊倒或滑倒等事实，被告也未对此提供反证证明，故根据本案现有证据，应着重分析原告被撞倒之外力情形。人被外力撞倒后，一般首先会确定外力来源、辨认相撞之人，如果相撞之人逃逸，作为被撞倒之人的第一反应是呼救并请人帮忙阻止。本案事发地点在人员较多的公交车站，是公共场所，事发时间在视线较好的上午，事故发生的过程非常短促，故撞倒原告的人不可能轻易逃逸。根据被告自认，其是第一个下车之人，从常理分析，其与原告相撞的可能性较大。如果被告是见义勇为做好事，更符合实际的做法应是抓住撞倒原告的人，而不仅仅是好心相扶；如果被告是做好事，根据社会情理，在原告的家人到达后，其完全可以在言明事实经过并让原告的家人将原告送往医院，然后自行离开，但被告未作此等选择，其行为显然与情理相悖。

城中派出所对有关当事人进行讯问、调查，是处理治安纠纷的基本方法，其在本案中提交的有关证据能够相互印证并形成证据锁链，应予采信。被告虽对此持有异议，但并未提供相反的证据，对其抗辩本院不予采纳。根据城中派出所对原告的询问笔录、对被告讯问笔录的电子文档及其誊写材料等相关证据，被告当时并不否认与原告发生相撞，只不过被告认为是原告撞了被告。综合该证据内容并结合前述分析，可以认定原告是被撞倒后受伤，且系与被告相撞后受伤。

2. 被告申请的证人陈××的当庭证言，并不能证明原告倒地的原因，当然也不能排除原告和被告相撞的可能性。因证人未能当庭提供身份证等证件证明其身份，本院未能当庭核实其真实身份，导致原告当庭认为当时在场的第三人不是出庭的证人。证人庭后第二天提交了身份证以证明其证人的真实身份，本院对证人的身份予以确认，对原告当庭认为当时在场的第三人不是出庭的证人的意见不予采纳。证人陈××当庭陈述其本人当时没有看到原告摔倒的过程，其看到的只是原告已经倒地后的情形，所以其不能证明原告当时倒地的具体原因，当然也就不能排除在该过程中原、被告相撞的可能性。

3. 从现有证据看，被告在本院庭审前及第一次庭审中均未提及其是见义勇为的情节，而是在二次庭审时方才陈述。如果真是见义勇为，在争议期间不可能不首先作为抗辩理由，陈述的时机不能令人信服。因此，对其自称是见义勇为的主张不予采信。

4. 被告在事发当天给付原告二百多元钱款且一直未要求原告返还。原、被告一致认可上述给付钱款的事实，但关于给付原因陈述不一：原告认为是先行垫付的赔偿款，被告认为是借款。根据日常生活经验，原、被告素不认识，一般不会贸然借款，即便如被告所称为借款，在有承担事故责任之虞时，也应请公交站台上无利害关系的其他人证明，或者向原告亲属说明情况后索取借条（或说明）等书面材料。但是被告在本案中并未存在上述情况，而且在原告家属陪同前往医院的情况下，由其借款给原告的可能性不大；而如果撞伤他人，则最符合情理的做法是先行垫付款项。被告证人证明原、被告双方到派出所处理本次事故，从该事实也可以推定出原告当时即以为是被被告撞倒而非被他人撞倒，在此情况下被告予以借款更不可能。综合以上事实及分析，可以认定该款并非借款，而应为赔偿款。

（1）请分析该法院所采用的推理模式是什么？

（2）这些推理模式是否有效？为什么？

第六章
论证与法律论证

习近平总书记指出：政法机关在保障人民安居乐业、服务经济发展方面具有十分重要的作用，因而需要进一步提升执法能力，进一步增强人民群众的安全感和满意度，进一步提高政法工作亲和力和公信力，“努力让人民群众在每一个司法案件中都能感受到公平正义”①。要想使人民群众都能感受到公平正义，提升执法、司法能力是当务之急，目前来说，亟待提升的能力有三：一是对法律的理解、解释能力；二是法律推理论证能力；三是对法律运用的修辞论辩能力。讲法说理是法律人的主要任务，掌握法律论证方法是提升司法、执法能力的重要方面。法律论证方法及其理论是逻辑学、修辞学与法学交叉融合发展的结晶，是法哲学对法治理论的突出贡献。认真研究法律论证、论辩和修辞方法，对提升法律职业、执业能力有重要的意义。

第一节　法律论证的概念

一、论证的含义与功能

在汉语中，论证与论辩常常紧密联系在一起。“论证”所对应的英文单词是“argument”，而“论辩”所对应的英文单词是“argumentation”。论证即“论辩、证明”之意，而“论辩”则是指“论证、辩护”之意。因而，在汉语中，“论证”与“论辩”通常被看做是两个不同的概念。事实上，根据当代非形式逻辑或论证理论的流行观点，论证通常包含有三个层面，即作为结果的论证、作为程序的论证和作为过程的论证。作为结果的论证（argument-as-product）是这样一种论证：一个命题真取决于其他命题真的命题序列，其中，其真取决于其他命题真的命题被称为结论，其他命题都被作为前提；作为程序的论证（argument-as-procedure）是这样一种论证：论证者企图用一组陈述的可接受性在批判性讨论基础上让目标听众承认另一特定陈述的可接受性的言语交际行为，其中，企图让目标听众接受的陈述被称为主张，用来支持主张的陈述被称为理由；作为过程的论证（argument-as-process）是指这样一种论证：论证者理性地说服目标听众接受其主张的过程。换句话说，论证的这三个层面实际上已经涵盖了上述“论证”和“论辩”的含义。因此，论证有狭义与广义之分。狭义论证仅仅是指上述三个层面的第一个，而广义论证则涵盖了上述三个层面。

经典逻辑学家们把论证分为演绎论证（deductive argument）与归纳论证（inductive argument）两种类型，但也有学者提出存在第三种论证类型。不过，这第三种论证类型的名称是什

① 习近平：《论坚持全面依法治国》，17 页，北京，中央文献出版社，2020。

么，至今尚未形成定论。皮尔士（Charles Sanders Peirce）称回溯论证（abductive argument）；沃尔顿（Douglas Walton）称为“似真论证”（plausible argument，又译“合情论证”）或“推定论证”（presumptive argument，又译“假定论证”）；韦尔曼（Carl Wellman）把这第三种论证类型称为“传导论证”（conductive argument）。沃尔顿甚至认为，法律论证既不是演绎论证，也不是归纳论证，而是似真论证。

论证的主要功能有三个：一是证成功能，即证明某一主张是成立的；二是反驳功能，即反驳对方主张是不成立的；三是说服功能，即说服对方接受我方提出的主张。论证分析是论证评价的前提条件。论证分析，或者称为论证识别，其步骤为：(1) 要识别论证的前提与结论。一份判决书往往不只包括一个论证。我们把最终要论证的结论称为“主结论”，例如，判决书中的判决结果；而那些作为主结论的前提但本身的真实性又需要其他命题的真实性支持的命题，被称为“子结论”，亦称为“中间前提”或“中间理由”；还有一些不依赖于其他命题支持的前提，被称为“基本前提”或“基本理由”。在法律论证中，这些基本理由有两种类型：一是法律规范；二是证据。如果存在免证事实，那么免证事实将直接成为基本理由或基本前提。(2) 要分析论证的主体，即论证者。在这里，法律论证的主体是审判方、起诉方或应诉方。(3) 还需要识别论证者的目的。很显然，在法律论证中，随着主体的不同，论证目的也有所不同。起、应诉双方的论证目的都是企图说服对方或审判方接受我方主张，而审判方的目的则是维系审判的公正。

评价论证的标准很多，甚至不同学科领域有不同的论证评价标准。但是，就一般性标准而言，论证的评价标准有三条，即逻辑标准、论辩标准和修辞标准。其中，逻辑标准评价前提对结论的支持强度；论辩标准评价意见分歧的消除程度；修辞标准评价论证目标的听众认同程度。传统上讲的“逻辑标准”仅仅是指演绎逻辑标准或形式逻辑标准，但我们这里讲的不仅包括演绎逻辑标准和归纳逻辑标准，还包括非形式逻辑标准。从广义非形式逻辑角度来看，这三条标准与前述论证的三个层次相对应。其中，逻辑标准对应的是作为结果的论证，论辩标准对应的是作为程序的论证，修辞标准对应的是作为过程的论证。这三条标准也与前述论证的三个功能相对应，即逻辑标准对应的是证成功能，论辩标准对应的是反驳功能，修辞标准对应的是说服功能。

二、法律论证的定义

法律论证有广义和狭义之分。广义的法律论证既包括立法过程中的论证（简称“立法论证”），又包括司法过程中的论证，简称“司法论证”。立法论证是指在立法过程中对将要制定的法律条文的必要性和可能性所进行的论证；司法论证是指在司法过程中根据法律条文判定案件或事实的法律依据和法律责任的论证。在这里，司法论证既包含了诉讼过程中的法律论证，又包含了作为法律咨询服务的法律论证。狭义的法律论证，是指在诉讼过程中诉讼主体利用法条和证据来证成己方主张，反驳他方主张，并说服其他两方接受其主张的论证过程。我们这里所讨论的法律论证仅限于这个定义下的法律论证。基于这个定义，与一般论证一样，法律论证也包括了作为结果的论证、作为程序的论证和作为过程的论证三个层面。法律论证具有证成、反驳和说服三重功能，相应地，法律论证的评价同时需要逻辑、论辩和修辞三重标准。除了三重评价标准之外，法律论证评价还需要一条法律标准。此外，还有一种观点认为，法律论证是指司法过程中为寻找法律大前提的论证过程。

传统上，法律论证甚至更狭义地被限制到司法论证或审判论证，即法官如何作出裁决的论证。当然，我们这里讨论的，并不限于诉讼过程中审判方的司法论证，而是要关注诉讼过程中起诉方、应诉方和审判方为证成己方主张所使用的论证。因此，一份判决书当之无愧是一个法律论证，同时一份起诉书和一份答辩状也是一个法律论证。至于立法论证，将不在我们讨论的涵盖范围之内。

法律论证有三类主体或论证参与者，即起诉方、应诉方和审判方，为了简便起见，我们分别把这三个论证主体简称为“起诉方”、“应诉方”和“审判方”。在我国刑事诉讼中，三个论证主体分别是公诉人（控方）、被告人（辩方）和合议庭（审判方）；在我国民事诉讼和行政诉讼中，三个论证主体分别是原告、被告和合议庭。其中，合议庭由审判员和人民陪审员组成。控方和原告是诉讼的起诉方，辩方和被告是诉讼的应诉方，合议庭是诉讼的审判方。起诉方的职责是论证自己的诉讼请求合法，其论证的主要目的是证成；应诉方的职责是反驳对方的诉讼请求不合法，其论证的主要目的是反驳；而审判方的职责就是根据双方的论证作出符合法律程序和规范的公正裁决，而且这个裁决是基于好的法律论证的，其论证的主要目标是证成与说服。在诉讼博弈中，由于起、应诉双方的出于己方利益或立场的考虑，其论证总是带有一定偏见性，尤其是举证时往往只举出对自己有利的证据；而审判方应当尽量根据诉讼程序洞察到这些偏见，并尽量消除这些偏见，以求得公正地判决，作出一个法律上具有说服力的法律论证。

三、法律论证的一般结构

每一份起诉书、每一份答辩状以及每一份判决书或裁定书都包括一个法律论证。从逻辑学角度看，法律论证可以分解为两大部分：第一部分是结论；第二部分是前提。法律论证的结论可以是起诉书的诉讼请求，也可以是答辩状中的答辩主张，还可以是判决书中的判决结果或裁定书中的裁定结果。法律论证的前提通常由两大部分构成：一是案件事实前提；二是法律规范前提。在起诉书中，案件事实前提即是指事实描述部分，法律规范前提主要是指理由部分；在答辩状中，案件事实前提和法律规范前提均被包含在答辩理由之中，未作明确区分；在判决书和裁定书中，案件事实前提和法律规范前提的区分是相当清楚的。

鉴于法律论证通常被分为案件事实、法律规范和法律结论三大部分。因此，我们通常把这种法律论证称为法律三段论。人们通常把法律规范前提称为“大前提”（major premise），把案件事实前提称为“小前提”（minor premise）。一个法律三段论的常见论证图式就是：

大前提：法律规范

小前提：案件事实

结　论：法律结论

在起诉书中，法律规范大前提集可能是空集，换句话说，有时起诉书中的法律论证只需要描述诉讼请求及案件事实（当然包括支持案件事实的证据）即可，并不必然要给出法律依据。在答辩状中，法律论证的大前提集也可能是空集，有时应诉方只需要质疑起诉方的法律论证不足够支持其主张即可，例如，在刑事诉讼中，对于被告人是否有罪，因为采用的“控方举证原则”，因此，面对这个问题，应诉方的论证策略通常是质疑控方论证，而无须论证被告人无罪。在判决书和裁定书中，法律论证的法律规范大前提集和案件事实小前提集都不可能是空集，缺少其中任何一部分的法律论证都不是一个好的法律论证。

从认识论角度来讲，法官判案实际上并不是直接根据“法律规范＋案件事实→法律结论”（其中，“→”表示“推导出”）这一论证模式展开的。一方面，“法律规范”的确是法律论证的大前提，但推出法律结论并不是法律规范本身，而是法官对法律规范的解释。其中，法律规范仅仅充当了法律论证的基本前提或基本理由角色。另一方面，“案件事实”确实是法官推出法律结论的直接前提之一，然而，案件事实并不是法律论证的基本前提或基本理由，支持案件事实的前提是证据。当然，免证事实除外。因此，法律论证的更精确结构不是一个法律三段论，而是一个法律五段论，如下图所示：

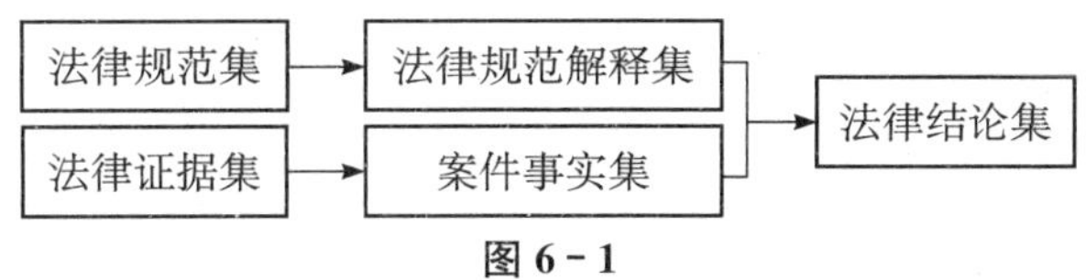

图 6－1

由此可见，一个法律论证通常由两个子论证和一个解释推理组成。第一个子论证就是“法律规范解释集＋案件事实集法律结论集”→法律结论集；第二子论证是“法律证据集→案件事实集”；一个解释推理是指“法律规范集→法律规范解释集”。

四、法律论证的类型

根据当前主流逻辑理论，论证通常被区分为演绎论证和归纳论证两种类型。

演绎论证是指所有前提均真“必然推导出”结论为真的论证。鉴于这种“必然推导出”关系，演绎论证是一种必然性论证。例如，

所有人都是必死的；

苏格拉底是人；

因此，苏格拉底是必死的。

在这个例子中，如果大前提“所有人都是必死的”和小前提“苏格拉底是人”都为真，那就必然可以“从形式上”推导出其结论“苏格拉底是必死的”也为真。要注意这里说的“从形式上”是什么意思呢？这里只是说了“‘如果’大前提和小前提都为真”，至于大前提或小前提本身是否为真，演绎逻辑本身没有对此作出任何断定。换句话说，根据演绎逻辑理论，下列论证也是演绎有效性的。

所有狗都是有八条腿的；

总统是条狗；

因此，总统是有八条腿的。

但事实上，大前提“所有狗都是有八条腿的”是假的。之所以出现这样的情形，那是因为演绎逻辑评价论证的有效性是基于论证形式进行的，也就是说，论证“所有人都是必死的，苏格拉底是人，因此，苏格拉底是必死的”与论证“所有狗都是有八条腿的，总统是条狗，因此，总统是有八条腿的”具有相同的论证形式，即“MAP；SAM；∴SAP”。因此，演绎论证的有效性评价仅与论证形式有关，而与论证内容无关。

归纳论证是指所有前提均真推导出结论可能为真的论证。鉴于这里的“可能推导出”关系，因而，归纳论证是一种可能性论证。例如，

大多数做好工作的人都应当得到相应报酬；

张三是做好工作的人；

因此，张三应当得到相应的报酬。

在这个论证中，即使大前提“大多数做好工作的人都应当得到相应报酬”和小前提“张三是做好工作的人”都为真，其结论“张三应当得到相应的报酬”也只是可能为真，而非必然为真。归纳论证有广义与狭义之分。广义的归纳论证是指一切前提非必然推理出结论的论证；狭义归纳论证仅仅是把根据经验与观察来评价前提对结论支持度的论证。归纳论证的常见类型有归纳概括、类比、统计三段论等。前一个论证例子就属于统计三段论。

类比论证曾被少数逻辑理论列为不同于演绎论证和归纳论证的第三种类型。在法理学中更是如此，大概是因为类比论证是英美法系中占主导地位的论证类型之缘故。类比论证的逻辑结构通常被描述为：

来源 A 具有特征 p，q 和 r；

目标 B 也具有特征 p，q 和 r；

A 还具有特征 s；

因此，B 具有特征 s。

由于英美法系是一个判例法系，所以，类比论证成为该法系的主导论证类型。

那么，基于主流逻辑理论对论证的划分，法律论证是否可以分为演绎论证和归纳论证两种类型呢？或者把法律论证分为演绎论证、归纳论证和类比论证三种类型呢？法律论证属于真实论证范畴，我们不能简单地将其分为演绎论证和归纳论证。基于法律推理通常被法理学家们分为形式推理与实质推理两大类型，也有学者把法律论证分为形式论证与实质论证。但这种划分实际上是建立在假定法律论证能够被分为演绎论证和归纳论证两种类型基础之上的。无论如何，演绎论证与归纳论证都是法律论证中可能会使用的论证类型，但就整体而言，法律论证既不能简单地被归入演绎论证行列，也不能简单地被归入归纳论证行列，而是一种可废止论证（defeasible argument）。无论如何，根据不同的划分标准，我们可以把法律论证区分为不同的论证类型。如根据法律论证的主体类型，法律论证可分为起诉方论证、应诉方论证和审判方论证。根据诉讼类型，法律论证可区分为民事法律论证、刑事法律论证和行政法律论证。

第二节　法律论证的基本特征

法律论证是一种语言活动，重视提出论据、理由，因而也可以把其作为论辩的活动。从不同的角度观察，人们可以发现法律论证的不同特征。从法哲学的角度看，法律论证是一种存在于法律活动各个环节的实践理性，体现了论证结论和论证过程的统一，具有目的性、论辩性、交涉性、合理性等属性或特征。但从法律逻辑学的角度看法律论证还有如下特征：

一、法律命题的似真性

根据经典逻辑，真值（真与假二值）是命题的基本性质。经典逻辑假定了“二值原则”是普遍有效的。换句话说，一个命题不是真的，它就是假的；反之，一个命题不是假的，它就是真的。那么，如何判断一个命题的真或假呢？这是一个比较复杂的哲学问题。符合论是最常见的一种真假判定理论。如果一个命题所描述的情形与客观事实相符，我们就说这个命题是真的，否则便是假的。然而，要判定一个命题所描述的情形与客观事实是否相符并不总是很容易的，有时甚至是不可能的，比如，“张三杀死了李四”。

命题有事实命题与非事实命题之分。在通常情况下，事实命题比较容易判断其真或假，而非事实命题要判断其真假是比较困难的。

首先，事实命题真假的判断通过查文献、观察、实践等感知方法就可以判断。比如，“《法律论证理论》的作者是阿列克西”和“《法学方法论》的作者是波斯纳”这两个命题，我们通常查一查有关资料就能够判断前者为真后者为假。再如，“广州在威海东边”这个命题，我们查查地图就能够判断其为真。但是，限于人类认知能力或条件的局限性，并非所有事实命题都是可以判断其真假的。例如，“地心是由液体物质组成的”这个命题，凭借我们现代的科学手段是无法判断其真假的。再如，“外星人是存在的”的命题，我们既不能通过某种方法判定它为真，也无法借助某种手段判定其为假。

其次，非事实命题真假的判断是比较困难的，通常需要借助论证。这类命题的代表是价值命题。例如，“女子无才便是德”“知识越多越反动”之类的命题。它们是价值命题，其到底是真的还是假的呢？往往无法通过某种直接方法去凭借人们的感知去判断其真假，而需要通过论证来证明其真假。在辩论赛中，正反双方的辩题一般应当是价值命题，而且应当是其真假取决于论证的价值命题。否则，辩论赛的辩题出题者所给出的命题是不成功的。比如，某辩论赛的辩题是“社会主义现代化建设需不需要法律”。假如在我国当今这个社会背景之下，这个辩题的反方肯定处于不利地位。既然价值命题的真假取决于论证，这等于说价值命题其实并没有真假可言。

法律命题是构成法律三段论的要素。每个法律三段论的大前提、小前提和结论都是法律命题。就法律三段论的大前提而言，它是一个法律规范集，即是由至少一个法律规范或法条组成的法律命题集合。鉴于这个原因，人们常常把作为法律三段论大前提的法律规范称为法律规范命题，简称规范命题。所有法律规范命题都是价值命题，即非事实命题。根据主流逻辑观点，这种命题无真假可言。

就法律三段论小前提而言，它是一个案件事实集，是由许多案件事实命题组成的。“案件事实”有时又被称为“法律事实”。“法律事实命题”或“案件事实命题”与我们前面所讲的一般意义上“事实命题”又有所不同，这里需要本体论意义和认识论意义。法律事实命题或案件事实命题都属于认识论意义上的事实命题。这种事实命题并不一定能简单地通过查文献、观察、实践等感知方法就能判定其真假，而是要通过证据来证明其真假。例如，在一个关于杀人案的法律论证中，其案件事实命题的真假显然只能通过证据来证明，而无法直接还原案件事实本身。因此，法律事实命题的真假只不过是一种认识论意义上的真假。但正如雷切尔所说：“法律审判并不关心事实真相……而关心的是要了解法律上恰当的案件。”①

鉴于上述分析，我们把法律三段论大前提和小前提的这种真值特性称为似真性。“似真性”这一术语来源于英文单词“plausibility”。其词根是“plausible”，其含义是“看起来是真”“似乎为真的”“似乎有道理的”“看起来可信的”“合情的”等含义。用逻辑学家的术语来翻译，那就是似真的。既然真值是命题的基本特征，而作为法律命题，法律三段论的大前提和小前提的真假都与经典逻辑意义上的真假有着较大区别，我们可以把法律命题的这种真值特性称为“似真性”。演绎论证和归纳论证都是要把前提的真值通过推论关系传递给结论。但法律论证并不完全是如此，因为其前提无法用经典逻辑意义上的真假来判定。法律论证是企图把前提的似真性通过推论关系传递给法律结论。或许正是基于这个原因，著名非形式逻辑学家和法律逻辑学家沃尔顿（Douglas Walton）认为，法律论证既不是演绎的，也不是归纳的，而是似真的。在这里，沃尔顿把命题的似真性推广到论证上了。

二、法律论证的权衡性

前面已经讲过，根据经典逻辑学家们的区分，论证有演绎论证与归纳论证之分。演绎论证对应的英文术语是“deduction argument”，归纳论证对应的英文术语是“inductive argument”。

① Nicholas Rescher. *Dialectics: A Controversy-Oriented Approach to the Theory of Knowledge* [M]. State University of New York Press. 1977, p. 43.

但非形式逻辑学家们已提出存在一种论证，它既不是 deductive argument，也不是 inductive argument，而是 conductive argument。这里的“conductive argument”所对应的中文术语是什么呢？目前学界几乎没有讨论过。只有极少数学者遇到这个关键词时将其译为“传导论证”。但这个术语有些令人费解。由于其中的词缀“con”是“with”之意，所以，我们在此把这种论证称为权衡论证，其基本含义是指需要权衡正反两方面的考虑才能完成的论证类型。

演绎论证和归纳论证的分析与评价与论证者、目标听众、论证目的等语境因素没有任何直接关系，而权衡论证的分析与评价与这些语境因素密切相关。权衡论证是这样一种论证：（1）结论是关于某个个别情形的；（2）结论是非决定性得出的；（3）是从关于同一情况的一个或多个前提出发的；（4）不需要诉诸其他情况。这种论证的特征是：（1）单个理由是针对结论给出的；（2）针对结论给出的几个理由每一个都是相对独立的；（3）某个结论的得出是从正反两个方面考虑的结果。这种论证是有说服力的，但它不是演绎有效的，因此，要找到其他考虑来支持或削弱结论，逻辑上总是可能的。

权衡论证通常被定义为一种有一系列正反两方面平衡考虑的非演绎论证。权衡论证的评价步骤是：（1）分别评价正反两面考虑。如：这种考虑是否与结论相关？这种考虑可接受吗？这些考虑作为整体给我们相信结论提出依据了吗？（2）评价相关结论。（3）检查反面考虑。要看看这个考虑是否真的是一个相反考虑？并判断是否给结论提供了否定证据？（4）权衡其余考虑。任何考虑明显是决定性的或的确是决定性的吗？与另一个考虑相关的考虑有多重要？或许还有某些你未曾想过的考虑，当这些考虑出现在你面前时，它可能将天秤倾向另一方向。

反面考虑总是会产生，但他们如何发挥作用会因论证类型不同而异。在演绎有效的论证中，如果所有前提都是真的，那么结论必定是真的，因此，反面考虑是无效的或没有用的。在这种情况下，提出反面考虑不会起任何作用，人们不得不攻击其中的词项、前提或论证有效性，而且大多时间必须攻击前提。科学家们似乎一直落入这种陷阱之中。在非演绎有效的论证中，要找到进一步信息或另一个前提来削弱对结论的支持总是可能的，但大多数时间你又必须作出决策，因此，你通常不得不作出一个你能作出的最佳决策。

如果是演绎论证，至多表明其结论是确定的，如果是归纳论证，至多表明其结论是可能的，那么，如果是权衡论证，表明了其结论如何呢？当一个权衡论证具有说服力时，它表明了其结论被选中是因为它优于一个或多个备选结论。因此，当演绎论证有可能表明其结论是确定的以及归纳论证有可能表明其结论是可能的时，权衡论证只能表明其结论是可选择的，或者它比其他某些结论要好。根据当代非形式逻辑理论，一个权衡论证要有说服力，必须满足下列三个条件：（1）其结论必须是真的；（2）其前提必须是完全的，也就是说，权衡论证必须考虑所有相关信息；（3）它必须正确权衡所有悬而未决的前提，使得结论从这些前提得出。

总之，权衡论证是一种涉及考察并权衡两方面证据的论证。例如，在张学英诉蒋伦芳遗产纠纷案（即所谓“泸州二奶案”）中，审判方论证如下：

根据“特别法的效力优于一般法”原则，我应当根据《继承法》判令原告胜诉。

但是，如果判令原告胜诉，这就支持了“非法同居”这一违背社会公德的行为。

根据《民法通则》第 7 条规定“民事活动应当尊重社会公德”之规定，原告败诉。

经过两方面的权衡考虑。

因此，判令原告败诉。

在这个论证中，审判方的论证结论是建立在权衡两方面考虑基础之上的，是一种典型的权衡论证。从这个意义讲，所有法律论证都是一种权衡论证。我们把这类的论证特性称为论证的权衡性。

三、法律论证的可废止性

可废止性是法律论证的本质特征之一。“可废止性”源于英文单词“defeasibility”，有学者将其译为“可反驳性”[①]，也有学者译为“可辩驳性”[②]。1949年，哈特在《责任与权利的归属》一文中率先使用了“可废止性”。哈特认为，我们说一个概念如“谋杀”或“合同”是可废止的，其意思是说，就其应用性来讲，如果应诉方能够证明某些条件的存在构成了一个法律辩护来反对该概念的完全应用的话，那么证明了所有肯定的事实条件存在都是不充分的。[③] 如在一个关于合同的诉讼博弈中，如果一方成功地证明了这些条件，这并不意味着问题得到了解决，相反，法律程序会将证明责任转移到另一方，让他证明相反的事实，至少需要给对方这样的机会。

法律论证之所以是可废止的，是因为：(1) 证明责任分配必须考虑到可废止性；(2) 法律知识表示需要可废止性；(3) 法律规范本身是可废止的；(4) 法律推理是一种不完全信息推理；(5) 法律审判是在一致信念集基础上进行证成的，这个信念集应当是可修正的。法律论证的可废止性与前提集有直接关系。在经典逻辑中，前提集是一个封闭类。只要前提真实，其结论的真值是唯一的、不变的。然而在法律论证中，前提集在一定条件下是开放的，即一个开放类。在诉讼博弈过程中，对方会提出些什么样的证据，有时是不清楚的；就审判方而言，上诉方会提出什么样的理由或新的证据，有时也是不清楚的。因此，法律论证是在不完全信息条件下进行论证，一旦前提集的元素增加，其结论可能会发生改变，甚至得出完全相反的结论。无论起诉方、应诉方还是审判方，在他们作出论证之前都必须进行一个封闭世界假设，即假定他们已掌握了所有合法信息，然后以这些信息为基础，用经典逻辑进行演绎论证。但他们无权拒斥新的证据、新的事实、新的法律规范或新的法律解释合理合法地进入前提集，因此，法律论证总是可废止的。

法律论证由两个部分组成，即法律问题和事实问题。在法律论证中，刑事法律论证、民事法律论证、行政法律论证，虽然在需要确证事实以及确证程度上有所不同，但是都会遇到事实问题。随着举证事实数量的增加，论证的结论就可能被改写、被证伪或被废止。有时，即使事实已经很清楚，在使用法条时仍然会出现例外情况或无法得出论证结论的情况。法律随着时间和地点的不同而改变，因此，我们必须知道当时当地的法律是什么，一般要涉及法律的三大渊源，即法规、宪法和先例。在某地法律论证的结论是可接受的，而在另一地方它则是不可接受的；即使在同一地方，在不同历史阶段，法律论证的可接受性也有不同。

从法律诉讼过程来看，无论是起诉方法律论证还是应诉方法律论证甚至审判方法律论证的结论也都是可改写的、可证伪的或可废止的。随着举证情况和认证结果的不同，法律论证的结论是可改写的、可以证伪的或可废止的。起应诉双方的法律论证是否被接受，这是由法官来裁定的，法官只有通过肯定一方的法律论证的部分或全部而否定另一方的部分或全部才能建立审判方法律论证，因而起应诉双方的法律论证具有可废止性。不仅如此，即使是在法律诉讼中充当裁判的审判方，他所做的法律论证仍然具有可废止性。现行法律之“二审终审制”可表明法

① 颜厥安：《规则、论证与行动》，19页，台北，元照出版社，2004。

② 於兴中：《人工智能、话语理论与可辩驳推理》，载《法律思维与法律方法》第3卷，北京，中国政法大学出版社，2005。

③ See Joseph Horovitz, *Law and Logic: A Critical Account of Legal Argument*, Springer-Verlag/Wien, 1972, p. 148.

律有可废止性，即便是终审后，当事人仍然有申诉的权利，这又进一步说明了我国已从法律上规定了“法律论证结论的可废止性”。

从逻辑角度看，诉讼论证可废止性产生于两大根源：其一，法律的不完备性；其二，法律的不一致性。然而，在任何法律体系中，这两个性质都是存在的。过去存在，现在存在，将来也永远会存在。这就决定了诉讼论证的可废止性也会永远存在。人们要想像克卢格那样用具有单调性的形式逻辑作为基本逻辑工具来分析与评价具有可废止性的诉讼论证肯定会遇到无法克服的困难。

四、法律论证的非单调性

我们可以借助非单调逻辑中关于可废止推理来理解诉讼论证的可废止性。在非单调推理中，结论可能是由特定信息恰当地支持着的，但当这些信息被进一步的信息扩充时就可能推不出这个结论。这种推理被逻辑学家称为常识推理。纽特认为人类推理不是也不应当是单调的，而是非单调的。[①] 波洛克（Pollock，1999）认为，常识推理与人类认知的一般特征有关。推理主体是从感觉输入开始，然后根据获得的理由继续推出信念。这种信念形成过程必须满足明显不兼容的标准：一是主体必须在部分感知输入基础上而不可等到他有了完全信息之后才形成信念；二是主体必须考虑感知输入的无穷集。[②] 罗斯（Ross，1930 年）认为，道德直觉在这种感知中起着同样的作用。[③] 道德直觉和感知都为可废止推理提供起点。换句话说，不完全信息推理是非常复杂的，因为其前提集和结论集都是开放类，具有动态性特征。诉讼论证是不完全信息论证，这种论证需要借助不完全信息推理来实现，那么在诉讼论证中，论证主体是如何把前提集的开放性转移到结论集的开放性上去的呢？这总是与诉讼论证直接相关，与诉讼博弈中的证成、反驳和说服直接相关。

诉讼论证的可废止性取决于论证的好坏，也就是取决于证成、反驳与说服与否，即论证者是否给出了充分的、合理的、无反驳的理由。同时诉讼论证的可废止性也与法律的不完备性和不一致性密切相关。法律规则是诉讼论证的两个基本前提集之一（另一个是证据集），然而，法律的不完备性和不一致性必然导致法律解释集的不确定性。这种不确定性又变成了诉讼论证可废止的原因之一。法律论证具有非单调性（nonmonotonicity）。非单调性是相对于单调性而言的。单调性的基本思想是：如果给论证增加了新的前提，这种论证仍然是真的，那么我们就说这种论证是单调的。从这个意义上讲，演绎论证具有单调性。既然法律论证本质上是一种似真论证，这就决定了它具有非单调性。非单调性的基本思想是：假如我们给论证增加了新前提，论证的结论可能是假的，那么该论证就是非单调的。

第三节　对法律论证的评析

无论是立法还是司法都要运用法律论证方法。但为了理论叙述的方便和前后逻辑一致的需

---

① See Donald Nute, *Defeasible Logic*, O. Bartenstein et al. (Eds.): INAP 2543, Springer-Verlag Heidelberg, 2003, pp. 151 - 169.

② See Henry Prakken and Giovanni Sartor, " The Three Faces of Defeasibility in The Law", *Ratio Juris*, 2004 (1), pp. 118 - 139.

③ See Henry Prakken and Giovanni Sartor, " The Three Faces of Defeasibility in The Law", *Ratio Juris*, 2004 (1), pp. 118 - 139.

要，更主要是考虑到法律论证的主要场域是司法活动，对法科学生来说具有更大的运用价值，以及立法论证与司法论证有较大区分等因素，本书的评析主要是司法论证。要想分析和评价法律论证，首先须弄清这个法律论证是谁作的以及其目标听众是谁？

一、法律论证的主体与目标听众

从主体性角度来看，论证总是离不开“论证者”概念。其中，论证者可以是指理性的自然人，也可以是指其他智能体。有时，特定人可能既是论证者又是目标听众。当一个人在进行反省时，他常常会假定自己是持不同主张的人，又该如何论证呢？一个论文撰写者在写作过程中，总是会猜想别人会怎么论证这个问题或反驳我的论证呢？有时，目标听众并不是很明确的，如学术论文中的论证，论证者根本无法预见究竟具体哪个人是其目标听众。

法律论证的主体可分为起诉方、应诉方和审判方。起诉方即是指诉讼博弈中提起诉讼的一方，它包括刑事诉讼中的公诉人或自诉人及其代理人、民事诉讼或行政诉讼中的原告及其代理人。应诉方即是指诉讼博弈中应诉的一方，它包括刑事诉讼中的被告人及其辩护人、民事诉讼或行政诉讼中的被告及其代理人。审判方是指诉讼博弈中的裁判方，不仅包括法官，而且还可能包括陪审员。法官作为审判方是必不可少的。是否有陪审员参加，需要视案件性质而定。在我国法律体系中，在什么情况下实行陪审员制度，2005 年 5 月 1 日正式施行的《全国人民代表大会常务委员会关于完善人民陪审员制度的决定》中作了一般性规定。根据这个决定，法院审判社会影响较大的第一审刑事、民事、行政案件，应当实行陪审制；对于刑事案件被告人、民事案件原告或者被告、行政案件原告申请由人民陪审员参加合议庭审判的案件，法院也应当实行陪审制。但是，对于上述案件中适用简易程序审理的案件和法律另有规定的案件不实行陪审制。法律诉讼有许多参加人，但并非所有诉讼参与者都是目标听众。只有起诉方、应诉方和审判方才是诉讼论证的目标听众。在诉讼过程中，每一方都将作出诉讼论证，因而，都有自己的目标听众。

（一）起诉方的目标听众

起诉方的目标听众是起诉方、审判方和应诉方。起诉方并不追求普遍听众，所追求的最终目标就是说服审判方支持己方所提出的法律请求。

1. 起诉方

起诉方是第一层次的目标听众。诉讼是一种博弈。这种博弈还不是一般意义上的博弈，而博弈的结果往往与某些人的利益或法律的理性与公正直接相关。起诉方是诉讼博弈的主动方，因为是否进入法律诉讼阶段，主动权完全在起诉方。起诉方不提出诉讼博弈，这场博弈就不可能开始。起诉方不应该将法律诉讼视为如同平常下下围棋、玩玩扑克之类的娱乐性游戏。在刑事公诉案件中，因为公诉人代表政府对被告人提起诉讼，其诉讼理由必须相对充分，绝不能以“莫须有”罪名将被告人送上法庭，否则很难维护司法正义。对民事诉讼来说，在进入诉讼阶段之前，理性的起诉方必须认真思考，权衡诉讼结果给自己带来利益，先把自己当做听众，假设一下应诉方会采取什么样的辩护策略，提出什么样的主张，出示什么样的证据等等。只有他们自我感觉到基本上可以打赢这场官司时，他们才应当提起诉讼。我们在这里之所以使用“理性的起诉方”这一术语，是因为我们并不排除存在没有明确的权利和利益目的而试图提起法律诉讼的人。不过，这样的起诉常常不会被立案，除非审判方也是非理性的。

2. 审判方

说服审判方是起诉方论证的主要目的。尽管诉讼博弈涉及的主要是起、应诉双方的博弈，但这种博弈的结果是由充当裁判者的审判方来裁定的，因此，起诉方要说服的第二层次的目标听众是审判方。说服审判方并不是一件轻而易举之事，因为审判方充当的是公正裁判者角色。起诉状中的法律论证必须是一个相对理由充足的论证，否则，审判方根本不会受理你的起诉。法院受理起诉并不是起诉方的目的，通过诉讼博弈赢得自己所期望的权利或利益才是起诉方的最终目标。在刑事诉讼中，起诉方的目的就是说服审判方判定被告犯有被指控的罪行。在民事诉讼中，起诉方的目的则是企图说服审判方支持己方所提出的诉讼请求。

3. 应诉方

一般说来，一旦进入到诉讼博弈阶段，能否说服应诉方已经变得不那么重要了。但若能说服应诉方，那是再好不过的事了。这样就可以让应诉方做到“口服心服”，否则，他就处于“口服心不服”状态。诉讼博弈的结果之所以为绝大多数应诉方所接受，并不是因为起诉方给出了一个好论证，也不是因为审判方给出了一个好论证，而是因为他们接受法律上的程序公正原则。这就是诉讼博弈双方常常说的“我相信法律是公正的”。尽管他们可能对裁判结论不服，但在上诉期之外，基于他们无权对诉讼博弈规则——法律进行挑战并且必须接受法律，因此，他们不得不接受审判方裁判结论。

（二）应诉方的目标听众

应诉方论证的主要任务是反驳起诉方诉讼请求，其论证的目标听众是由自己、审判方和起诉方三者组成的。应诉方的目标听众是应诉方自己、审判方和起诉方。

1. 应诉方

与起诉方一样，要想使得自己的反驳成功，首先也得说服自己，这是诉讼博弈获得成功的第一步和关键。在诉讼博弈中，应诉方处于被动博弈方，是否参加博弈，并不能由他自己决定，因此，与起诉方相比，应诉方要说服自己有些难度，特别是应诉方在本身确有法律过错的不利情形下更是如此。然而，一旦诉讼博弈程序启动，应诉方必须参加博弈，而且人的本能决定了他必须尽最大努力去反驳起诉方甚至提出反论证，以减少己方承担的法律责任和不利的法律后果。就当事人或被告人而言，聘请优秀的律师或许是一个最佳策略，因为从某种程度上讲诉讼博弈是一个专业性很强的博弈，需要熟悉诉讼博弈的游戏规则。正如雷切尔所说，法律审判并不涉及事实真相，而是要了解法律上恰当的案件，否则为什么有“不许可证据”这一范畴呢？①

2. 审判方

与起诉方一样，说服审判方也是应诉方论证的主要目的。审判方毕竟是诉讼博弈的裁判者，因此，应诉方要说服的第二层次的目标听众是审判方。如前所述，审判方的公正裁决角色决定了要说服他并不是一件轻而易举之事。因此，在应诉过程中，应诉方如果负有证明责任的话，其诉讼论证必须有一个相对理由充足的论证，否则，要审判方接受你的应诉论证是不可能的。反驳起诉方论证并不是应诉方的目的，通过诉讼博弈赢得自己所期望的权利或利益才是其最终目标。在刑事诉讼中，应诉方的目的就是说服审判方相信被告人无罪或没有被指控的罪行那么重。在民事诉讼中，应诉方的目的则是企图说服审判方接受起诉方的诉讼论证不成立，从而不支持起诉方所提出的诉讼请求。

3. 起诉方

诉讼博弈程序一旦启动，能否说服起诉方其实已经变得不那么重要了。不过，如果能在诉讼博弈过程说服起诉方，那么无论如何是件好事。说服了起诉方，他就有可能撤诉或在一审结

---

① See Nicholas N. Rescher, *Dialectics: A Controversy-Oriented Approach to The Theory of Knowledge*, State University of New York Press, 1977, p. 43.

束之后不再上诉了，从而宣告诉讼博弈结束，因为诉讼博弈毕竟不是一项娱乐性游戏，博弈的结果往往劳民伤财。

（三）审判方的目标听众

审判方的目标听众是法律论证所关注的焦点。审判方目标听众的范围要比起诉方或应诉方目标听众的范围要广得多。审判方的目标听众是由特定听众和普遍听众构成的，其中特定听众包括审判方自己、起诉方和应诉方，普遍听众即所有诉讼参与人、上级法院、法学家等所有理性人组成的法律共同体。法庭判决书是审判方论证的最终形式，法律的权威性、严肃性、公正性等都会通过它表现出来。审判方不仅要说服特定的目标听众，而且还要说服普遍听众。审判方的目标听众有三类：

1. 审判方自己

法律判决书所包含的法律论证连审判方自己都不能说服，那意味着什么？法律的权威性、严肃性就被审判方搁在了一边。若审判方给出了一份连自己都不满意的判决书，其结果可想而知。据报道，郑州市中级人民法院在下发的民事判决书［（2005）郑民二终字第1154号］的一份判决书，一位记者竟然在上面发现了20处低级错误，如：将上诉人孙海军的名字写成了“梁燕”、将“原告”写成“被告”、将“管城区人（事）劳（动）局”写成“管城区人（事）老（劳局）”、将“合同制”写成“回头制”等等。我们相信，审判方在下发判决书之前肯定没有把自己假想为目标听众，审查一下自己的法律论证是否具有合理性。无独有偶，有人检查了2005年3月8日四川省南充市中级人民法院的一份终审民事判决书，竟然发现存在错别字、掉字、多字、标点符号错误、语法错误、引用法律错误等诸多问题，甚至颠倒当事人，对当事人的姓名、年龄、住址张冠李戴等多达66处。另据《法制日报》报道，记者在河北省三河市法院看到一份5页的民事判决书，除去标点错误不计以外，重大错误竟达80多处。最令人不解的是，此案一共三个当事人，其中竟有两个名字被写错。上述现象在我国目前的司法实践中并不是个别的，至于判决书中既无分析论证，亦无法理阐述，简单地套用八股文体，武断判案等现象就更是屡见不鲜。大家上网查查，这样的低级错误报道还不少，更不用说拿各种实际判决书来分析了。我们相信上网的毕竟是少数。无论如何，这些例子足以说明，审判方若不先将自己作为目标听众，看看能否先说服自己，将会带来什么样的后果。

2. 起诉方和应诉方

对于审判方来说，要说服起、应诉双方并不是一件难事，因为他有法律做后盾。话虽这样说，但事实上又没有那么简单。与起、应诉双方不一样，还有普遍听众（如上级法院等）等待着他去说服。因此，审判方也应当以一个诉讼论证博弈方的身份参加诉讼博弈。并不是审判方手中握有权力，就可以随心所欲地断案，至少法治精神本身不是这样要求的。这就是为什么佩雷尔曼和奥尔布莱希特—蒂特卡一方面要反对哲学家们所倡导的普遍听众，另一方面又要求论证者建构普遍听众的原因。他们研究修辞学的基本出发点是正义。他们认为，正义是人类最宝贵的价值；在一个多元世界中，必然存在着无数不同的正义概念。对正义概念的分析是新修辞学应用在包括法学在内的一些学科中的一个重要体现，新修辞学需要澄清人们在正义问题上的争论，找出其中的共同思想和必然存在的分歧。① 起、应诉双方是法律诉讼的博弈方，接受审判方的论证，意味着从博弈中得到或失去特定的权利或利益。得益者，当然无所谓，但要说服失益者，那可不容易。法律程序提供给他了上诉权利或申诉权利，因此，审判方必须将自己的论证转向企图说服普遍听众。

① 参见沈宗灵：《佩雷尔曼的“新修辞学”法律思想》，载《法学研究》，1983（5）。

3. 普遍听众

审判方代表着国家和政府，他们参加诉讼博弈的"赌金"是法律的理性和公正，因而，审判方必然面临说服目标普遍听众的问题。审判方的目标普遍听众不可能是佩雷尔曼和奥尔布莱希特—蒂特卡所说的所有理性人组成的集合，更不能是全人类了。"所有理性人组成的集合"是一个开放类，其元素是不确定的，而法律本身又具有时效性和地域性。所谓时效性，就是指过去似乎很公正的法律现在变得似乎不公正了，现在似乎公正的法律将来可能变得不公正了，如此等等。所谓地域性，即是指此地似乎很公正的法律到彼地似乎变得不公正了，彼地似乎很公正的法律到此地似乎变得不公正了，如此等等。在我国，审判方的普遍听众至少应当包括这些人：所有诉讼参与人、上级法院、法学家等。其实，要说服所有上级法院和法学家也是很难甚至几乎是不可能的，因为这总是与目标听众的背景知识有关。或许有学者会提出企图说服人民大众的标准，但这无论如何是不可能的。如果我们对任何一个案件的判决通过随机抽样进行民意测验的话，那么其结果是可以预见的：支持者占一定百分比，反对者占一定百分比，中立者也还会有一定的百分比，而绝对不可能出现百分之百地支持或反对，除非抽样弄虚作假。

二、论证评价的一般标准

分析标准、修辞标准和论辩标准被亚里士多德当作论证评价的三条基本标准。其中，分析标准是指三段论标准。当代逻辑学家也有注意到分析标准之外的其他标准。如苏珊·哈克认为，论证评价的标准是逻辑标准、实质标准和修辞标准，其中，逻辑标准讨论的是前提与结论之间的恰当关系；实质标准讨论的是前提和结论的真假；修辞标准讨论的是论证对听众是否具有说服、吸引力和有趣。[①] 科恩认为，论证评价涉及许多学科，如伦理学、政治学、美学、认识论、心理学、法学等，但就理性说服目的而言，主要依赖三种标准，即逻辑标准、修辞标准和论辩标准。[②]

论证评价的逻辑标准是：一个论证是好的，当且仅当，它是逻辑有效的。除了非形式逻辑学家外，逻辑学家特别是经典逻辑学家一直不喜欢"好论证"（good argument）这一词项，而他们选择了使用"可靠论证"（sound argument）。这里的"逻辑有效"是指演绎有效或形式逻辑有效。根据这个逻辑标准，如果前提是真的，那么结论也必定是真的。它是无懈可击的，没有漏洞的。换句话说，如果前提是真的，那么它绝对能保证结论也必定是真的。演绎有效的论证虽然总能从真前提推导出真结论，但论证有效并不能保证其前提事实为真。据此，沃尔顿认为，说某个论证是演绎有效的，即是说了关于这个论证一些积极的东西，但并没有说这个论证在各方面都是一样的好。要特别注意的是，有效性不是论证评价的唯一的标准，也就是说，一个好论证未必是演绎有效的，例如，归纳论证是好的而且是合理的，但它们并不是演绎有效的，因为它们的结论不具有保真性，只能产生一种真的可能性。因此，在评价论证时，有效性并不是所要担心的唯一的东西，它只不过是一个重要的工具。[③] 这里需要引出论证评价的论辩标准是：

一个论证是好的，当且仅当，它是通过理性方式消除了意见分歧。

---

① See Susan Haack, *Philosophy of Logics*, Cambridge University Press, 1978, p. 11.

② See Daniel H. Cohen, "Evaluating Arguments and Making Meta-arguments", *Informal Logic*, 2001 (2), pp. 73 - 84.

③ See Douglas N. Walton, *Informal Logic: A Handbook for Critical Argumentation*, Cambridge University Press, 1989, p. 116.

论辩标准主要是非形式逻辑学家等论辩理论家们所讨论的，“好论证”这一概念也正是他们提出来的。在古希腊，虽然分析标准、修辞标准和论辩标准都是评价论证好坏的标准，但是，亚里士多德之后，分析标准、修辞标准和论辩标准分别由逻辑学家、修辞学家和论辩学家独立系统地发展着，而且前者和后两者似乎还互不理解。在亚里士多德那里，本来是从三个不同角度探究论证好坏的评价标准，却被逻辑学家和语言学家们活活地割离开了。如今，论证评价好像只是逻辑学家们的事情，修辞学家与论辩学家们似乎只关注论证结论的可接受性，因而有时被套了“诡辩”的帽子。

论证评价的修辞标准是指：一个论证是好的，当且仅当，它对于目标听众来说是可接受的。

修辞标准是用来衡量论证功效的，因此，修辞学家们没有使用“好论证”这个词项，而使用了“有效论证”（effective argumentation）。这里的“有效论证”绝对不是形式逻辑学家们使用的“有效论证”（valid argument）。为了以示区别，我们将前者称为“修辞有效论证”，后者称为“逻辑有效论证”。

语言历史有多久，修辞历史就有多久。修辞是一种说服艺术，故常常被人们称为“修辞术”或“雄辩术”，它和论辩术、文法一起曾被称为“三种基本人文艺术”。系统的修辞思想早在古希腊就已产生，第一修辞学著作《修辞艺术》是由科拉克斯（Corax）及其学生提西亚斯（Tisias）所写。到了公元前五世纪，在智者学派的推广下变得十分流行。亚里士多德把修辞术当做一种人的艺术和技能来对待，提出了逻辑（logos）、情感（pathos）和伦理（ethos）三种修辞证明，识别了辩论、协商和夸讲三种修辞类型。佩雷尔曼和奥尔布莱希特—蒂特卡认为，既然论证的目的是为了确保让那些目标听众接受论证提出者的主张，因而，它与所要影响的听众是完全相关的，因此，他们引入了特定听众和普遍听众两个基本概念并在此基础上建立起了他们的论证理论——新修辞学。[①]

在古希腊，论辩术与修辞术都被看做说服艺术。论辩的目的就是通过理性讨论来消除意见分歧。消除意见分歧的一种办法是，采取苏格拉底方法表明给定假定与其他公认起点一起导致了矛盾，因此，不得不收回作为候选真理的假说。消除意见分歧的另一种办法是，否认所主张的论题或反论题中的某些命题，然后移到了第三个论题（也许是正反两个论题的组合形式）。在这里，需要特别指出的是，在汉语中“论辩术”与“辩证法”同源于英文单词“dialectics”。在许多西方经典著作的中译本中，大多数译者都不加区别地将所有的“dialectics”都译为“辩证法”，但在西方经典原著中，古希腊哲学意义上的“dialectics”和黑格尔与马克思意义上的“dialectics”显然有着重要区别，前者关注的是现实生活中意见分歧的消除，后者关注的是自然界、人类社会或思维的发展变化。因此，我们在此采取逻辑学家们的经典译法“论辩术”。然而，根据逻辑标准、修辞标准和论辩标准，论证评价的结果并不总是一致的。如下表所示：

表 6-1

情形	逻辑标准	修辞标准	论辩标准
1	有效	听众接受	意见分歧消除
2	有效	听众接受	意见分歧未消除

① See Chaïm Perelman and Olbrechts-Tyteca, *The New Rhetoric: A Treatise on Argumentation*, University of Notre Dame Press, 1969.

续表

情形	逻辑标准	修辞标准	论辩标准
3	有效	听众不接受	意见分歧消除
4	有效	听众不接受	意见分歧未消除
5	无效	听众接受	意见分歧消除
6	无效	听众接受	意见分歧未消除
7	无效	听众不接受	意见分歧消除
8	无效	听众不接受	意见分歧未消除

三、法律论证评价的广义非形式逻辑框架

论证评价总是离不开评价标准。没有标准，任何评价都是武断。有了评价标准，我们就可以给出相应的评价规则。分析标准并非亚里士多德评价论证的唯一标准。实际上，在亚里士多德那里，分析标准、修辞标准和论辩标准就被当做论证评价的三条基本标准。分析标准是在《前分析篇》和《后分析篇》讨论的，论辩标准是在《论辩篇》和《辨谬篇》中论述的，而修辞标准是在《修辞学》中所探讨的。亚里士多德之后，分析标准被逻辑学家系统地发展成为现今的形式逻辑标准，通常简称为逻辑标准。而修辞标准和论辩标准被修辞学家和论辩理论家独立发展着。

本来属于论证评价整体的分析标准、论辩标准和修辞标准被割裂开来，而且还互不理解地发展着。苏珊·哈克把论证评价的标准分为逻辑标准、实质标准和修辞标准[①]；科恩认为就理性说服目的而言，论证评价主要依赖逻辑标准、修辞标准和论辩标准。[②] 廷德尔把亚里士多德论证评价“三重奏”的逻辑学、论辩术和修辞学被分别认为是处理“三 P”——结果（product）、程序（procedure）和过程（process）的，即（形式）逻辑学处理的是作为结果的论证，即是指为主张提出支持证据的可以判断有效或无效、强或弱的语篇或话语；论辩术关注的是论辩所必需的规则和程序，检查论证是否被正确地提出，是否达到了消除纠纷的目的，以及提出批判性讨论等等；而修辞学关心的是论辩固有的交际过程，论证者提出的主张是否得到听众的支持。[③] 如今，亚里士多德的分析标准已被随着弗雷格之后所提出的以数理逻辑为主体的经典逻辑或形式逻辑标准取代，因而，苏珊·哈克和科恩的逻辑标准是指（形式或演绎）逻辑标准，也就是有效性标准，逻辑标准是用来衡量前提对结论的支持关系的。与逻辑标准、论辩标准和修辞标准相对应的论证评价规则如下：

逻辑规则：一个诉讼论证是好的，当且仅当，其论证强度在逻辑上是强的。

根据这个规则，我们可以把逻辑上好的论证与各种形式谬误论证相区别开来。但是，除了非形式逻辑学家外，逻辑学家特别是经典逻辑学家一直不喜欢“好论证”（good argument）这一词项，而他们选择了使用“可靠论证”（sound argument）。这里的“逻辑有效”实际上就是指演绎有效或形式逻辑有效。根据这个逻辑标准，如果前提是真的那么结论也必定是真的。它是无

---

① See Susan Haack, *Philosophy of Logics*, Cambridge University Press, 1978, p. 11.

② See Daniel H. Cohen, “Evaluating Arguments and Making Meta-arguments”, *Informal Logic*, 2001 (2), pp. 73 - 84.

③ See Christopher W. Tindale, *Acts of Arguing: A Rhetorical Model of Argument*, State University of New York Press, 1999, pp. 3 - 4.

懈可击的，没有漏洞的。演绎有效的论证虽然总是能从真的前提得出真的结论，但事实上，论证是有效的并不能保证其前提事实是真的。因此，沃尔顿认为，说某个论证是演绎有效的，即是说了关于这个论证一些积极的东西，但并没有说这个论证在各方面都是一样的好。[①] 要特别注意的是，有效性不是论证评价的唯一的标准，也就是说，一个好的论证未必是演绎有效的。如归纳论证是好的而且是合理的，但它们并不是演绎有效的，因为它们的结论不具有保真性，只能产生一种真的可能性。在评价论证时，有效性并不是所要担心的唯一的东西，它只不过是一个重要的工具。因此，这里逻辑规则并不局限于经典逻辑规则，而是一种狭义非形式逻辑规则。

论辩规则：一个诉讼论证是好的，当且仅当，诉讼博弈者通过批判性讨论方式消除了法律纠纷。

基于批判性讨论的说服把诉诸情感、诉诸威力、诉诸权威、诉诸无知等各种非形式谬误论证相区别开来。这是范爱默伦和格罗顿道斯特的语用论辩理论对论证评价作出的重要贡献。论辩标准也主要是语用论辩理论家所讨论的，"好论证"这一概念也正是他们提出来的。经典逻辑学家们绝不使用"好论证"这一术语，而使用"有效论证"或"可靠论证"之类的术语。

修辞规则：一个诉讼论证是好的，当且仅当，它对于该诉讼论证的目标听众来说是可接受的。

修辞标准是用来衡量论证功效的。这里的"有效论证"不是形式逻辑学家们使用的"有效论证"（valid argument）。亚里士多德把修辞术当做一种人的艺术和技能来对待，提出了逻辑（logos）、情感（pathos）和伦理（ethos）三种修辞证明，识别了辩论、协商和夸讲三种修辞类型。佩雷尔曼和奥尔布莱希特—蒂特卡认为，既然论证的目的是为了确保让那些目标听众接受论证提出者的主张，因此它与所要影响的听众是完全相关的。[②] 因此，他们引入了特定听众和普遍听众两个基本概念并在此基础上建立起了他们的论证理论——新修辞学。根据逻辑规则、修辞规则和论辩规则，论证评价的结果并不总是一致的。其中，如上表第 1 种情形是很理想的情形，一个论证逻辑上有效，修辞上目标听众接受，论辩上意见分歧得到消除；第 8 种情形也是很正常的，一个论证逻辑上地无效，修辞上目标听众不接受，意见分歧要想得到消除也是不可能的；第 4 种情形也很正常，一个论证逻辑上虽然有效，但目标听众不接受，要消除意见分歧也是不可能的。在第 5 种情形下，虽然论证无效，但目标听众接受了，因此，消除意见分歧是很正常的，不过这种情形下，目标听众的接受并不是建立在理论基础之上的。在第 3、7 两种情形下，既然目标听众都不接受，意见分歧要消除是不可能的。第 2、6 两种情形是不可能存在的，因为目标听众接受是意见分歧得到消除的充分必要条件。在诉讼博弈中，法律所追求的公正性和理性正是为了达到第 1 种理想情形。

第四节　利益衡量与法律论证

在司法实践中，并非所有的案件都需要论证。从程序的角度看，只要当事人提出质疑，法律人就有义务为自己所进行的法律判断论证。从法治的要求看，只要是突破法律规则和程序所

① See Douglas Walton, *Informal Logic: A Handbook for Critical Argumentation*, Cambridge University Press, 1989, p. 114.

② See Chaïm Perelman and Olbrechts-Tyteca, *The New Rhetoric: A Treatise on Argumentation*, University of Notre Dame Press, 1969, p. 19.

作出的判断就应该进行论证。从方法论的角度看，运用利益衡量方法所作出的判断需要法律论证。利益衡量方法在我国具有特别重要的意义，因为我们没有自然法的观念，对严格法条的松动主要通过利益衡量方法来完成。在利益衡量方法之后，即需要法律论证方法的运用，故二者关系密切。

一、利益衡量的界定

利益衡量实际上是贯穿于立法和司法以及行政过程中的基本方法。因为人们的一切几乎都与利益相关。利益作为权利的本质使得利益衡量在法律方法中占据重要地位。但在西方法学史上，利益衡量作为一种法律方法的出现是与利益法学联系在一起的。立法的利益衡量是一种政治上的决策，而司法中的利益衡量是一种方法论，在现代逻辑中属于实质推理的组成部分，与法律论证有着密切的关联。

（一）“利益衡量”相关用语

鉴于国内外学界在利益衡量研究中，对相关用语使用上存在一些差异，因此，这里一开始需要对“利益衡量”相关用语及其用法予以辨析。以德国的赫克为代表的利益法学一般使用“利益衡量”的概念，而后来的评价法学则使用“法益衡量”这个名称。在日本学界，人们对于“利益衡量”一词的使用也不尽一致，如星野英一使用的词汇是“利益考量”，其所追求的是比利益衡量范围更大的价值判断。学界一般将其称为广义的利益衡量论或者利益考量论。[①]跟利益衡量比较接近的另一个用语是“价值衡量”。当下国内学者对这一对概念的使用并不一致。有的学者认为这一对概念比较近似，所以对二者不作区分，即认为利益衡量就是价值衡量，在表述中相应采取了诸如“利益（价值）衡量”这种方式；也有人认为利益衡量与价值衡量实质上是两个不同的概念，价值衡量是从抽象哲学层面来认识问题，利益衡量则是在经验实证层面来分析评价问题。[②]梁慧星教授在20世纪90年代将利益衡量理论介绍进国内时，即采用了“利益衡量”一语，此后国内学者在论述该理论时，也比较多地使用“利益衡量”的词汇。因此，本文主张采用“利益衡量”的用语，并不将其跟“价值衡量”作严格界分。

（二）利益衡量的概念

对于利益衡量的概念，学界有不同的界定。日本有学者认为，利益衡量是在解释、适用法律时着眼于当事人的利益状况的做法。[③]梁慧星认为：“法官审理案件，在案情事实查清后，不急于去翻法规大全和审判工作手册寻找本案应适用的法律规则，而是综合把握本案的实质，结合社会环境、经济状况、价值观念等，对双方当事人的利害关系作比较衡量，作出本案当事人哪一方应受保护的判断。”梁教授把这种判断称为“实质判断”。“利益衡量”就是“在实质判断的基础上，再寻找法律上的根据”[④]。杨仁寿在《法学方法论》一书中对利益衡量的概念作过这样的阐述：“法官在阐释法律时，应摆脱逻辑的机械规则之束缚，而探求立法者与制定法律时衡量各种利益所为之取舍，设立法者本身对各种利益业已衡量，而加取舍，则法义甚

---

① 参见李军：《利益衡量论》，载《山东大学学报》，2003（4）。

② 参见李秀群：《司法过程中的利益衡量》，载陈金钊、谢晖主编：《法律方法》第2卷，济南，山东人民出版社，2003。

③ 参见［日］大村敦志：《民法总论》，江溯、张立艳译，94页，北京，北京大学出版社，2004。因此，有人认为，“衡量”是一种隐喻的说法，意味着要对有关相互竞争的利益进行权衡。这种“权衡”不是从数量上比较，而是将权衡对象的价值从性质上进行比较。参见刘国：《宪法解释方法的变革——宪法解释的法理分析》（刑而下法理丛书），176页，北京，中国政法大学出版社，2008。

④ 梁慧星：《裁判的方法》，186页，北京，法律出版社，2003。

明，只有一种解释之可能性，自须尊重法条之文字。若有许多解释可能性时，法官自须衡量现行环境及各种利益之变化，以探求立法者处于今日立法时，所可能表示之意思，而加取舍，斯即利益衡量。换言之，利益衡量乃在发现立法者对各种问题或利害冲突，表现在法律秩序内，由法律秩序可观察而得知立法者的价值判断。发现之本身，亦系一种价值判断。”①

尽管存在具体表述上的差异，但是大体上，利益衡量指的是在裁判中，结合社会环境、经济状况、价值观念等具体情形，对各种不同的利益进行比较与衡量，寻求一种妥当合理的裁判结论，并在既有法律秩序内，寻求法律依据，将结论予以正当化与合理化。利益衡量是为达到实质正义之目的，而对形式主义的一种矫正。

利益衡量可以用于立法、司法等场合。如沈岿所论：“尽管有不少学者把利益衡量作为一种法律解释和适用的方法……然而，更为广义的利益衡量决不仅局限于法律解释和适用领域。”② 广义上的利益衡量同样可以适用于立法领域。尽管利益衡量一词可以泛指并适用于不同场合，但国内外研究者一般更多地将其指称司法中的利益衡量。本章主要将利益衡量定位于司法中予以考察，利益衡量就是法官根据特定标准，对司法裁判中各种利益进行比较、取舍与衡平，以期在既有法律秩序内对正义进行矫正与分配，寻求一种妥当的裁决。

（三）利益衡量的特征

1. 利益衡量是一种在个案裁判中进行价值判断的方法，具有主观性、判断性

利益衡量是法官在个案，尤其是在疑难案件中所运用的一种思考方法。在简单案件中，由于案件事实清楚，争点明确，法律规则对当事人的诉求也是清晰确定的，法官可依照三段论推理即可得出结论。利益衡量方法一般在疑难案件中进行适用。疑难案件可分为案件事实的疑难、法律适用的疑难或者二者兼有。在疑难案件中，由于存在对同意法律条款的多种解释，或者存在法律漏洞需要补充，或者存在不确定概念或一般条款需要进行价值补充，此时即需要进行利益衡量。正因如此，利益衡量是一种补偿性或候补性方法，也就是在其他常规法律方法无能为力之际，利益衡量方法此时即派上用场。利益衡量的内容，是对各利益重要性之评价及彼此冲突利益之间的选择和取舍。这往往牵涉到法官的价值判断。可见，利益衡量是一种主观性比较强的裁判活动。相应地，利益衡量的法律方法对法官的知识与素养也提出很高的要求。

2. 利益衡量是一种以结果为取向的法律方法，具有预决性、倒推性

“心理学家告诉我们，判断的过程很少是从前提出发继而得出结论的。判断的起点正与之相反——先形成一个不很确定的结论；一个人通常是从这一结论开始，然后努力去发现能够导出该结论的前提。如果他不能如愿以偿地发现适当的论点用以衔接结论与他认为可接受的前提，那么，除非他是一个武断或愚蠢的人，他将会摈弃这一结论而去寻求另一结论。”③ 从思维方式上，利益衡量就是在目的合理性支配下，以结果为取向，遵循向前看而非“遵循既往”。因此，从思维进程看，利益衡量方法具有预决性、倒推性。所谓倒推，就是先得出裁判结论，再为结论寻找正当的法律依据。这实际上是一种结论先行的法律推理模式。法官在运用利益衡量的方法进行判决时，不是直接通过法律规定来得出结论，而是首先通过利益衡量得出结论，然后再从法律条文中寻找根据，以便使结论正当化或合理化。

3. 利益衡量旨在实现各方利益的妥协与兼顾，谋求整体利益最大化及损失最小化

实践中的利益与权利冲突都不是以单纯的“非此即彼”“你死我活”的方式予以决断，而

① 杨仁寿：《法学方法论》，175～176页，北京，中国政法大学出版社，1999。

② 沈岿：《平衡论：一种行政法认知模式》，236页，北京，北京大学出版社，1999。

③ ［美］博西格诺：《法律之门》，邓子滨译，27页，北京，华夏出版社，2002。

往往是在彼此冲突的利益中进行裁量。这就要求各方利益主体相互忍让，使其均有所节制与收敛。因而，利益衡量的解决方式往往表现为某种妥协。裁判结果往往没有百分之百的对与错，而是相对的。因此，在作出裁判结果的过程中往往不乏妥协的成分。通过利益衡量，寻求的是各方利益的最大化和损失的最小化。由于多元价值目标的客观存在，各种利益存在着冲突，其中一方利益的实现往往意味着另一方利益的减损。但是，利益衡量旨在实现整体利益的最大化。法官在诉讼中应当尽量兼顾各方利益，避免轻易牺牲任何一方利益。由此，使彼此冲突的利益得到最大限度的实现，并将其中的牺牲和社会损失降到最低程度。

4. 利益衡量追求的目标是使判决合法、合理、合情

作为一种裁判方法，利益衡量首先应当在既定法律框架内进行，因此，在运用此方法时，应秉持依法办事的基本原则，将所作出的法律决定合法化。但是，利益衡量方法所要追求的并不限于单纯实证法内的合法性，还有广泛意义上的正当性与合理性。可以说，利益衡量是对形式正义的某种修正，是一种实质正义。利益衡量寻求的是情、理、法兼顾的理想境界，使作出的判决合情、合理、合法，是情、理、法的交融。在此理想目标下，利益衡量的标准具有非统一性。这一点同样是利益衡量的基本特征之一。利益衡量的标准只能抽象地统一于判决的正义性。法官对正义的理解愈趋同一致，利益衡量后作出的判决也不会出现大的差异。[①] 在司法中，利益衡量应当充分反映社会一般价值观念，同时也不能违反法律的明文规定。总之，利益衡量应尽量做到形式合法与实质合理，同时要对衡量的结果进行论证，以证明结果的妥当性。

二、从利益衡量到法律论证

在法律方法论发展史上，利益衡量与法律论证出现于不同时期。而且，这两种法律方法还是前后相继，先后出现的，彼此有一定的理论关联。换言之，在法学史上，从利益衡量到法律论证经历了方法论上的转换。以下主要结合德国、日本这两个国家来论述这一点。

利益衡量方法发轫于20世纪初的欧洲自由法运动（尤其是利益法学派）。可以说，这一时期法学思想观念发生了一场深刻的变革。利益法学的思想直接渊源于耶林。耶林认为，法律是对利益的分配与保护，法律与法律科学的最重要任务，就是平衡生活中互相冲突的各种利益。当裁判中无法依逻辑结构圆满地处理社会生活之需要时，法官须自行审查，衡量案子所牵涉的各方利益，协助较有理由的利益以及更值得保护的利益在冲突中胜出。利益法学派的主要代表赫克则是第一个提出利益衡量方法并将其运用于案例分析。在法学史上，利益法学的功绩，在于它超越了法律的字句和概念的表述，而将视线转向了法律条文所依据的价值观念和一般评价标准。赫克的利益法学自产生以后虽然遭到不少批判，但是还是经受住了时间考验，并成为法律方法论史上一种重要的学说。但是利益法学也有一定的局限性，比如，利益概念存在混淆着评价客体与评价标准于一身的错误。因此，后来的评价法学以利益法学为基础，提出了一些重要的观点，补充了利益法学的不足。[②] 以拉伦茨为代表的评价法学将评价标准或价值从利益概念中析离出来。评价标准是比利益更深层次的东西。而这些评价标准或正义的理念是由所谓的法律原则承担的。[③] 而利益衡量的运作，是通过法律所承载的价值——法律原则来进行的。或

① 参见李小鹏：《论利益衡量在民商事裁判中的应用》，载康宝奇主编：《裁判方法论》，394页，北京，人民法院出版社，2006。

② 参见［德］卡尔·拉伦茨：《德国民法通论》上册，王晓晔等译，98～99页，北京，法律出版社，2003。

③ 参见王夏昊：《法律规则与法律原则的抵触之解决——以阿列克西的理论为线索》，202页，北京，中国政法大学出版社，2009。

者说，利益衡量的标准就是某种法律原则。

尽管拉伦茨也在尽力使利益衡量成为一种理性的裁判方法，但他所总结出的法益衡量的方法原则毕竟是一种初步性的。他还没有将衡量方式建构为一种程式化的法律适用方式；而只有将衡量方式程式化才能在更大程度上缩小法官在适用衡量方法的过程中的自我评价的余地。将衡量方式建构成为与涵摄程式相媲美的一种程式化的法律适用方式的法学家就是德国的阿列克西。① 阿列克西的原则权衡理论认为，法律原则与法律规则不同。在个案中，如果法律解释是由于原则之间发生了冲突，其本质是原则储存的价值发生了冲突，对于价值冲突不能用排序的方法来解决。根据阿列克西提出的“权衡的法”命题（balancing law thesis），当两个法律原则发生冲突时，它们背后的价值都不可能完全最大化地实现。那么，我们必须作出一个选择，使得这两个原则背后的价值都能够尽量最大地实现，以达到一种均衡。阿列克西认为，这就需要符合一个“权衡的公式”或权衡原则：如果对一个原则的不满足程度或损害程度越大，相应地，满足与其相对的另一原则的重要性就应当减小。为此，阿列克西认为应该分成三个步骤：（1）建立判断标准：衡量对第一个原则的不满足或损害程度；（2）衡量与其竞争的另一原则的重要性；（3）衡量满足后一原则是否真的重要到可以损害或不满足第一个原则。② 阿列克西意图建构一种堪与涵摄模式相媲美的衡量模式，显示出德国法学家在此问题上追求理性化与精致化的理论努力。总之，在德国，随着利益法学转向后来的评价法学。出于顾虑到司法者将其个人的价值判断，取代了法律的价值判断，而出现了后来的法律论证理论。③ 人们意图通过法律论证这种方法，解决传统法学中价值判断的难题。

日本的利益衡量论是在战后特定的时代与社会背景下出现的。20世纪60年代，随着经济高速发展，社会走向安定，使得日本农村人口流入城市。随着农业的近代化、农村的城市化，市民的生活利益显得多样化和复杂化，并且出现了人与人的关系日趋疏远化，以及形成了脱离意识形态化的社会意识形态。同时，社会问题也以新的方式表现出来，例如公害、住宅、交通等。利益的异质性由此显示出来，异质的利益间用什么基准去衡量真正成为了问题。④ 法官裁判的方法即须适应这一社会形势变化的需要。因此，有意识地引入利益衡量，使法官能够更具弹性地去解决实际问题，成为了时代课题。

20世纪60年代，日本学者加藤一郎的《法解释学中的逻辑与利益衡量》（1966年）和星野英一的《民法解释论序说》（1967年）分别提出了各自的利益衡量论。在加藤一郎看来，那种认为仅从法律条文就可以得出唯一正确结论的说法，只是一种幻想。真正起作用的是实质的判断。他主张在个案情形下，究竟应该保护哪一方当事人的利益，法官应在进行各种各样的利益权衡基础上综合判断，得出结论，再考虑应附上什么样的理由，亦即结合条文，怎样从伦理上使该结论正当化或合理化，以形成判决。⑤ 跟加藤一郎不同的是，星野英一主张，在适用于具体事件以前，首先依据对条文的文理解释、逻辑解释、立法者意思的探究得出结论，然后对

① 参见王夏昊：《法律规则与法律原则的抵触之解决——以阿列克西的理论为线索》，207页，北京，中国政法大学出版社，2009。

② See R. Alexy, *On Balancing and Subsumption*, A Comparison, Ratio Juris. Vol. 16 No. 4 December 2003，此文中译本参见［德］阿列克西：《论权衡与涵摄——从结构进行比较》，刘叶琛译，载郑永流主编：《法哲学与法社会学论丛》（10），北京，北京大学出版社，2006。

③ 参见［德］卡尔·拉伦茨：《法学方法论》，陈爱娥译，2～6页，北京，商务印书馆，2003。

④ 参见段匡：《日本的民法解释学》，77页，上海，复旦大学出版社，2005。

⑤ 参见［日］加藤一郎：《民法的解释与利益衡量》，梁慧星译，载梁慧星主编：《民商法论丛》第2卷，78页，北京，法律出版社，1994。

此结论的妥当性依据利益考量和价值判断进行检讨，有必要时对结论加以修正和变更。利益衡量论在 1988－1991 年受到平井宜雄的猛烈批评。他将利益衡量的结果与法律解释直接联系起来的做法批判为“心理主义”“直觉主义”。该批判得到了法学教育界年轻一代人们的肯定，结果导致了 20 世纪 90 年代逻辑指向、体系指向的急速“复辟”①。受到西方法学家的影响，平井宜雄在批判利益衡量论过程中提出了他的法律论证理论。由此可见日本利益衡量论到后来法律论证理论的发展走向。

类似的理论发展趋向在美国法学中也有相应体现。跟利益衡量论较为接近的是 20 世纪 30 年代美国现实主义法学。现实主义法学家认为，在判决过程中，直觉和预感是在该特定个案中正确解决办法的关键因素。那种将法律之个案适用描述为该案件已经被预先决定，是一种常见的误导人的观点。这是因为，真正的判决过程是直觉性的而非演绎性的。哈奇森说：“法官是根据感觉而非判断力，直觉而非推理来做出裁断。”② 弗兰克并没有单独将预感或直觉当做司法判决中的决定性因素，而是主张司法判决过程中的法官的个性是理解案件判决的方式的关键。依弗兰克之见，法律是不确定的、不明确的并且受制于无法估算的变化。从心理学上，法官裁判的过程很少从某个前提出发由此得出结论。司法判决往往是以后推的方式从试探性表述的结论作出的。正是这些直觉或刺激而不是规则或原则使法官来正当化其判决。第二次世界大战之后，美国法学家沃瑟斯特姆（Richard A. Wasserstrom）在批判现实主义法学的基础上提出了建构性的法律论证理论。③ 法律解释与价值判断这些在过去被认为是个人进行的工作，现在被认为是通过主张、讨论进行的共同作业。其实，这也体现出当代法律论证理论对利益衡量论的挑战。

三、利益衡量需要法律论证

上面描述了从利益衡量论到法律论证理论在各国的发展概况，但是从利益衡量到法律论证之间的理论机制尚需进行探讨。在法律方法体系中，利益衡量可以说处于最高境界。因为跟法律解释、法律推理、法律论证等其他法律方法相比，利益衡量方法是一种主观性最强的裁判活动，法官在裁判中需要对法律、正义、情理等因素有较为准确合理的直觉把握。可以说，裁判活动在此成为某种“艺术”。但是尽管如此，利益衡量作为一种得出裁判结论的司法活动，其主观性也是可以给予限制的。

在根据利益衡量得出结论之后，尚须开启并完成一个论证结论之合法性与正当性的阶段。阿列克西特别指出，“‘发现的过程’（Prozessder Entdeckung）与证立的过程（Prozessder Rechtsfertigung）应当加以区别。虽然后者会影响到前者，但在法律论证理论中主要关心的当然是证立的过程，而非发现的过程”④。发现的过程，是指导致在给定的时空点下作出某个判决以及作出这个判决的真实过程的混同的各种真实因素。这些因素可以是心理学上的、抑或社会学上的（跟解释社会行动相关的因素），也可能是气质性的因素等等。证立的过程，是指依据构成适当的证立的某种标准，对某一判决予以检测或者正当化的逻辑过程。它并不受时空条件的拘束。通过利益衡量得出结论的过程是个“发现的过程”，随后往往还需要一个正当化的过

① ［日］大村敦志：《民法总论》，江溯、张立艳译，94 页，北京，北京大学出版社，2004。

② Martin P. Golding, Discovery and Justification in Science and Law, in Aleksander Peczenik et al (eds), *Theory of Legal Science*, D. Reidel Publishing Company, 1984, p. 297.

③ See Wasserstrom, Richard A., *The Judicial Decision: Toward a Theory of Legal Justification*, Stanford, Calif.: Stanford University Press, 1961.

④ 颜厥安：《法与实践理性》，152～153 页，台北，允晨文化实业股份有限公司，1998。

程，亦即通过法律论证，将得出结论的过程给予正当化。因此，为了更好地理解法律论证在法律裁判过程中的作用，重要的是要区分这两个概念：发现的过程和证立的过程。前者涉及发现正确的判决结果的过程，后者则涉及该判决结果的证立以及在评价该判决中所使用的鉴定标准。

利益衡量作为一种法律方法，克服其主观性难题的出路在于，应当认真对待裁判结果正当化这一环节。在当今法律论证理论视域中，人们区分了“法的发现”与“法的证立”。依据利益衡量得出判决结论以后，还需开启并完成一个对该结论进行正当化与合法化的阶段。就此而言，利益衡量需要法律论证方法的配合，才能更为合理地完成裁判过程。

四、利益衡量运作的法律论证

在一般的法律适用模式中，法官只需严格以法律要件涵摄案件事实，即可得出裁判结论。如果说涵摄推理有一套相对清晰明确的适用模式的话，那么对这里所探讨的利益衡量方法，人们往往很难给出一套清晰的适用模式。因为利益衡量往往适用于没有明确法律依据的场合。“利益衡量的丰富内容只能在具体的情形和个案中得以充分的展开，任何企图设定‘放之四海皆准’的利益衡量方法的统一规范模式，或者企图周全地列出关于利益衡量方法的详尽清单，都将成为一种建造空中楼阁式的徒劳。”① 但是，人们依然对于利益衡量的场合、领域、步骤、标准等方面做了一定探索，这种探索本身其实即带有将利益衡量当做某种可操作的司法技术之意。尽管从根本上说，实际运作中的利益衡量常常具有不可操作性、不可重复性，乃至于不可言传的特征，具有很强的主观性、不确定性和个案差异性。人们也不可能提供一种一劳永逸式的、按图索骥式的固定模式来指导司法实践中的具体操作。

然而，通过利益衡量方法得出结论的过程本身虽然具有不可重复性、主观性等特征，但这并不意味着不能在事后对此种利益衡量运作过程予以证成。实际上，作为一种主观性最强的法律方法，利益衡量恰恰需要通过某种客观化的法律论证步骤，来将其主观运作过程进行合法化、正当化。也就是说，利益衡量方法在运作上需要法律论证。

法律论证区分内部证成和外部证成。在内部证成中，也就是作出司法裁判的前提到结论的形成中，越是多地展开逻辑推导步骤，越是能够逼近问题的核心，越是有助于得出合法正当的结论。而在外部证成中，问题则往往没有这么简单。外部证成一般是对推理前提本身进行论证，其最终依据往往并不那么确定。如有学者认为，从根本上，法律证成的最终前提取决于法律共同体中的理性可接受性的元标准：生活形式（form of life）。生活形式的概念指的是社会中法律理性具体观念背后共同的文化基础。因而，理性法律论证的最终前提即深深体现在相关的生活形式中。② 利益衡量在运作上往往涉及外部证成之确定这一难题。

例如，曾经被学界热议的“泸州遗嘱案”即涉及利益衡量方法的运用。而对该案利益衡量的过程如何进行法律论证，则值得探讨。在本案中，小前提，即案件事实是大体确定的，但对于前提，即裁判依据有争议，因而不能进行常规推理。然而，人们以为大前提是可以选择的，可先对大前提进行价值权衡，即权衡善良风俗或社会公德与遗嘱自由谁具有优先性，权衡的结果可能是A，也可能是B，接下来再推出结论，这就是所谓“实质推理”。其推理过程为：

A. 大前提：所有违反“法律规定和公序良俗，损害了社会公德，破坏了公共秩序”的立遗嘱行为都是无效的法律行为。

① 沈岿：《平衡论：一种行政法认知模式》，245页，北京，北京大学出版社，1999。

② See Raino Siltala, *A Theory of Precedent*, Hart Publishing Ltd, 2000, pp. 220 - 221.

小前提：黄永斌立遗嘱的行为是违反“法律规定和公序良俗，损害了社会公德，破坏了公共秩序”的立遗嘱行为。（因为遗嘱基于婚外同居关系，而婚外同居关系在根本上是不道德的。）

结论：黄立斌立遗嘱的行为是无效的法律行为。

B. 大前提：所有不违反“法律规定和公序良俗，损害了社会公德，破坏了公共秩序”的立遗嘱行为都是有效的法律行为。

小前提：黄永斌立遗嘱的行为是不违反“法律规定和公序良俗，损害了社会公德，破坏了公共秩序”的立遗嘱行为。（因为遗赠人与受赠人的婚外同居关系与遗嘱是两个独立的活动。）

结论：黄立斌立遗嘱的行为是有效的法律行为。

众所周知，法院采取了做法 A，而不少批评者认可的则是做法 B。这里的结论也许并不重要，重要的是其中体现的思维方法。法律论证主要是通过以三段论为代表的形式逻辑来完成的，但由于法官在对法律推理大前提的选择过程中会融入价值评价的因素，这就需要法官通过对话等方法使论证结果获得更高的可接受性。对话或论辩构成法律论证研究的一个比较贴近实际的问题。

下文结合“贾国宇案”进行个案分析。案件事实是：1995 年 3 月 8 日，17 岁的少女贾国宇与父母去餐厅吃火锅，因卡式炉爆炸致面部烧伤，请求判决一笔精神损害赔偿金。关于精神损害赔偿，我国《民法通则》第 119 条曾规定“侵害公民身体造成伤害的，应当赔偿医疗费、因误工减少的收入、残废者生活补助费等费用”的规定。以往的观点一直将其理解为赔偿受害人的财产损失，而不包含精神损害赔偿金。人身伤害能否判决精神损害赔偿金，《民法通则》没有规定。[①] 如果对《民法通则》第 119 条作反对解释，即应驳回原告请求。但是，北京市海淀区人民法院在 1997 年 3 月 15 日作出判决，令被告支付 10 万元精神损害赔偿金。

这也是我国裁判实践中运用利益衡量方法的一个典型案件。法院在进行利益衡量过程中同样也作了相应的法律论证。判决书原文认为：本案原告事故发生时尚未成年，身心发育正常，烧伤造成的片状疤痕对其容貌产生了明显的影响，并使其劳动能力部分受限，严重地妨碍了她的学习、生活和健康，除肉体痛苦外，无可置疑地给其精神造成了伴随终身的悔恨与伤痛，甚至可能导致该少女心理情感、思想行为的变异，其精神受到损害是显而易见的，是较为典型和惨重的，必须给予抚慰和补偿。

判决书的这一段话，就是北京海淀区法院所作的利益衡量，由此排除了对《民法通则》第 119 条作反对解释，必须给予原告以抚慰和补偿。其所依据的是《消费者权益保护法》第 41 条关于残疾赔偿金的规定。此外，在精神损害赔偿金额的确定上，法院也进行了利益衡量。原告在诉讼中请求被告给付精神损害赔偿金 65 万元，法院在衡量了原告所受损害结果并认定应予赔偿后，认为“赔偿额度要考虑当前社会普遍生活水准，侵害人主观动机和过错程度及其偿付能力等因素”，最后判给原告 10 万元精神损害赔偿金，驳回了其余的诉讼请求。

思考与练习

一、简答题

1. 什么是论证？什么是法律论证？法律论证有哪些特征？

2. 简述法律论证的规则。

---

① 2021 年 1 月 1 日起生效的《民法典》第 1183 条已经对侵害自然人人身权益的精神损害赔偿问题作出了规定。

3. 简述法律论证的结构。

4. 什么是利益衡量?

二、论述题

1. 法律论证与法律解释方法的区别有哪些?

2. 利益衡量后为何需要法律论证?

3. 在利益衡量过程中，如何运用法律论证的方法?

三、案例说明与分析

北大方正公司、红楼研究所诉高术天力公司、高术公司计算机软件著作权侵权纠纷案

【裁判摘要】

一、根据《中华人民共和国民事诉讼法》第六十七条的规定，经过公证程序证明的法律事实，除有相反证据足以推翻的外，人民法院应当作为认定事实的根据。但如果采取的取证方式本身违法，即使为公证方式所证明，所获取的证据亦不能作为认定事实的依据。

二、尽管法律对违法行为作出了较多的明文规定，但由于社会生活的广泛性和利益关系的复杂性，法律更多时候对于违法行为不采取穷尽式的列举规定，而是确定法律原则，由法官根据利益衡量、价值取向作出判断。

三、鉴于侵犯计算机软件著作权的行为隐蔽性较强，调查取证难度较大，被侵权人通过公证方式取证，其目的并无不正当性，其行为并未损害社会公共利益和他人合法权益，同时该取证方式也有利于解决此类案件取证难度问题，有利于威慑和遏制侵权行为，有利于加强对知识产权的保护，故其公证取证方式应认定为合法有效，所获取的证据亦应作为认定案件事实的依据。

四、被控非法安装、销售盗版软件的行为人，如果不能就其安装、销售的软件的来源提供相关证据，则应推定其侵犯了著作权人的复制权及发行权。

最高人民法院民事判决书

(2006) 民三提字第1号

申请再审人（一审原告、二审被上诉人）：北大方正集团有限公司（原北京北大方正集团公司)，住所地北京市海淀区成府路298号。

法定代表人：魏新，董事长。

委托代理人：王立华，北京市天元律师事务所律师。

委托代理人：李琦，北京市天元律师事务所律师。

申请再审人（一审原告、二审被上诉人)：北京红楼计算机科学技术研究所，住所地北京市海淀区上地五街9号方正大厦2层。

法定代表人：肖建国。

委托代理人：王立华，北京市天元律师事务所律师。

委托代理人：李琦，北京市天元律师事务所律师。

被申请人（一审被告、二审上诉人)：北京高术天力科技有限公司，住所地北京市海淀区苏州街78号。

法定代表人李文平，总经理。

被申请人（一审被告、二审上诉人)：北京高术科技公司，住所地北京市海淀区苏州街78号。

法定代表人李文平，总经理。

申请再审人北大方正集团有限公司（以下简称北大方正公司)、北京红楼计算机科学技术研究所（以下简称红楼研究所）因与北京高术天力科技有限公司（以下简称高术天力公司）、北京高术科技公司（以下简称高术公司）计算机软件著作权侵权纠纷一案，不服北京市高级人民法院（2002）高民终字第194号民事判决及（2003）高民监字第196号驳回再审申请通知书，向本院申请再审。本院经审查认为，再审申请符合《中华人民共和国刑事诉讼法》第一百七十九条第一款第（三）项规定的再审立案条件，于2006年3月7日，以（2002）民三监字第30—2号民事裁定提审本案。本院依法组成由民事审判第三庭副庭长孔祥俊担任审判长、审判员于晓白、代理审判员夏君丽参加的合议庭公开开庭审理了本案。书记员包硕担任法庭记录。申请再审人北大方正公司及红楼研究所的委托代理人李琦、高术天力公司及高术公司的法定代表人李文平到庭参加诉讼。本案现已审理终结。

一审法院查明，北大方正公司、红楼研究所是方正世纪RIP软件（以下简称方正RIP软件）、北大方正PostScript中文字库（以下简称方正字库）、方正文合软件V1.1版（以下简称方正文合软件）的著作权人。方正RIP软件和方正字库软件系捆绑在一起销售，合称方正RIP软件。上述软件安装在独立的计算机上，与激光照排机联机后，即可实现软件的功能。

北大方正公司系日本网屏（香港）有限公司（以下简称网屏公司）激光照排机在中国的销售商，高术天力公司、高术公司曾为北大方正公司代理销售激光照排机业务，销售的激光照排机使用的是方正RIP软件和方正文合软件。1999年5月间，由于双方发生分歧，导致代理关系终止。高术公司于2000年4月17日与网屏公司签订了销售激光照排机的协议，约定高术公司销售KATANA—5055激光照排机必须配网屏公司的正版RIP软件或北大方正公司的正版RIP软件，若配方正RIP软件，高术公司必须通过网屏公司订购北大方正公司正版RIP软件。

2001年7月20日，北大方正公司的员工以个人名义（化名），与高术天力公司签订了《电子出版系统订货合同》，约定的供货内容为KATANA FT—5055A激光照排机（不含RIP），单价为41.5万元。合同签订后，北大方正公司分别于2001年7月20日和8月23日，向高术天力公司支付货款共394 250元，尚欠货款20 750元。高术公司分别于2001年7月23日和8月23日，向北大方正公司的员工出具了收取上述款项的收据。

2001年8月22日，高术天力公司的员工在北京市石景山区永乐小区84号楼503室北大方正公司的员工临时租用的房间内，安装了激光照排机，并在北大方正公司自备的两台计算机内安装了盗版方正RIP软件和方正文合软件，并提供了刻录有上述软件的光盘。北大方正公司支付了房租3 000元。

应北大方正公司的申请，北京市国信公证处先后于2001年7月16日、7月20日、7月23日和8月22日，分别在北京市石景山区永乐小区84号楼503室、北京市海淀区花园路6号北楼120室及南楼418室北京后浪时空图文技术有限责任公司（原为北京中唐彩印中心，以下简称“后浪公司”），对北大方正公司的员工以普通消费者的身份，与高术天力公司联系购买KATANA FT—5055A激光照排机设备及高术天力公司在该激光照排机配套使用的北大方正公司自备计算机上安装方正RIP软件、方正文合软件的过程进行了现场公证，并对安装了盗版方正RIP软件、方正文合软件的北大方正公司自备的两台计算机及盗版软件进行了公证证据保全，制作了公证笔录五份。北大方正公司支付公证费1万元。

2001年9月3日，北大方正公司、红楼研究所以高术天力公司、高术公司非法复制、安装、销售行为，侵犯了其享有的计算机软件著作权为由诉至北京市第一中级人民法院，请求判令高术天力公司、高术公司：一、停止侵权、消除影响、公开赔礼道歉；二、赔偿经济损失300万元；三、承担诉讼费、保全费、取证费及审计费等。

2001年9月24日，一审法院依北大方正公司的申请，对高术天力公司、高术公司自

1999年1月至2001年9月的财务账册、销售发票、收据及订货合同等进行了证据保全。同时对高术天力公司、高术公司的银行存款进行了财产保全，分别冻结了高术公司在中国工商银行北京市分行海淀支行营业部的存款97 454.23元、高术天力公司在中国工商银行北京市分行海淀支行海淀分理处的存款460 292.70元。北大方正公司支付财产及证据保全费15 520元。

2001年9月28日，一审法院委托北京天正华会计师事务所对高术天力公司、高术公司自1999年1月至2001年9月间销售激光照排机及相应设备、盗版方正RIP软件和方正文合软件的营业额及其利润进行审计。2001年11月12日，北京天正华会计师事务所出具了专项审计报告，载明高术天力公司、高术公司在上述期间内共销售激光照排机82套，其所销售的激光照排机存在单机销售、联同RIP软件或冲片机或扫描机一并销售等情况。此外，高术天力公司、高术公司还单独销售未注明品牌的RIP软件13套。北大方正公司支付审计费6万元。

2001年11月29日，在一审法院主持下，双方当事人参加了对公证证据保全的两台北大方正公司自备计算机及相关软件进行的勘验。勘验结果表明，在被保全的计算机中安装了盗版方正文合软件，被保全的软件中包括盗版方正RIP软件及方正文合软件。双方当事人对勘验结果均不持异议。方正RIP软件及方正文合软件的正常市场售价分别为10万元和3万元。

一审法院认为，1. 北大方正公司为了获得高术天力公司、高术公司侵权的证据，投入较为可观的成本，其中包括购买激光照排机、租赁房屋等，采取的是“陷阱取证”的方式，该方式并未被法律所禁止，应予认可。公证书亦证明了高术天力公司、高术公司实施安装盗版方正软件的过程，同时对安装有盗版方正软件的计算机和盗版软件进行了证据保全，上述公证过程和公证保全的内容已经法庭确认，高术天力公司、高术公司未提供足以推翻公证书内容的相反证据。2. 高术天力公司、高术公司作为计算机设备及相关软件的销售商，对他人的计算机软件著作权负有注意义务，拒绝盗版是其应尽的义务，否则，应当承担相应的法律责任。高术天力公司、高术公司的员工在本案中所从事的工作是一种职务行为，履行合同的一方当事人是高术天力公司、高术公司，因此，高术天力公司、高术公司应承担相应的法律责任。3. 根据现有证据，尚不能认定高术天力公司、高术公司在全国范围内大规模非法制售上述软件。北大方正公司、红楼研究所的方正RIP、方正文合软件开发周期长、投资大，高术天力公司、高术公司侵犯了北大方正公司、红楼研究所计算机软件著作权，应承担相应的法律责任。鉴于高术天力公司、高术公司销售盗版软件的实际数量和所获利润均难以查清，故赔偿数额由法院根据北大方正公司、红楼研究所软件的开发成本、市场销售价格及高术天力公司、高术公司实施侵权行为的主观过错程度等因素，综合予以确定。北大方正公司为调查取证所支付的购买激光照排机、房租、公证等费用，系北大方正公司为本案调查取证所必不可少的，因此，上述费用应由高术天力公司、高术公司承担。鉴于激光照排机必须与计算机主机联机后方能进行工作，激光照排机并非盗版软件的直接载体，而安装盗版软件的计算机主机系北大方正公司自备的。鉴于上述情况，以高术天力公司、高术公司返还北大方正公司购机款，北大方正公司退还高术天力公司、高术公司激光照排机为宜。北大方正公司、红楼研究所在本案中支付的审计费、证据及财产保全费亦应由高术天力公司、高术公司承担。

2001年12月20日，一审法院作出判决：一、高术天力公司、高术公司立即停止复制、销售方正RIP软件、方正文合软件的侵权行为；二、高术天力公司、高术公司自判决生效之日起三十日内，在《计算机世界》刊登启事，向北大方正公司、红楼研究所赔礼道歉；三、高术天力公司、高术公司共同赔偿北大方正公司、红楼研究所经济损失60万元；四、高术天力公司、高术公司共同赔偿北大方正公司、红楼研究所为本案支付的调查取证费（购机款394 250元、房租 3 000 元、公证费 1 万元）共 407 250 元；五、北大方正公司、红楼研究所应在高术天力公司、高术公司返还购机款 394 250 元后，将激光照排机退还高术天力公司、高术公司。六、驳回北大方正公司、红楼研究所的其他诉讼请求。案件受理费 11 010 元、财产保全费 15 520 元、审计费 6 万元，均由高术天力公司、高术公司共同负担。

高术天力公司、高术公司不服一审判决，向北京市高级人民法院提起上诉。其上诉理由是：一审法院已查明北大方正公司伪装身份、编造谎言、利诱高术天力公司的员工，要求将激光照排机捆绑销售的正版软件换成方正盗版软件，但未予认定；高术天力公司、高术公司除被利诱陷害安装了涉案的一套盗版方正软件外，没有其他复制销售盗版方正软件的行为，但一审法院却认定高术天力公司、高术公司安装方正软件数量难以查清；公证员未亮明身份，未当场记录，记录的事实不完整，公证的是违法的事实，故公证书不合法；北大方正公司的做法是违法的，一审法院认定这种做法为“陷阱取证”，并予以支持是错误的；方正文合软件和激光照排机没有直接或间接关系，方正 RIP 软件也不是激光照排机的必然之选。一审判决缺乏事实和法律依据，是不公正的。请求撤销一审判决，诉讼费用由北大方正公司、红楼研究所负担。

北大方正公司、红楼研究所服从一审判决。

二审法院认定了一审法院查明的大部分事实。同时另查明，从 2001 年 7 月、8 月间北京市国信公证处作出的现场公证记录可看出，北大方正公司的员工化名与高术天力公司联系购买激光照排机，主动提出要买盗版方正 RIP 软件和方正文合软件，高术天力公司的员工称该项不能写入合同，但承诺卖给北大方正公司盗版软件。

二审法院认为：北京市国信公证处出具的公证书，高术天力公司、高术公司没有举出足够的相反证据推翻该公证书记载内容，故该公证书是合法有效的民事证据，对该公证书所记载的内容予以认定。但结合本案其他证据，对于北大方正公司长达一个月的购买激光照排机的过程来说，该公证记录仅对五处场景作了记录，对整个的购买过程的记载缺乏连贯性和完整性。北大方正公司在未取得其他能够证明高术天力公司、高术公司侵犯其软件著作权证据的情况下，派其员工在外租用民房，化名购买高术天力公司、高术公司代理销售的激光照排机，并主动提出购买盗版方正软件的要求，由此可以看出，北大方正公司购买激光照排机是假，欲获取高术天力公司、高术公司销售盗版方正软件的证据是真。北大方正公司的此种取证方式并非获取高术天力公司、高术公司侵权证据的唯一方式，此种取证方式有违公平原则，一旦被广泛利用，将对正常的市场秩序造成破坏，故对该取证方式不予认可。鉴于高术天力公司、高术公司并未否认其在本案中售卖盗版方正软件的行为，公证书中对此事实的记载得到了印证，故可对高术天力公司、高术公司在本案中销售一套盗版方正 RIP 软件、方正文合软件的事实予以确认。一审法院认为高术天力公司、高术公司销售盗版软件的数量难以查清，从而对高术天力公司、高术公司应予赔偿的数额予以酌定是错误的。鉴于对北大方正公司、红楼研究所的取证方式不予认可，及高术天力公司、高术公司销售涉案的一套盗版软件的事实，对于北大方正公司为本案支出的调查取证费，包括购机款、房租，以及审计费用，应由北大方正公司、红楼研究所自行负担；公证费、证据及财产保全费由高术天力公司、高术公司负担。一审法院认定事实不清，但适用法律正确。高术天力公司、高术公司的上诉请求部分合理，对其合理部分予以支持。

2002 年 7 月 15 日，二审法院作出判决：一、维持一审判决的第（一）、（二）、（六）项；二、撤销一审判决的第（三）、（四）、（五）项；三、高术天力公司、高术公司共同赔偿北大方正公司、红楼研究所经济损失 13 万元；四、高术天力公司、高术公司共同赔偿北大方正公司、红楼研究所为本案所支付的公证费 1 万元。一审案件受理费 11 010 元，由高术天力公司、高术公司共同负担2 386元，由北大方正公司、红楼研究所共同负担8 624元；二审案件受理费11 010元，由高术天力公司、高术公司共同负担2 386元，由北大方正公司、红楼研究所共同负担8 624元。

北大方正公司、红楼研究所不服二审判决，向二审法院提出再审申请。北京市高级人民法院经审查，于2003年8月20日驳回北大方正公司、红楼研究所再审申请。

北大方正公司、红楼研究所不服北京市高级人民法院二审判决及驳回再审申请通知，向本院申请再审。其主要理由是，相关证据已经证实高术天力公司、高术公司侵权行为属多次的、大范围的实施，二审法院判令高术天力公司、高术公司仅赔偿北大方正公司、红楼研究所一套正版方正软件的损失13万元是错误的。一审、二审法院均确认北京市国信公证处出具的公证书合法有效，从该公证书所附若干份现场记录可以看出，高术天力公司、高术公司销售的盗版方正软件绝非仅限于销售给北大方正公司员工的一套。二审法院改判由北大方正公司、红楼研究所承担调查取证费用错误。北大方正公司采取的取证方式不违反法律、法规的禁止性规定。如果不采取这样的取证方式，不但不能获得直接的、有效的证据，也不可能发现高术天力公司、高术公司进行侵权行为的其他线索。北大方正公司不存在违背公平及扰乱市场秩序的问题，其没有大量购买激光照排机，提高赔偿额。北大方正公司进行调查取证并提起诉讼的目的，是为了打击盗版，维护自身合法权益。二审法院认定事实和适用法律错误，起不到纠正侵权行为的作用，无形中为著作权人维护自身合法权益制造了困难和障碍，不利于对知识产权的保护。

高术天力公司、高术公司答辩称，北京市国信公证处出具的公证书是在公证员明知北大方正公司员工假扮买主、欲用诱骗手段取得我公司“侵权”证据的情况下完成的，且记录的内容不完整，不是现场监督记录的结果，仅凭公证员的主观回忆作出的记录是不客观的，缺乏公正性，与我公司了解的情况有很大的出入。北大方正公司采用的“陷阱取证”方式是对法律秩序、社会公德和正常商业秩序的破坏。北大方正公司编造理由，多次要求我公司员工给他们安装一套盗版的方正的软件，这种诱骗的做法是“陷害”，违背公序良俗。

本院查明，一审法院认定的事实基本属实，二审法院认定高术天力公司、高术公司只销售一套盗版方正RIP软件、方正文合软件的事实有误。

另查明，北大方正公司、红楼研究所提交的公证书所载五份现场记录证明下列事实：1.2001年7月6日的《现场记录（二）》记录，高术天力公司的员工陈述：“我们这儿卖过不少台，兼容的，没问题，跟正版的一模一样。你看，这个实际就是个兼容RIP。”2.2001年7月20日所作《现场记录（三）》记录，高术天力公司的员工陈述：同时期向“后浪公司”销售了一台激光照排机，用的软件是“兼容的”；向“宝蕾元”（北京宝蕾元科技发展有限责任公司，以下简称宝蕾元公司）进行过同样的销售。3.2001年7月23日所作《现场记录（四）》记录，北大方正公司的员工和公证员现场观看了高术天力公司的员工为后浪公司安装、调试激光照排机的情况。根据高术天力公司的员工陈述，该激光照排机安装的也是方正RIP软件，也是“兼容的”。其后，高术天力公司的员工向北大方正公司的员工提供了购买同样激光照排机的一份客户名单，其中记录了“宝蕾元制作中心”（即宝蕾元公司）、“彩虹印务”、“尚品”、“中堂（唐）彩印”（即后浪公司）、“路局印厂”等客户的名称、联系电话及联系人等。4.2001年8月22日所作《现场记录（五）》记录，高术天力公司又卖了一台与本案一样的激光照排机给“海乐思（音）”。并且，根据该记录的记载，高术天力公司、高术公司在北京、上海、广州、廊坊、山西、沈阳等地进行激光照排机的销售，“除了西藏、青海之外，哪儿都卖”，对软件“买正版的少，只是启动盘替换了，其他的都一样”。对于公证证明的上列事实，高术天力公司、高术公司未提供证据予以推翻。此外，兼容软件即为盗版软件，当事人对此没有异议。

二审判决生效后，北大方正公司、红楼研究所按照上述现场记录所反映的购买和使用盗版软件的高术天力公司、高术公司客户线索向有关工商行政管理部门进行举报。2002 年 10 月，在有关工商行政管理部门对后浪公司、宝蕾元公司等用户进行调查的过程中，北大方正公司委托北京市国信公证处公证人员随同，对用户安装软件的情况进行了证据保全公证。后浪公司在接受调查中向工商行政管理部门提供了其从高术公司购买激光照排机的合同，并书面说明其安装的盗版软件系从高术公司处购买。在北大方正公司、红楼研究所对宝蕾元公司另案提起的诉讼中，经法院判决确认宝蕾元公司安装的盗版软件系从高术公司购买。高术天力公司、高术公司未能就其销售盗版软件的来源提供相关证据。

另查明，北大方正公司从高术天力公司、高术公司处购买的激光照排机已由北大方正公司所属的公司变卖，北大方正公司在本院审理期间，表示放弃赔偿上述购买激光照排机价款支出的诉讼请求；北京北大方正集团公司已更名为北大方正集团有限公司，法定代表人变更为魏新；红楼研究所的法定代表人变更为肖建国。

本院认为，本案双方当事人对于北大方正公司、红楼研究所共同拥有方正 RIP 软件和方正文合软件的著作权没有异议。一审、二审法院均认定高术天力公司、高术公司的行为构成对北大方正公司、红楼研究所著作权的侵犯，但对相关证据及案件事实的认定，以及侵权责任的确定，有所不同。根据一审、二审判决及北大方正公司、红楼研究所申请再审的理由，本案主要涉及北大方正公司取证方式的合法性、被控侵权行为的性质以及赔偿数额的确定等争议焦点问题。

（一）关于本案涉及的取证方式是否合法问题

根据民事诉讼法第六十七条的规定，经过公证程序证明的法律事实，除有相反证据足以推翻的外，人民法院应当作为认定事实的根据。高术天力公司安装盗版方正软件是本案公证证明的事实，因高术公司、高术天力公司无相反证据足以推翻，对于该事实的真实性应予认定。以何种方式获取的公证证明的事实，涉及取证方式本身是否违法，如果采取的取证方式本身违法，即使其为公证方式所证明，所获取的证据亦不能作为认定案件事实的依据。因为，如果非法证据因其为公证所证明而取得合法性，那就既不符合公证机关需审查公证事项合法性的公证规则，也不利于制止违法取证行为和保护他人合法权益。二审法院在否定北大方正公司取证方式合法性的同时，又以该方式获取的法律事实经过公证证明而作为认定案件事实的依据，是不妥当的。

在民事诉讼中，尽管法律对于违法行为作出了较多的明文规定，但由于社会关系的广泛性和利益关系的复杂性，除另有明文规定外，法律对于违法行为不采取穷尽式的列举规定，而存在较多的空间根据利益衡量、价值取向来解决，故对于法律没有明文禁止的行为，主要根据该行为实质上的正当性进行判断。就本案而言，北大方正公司通过公证取证方式，不仅取得了高术天力公司现场安装盗版方正软件的证据，而且获取了其向其他客户销售盗版软件，实施同类侵权行为的证据和证据线索，其目的并无不正当性，其行为并未损害社会公共利益和他人合法权益。加之计算机软件著作权侵权行为具有隐蔽性较强、取证难度大等特点，采取该取证方式，有利于解决此类案件取证难问题，起到威慑和遏制侵权行为的作用，也符合依法加强知识产权保护的法律精神。此外，北大方正公司采取的取证方式亦未侵犯高术公司、高术天力公司的合法权益。北大方正公司、红楼研究所申请再审的理由正当，应予支持。

据此，本案涉及的取证方式合法有效，对其获取证据所证明的事实应作为定案根据。二审法院关于“此种取证方式并非获取侵权证据的唯一方式，且有违公平原则，一旦被广泛利用，将对正常的市场秩序造成破坏”的认定不当。

（二）关于本案侵权行为的定性问题

北大方正公司、红楼研究所诉请的对象是高术天力公司、高术公司非法复制、安装、销售盗版软件的侵权行为，因高术天力公司、高术公司未就其销售的盗版软件的来源提供相关证据，故应推定其侵权行为包括复制，即高术天力公司、高术公司侵犯了北大方正公司、红楼研究所方正 RIP 软件和方正文合软件的复制权及发行权。

（三）关于复制、销售盗版软件数量和损害赔偿数额问题

根据公证证明的内容，高术天力公司的员工陈述除向北大方正公司销售了盗版软件外，还向后浪公司、宝蕾元公司等客户销售了“兼容的”同类盗版软件并提供了“客户名单”，对此，高术天力公司、高术公司未提供相反证据予以推翻。其中，向后浪公司、宝蕾元公司销售同类盗版软件的事实，也为北大方正公司在二审判决后的维权行动所印证。虽然一审、二审法院没有对审计报告中涉及的高术天力公司、高术公司销售激光照排机 82 套、单独销售 13 套 RIP 软件的事实进行质证，但前述事实足以证明，高术天力公司、高术公司销售盗版软件的数量并非一套。一审法院以高术天力公司、高术公司复制、销售盗版软件实际数量和所获利润均难以查清，根据北大方正公司、红楼研究所软件的开发成本、市场销售价格及高术天力公司、高术公司实施侵权行为的主观过错程度等因素，依据当时著作权法的规定，酌情判令高术天力公司、高术公司赔偿北大方正公司、红楼研究所损失 60 万元并无明显不当。二审法院只支持北大方正公司、红楼研究所一套正版软件的赔偿数额 13 万元没有依据。

（四）关于相关费用应如何分担的问题

北大方正公司、红楼研究所主张应由高术天力公司、高术公司负担的费用包括诉讼费、保全费、取证费及审计费等，其中取证费包括公证费、购机款、房租。对于北大方正公司、红楼研究所的该项请求，一审法院全部予以支持并无不当。鉴于涉案的激光照排机在二审判决后被北大方正公司所属公司变卖，北大方正公司表示放弃该项支出的赔偿请求应予准许。

综上，二审法院对本案高术天力公司、高术公司侵权行为涉及的部分事实认定不清，适用法律不当，应予纠正。北大方正公司、红楼研究所申请再审的主要理由成立，本院予以支持。依照 2001 年修订前的《中华人民共和国著作权法》第四十六条第一款第（二）项和《中华人民共和国民事诉讼法》第一百七十七条第二款的规定，判决如下：

一、撤销北京市高级人民法院（2002）高民终字第 194 号民事判决；

二、维持北京市第一中级人民法院（2001）一中知初字第 268 号民事判决第（一）、（二）、（三）、（六）项，即（一）高术天力公司、高术公司立即停止复制、销售方正 RIP 软件、方正文合软件的侵权行为；（二）高术天力公司、高术公司自本判决生效之日起三十日内，在《计算机世界》刊登启事，公开向北大方正公司、红楼研究所赔礼道歉，所需费用由高术天力公司、高术公司承担；（三）高术天力公司、高术公司共同赔偿北大方正公司、红楼研究所经济损失 60 万元；（六）驳回北大方正公司、红楼研究所其他诉讼请求；

三、变更北京市第一中级人民法院（2001）一中知初字第 268 号民事判决第（四）项为：高术天力公司、高术公司共同赔偿北大方正公司、红楼研究所为本案支付的调查取证费（房租 3 000 元、公证费 1 万元）共 1.3 万元；

四、撤销北京市第一中级人民法院（2001）一中知初字第 268 号民事判决第（五）项，即北大方正公司、红楼研究所应在高术天力公司、高术公司返还购机款 394 250 元后，将激光照排机退还高术天力公司、高术公司。

本案一审、二审案件受理费共计 22 020 元、财产及证据保全费 15 520 元、审计费 6 万元由高术天力公司、高术公司负担。

本判决为终审判决。

审 判 长　孔祥俊
审 判 员　于晓白
代理审判员　夏君丽
二〇〇六年八月七日
书 记 员　包　硕

（载《最高人民法院公报》2006 年第 11 期）

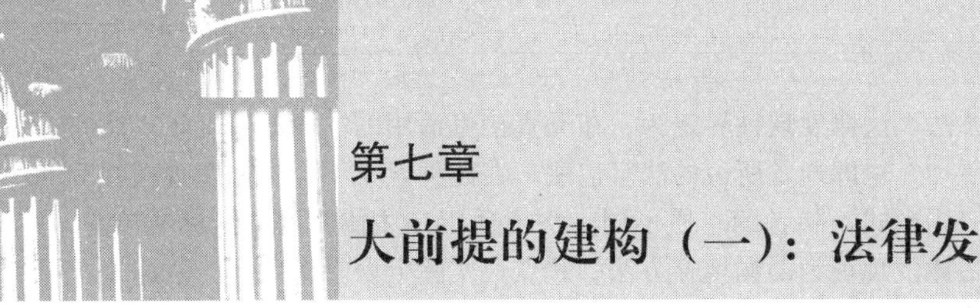

第七章 大前提的建构（一）：法律发现

法律适用是以一般的法律规范作为大前提，以事实作为小前提，运用演绎逻辑的方法，演绎出法律效果（判决）。可我们需要明确，作为法律推理的前提不是现成的，而是需要法律人等构建的。立法者所创设的法律规范体系，只是为推理大前提的确定提供了方便。法律的运用需要法律思维方法。法律发现是建构法律推理的大前提的基础方法。法律渊源形式是法律发现的基本场域。法律方法论是确定法律推理的大前提的思维活动。法律推理大前提的建构，既需要经验也需要方法。法律发现、法律解释、法律论证、法律修辞等构成了建构推理大前提的基础方法。

第一节 法律发现的概念和特征

虽然法律规范很多，但个案裁判只需要少数。任何法律运用的第一步就是针对案件进行法律发现。法律发现是在已有法律规范体系中确定据法思考的具体法律，由于不改变法律的规定而被视为捍卫法治的基本方法。法律适用是从众多的规范中发现与个案事实相匹配的法律。立法者所创设的法律是一般性规定。法律规范即使再详细也不可能细化到某一个案件必须适用哪一条法律。如果那样的话，法律就失去了概括性、一般性。由于法律是一般性、概括性，甚至是原则性的规定，因而法律适用就是在一般法律体系中进行检索、发现、识别，进而找出（获取）针对案件的法律规范，尔后把一般的法律转化为针对案件的具体法律。

一、法律发现的概念

对法律发现，古今中外的法学家赋予其多种含义，概括起来，主要有五种：一是指法律的产生方式。关于法律以何种方式产生的问题，人们提出了法律创造和法律发现两种观点。法律创造观认为法律是人为创制的，理想的法律体系和制度可以凭借立法者的理性建构、推导出来。而法律发现则认为法律早就存在于人类社会生活关系和习惯之中，立法者要做的不是去创制法律，而是将既存的法律予以整理、记录和表达。也就是说，法律并非立法者的意志所决定的，而是在生活中被发现的。法律产生方式的法律发现，是从立法角度提出的，使用者多为立法者。随着大规模立法工作的完成，该种含义上的法律发现已很少被使用。

二是指填补法律漏洞的活动。长期以来，人们将法律看成是一个严密的逻辑体系，相信法律应是完备无缺的。1907 年，德国法学家齐特尔曼则指出法律中也存在着漏洞，少数案件会找不到相对应的法律规定，因此法官必须对法律漏洞进行补充。此后，法律发现就被作为了法律漏洞填补的一种重要法律方法，法律发现被界定为：在无直接可适用的法律的情况下，法官填补法律中的漏洞的创造性活动，也即通常所说的法官造法。在此种含义下，法律发现被视为与法律适用并列的一种法律应用形式，二者的本质不同，法律适用是法律应用中的标准情况，法律发现只是特殊情况。将法律发现视为漏洞填补方法的观点，实际上误解了事实与法律规范的关系。因为，除了极个别情况外，法律的规定都存在着扩张。在绝大多数情况下，法律与案件事实都存在缝隙，都需要法官发现法律；而法律与案件事实严格对应，法官有明确的法律可以适用的情形只是少数。因此，法律发现普遍存在于每一个案件中，并非仅存在于需要进行法律漏洞填补的案件中。显然，仅将法律发现视为漏洞填补的方法，无疑削减了法律发现的理论价值与实践意义，是对法律发现的褊狭理解。

三是指法律适用活动。考夫曼等学者认为，在法律上，只有清楚的数字规定，如年龄、注册资本等不存在扩张，可以直接适用。其余的概念、规定等都存在着扩张或限缩的可能，如车辆、危险方法、诚实信用等，不能直接适用，需要通过各种手段去“发现或适用法律”甚至解释法律。因此，法律适用与法律发现，只是在法律扩张（指法律含义及外延的改变）的程度上有所不同。法律适用的扩张程度小一些，法律发现要大一些。法律适用与法律发现没有本质区别，可以互换使用，都是指不可直接将既有法律推导到案件中的情况。但是，这种观点完全忽视了法律适用与法律发现所处的阶段与所担负的任务的不同，并不妥当。法律适用毕竟不同于法律发现，法律发现的任务是发现或者形成一般法律规范，以作为裁判之大前提。而法律适用则是以所发现或形成的一般法律规范为大前提，以事实认定为小前提，运用演绎的逻辑方法，将法律规定适用于具体个案，导出结论。法律发现是旨在找法的活动，是建构三段论法律推理的大前提的活动，而法律适用则包括了对找法结果的运用，二者所处的阶段不同，承担的任务也不相同。

四是指获取法律的心理过程。在科学哲学上，科学发现与科学论证相分离，科学发现被视为一个猜测的过程，依赖于直觉、灵感与顿悟等非理性因素，因而成为心理学研究的内容。受到科学发现与科学论证二分的启示，美国法学家沃瑟斯特罗姆（R. A. Wasserstrom）提出了法律发现与证立二分的理论。此后，司法上的法律适用过程被细分为两个阶段：（1）法律发现，即法官实际上是如何得到一个判决结果的。（2）法律论证，即法官是如何公开地证明该判决是正当的。与科学哲学上对科学发现的定性一脉相承，在法学上，法律发现也被定性为法官的法感、直觉和顿悟等心理过程，是法官在法律渊源内寻找、检索、选择与具体案件有关的法律规定的一系列心理活动。

不可否认的是，法官的心理确实对案件的裁判有着深远的影响。在有些情况下，一个法官的直觉甚至决定了案件的判决。因此，将法律发现界定为法官的心理过程和活动，在某种程度上确实揭示了司法现状（如还未审理即先行作出了判决），也使我们充分认识到法官的职业心理与素养对法律发现的重要作用。他们的先验理解是促成终局的有效裁判得以形成的知识前提。但是，将法律发现乃至判决的作出完全归结为法官的心理，夸大了法官心理对法律发现的意义，将使司法与法治陷入危险境地。“法官不是新的专制者，它应该是法律精神的倡导者，是法律意义的活的宣示者。”[①] 在司法中，法官发现法律是有着严格限制和要求的，他按照法治的要求、运用一定的法律发现技术寻找裁判依据。因此，法律发现远非仅仅是法官的心理过程，将法律发现技术等同于法官的心理过程，忽视了法律发现的客观性，是对法律发现内涵的错误理解。

---

① 陈金钊：《司法过程中的法律发现》，载《中国法学》，2004（1）。

五是指个案裁判规范的建构。一般说来，具体案件的司法过程可分为相对独立的三个阶段：查清案件事实、建构和形成个案裁判规范也即法律推理的大前提，以及将大前提推导于案件事实中获得裁判结果。长期以来，法学家们把将法律规范推导到案件事实中的演绎推理过程作为研究重点，轻视法律推理大前提的建构，认为只要查清案件事实，就能轻而易举、不费吹灰之力地获得与其相匹配的法律规定。但是在美国法学家卢埃林提出规则怀疑论后，这种情况发生了变化，法学家们开始关注和重视个案裁判规范的建构，并在法律方法论意义上广泛使用法律发现这一概念表述其含义。因此，所谓的法律发现，在大部分西方法学家看来，也即指发现法律推理的大前提，系指在司法过程中，法官在面对具体案件时，在法治理念的指引下，在法律渊源中寻找、选择、确定可以用来裁判具体案件的法律规范。它既包含在主要法源中发现法律，也包括在法律出现漏洞时，法律适用者积极地、创造性地利用辅助性法源"发现法律"，以填补法律漏洞，裁判案件的活动。

建构个案裁判规范意义上的法律发现不仅被西方大多数法学家广泛使用，而且在实践中也被人们广泛使用。如美国权威"FINDLAW"网站，该网站首页连接了美国的各种法律渊源，具体包括成文法、联邦最高法院判例、加利福尼亚州等州法院判例以及权威法学家观点等，以供不特定人寻找、发现法律。① 本文亦在此种意义上使用法律发现这一概念。

二、法律发现的特征

法律发现是个案司法中的重要环节，面对每一个案件，法官都必须进行法律发现。法律发现不同于发现事实和法律适用，具有自身的特征。

1. 法律渊源是法律发现的场所

法律渊源是法律发现的场所，约束和限制法律发现的路径。法律发现不是随心所欲的自由发现，只能在法律渊源内进行，这在法治国家的制定法中都有明确要求。如《法国民法典》第5条规定："审判员对于审理的案件，不得用确立一般规则的方式进行审判。"《瑞士民法典》第1条规定："如本法无相应规定时，法官应根据惯例；无惯例时，根据自己作为立法人所提出的规则裁判。在前款情况下，法官应依据经过实践确定的学理和惯例。"如此规定实质上就是将法律发现约束在既定的法律渊源之内，只不过前者的法律渊源仅限于制定法，法官的作用仅仅在于找到正确的法律条款，它的每一项判决必须依据制定法作出。而后者的范围则更宽泛一些，法律渊源不限于制定法，还包括惯例和学理。

法治原则要求法律发现只能在法律渊源内进行。法治即实行法律的统治，是将国家和社会事务以及人们的活动纳入到理性、正义之法（人民的意志或者是多数人的意志）的约束和限制之下。法治是近现代文明国家尊崇的治理模式；表现为立法者代表人民制定法律（包括立法者对制定法外的其他法律渊源的正式承认），法官司法，行政者执法的政治体制安排。大陆法系的法律法典化运动，即因法治理念而兴。庞大的法典的制定，以及法典对制定法外的其他法律渊源的正式承认，其目的即在于将法律发现框定在法律渊源内进行。否则，一旦法律发现溢出了法律渊源的范围，法官各司己法，就等于用法官代替了民选的立法机关，从人民手中篡夺了立法权，司法者就超越了司法权限，背离了民主政治的基本要求，也违背了法治要求，这无疑会削弱法治的基础。法官发现法律唯有遵守法律渊源的限制和约束，才能维护立宪政体并最大限度地实现法治理想。

在法律渊源内发现法律，也是法官个人意志与法律判决适度剥离的政治艺术。现代代议制

① 见 http：//commonlaw. findlaw. com/2007/03/findings _ on _ tex. html.

政治体制中，在法律产生的制度设计上，贯彻的是一种自己责任制度，即公民自己服从自己制定的法律。其逻辑是，因为立法者是公民选举产生的，所以立法者制定、通过的法律，当然地被看做是公民为自己制定的法律，它们宣告了民众自己，也即未来的当事人对案件的承诺，既包括对自己有利的，也包括可能加诸于自身的惩罚。这意味着法官在法律渊源内发现的法律，是否有利于当事人，都只是法律的意志，不仅与法官个人意志无关，而且是按照当事人事先的承诺作出的。这给法官提供了剥离于裁决结果的合法、合理的理由，无论加诸当事人身上的裁判结果如何，法官都有理由和借口免除或者减轻自己人性内固有的同情心、恻隐心的谴责。同时，在很大程度上，也可以避免法官成为当事人的发泄对象，使得法官从当事人对判决结果的不满意产生的愤怒、怨恨情绪和言语、身体伤害的冲动中解脱出来，不受报复和攻击，从而保障法官的人身安全，保障法官不受侵犯和干扰地行使审判权，保障法官的地位和权威。

2. 法律发现是保障法秩序统一的体系思维

法律发现应在整体法秩序内进行，具有体系思维性。整体的法秩序由各种形式的法律渊源组成，不同形式的法律渊源之间，并非毫无瓜葛，而是有先后顺序，且在内容上互相补充，后者不能僭越前者，但是负有填补并矫正前者疏漏之责。因此，发现具体案件的裁判规范，实际上是在整个法律秩序内、运用体系思维获取答案。法官只有依据并维护“法律秩序的统一性”，在整体法律秩序中瞻前顾后和左右逢源，才能发现所要适用的法律。在整体法秩序内，运用体系思维发现法律，不仅要兼及各种法律渊源，而且要求在某类法律渊源内的法律发现，也必须在该类法源的整体法秩序内进行。这一要求，同样适用于制定法、判例法、政策、法理、道德等不同类型的法律渊源，但是尤以制定法为甚。

这主要是因为，在制定法法秩序中，由于法条技术上的原因，法律规范的各构成要件要素之间以及构成要件与法效果之间是相互分离的，法律规范的各构成要素可能被分别放置于法律体系的不同位置。既可能被放置于同一部法律、法规的不同章、节之处，也可能被放置于不同的法律、法规之中；既可能被放置在同位法之间，也可能被放置在异位法之间。法官所发现的个案裁判规范是由来自于制定法内不同地方的各规范要素组合而成，因此法官发现个案裁判规范也必须在整个制定法秩序内、运用体系思维进行。此外，立法权分配上的勾连也是一个原因。在一个主权国家里，各种类型的立法都要受到各种限制，下级立法必须受到上位法的限制，程序立法与实体立法要相互配合，后法立法理应传承前法，特别立法以一般立法为前提，规则立法要在原则立法的照耀之下。毫无疑问，在上述限制条件下制定出来的法律规范，没有哪一条规范可以独立存在。西方古老的法谚说“只有理解了整体，才能理解部分”，在裁判之际，法律发现者必须根据体系思维——法律规范在制定法体系中的地位和相互关系，来确定一条规范的内容及其优先性。在遇有规范效力相互冲突的场合，法律发现者必须进而根据法律规范在制定法体系上的“位置”，形式等级脉络上的编、章、节、条、项之逻辑关系，来确定规范相互间的优先性。① 必须将特定的法律规范与整个法律秩序作为相互联系的内容与价值评价相统一的整体来发现，适用一部法典的条文，实际上就是在适用整个法典。②

3. 法律发现受“法感”等多种因素影响

法律发现是一个涉及法官、法律与事实相互关系的过程。其中，法律与事实是两极，法官是桥梁和媒介。客观事实和法律，在法官主观意志的传送带上相会合，通过法官的思维被再加工，然后生成裁判规范。这一过程，除了事实与法律，还有其他各种因素的参与。法感在法律

---

① 参见陈林林：《裁判的进路与方法——司法论证理论导论》，114页，北京，中国政法大学出版社，2007。

② 转引自［德］恩吉施：《法律思维导论》，郑永流译，73页，北京，法律出版社，2004。

发现中不可缺席。通常，法律人在接触待决案件时，都能借由潜意识、直觉和经验得出一个初步法律结论，这种感性的判断能力就是所谓的“法感”。由于法感的运行不以程序、步骤为特征，而是以“智力上跳跃式”的高速反应的理解方式，通过直接洞察、把握案件的整体，在瞬间获得和形成结论，没有经过逻辑推理的检验。因此，法感有时被认为是任意的、无法预期的和主观的。但法感判断是法律知识和实践经验的产物，是法律职业者长期训练的结果。

在法律发现中，法感的存在是客观的，其作用理应得到承认。但是，法感思维的结果，也即得出的个别裁判规范，仅仅是未经纯化的“假说”或者“设证”，可能正确也可能不正确，具有较高的或然性。因此，法感的作用是有限的，它只是判断的起点和动因，而不是最终依据，法官不能单纯通过法感发现法律。一个合理的个案裁判规范，法官只能在法感的引导下，通过对事实和法律进行深思熟虑的理性思考，在法律体系和个案事实之间反复推理，进行试错、校验，直到在事实和规范之间形成一种妥当的对应关系时，才能得到。其实，影响法律发现的因素，并不局限于法感，还包括诸多的法官个人因素，如法官的个性和情感、生活经历和经验、习惯和信念、内心的良知、生存的要求、职业荣誉感、对法律权威的信仰、实现正义的成就感，以及法官的政治倾向等，它们都或明或暗地参与了法律发现的过程，对法律发现产生了消极的或积极的影响。而一些社会因素，如同行的压力、社会道德、传统、民情与舆论等因素，也都不可避免地渗透在事实与规范的遇合之中，成为法律发现中的变量，从而给予法官发现某个法律的部分理由。

4. 法律发现是基础性法律方法

法律发现是法官依据已经查明的某个具体案件的事实，在整个法律秩序之内，各种不同的法律渊源和浩如烟海、难以计数的法律规范之中，寻找与该案件事实相匹配的某几条法律规范。为了发现法律，法官必须将有关的法条全部检索，一一详细检试，以审查案件事实是否可以被涵摄，排除不可能适用的规范，添加可能适用的规范。在经过多次不断重复后，最后选择、确定与个案事实最相匹配的法律规范。在此过程中，法律发现必须凭借各种法律发现方法才能进行，如果没有方法的支持，法官盲目地在无数法规范中进行检验及实验，那么，发现法律就只能是一种冒险，法官发现与案件事实有关的法规范的希望是不大的。显然，在法律秩序统一体内发现法律，要遵循一定的程序、步骤、路径、方式或者技巧，而且法律形式不同，法律发现的方法也不尽相同，即使是在同一法律形式内，在不同情况下，法律发现方法也是不相同的。如在制定法内发现法律，在正常情况下，应运用适用优先技术发现法律，但是在法律规范矛盾状态下，就必须使用规范选择技术发现法律等。显然，法律发现具有法律方法的属性，而不再仅仅是一个过程。

三、法律发现的必要性

法官的任务是依照规则判案，定分止争，维护社会秩序。无规则即无裁判，在司法过程中，个案中运用的法律都是法官发现与甄别的结果，面对每一个具体案件，法官都必须进行法律发现。这是因为：

1. 法律规范的庞杂性与个案裁判所需规范的有限性之间的矛盾需要处理。法律是一个庞大的系统，由不同的表现形式构成，包括制定法、判例法、习惯法、政策、法理、道德等，每一种表现形式都是一个复杂的体系。就成文法而言，立法者制定的规范性法律文件，卷册繁叠、法律条文浩如烟海。如至 2007 年，我国有效的法律、法规和司法解释等已达 16 万余件，每一件规范性法律文件的法律条文少则几十条，多则上百条，甚至上千条，整个成文法的法律规范难以计数。就判例法而言，既包括不同时期的判例，又包括不同级别法院的先例，数量极其庞大，也无从计数。至于习惯法、政策、法理、道德等其他法律表现形式，亦是如此。

与法律规范的庞杂形成鲜明对照的是，一个具体案件的裁决少则仅需二、三条法律规范，多则几条而已。如此一来，在面对一个具体案件时，即使是最简单的案件，寻找法律规范也无异于大海捞针。法官在哪里发现法律，如何发现法律，皆成为问题。法官必须按照一定的路径、方法，在法律规范丛林中穿行、逡巡、寻找、甄别、选择、确定、发现能够适用于特定案件的法律规范。这其中，哪怕是最简单的部门法识别，就已经是“法律发现”了。

在司法实践中，法官在日常审理案件当中，在查明案件事实之后，通常会找出与案件有关的法律文件，以查询该案在法律上有无规定，以及哪几条规范适用于本案，此即法官在进行法律发现。当然，也可能出现这样的现象，法官查明案件事实后，立即就确定了要适用的具体法律规范，根本不需要去查阅有关法律文件。但是，这种情形的出现只是因为法官对与该案有关的具体法律规定了然于胸，所以表现于外的查找法律文件的法律发现转变为法官搜寻记忆的法律发现，这并不表示法官不需要进行法律发现，只是法律发现的过程被高度浓缩了而已。

2. 案件事实的具体性与法律规范的抽象性之间的矛盾需要解决。法官解决纠纷，以事实为依据，以法律为准绳，事实与法律是法律适用的两极。但是，由于法律是应然的，事实是实然的；法律是抽象的，事实是具体的；法律是关于事物与行为的共性规定，事实则是个性的表达。因此，法律不可能与案件事实实现严格的一一对应关系，案件事实也并非能完全涵盖在规范之下，二者之间总是存在或大或小的缝隙。一般说来，视事实与法律之间的缝隙大小，二者的适应程度可以分为四种：一是事实与规范完全相适应，即已经查明的案件事实有明确的规范可应用。但这是事实与规范关系中的个别情况，它仅出现在规范是清楚确切的数字规定，扩张或缩小的情形可以忽略不计的情形，如年龄、时间、注册资本、盗窃数额、人数规定等。二是事实与规范相对适应，这是事实与规范关系中的绝大多数情况。它出现在法律总体上有规定，但存在一定扩张或缩小的情形。如规范中有较为清楚定义的概念、幅度、程度规定等。三是事实与规范不相适应。这出现于法律有规定，但存在较大扩张或缩小的情形，如诚实信用、情势变更等法律原则的规定。四是事实缺乏规范。这既包括法律应作规定而未作规定的情形，对此种情形法官不得拒绝审理案件；也包括事实与规范在形式上相适应但在实质上不相适应的情形。[①] 如机动车“撞人白撞”的法律规定，按照该条法律规范，只要机动车司机没有违章，即使撞的是孩童，机动车一方也不必承担任何法律责任。但对这样的法律规范，法官是不应该适用的，因为该规定没有体现出对公民的健康权、生命权的尊重和对未成年人的特殊关怀和保护。

3. 事实与规范之间存在缝隙，在每一个案件中，法官都要竭力弥合缝隙，依事实搜索、甄别、发现法律，基于事实与规范之间缝隙大小的不同，法律发现呈现出如下特点：若案件事实简单，法律规定明确、具体，法律发现就快捷、准确；若案件事实复杂、法律有规定但模糊且不明确，法律发现就耗时费力、模棱两可；而无论案件事实简单或者复杂，若法律缺乏相应规定，法律发现则表现为法官造法。

第二节　法律渊源与法律发现

法律渊源有多重面相。作为话语方式，它是把法律外的其他规范附条件地视为法律，从而扩大了法律的范围，使法治有了更为宽泛的规范基础。在法治话语的基础上，法律渊源进一步

① 参见郑永流：《法律判断大小前提的建构及其方法》，载《法学研究》，2006（4）。

上升为法律思维的理论，确定了法律发现的基本思维规则。作为法学理论的法律渊源，不只是空洞的关于法律表现形式的理论分类，在法律运用中也具有实践属性。法律渊源与法律发现结合，就使法律发现具有了法律方法论意义。

一、法律渊源的概念

法律渊源简称法源，是法学基本范畴，其基本含义是指人们运用的法律的根源、来源、源流或栖身之所。法律渊源通常在四种含义上使用：一是指法律的实质渊源，即法律产生、存在和发展的根本原因；二是指法律的效力渊源，即法律效力产生的根据，如制定机关的权威或社会认同；三是指法律的形式渊源，即法的创制及表现形式。四是指法律的历史渊源、内容或者材料渊源、理论渊源等。对“法律”和“渊源”这两个概念的理解不同，对法律渊源的认识自然不同，这是学者们对法律渊源的解释众说纷纭的根源。但就专业含义来讲，法律渊源特指司法、执法之法来自何处，何处便成为“法律”之渊源。当然，司法、执法之法的来源与立法渊源有密切关联，因而，要想了解法律渊源需要明确在此问题上的立法立场或司法立场。

立法者的任务是制定法律，向社会输入一般抽象的法律规范，因而立法立场上的法律渊源其实就是指立法渊源，它所要解决的是——立法者所制定的一般性法律规范应该从哪里寻找，或者从哪里可以找到的问题。“法的渊源意味着法得以形成的资源和范围，在这个范围内，有关主体可以或应该基于某种动因，通过某种进路，选取和提炼某些资源，将其上升为法。”①所谓的实质渊源、内容或者材料渊源、历史渊源均可归入此种立场。立法者所制定的法律规范，不是无根之木，无源之水，它来源于一般规则。一般规则是法律规范的前身，二者的区别在于，一般规则经由立法程序后变身为法律规范。一般规则的容身之地就是立法者所制定的法律规范的来源之所，也即立法法源。可见，立法法源就像一座座仓库，储备在仓库里的是大量的一般规则，立法是从这些仓库中选择和提炼有关规则，再经由立法程序演变为法律规范。这一座座仓库，即现代国家的立法法源的种类，一般有：（1）先前法；（2）司法机关的判例和法律解释；（3）国家机关的决策、决定和阐释；（4）国家和有关社会组织的政策；（5）国际法；（6）外国法；（7）习惯；（8）道德规范、正义观念；（9）宗教戒律；（10）乡规民约、社团规章以及其他民间合约性规则；（11）理论学说特别是法律学说等。立法立场下的法律渊源研究，对法律的创制有重要价值，对司法活动也具有指导意义。当存在法律漏洞时，法官将自己视为立法者填补法律漏洞时，立法法源进入法官的视线，对司法实践发生作用。

站在司法立场上，法官的任务是查清事实、发现法律、适用法律。司法之法律虽然与立法者所创设的法律规范有关，但并不等于立法者所立之法律，而是法官所欲选择适用的法律。二者虽同为法律，但前者为一般性法律规范，后者系法官审判案件的依据，即个案裁判规范。一般性的是国家权力认可或被社会普遍接受的，能被法官所适用的，能够约束或影响法官审判的具有法律效力的各种规则与原则，是司法、执法之法的来源。因此一些学者认为，法律渊源也可称为法官法源，即法官审理案件时寻求个案裁判规范的“场所”。它解决的是法官所要适用的用于裁决具体案件的法律规范应该从哪里寻找，或者从哪里找到的问题。法官法源是法官视野中的法律渊源，所谓的效力渊源，形式渊源均可归入此种。通常，法官法源主要有以下类型：（1）制定法；（2）判例法；（3）条约与其他经过同意的协议等；（4）习惯；（5）道德原则；（6）政策；（7）法理学说等。普通法系的法学者通常从司法立场上观察法律渊源，直接将其界定为法官法源。《国际法院规约》也采取了此种立场。规约第 38 条规定：“一、法院对于

① 周旺生：《法的渊源与法的形式界分》，载《法制与社会发展》，2005（4）。

陈诉各项争端，应依国际法裁判之，裁判时应适用：（子）不论普通或特别国际协约，确立诉讼当事国明白承认之规条者。（丑）国际习惯，作为通例之证明而经接受为法律者。（寅）一般法律原则为文明各国所承认者。（卯）在第五十九条规定之下，司法判例及各国权威最高之公法学家学说，作为确定法律原则之补助资料者。二、前项规定不妨碍法院经当事国同意本着'公允及善良'原则裁判案件之权。"很明显，依此条规定，所谓国际法渊源就是法院在应用法律时到哪里去寻找针对个案的法律，也即法官法源。

以往，我国大部分学者大都站在立法（法的形成）立场上来探讨法律渊源，这种状况亟须改变，学者们应更多地将法律渊源的研究置于司法实践中进行，"法治社会不需要太多的立法者，但却需要大量的司法者"①。在我国大规模的立法活动告一段落，法律体系已经基本建成的情况下，贯彻落实法律规定成为首要任务，否则，法治将成为空谈。

在司法活动中把握法律渊源，赋予其实践意义，可以指导司法活动。司法者要履行职责，但是不能像立法者那样在原初的社会关系中探寻法律，司法立场的法律渊源与法律发现结合之后便具有了法律方法论意义，法律渊源从形而上的"神坛"，降落到司法过程的"人间"，并赋予了法律发现的具体技术和方法。这是因为，法律渊源作为法官发现法律的大致场所反过来对法官发现法律的场所有所限定。② 同时，法律渊源的内部构成是一个逻辑严密的法律秩序统一体，这决定了法律发现的逻辑和方法。这主要表现在：第一，法律渊源被分成不同的法律形式，各种法律形式虽然都是法律渊源的组成部分，但是它们的地位主次有别，先后有序，不能僭越。第二，法律被划分成不同的部门法，同种类型的法律关系集中到某个部门法中，部门法中心主义便成为司法实践的重要法则。第三，法律规范也被分成不同的类型，各种类型的法律规范之间，法律效力高低有别，适用顺序先后有异。显然，法律渊源与发动发现的结合，为法律发现提供了较为便捷的思维走向，规制了大体的场所、范围，指出了发现法律的大致方向。③ 直接决定了法律发现的方法属性，决定了法律发现的逻辑进路、所使用的方法和技术。

二、法律形式与法律发现

法律形式是一个争议颇多的概念，这一概念是克拉克在 1883 年提出的。他认为：法律渊源有两种重要用法，即法所产生的渊源与为认识法所提供的资料，并将后者称之为法律形式。随后，巴特·波洛克也开始对法的渊源和法的形式进行区分，将法律渊源的含义限定在立法创造或者发现法律规范的角度上，而将法律形式限定在各种有效法律的表现形式上。④ 此后，很多学者也都对法律形式进行了界定，当今主流观点一般将其定义为法律（一般法律规范）的具体表现形式。

受一国宪政制度、法律传统等多种因素影响，法律形式因具体国家的不同而不同。一般说来，主要包括制定法、判例法、习惯法、法理学说等。其中，每一种法律形式又可以分为更具体的类型，如制定法又可以分为宪法、议会法、政府指令等。不同的法律形式按照一定的逻辑

---

① 陈金钊：《法律渊源：司法视角的定位》，载《甘肃政法学院学报》，2005（6）。

② 法官法源因被"发现"，同时也具有了动态意义而变成开放的体系。随着社会发展，法律与所面对的社会生活的关系可能会发生变化，一些新的规则便会应运而生进入法官的视野成为裁判案件的依据，同时也会有一些规则不再合乎情势的发展而逐渐被法官拒绝适用而淡出法官的视野。法官法源是一个不断实现自我更新的开放体系，不论是法官法源对法律发现的规定性，还是经由"发现"使法律渊源具有结构的开放性，均是现代法治的要求。

③ 参见陈金钊：《司法过程中的法律发现》，载《中国法学》，2002（1）。

④ 参见舒国滢、王夏昊、梁迎修等：《法学方法论问题研究》，224～225 页，北京，中国政法大学出版社，2007。

关系，规范内容上的抽象与具体以及法律效力上的强弱，构成一国的法律形式体系。我国的法律形式体系为：制定法（宪法—国际条约—法律—行政法规—国务院各部门制定的部门规章和省、自治区、直辖市人大制定的地方性法规—省级人民政府制定的地方政府规章、较大城市的人大制定的地方性法规和人民政府制定的政府规章等）—判例法—政策—习惯法—道德、法理等。当然，在不同的国家里，不同法律形式间的次序安排，有所不同。而且，在不同的部门法中，各种法律形式间的次序安排也有差别。例如，在刑法中，就不存在政策、习惯、道德信念等法律形式。

法律形式的概念自提出时起，就与法律渊源的关系纠缠不清，剪不断、理还乱，甚至有很多学者将二者等同起来。其实，法律形式与法律渊源是两个不同的法学范畴，二者之间有显著区别：法律渊源是法官寻找个案裁判规范的场所，也即是一般性法律规范的集合体和聚集地。而作为法律的具体表现方式，法律形式是按照一定的标准，对权威机构制定的或者社会承认的一般性法律规范所作的归类或者分类。当然，二者之间也有联系，法律渊源被划分为各种不同的法律形式，换言之，各种不同的法律形式组成了法律渊源。可见，法律形式就是法律渊源的内部结构方式。

法律形式作为法律渊源的内部结构形式，与法律发现发生联系的场景是："当法官在各种形式中发现法律探寻个案的答案之时，法律形式成了判决之法的来源"，成为法官寻求个案裁判规范的"大致场所"[①]。而以法律形式为法律发现的大致场所，无疑是有多重意义的。首先，能够提高法律发现的效率。就个案而言，法官不需要全面适用宏大的法律体系，只有特定的规范才对判决有着决定性意义。将法律渊源区分为各种不同的形式"规范之法"。这就使得法律发现有思维规律可循。这个思维规律也可称为法律发现的规则。各种法律发现规则的使用可以提高法律发现的效率。其次，法律形式指明了法律发现的先后次序法则，保证了法律发现的合法性与合理性。毋庸置疑，各种法律形式在规范内容上的抽象与具体以及法律效力上的强弱关系，决定了法律发现应遵守的顺序规则。在法律形式中发现法律，必须遵守这种规则。显然，法官在个案中寻找裁判规范不能任意而为，而是应该按照不同法律形式间的法律发现的规则，以次序在先的为主要场所，次序在后的为次要场所。法官只有穷尽前一次序法律形式所规定的一切可能性，在前一次序法律形式中发现法律不能之后，或者虽已发现，但所发现的法律与社会所奉行的正义、道德观念严重背离的情况下，才能到后一次序法律形式中进行二次发现。否则，如果法官不按照法律形式间的先后发现次序，或者逾越发现次序，就无法保证所发现法律的合法性和合理性。

三、部门法与法律发现

法律渊源内的全部法律规范，按照所调整的社会关系领域的不同以及调整方法的不同，被分割成一些较大的单元——法律部门，包括宪法、行政法、民法、经济法、刑法、社会法、诉讼法等。法律部门与法律发现关系密切，在制定法体系中的法律发现，首先就是要进行部门法识别。这意味着部门法的设置是从方法论的角度指明了法律发现的路径或方向。案件性质必须依据部门法来确定，如某一案件是刑事案件，还是民事案件，行政案件还是商事案件，必须依据部门法划分的标准才能作出判断。如果没有部门法的划分，面对层层叠叠的单行法规范，法官的法律发现就会无处下手、无处着眼。其次，部门法划分也为法官提供了法律发现的关键技术，即法律识别技术。把法律渊源的较大单元确定为部门法，其主要目的就是便于人们在法律

① 陈金钊：《法律渊源：司法视角的定位》，载《甘肃政法学院学报》，2005（6）。

发现的时候，使用法律关系作为分析方法，对案件进行大致的归并，进行法律关系定性和识别，以方便寻找相应的具体法律规定。[①]

第三节　法律发现的技术

法律渊源是一个系统，遵循法律渊源的内在结构发现法律，事半而功倍。否则，法律发现就如同大海捞针，无法完成任务。法律渊源可划分为法律形式、部门法，以及各种不同的规范类型，这种内部结构划分为法官提供了发现法律的路径，决定了法律发现所应遵循的思维逻辑和技术：法律识别，以及法律规范选择的一般和特殊两种顺序。法律渊源内的每个规范都不是孤立存在的，而是与其他规范间存在相互联系。一个规范是另一个规范存在的条件，或者严重影响着另一个规范的法律的意义和适用。将法律按照一定的标准划分为不同的规范类型，无疑使得规范与规范之间的关系更加具体、明确、清晰。这不仅表明法律规范之间的区别，突出了法律规范之间的联系，还显示出法律规范之间所具有的或控制与服从、或具体化、或替代关系，同时也表明法律规范之间存在的法律冲突。这些法律规范类型之间的内在关系规定性，为法官发现法律设定了一系列规则。法官选择、甄别法律规范必须遵守这些规则，按照法律类型的关系规定性行事，并对违反这种规范类型关系规定性的冲突保持清醒，积极进行干预和矫正，使其恢复到正常的符合规定的状态。

一、法律识别技术

作为一种法律发现的技术，法律识别是指在适用法律规范时，依据一定的法律观念，对案件中的事实构成作出定性或分类，从而确定应适用哪一法律规范的认识过程。识别是人类思维活动的一个普遍现象，人们常常需要凭借一定的思想观念或分类标准把现象和事实归入一定的范畴以便更好地理解它们。由于法律渊源数量庞大，形成于不同的时间，体系结构复杂，且处于不断变动之中，因此，法官需要识别，即找出案件所涉及的有关事实或问题与有关的法规之间的本质联系，从而判定事实的性质，发现应该适用的最佳个案裁判规范，以恰当解决案件争议。识别的目的是对案件中的事实进行定性，但是定性必须以法律规范为标准和依据。识别不仅是确定事实的性质，同时也是对与事实相匹配的法律规范的辨认、甄别、遴选和确定，二者一体两面，不可分离，没有后者，前者无法完成；没有前者，后者亦不发生。因此，识别的过程就是对事实与规范进行反复对比和权衡。当然，事实与规范之间的反复权衡不是平面进行的，而是螺旋式向上发展的。法律识别具有多层次性。依照从个别事实到个案集合事实，由法律意义识别循序渐进到裁判规范，识别可以分为三级：

第一级是法律意义识别。即法官分析和判断有关案件中的生活事实，是否具有某种法律意义，是否是法律问题。人类生活丰富多彩，社会关系芜杂多样，社会关系并非只有法律规范一种调整方式，道德、宗教也参与其中。法律作为以国家强制力为后盾的人类行为的规制方式，担负着维持社会秩序、安全和价值的核心任务，调整着社会关系的重要领域，道德和宗教则与法律相互配合，在各自的调整领域内发挥着作用。因此，并非所有的人类行为、社会关系都归由法律调整，并非所有的生活事实都具有法律意义，如礼拜仪式、恋爱约会、思想活动等都不具有法律意义，这就有必要对个案事实进行法律意义识别，对案件进行法律意义识别是法官处

① 参见陈金钊：《法理学》，125～126页，北京，北京大学出版社，2002。

理任何案件的首要步骤。在法律实务中，法官、律师首先要做的便是查明个案事实是否属于法律处理的事务，如果属于，则再进一步查明由何种部门法、何种制度调整；如果不属于，法官即不负有解决该案件纠纷和对案件事实作出评价的义务。

第二级是部门法识别。即在前述识别案件事实具有法律意义的基础上，进一步分析和判断该案件事实是一个什么性质的法律问题，其所归属的法律部门，以便寻找相应的个案裁判规范。如死亡这一案件事实，法官必须区分该死亡的性质，如果把该死亡识别为刑法方面的问题，就由刑法调整；如果把该死亡识别为自然死亡，就由民法调整。同一案件事实识别为不同的法律性质，归入到不同的法律部门，具有天壤之别，因为各部门法的调整手段差别很大。刑法关涉剥夺人的生命、自由、财产，民法只关乎对财产损失和人身、人格伤害的物质救济以及精神慰藉，而行政法律关系的当事人则只承担行政责任。部门法识别是法官发现法律的关键性环节，但是，当一个案件被识别为刑事案件、民事案件或者行政案件之后，只是给案件的法律发现划定了大致的范围，对个案裁判规范的发现，还需要对案件进行具体定性，亦即对案件进行类型识别或者是确定案由。

第三级是类型识别。指法官遵循各部门法内部的某种划分标准，确定事实所属的类型，将其归入特定的类型当中。例如，某案件事实是物权问题还是债权问题，若是物权问题，那么是所有权问题、用益物权问题，还是担保物权问题；若为用益物权问题，则要具体确定是抵押权、质权还是留置权问题。各部门法内部的类型划分依据调整范围的不同层次顺次展开，有不同层次下的大、小类型之分。如民法，从民事法律关系发生领域区分，可以分为人格权、身份权、物权、债权、继承权、知识产权等大的关系类型。其中，债权关系又划分为契约之债、侵权之债、不当得利之债和无因管理之债等四种中等类型，契约之债又被划分为买卖、赠与、保险、服务、技术合同等较小的类型。而法官对案件事实进行的最小类型识别的终极结果，就是找到或发现与个案相互匹配的个案裁判规范。我国最高人民法院于2008年4月1日正式实施的《民事案件案由规定》（2011年2月修订），就是最高人民法院根据法律关系类型识别的原理制定出来的，该《规定》将民事案件划分为十大类四十二中类四百二十四小类。依此，当法官将案件事实归入《规定》中的某个法律关系类型，也即具体案由中时，法官依此在民法内进行法律识别，也即为待决案件找出了具体的裁判依据。

部门法划分对于法律发现的重要意义，在于把案件事实定性为某一种法律关系，识别到某一个具体的法律部门中，以便进一步寻找相应的个案裁判规范。法官必须依托整个法律体系，寻找多个法律部门中与具体案件相关的全部法律规范，并在此基础上综合权衡各部门法规范的分量，才能最后决定把案件识别到某个特定的部门法中去，以确保法律识别的正确性和个案裁判规范的合法性。具体个案之所以被识别归入到这个部门法，而非那个部门法，正是法官在多个部门法中寻找、甄别，选择与案件发生联系的全部法律规定，并在此基础上，在概念与概念、术语与术语、法条与法条间，以及它们相互之间进行法律推导和综合判断的结果。例如，在我国，公务员与非公务员合伙经营商店的合同纠纷，显然应当识别为民事法律关系，受民法调整。但是由于案件一方当事人又具备公务员身份而与行政法发生牵连。因此，在将该案件事实识别为民事法律关系之前，法官还必须考虑相应的行政法规范的效力范围，以判断其是否足以影响对该案件事实的法律定性和识别。又如，以合同形式实施的侵权行为，既是合同法的调整对象，又是侵权法的调整对象。法官必须识别其为合同法律关系还是侵权法律关系。再如，某些人身伤害案件，伤害程度无差别或者差别不大，刑法和民法同时进行调整和规制，但是责任承担方式截然不同，一为刑事责任，一为民事责任。此时，法官必须对民法规定和刑法规定进行比较、鉴别和取舍，以识别其为民事法律关系抑或是刑事法律关系。

各法律部门既是相互独立的，又是法律体系的组成部分，它们之间应当是相互交错、互相配合、互相支持的关系，并非断然分开、没有丝毫联系的。遵守某项法律规定，同时会引起所有法律的承认和保护；违反某项法律规定，也会招致其他法律的制裁。法官必须超越某个部门法，目光在多个部门法中往返流转，找出与案件事实有关的全部法律规范，并在此基础上进行综合判断和分析，才能最后识别案件事实，将其成功地归入到某一个法律部门中，以发现与案件事实最相匹配的个案裁判规范。反之，只局限于一个部门法内的法律发现和法律识别是不全面的，可能会导致法官作出不公正的裁判。

二、法律规范选择的一般顺序

各种不同的法律规范之间具有一定的关系，这种关系规定性反映了立法者对法律秩序的统一要求和安排，表明了法律秩序的正常状态。规范类型之间的关系规定性对法律发现具有双重意义：一是它决定了对法律规范选择的一般顺序。即在法律秩序正常状态下，法官在各种规范类型之间选择、发现法律的顺序规则；二是它决定了对法律规范选择的特殊顺序。与法律发现有关联的法律规范类型包括法律规则与原则、上位法与下位法、一般法与特别法、新法与旧法等不同类型，每种分类都对法律发现具有方法意义。通常，法律规范选择的一般顺序为：规则先于原则；下位法先于上位法；特别法先于一般法；程序法先于实体法。

（一）规则先于原则

法律规则是指规定法律上的权利、义务以及责任的准则、标准，或是赋予某种事实状态以法律意义的指示、规定。法律原则一般规定在法律的总则部分，是较为抽象的表述，反映的是立法指导思想、法律理念和精神，是指导、实施和理解法律规则的纲领性规定，体现着法的本质和根本价值，构成法律体系的灵魂，决定着法的统一性和稳定性。规则与原则关系密切；原则是规则的精神基础，原则指导规则，规则必须符合原则。某一原则常常成为一群规则的基础，为规则的制定提供了基础和出发点，并支持规则的适用。例如，无罪推定成为众多诉讼规则的基础。而规则是法律原则或理念和价值的具体化和详细化，规则必须符合原则，不能与原则相冲突；否则，规则将失去法律效力，可以说，原则限制规则的意义的范围。在出现法律漏洞，以及规则与原则相冲突的时候，法律原则与具体案件的结合，可以创造出新规则作为断案依据。原则与规则的关系表明，在进行法律发现的时候，不仅要注意法律规则的具体规定，还必须注意到原则的存在。

在法律发现的顺序中，首先应该注意规则的识别，在确定了规则之后才与原则进行比照，在规则与原则之间寻求一致性。如果规则与原则之间出现矛盾冲突，则需要根据原则修正规则的意义。另外，在出现多个法律规则相互竞争，共同接近于某个具体案件的时候，原则可以帮助法官进行正确的识别。规则为法官提供了裁判标准和司法技术，它对限制自由裁量权，保证制定法秩序的贯彻实施发挥着核心作用。所谓规则先于原则，是指法院审理案件应该优先在规则中发现法律。规则先于原则，要求法院首先要穷尽各种法律方法，在法律体系中查找到能与个案事实相匹配的规则，只有在规则发现不能，也即法律体系内根本不存在与该个案相匹配的规则时，才可以到原则中发现法律。规则先于原则，只是表明规则应该是比原则被更早地适用，并不是说规则的效力高于原则，因此，法官发现了与案件相适应的规则后，还应当与原则相对照，在原则指导下理解规则的含义。

（二）下位法先于上位法

依照法律效力级别，从高到低进行等级排列，可形成法律规范等级体系。其中，宪法具有最高法律效力，居于最高地位，是根本法。在宪法之下，具有较大法律效力，居于较高等级的法律规范，被称为上位法。而具有较小法律效力，居于较低等级的法律规范，被称为下位法。上位法与下位法有两种关系：一是上位法是下位法的效力来源和依据。下位法的有效性由上位法决定，上位法是衡量下位法有效性的标准。因此，下位法必须符合上位法，除非法律有明确的例外规定，下位法不得与上位法相抵触，否则，下位法不具有法律效力。二是上位法的规范内容比较抽象，而下位法的规范内容是上位法的展开和具体化。较之上位法，下位法的规范内容更为详尽、细致，具有更强的明晰性与可操作性。一般说来，法律人发现法律应该遵循下位法先于上位法的规则。所谓下位法先于上位法，是指法官应该优先在下位法中发现法律而适用，只有在该下位法存在不应被适用或下位法与上位法相互冲突的情形时，法官才可以舍弃该下位法，在上位法中发现法律。下位法先于上位法，要求法官必须在法律体系中，寻找到与个案事实相关的居于最低效力等级的有效法律规范。但是，这并不是说上位法可以被舍弃不用，法律规范从来就不是独立存在的，下位法含义的确定离不开上位法规范的指引和控制。如果上下位法没有矛盾，就应该根据详细规定优先的规则适用法律。如发现上位法与下位法之间相互冲突，则应该遵循上位法优于下位法的原则，根据上位法修正下位法。

下位法优先于上位法是法律发现的顺序，通常以上、下位法之间不相抵触或冲突为前提条件，但是若下位法是上位法的“除外”或“变通”规定，换言之，即使下位法作出了与上位法相冲突或抵触的规定，也仍然应该优先在下位法中发现法律。因为“变通”规定，是上位法立法主体为了更好地保证上位法的实施，给予下位法立法主体一定程度的立法变通权，允许下位法立法主体在一定范围内根据实际情况对上位法所作的变通规定。因此，即便这种变通规定可能会与上位法产生抵触，也仍然应该优先被法院发现而适用，这是立法者对法律秩序的安排和要求。

（三）特别法先于一般法

一般法是指在一个国家主权范围内，适用于一般的法律关系主体、一般的事项、通常的时间和一个国家管辖的所有地区的法律。相应地，特别法是适用于特别的法律关系主体、特定事项、在特别的时间和特别的区域范围内的法，其中，只要具有前述四种情形中的任何一种或一种以上，该法律都将被作为特别法对待。一般法与特别法的划分对法律发现的顺序具有重要意义，此种划分决定了法律发现应该按照特别法先于一般法的顺序进行。即在发现法律的时候应该首先到特别法中去寻找，如果没有出现一般法与特别法的冲突，就应该按照特别法来办理案件，当然法律有特别规定的除外。为解决特别法与一般法冲突的法律发现问题，现代法治国家一般都确立了特别法先于一般法的原则，我国亦如此。所谓特别法先于一般法，是指对同一机关制定的同位阶的特别法与一般法之间不一致的规定，法院应该选择并适用特别法。换言之，即在同一机关制定的相同位阶的不同法律间，当具有逻辑上之特别法规范所规定之法律效果排斥具有逻辑上之普遍性的规范所规定之法律效果时，特别法得排斥普通法之适用，法官必须适用特别法。[①]

三、法律发现需要与其他法律方法融贯使用

法律方法的运用需要与其他法律方法进行融贯。即使通过法律检索发现的是意义明确的法律，也还需要在使用三段论推理才能完成法律思维过程。如果发现模糊的法律规则还运用需要法律解释方法。如果对发现的法律有争议，还需要运用法律论证、论辩、修辞等方法。法律发

① 参见陈金钊：《法理学》，125~126页，北京，北京大学出版社，2002。

现是一种基础性方法。法律发现是以发现与个案事实最相匹配的裁判规范为目标。法律发现与法律解释方法的关系最为密切，但依然有不少的区别：法律发现是指法官寻找、选择、发现或形成一般法律规范，以为法律推理之用的裁判之“大前提”。而法律解释则指法官在面对模糊的法律规范时，运用文义的、逻辑的、体系的、论理的等各种法律解释方法，把法律规范中不清楚的地方解释清楚，以发现隐含在成文法中的法律真意，使模糊的法律规范变得清晰、明确的法律方法。首先，并非所有的法律发现都必须进行法律解释。如果法官发现的是明确的法律，则无须解释。如生活中的数字“一”在法律中同样是“一”，并无歧义，再进行任何解释都是画蛇添足。其次，从法律解释上来看，其目的是确立裁判依据，发现最适合于该待决案件的法律。从逻辑上看，解释只有针对一定对象才具有意义，“法律发现”之前可能会被适用的规范还未被“索引”，也即解释的对象尚不存在。同时，“最适合”意味着解释、甄别的后果，哪怕是最简单的部门法识别，其本身就已经属于“法律发现”的范畴。综上所述，尽管法律解释与法律发现之间存在千丝万缕的联系，甚至在某些阶段纠缠、内化在一起，但是，法律发现根本不同于法律解释，是一个相对独立的司法方法，法律发现的逻辑与法律解释的逻辑也存在很大的不同。

思考与练习

一、简答题

1. 什么是法律发现？法律发现有哪些特征？
2. 什么是法律渊源？法律渊源有哪些基本形式？
3. 简述法律渊源与法律发现的关系。
4. 简论法律识别技术。
5. 简论法律规范选择的一般顺序。

二、案例说明与分析

2001 年 5 月，河南省汝阳县种子公司与河南省伊川县种子公司签订了一份代为繁殖玉米种子的合同。合同约定：伊川种子公司为汝阳种子公司培养 10 万公斤 108 号玉米种子，原材料由汝阳种子公司提供，2002 年秋季收获时由汝阳种子公司按市场价收购全部种子，并付给伊川种子公司每公斤 0.4 元的培养费。2002 年秋季，合同到期后，由于玉米种子供不应求，原本 4 元钱/公斤的玉米种子涨到了 10 元钱/公斤，因而伊川县种子公司违反合同约定，将 10 万公斤种子全部卖掉，汝阳县种子公司因此遭受到较大损失，遂于 2002 年 12 月将伊川县种子公司告上法庭，要求赔偿经济损失 100 万元。

洛阳市中级人民法院对此案进行了审理。在审理过程中，伊川公司与汝阳公司在赔偿数额和适用法律上存在分歧。汝阳公司认为，玉米种子的销售价格应依照《中华人民共和国种子法》的相关规定，按市场价执行；伊川公司则认为应当依据 1997 年修订的《河南省农作物种子管理条例》确定的政府指导价进行赔偿。承办法官李慧娟在案件提交审委会讨论后作出判决：“《种子法》实施后，玉米种子的价格已由市场调节，《河南省农作物种子管理条例》作为法律位阶较低的地方性法规，其与《种子法》相冲突的条款自然无效。”判决公布后，原、被告双方不服该判决，上诉到河南省高级人民法院。同时，该判决也引起了河南省人大的关注和批评。

2003 年 10 月 18 日，河南省人大常委会办公厅下发了《关于洛阳市中级人民法院在民事审判中违法宣告省人大常委会通过的地方性法规有关内容无效问题的通报》，通报称：《河南省农作物种子管理条例》关于种子经营价格的规定与《种子法》没有抵触，应继续适用。且“洛阳中院在其民事判决书中宣告地方性法规有关内容无效，这种行为的实质是对省人大常委会通过的地方性法规的违法审查，违背了我国的人民代表大会制度，侵犯了权力机关的职权，是严重违法行为”。因此要求河南省高院和洛阳市人大常委会“纠正洛阳中院的违法行为，对直接负责人员和主管领导依法作出处理”。洛阳中院党组按照河南省高院和洛阳市人大常委会的要求作出了处理意见，决定免去判决书签发人赵广云的民事一庭副庭长职务和李慧娟的助理审判员职务。[①] 但该决定最终未执行。

而河南省高级人民法院受理此案后，向最高人民法院进行了请示。最高人民法院于 2004 年 3 月 30 日作出《关于河南省汝阳县种子公司与河南省伊川县种子公司玉米种子代繁合同纠纷一案请示的答复》，答复指出：人民法院在审理案件过程中，认为地方性法规与法律、行政法规的规定不一致，应当适用法律、行政法规的相关规定。根据最高院的答复，河南省高级人民法院作出终审判决，维持了洛阳市中级人民法院的原判。2004 年 4 月 1 日，河南省人大常委会通过了《河南省实施〈中华人民共和国种子法〉实施办法》，废止了《河南省农作物种子管理条例》。与此同时，在学术界的强烈反对下，2004 年，李慧娟也恢复了工作。

（一）本案中法官发现法律的基本步骤

按照法治的要求，本案法官应该在我国法律渊源内发现法律，我国是成文法国家，法律发现以制定法为主要法源，但是当在制定法源内发现不能时，法官应该到其他次要法源内发现法律。在制定法源内，本案法官的法律发现步骤应该是这样的：

1. 本案法官了解案件事实情况后，她的法感立即告诉她，这是一个合同效力问题。这个结论来自于一个逻辑推理过程，即她依次按照相关法律规定，对本案法律关系进行识别的过程。这一过程为：依据《民法通则》第 2 条，将本案识别到民商法部门；然后依据《合同法》第 2 条，识别到合同法；再依据《合同法》第 130 条，识别为买卖合同关系；最后依据合同法第 8 条：识别为合同效力问题。

2. 为了判断本案中的合同是否有效，法官将找到《合同法》第 52 条，并将找到《合同法》第 62 条第 2 项的规定：“依法应当执行政府定价或者政府指导价的，按照规定履行。”法官知道，在我国，种子很特殊，定价可能会受到管制，于是她还应将目光放在民商法之外的其他法律部门，去发现有关种子的法律规定。

3. 法官很轻松地就能找到《中华人民共和国种子法》和河南省人大常委会 1997 年修订的《河南省农作物种子管理条例》。但是，她会发现，《种子法》和《管理条例》对种子价格的规定不一致。《种子法》规定：种子的价格实行市场定价。依此规定，按“市场价”计算赔偿数额，本案中的被告伊川种子公司应赔偿原告 70 万元的损失以及相关费用。而《管理条例》第 36 条则规定：种子的收购和销售必须严格执行河南省制定的统一价，依此规定，以“政府指导价”计算赔偿数额，伊川种子公司应该赔偿 7 万元的损失以及相关费用。到此，法官发现并断定，《种子法》与《管理条例》中关于种子价格的规定是相抵触的，存在法律冲突，这两个规定不能同时适用于本案件，法官只能从其中择一适用。

4. 至此，法官必须进行规范选择。本案中，《种子法》与《管理条例》是上位法与下位法关系，法官应该依照上位法优于下位法的法律发现规则，直接适用上位法《种子法》进行裁决。这也是我国《立法法》第 79、86 条的授权和要求。同时，《中华人民共和国合同法解释》（一）第 4 条也有明确规定：“合同法实施以后，人民法院确认合同无效，应当以全国人大及其常委会制定的法律和国务院制定的行政性法规为依据，不得以地方性法规、行政规章为依据。”

① 见 http：//xfx. jpkc. gdcc. edu. cn/show. aspx？ id＝196&cid＝66。

依此规定，法官应该直接适用《种子法》的规定对案件作出裁决。

（二）本案的难点问题：法律冲突的规范选择权与司法审查权

目前，一种颇受支持的观点认为：在本案以及其他法律冲突的案件中，法官不能直接适用上位法，而应中止诉讼，将法律冲突情况逐级报至最高人民法院，再由最高人民送报国务院或全国人大常委会裁决，然而这可能是对我国《立法法》裁决规则”的误读。我国2000年公布施行的《立法法》第86条（2015年《立法法》修订后，该裁决规则规定在第95条）规定：法律、法规、规章之间不一致时，应报请有权机关裁决，法官不得“擅权”。但是，报请是有前提条件的，即“法院不能确定如何适用时”。这也就是说，如果法院能够确定如何适用，那么就不需报请有权机关裁决了，而应直接由法官作出选择。《立法法》的这一规定实际上不是剥夺法院对法律冲突的规范选择权，相反是在给法院授权。因为，法院作为专业的司法机构，法官作为法律精英，处理、解决法律问题是其专长，很难想象还有什么机关比法院更有能力和资格裁断法律、法规、规章之间的不一致。事实上，大多数情况下，法官和法院都是有能力来作出此裁决的，只是在极个别情况下，比如在涉及对国家机关权力划分等事项时，才有必要将问题报请有权机关。

不难看出，本案中李慧娟之所以惹了“祸”，原因并不在于她选择适用了作为上位法的《种子法》，而是因为她在判决书中明确宣告：“《河南省农作物种子管理条例》作为法律位阶较低的地方性法规，其与《种子法》相冲突的条文自然无效……”她说了不该说的实话，染指了人大的法律无效宣告权，以至于河南省人大很生气，专门下发通知要求“追究相关领导人的责任”。其实河南省人大本来无须如此大动干戈，法官判案的问题，首先应在法院内部解决，人大的监督权只有在法院穷尽内部措施之后才能行使，毕竟宪法规定了司法权独立行使、不受干预。而像河南省、洛阳市两级人大及其常委会在本案中的表现，难免有以势压人之嫌。不过，好在河南省人大适时地废止了与《种子法》相冲突的《管理条例》，李慧娟也回到法院得以继续她的法官生涯，倒也显示了人大开明、务实的一面。中国的社会主义法治事业建设，道路是曲折的，前途是光明的！

第八章
大前提的建构（二）：法律解释

法律解释有四个方面的基本功能：（1）把模糊的法律规定及其意义说清楚；（2）协调法律规范之间的冲突；（3）解决法律稳定性与社会变动性之间的矛盾；（4）赋予案件事实以法律意义，用法律调整社会关系。前两个方面属于法律思维方式，用于描述法律解释的规范功能。思维之结果是构建司法三段论的大前提。如果没有法律解释为三段论的大前提做好准备，法治大框架下的法律推理是无法完成的。法律需要解释才能变得清晰，才能成为符合法治推理的大前提。法律解释的规范功能就是把一般的法律个别化，从而建构司法裁判的大前提。后两个是法律解释的社会功能，属于法治思维方式的组成部分。

第一节　法律解释的概念

德国法学家萨维尼认为，法律解释就是解释者将自己置于立法者立场重构法律的意义。然而，这种基于立法立场的重构是困难的，原因在于立法者与司法者有着不同的努力方向。立法者所进行的是一种抽象化思维，是为社会输入法律规范，而法律解释者秉持的司法立场，是要为个案找到所要适用的法律，是把一般的法律个别化。虽然司法者要考虑立法者的意思，但从哲学上看，这是难以企及的。因而现在更多的现实主义法学家认为，法律解释的过程始终应该在坚持宪法、法律至上的前提下，追求社会公平正义——主要是法律的可能意义之中的正义。即对正义的追求必须考虑法律的目标，考虑上下位阶的法律之间不出现逻辑冲突。“总的来讲，法律解释是一个论辩性的选择和决定过程。这一过程常常需要照顾到不同的，相互竞争的目的，并且原则上要努力在相互竞争的不同利益之间达成让人认为是公正的妥协，并且在这一前提下实现效益的最大化。”①

一、什么是法律解释

法律解释既是理解、应用法律，把一般的法律转换为具体法律的过程，也是帮助人们理解法律意义的理论，同时也是法律应用的方法与技能。对于法律解释可从多个角度观察。也只有从多个角度才能较为全面地认识法律解释。

（一）法律解释是赋予事实以法律意义的活动

法律是一般的行为规范，是用语言对行为的抽象表述，而司法活动就是把一般的法律落实

---

① ［德］齐佩利乌斯：《法学方法论》，金振豹译，85页，北京，法律出版社，2010。

到具体的案件之中。所有的法律适用都需要解释。解决纠纷的法律方式都需要通过解释赋予事实以法律意义。从逻辑思维的角度看，司法过程之法律意义释放，是通过法律概念、规范、原则等在思维过程中使用，以解释的方式传达法律的意义。法律解释是一种媒介，其本质是根据法律的规范意旨赋予事实以法律意义。但对于赋予事实以法律意义的活动，在很多简单案件中，似乎只有推论意义上的理解，而没有日常意义上所说的解释。因此，法哲学家一直在进行探讨理解和解释的区别。在早期哲学界的论述中，解释和理解是有区别的，起码理解是解释的基础，没有理解解释就不可能进行。但德国哲学家海德格尔和伽达默尔创建了本体论解释学后，理解、解释和运用就被视为三位一体的了。即理解也是运用，解释也是理解，运用也是解释。然而，出于各种目的，多数学者同意维特根斯坦的论断，即不是所有的理解都是解释。① 我们基本赞成本体论解释学的观点，因而认为法律解释，无论是否有需要进一步解释的文本，只要我们在具体案件中释放出法律的意义就属于法律解释。所有的待处理案件都需要法律解释。法律解释就是赋予事实以法律意义的活动。就像拉伦茨所说的："解释乃是一种媒介行为，借此，解释者将他认为有异议文本的意义，变得可以理解。"② 对此问题我们在后面还将进行论述，这是广义的法律解释概念。当然，所有的法律都需要解释说的是所有的纠纷只要用法律手段解决，就需要用解释赋予事实以法律意义。这里的解释是哲学意义上的本体论解释。它与后面要阐述的"法治反对解释"原则中的解释不是一个意思。法治反对解释中的解释，指的是解释的日常含义，属于方法论意义上的解释。

（二）法律解释是把不清楚的法律文本的含义说清楚

把不清楚的法律说清楚，这是法律解释的基本含义。"法律必须解释，乃是基于三权分立的原理、法治主义的精神以及法律安全性的要求等因素，故法官在适用法律的时候必须先解释法律。"③ 按照立法者的设想，精致的法典是不需要解释的，因为立法者在通常情况下，对于可能出现的需要解释的情形，通过下定义的方法，已经解决了一些词义争端。然而，在司法实践中人们发现，即使是再精美的法典也不能避免解释情景的出现，尤其是在法律与案件遭遇后，需要解释的规定频频产生。法律的适用需要解释，不仅因权力分立所导致，也是语言本身的特性使然。语词的多种意义之间互不相容、多种相近的意义的重叠词汇、语词意义的相互包含，一词数义和数词一义等现象是大量存在的。在司法活动的多数场景中，所谓法律解释就是把不清楚的法律含义说清楚，并在此基础上赋予事实以法律意义。解释不是搞文字游戏，而是"在法律条文的文义所允许的范围内，来寻求标准判决的大前提"④。

"法律的解释，即在阐明法律文义所包含的意义。"⑤ 这就是狭义的法律解释，是指有解释对象的活动。从这个角度看，法律解释有两种基本形式：一是对法律规定的意义阐释，主要是对模糊语词、相互矛盾的法律规定等进行解释。二是在理解和解释清楚文本含义的基础上，赋予事实以法律意义。其实，这两种形式只具有认识论意义，在法律思维过程中并没有严格的界限。因为在司法实践中，对这两个方面的思维是相互重合的。法律用语都有意义空间。词义上的模糊在方法上可以通过解释予以限缩，但要通过解释完全排除模糊是不可能的。"解释不是一种精确的方法，顶多只能在供讨论的多种解释原则和解释可能性之间做出选择。"⑥ 法律解

① 参见［美］布莱恩·H. 比克斯：《牛津法律理论辞典》，邱昭继等译，111页，北京，法律出版社，2007。

② ［德］卡尔·拉伦茨：《法学方法论》，陈爱娥译，19页，北京，商务印书馆，2003。

③ 杨日然：《法理学》，93页，台北，三民书局股份有限公司，2005。

④ 杨日然：《法理学》，120页，台北，三民书局股份有限公司，2005。

⑤ 杨日然：《法理学》，95页，台北，三民书局股份有限公司，2005。

⑥ ［德］齐佩利乌斯：《法学方法论》，金振豹译，16页，北京，法律出版社，2010。

释的界限是在法律文义射程范围内解决问题，包括体系解释以及法律内目的方法都属于广义的文义解释，超出文义解释就需要用其他方法加以解决。“如果（穷尽）一切解释努力仍然无法导致对法律问题作出公正的，合乎法感的解决，这样的法律规范就需要予以补充。”①

（三）法律解释是法律运用的方法系统

法律解释是历史最为悠久的法律方法，现在已经形成了体系，诸如文义解释方法、体系解释方法、目的解释方法、历史解释方法、社会学解释方法、逻辑、语法、语义解释方法等。新近出现的一些方法，如利益衡量、价值衡量、法律论证等在有些著述中也被称为法律解释方法。研习法律解释主要是掌握法律解释的各种方法。当然，对各种各样的法律解释方法应该有正确的认识。“解释意味着对法律用语的含义进行探究，也就是说，探究该法律用语所表达的事实、价值和应然观念。然而这些有关某一法律后果的本身的法律信息并不是十分确切的。这不仅是由于法律观念的内容很少是能够被清晰和准确界定的。即使有可能清晰和准确地界定法律观念的内容，其赖以表达的理解工具，及语言也将不确定性带入这样一个信息传达过程。”②法律解释方法像人文社会科学的其他方法一样，都不是很精确，它只是帮助人们理解、应用法律的工具。法律“解释方法的优点是反映并说明了法律的变化和重塑方式。这种方法的弱点在于，它过度强调修正的可能性而很少强调解决的可能性；这种方法推崇伟大法官对法律的全面反思，因而忽略了共识和共享的理解的重要作用”③。这是对实际存在的过度解释的批判。

二、法律解释的范围

在司法活动中，法律解释具有普遍性，也就是说，任何法律的运用都是在解释法律。这里的解释包括理解、解释和运用。实际上，即使是法律规范的语词被原封不动地加以运用，从本体论上看也属于解释活动。法律只有被人们理解、解释和运用，才能产生法律效果和社会效果。在法律解释问题上存在着两种姿态：(1) 按照法治要求，在解释过程中应该奉行“唯有法律”的信念，即坚持法律解释的独断性原则。由于对“法律”一词有不同的理解，再加上法律语词本身也可以作为修饰词加以运用，所以，唯有“法律”的法律，既可以是法律的规定，也可以指法律的价值与精神，甚至指法律方法与技巧等。“解释法律，唯有法律”的法律是指整体性的法律。它是法律解释的权威性理由。如果没有其他理由的竞争，法律就是绝对的、解释事实法律意义的权威理由。法律以外的规则只能作为佐证，而不能成为改变法律意义的依据。任何关于事实法律意义的叙说，都是各种理由的综合体，但在法律解释中，法律规范是一种最受尊重的理由。然而，法律本身不可能实现其在理由上的选择功能。即使在法律有很大权威时，解释者仍然有很大的选择权。(2) 当代美国的许多法学家，观察到法律解释已经成了发展法律的创造性因素，因而主张司法能动主义，认为所有的法律都应该在法院审判中得到检验。然而我们必须看到，严格意义上的法律解释都是以规范的可能语义为限的。如果偏离了这一原则，对法律进行续造或矫正就超越了解释的范畴。原则上，法律解释的创造性，不能与法律目的相冲突，背离社会公平正义和法治目的的创造性解释是不符合法治原则的。片面强调法律解释的创造性会影响法律的权威。

在中国法治发展的初级阶段，应该坚持法律解释范围的“射程说”，即法律解释不能超越文本可能的意义范围，或者说在各种可能的意义中进行选择。超越法律的解释需要充分的法律

① ［德］齐佩利乌斯：《法学方法论》，金振豹译，17 页，北京，法律出版社，2010。

② ［德］齐佩利乌斯：《法学方法论》，金振豹译，59 页，北京，法律出版社，2010。

③ ［英］布莱恩·H. 比克斯：《法理学：理论与语境》，邱昭继译，112～113 页，北京，法律出版社，2008。

论证。与此同时，还要坚持“体系说”，即法律是以体系化的方式来指引行为的。法律不仅是一个规则体系、方法体系、价值体系，而且还是立法、司法和执法的结构体系、原则、规则和政策体系。法律对思维和行为的指引就是以立体的、体系的方式来完成的。其实这两种因素并没有太大的区别，因为在确定法律文义时必须考虑逻辑和习惯的因素。“所有进一步解释努力都一概通过句法及其他逻辑关系组合起来，并且不能通过法律定义和其他法律规定进一步加强解析的语词结构为基础。这些没有被立法者预先界定的语词从法律共同体的语言习惯中获得其含义。”① 可能的语义范围即是法律解释的范围。如果要超越这一范围，则不能通过法律解释方法，而应该借助法律续造、漏洞补充、价值衡量等方法。法律解释所能完成的任务就是明确法律语词的语义空间，就是在可能的语义空间内，选择最恰当的含义作为法律的意义。从法治的角度看，法律语词存在着解释空间对维护法律的安全性不利，因为它为解释者创造法律的意义提供了机会。但从法律适用的角度看，超越法律进行续造与填充也有其有利的一面，即法官可以在解释中作出与时俱进适应社会发展的判断，增大法律对社会的适应性，从而在有些情况下，出现法律效果与社会效果的统一。

三、需要法律解释的原因

法律之所以需要解释有如下原因：(1) 法律是概括性的、抽象性的规定，只有经过解释才能成为具体行为的标准。成文法都表现为结构严密的编章节条款项目的清晰体系，这是立法者所创立的文本性法律。然而，司法过程又是去发现一些少数规范去应对、调整具体的案件。尽管我们都知道解释过程中的整体性原则，但是，“法律的概念技术常常把个别的法律规范撕成了‘法思想碎片’，以至于常常不易发现个别的条文实际上只是一个确立或改变法律义务的完整法律规范的组成部分”②。法律发现是针对个案的少数条款，但是我们确定少数条款的过程是以法律思维的方式来操作的。法律判断不是少数条款与案件的简单相加，而是一个解释、理解和运用法律的过程。(2) 法律具有相对稳定性，只有经过解释，才能适应不断地变化的社会需求。法律的稳定性是法律获取权威的主要方式之一，但是社会关系又经常处于变动之中，为了使变动的社会和稳定的法律之间出现和谐，就必须运用法律解释的方法弥合二者之间的张力。(3) 人的能力是有限的，因而立法不可能是完美无缺的。法律只有经过不断地解释，才能趋于完善。③ 按照德沃金的说法，法律的应用是一种建构性解释。“律师和法官可以用建构性解释来判定适用某一具体论题的法律是什么。”④ 由于法律是用语言来表达的，而语言又天然地具有不确定性。这就使得司法者在运用法律的时候经常会出现理解上的分歧，法官们不得不经常地探寻模糊语言背后的法律是什么，在理解、解释的基础上运用法律，把一般不确定的、模糊的法律变成确定的、具体化的法律。(4) 按照哲学解释学的说法，解释实际上是在多种可能的意义中进行选择，这种说法对文学解释来说，应该问题不是很大，但对法律解释学来说就存在一些问题。这主要是因为法律解释的独断性要求使得法律人并没有太大的选择空间。法律意义多数已经在法律思维、法律渊源、法律方法以及法律的解释原则的掌控之中。所谓选择必须是职业解释共同体所认可的意义。法治原则不允许任意解释法律。但是现在很多学者根据自己的逻辑推论，断言法律解释的本质也是创造性的解释，这是有问题的。法官们解释法律都会感

---

① ［德］齐佩利乌斯：《法学方法论》，金振豹译，65 页，北京，法律出版社，2010。

② ［德］齐佩利乌斯：《法学方法论》，金振豹译，7 页，北京，法律出版社，2010。

③ 参见葛洪义：《法律方法讲义》，179～181 页，北京，中国人民大学出版社，2009。

④ ［美］布莱恩·H. 比克斯：《牛津法律理论辞典》，邱昭继等译，44 页，北京，法律出版社，2007。

觉到法律对自己选择行为的约束。法律解释是受法治原则约束的，同时解释方法也规制着人们的解释。即使有了法治原则和法律渊源理论，但仍不能消除解释现象。法律解释是伴随司法活动始终的法律现象。尤其是在社会主义法律体系建成以后，解释会成为法学研究的主要内容。

从法治的要求和日常意义上的解释含义来看，并非所有的法律都需要解释。法谚云："法律不重诵读，而重解释"、"法无解释不得适用。"[①] 一般地说，法律必须经过解释才能与案件结合。抽象的条文本身并不能对案件产生效力，徒法不足以自行。法律需要人在理解的基础上应用。这种认识并没有什么错误的地方，但是对解释的界定过于笼统，不利于法治建设或逻辑在司法中作用的发挥。因此，我们必须进一步考虑，根据法律推理得出的意义算不算解释？如果不算解释的话，那就意味着有部分法律不需要解释，直接应用就行了，比如说对案件来说含义十分吻合并非常明确的法律规定。这就是说，能够用三段论推理直接推出的法律含义就不是解释，而是推理。我们认为，必须明确哲学上的"解释"与日常意义上的"解释"是不一样的。在本体论解释学中，解释一词的含义比较宽泛，所有的理解都称之为解释，对语词意义的直接认识也都称之为解释。拉伦茨认为："假使以为只有在法律文字特别'模糊'、'不明确'或'相互矛盾'时才需要解释，那就是一种误解；全部的法律文字原则上都可以，并且也需要解释。"[②]

即使在法律措辞立法意图一目了然的情况下也需要解释。这种观点反映了本体论解释学对法律解释学的影响，从哲学上看是有道理的，但用这种完全哲理化的思想来指导司法解释显然存在问题。因为法律解释的实践已经告诉我们，对法律意义直接认定越多，对法律解释的机会越少，人们的思想和行为就越可能接近法治，所以在解释被搞得一团混乱时，有必要恢复解释的日常含义。在日常意义上，"解释"是对不清楚的、模糊、不确定语词的说明、论证。我们的观点是：并不是所有的法律都需要解释。只有在出现模糊、不确定、矛盾的法律时才需要解释。这是对法律的一种克制主义姿态。尤其是在法律职业化已经在一定程度上有所发展的情况下，解释者都是经过法律训练、科班出身的学生，很多简单问题所需要的法律是十分清楚的，没有必要强调每一个法律都需要解释。过分强调这一命题，只会增加解释的机会，从而使一些怀有不良动机的人把法律原本意义解释没有了。另外，对不确定、模糊法律语词的解释，只能根据法律的精神、价值等释放法律的整体之意或者至少是社会和谐所期待之意。"如果没有疑问，那就不需要解释，法官就不能以解释为借口更改法律的规定，因此法律解释的前提必须是厘清何者法律的规定是清晰的，何者法律的规定是模糊的。"[③]我们有必要区分法律规范的直接使用与法律规范的解释（解释后才使用）。推理是一种对法律的直接适用，而解释是一种对法律的应用——即借助文本阐明意义，把模糊的法律变为清晰的法律，然后才加以适用。当然也必须清楚，对需要解释的事实来说，清晰的法律是我们赋予事实以法律意义的出发点，谁要想给条文增加其他意思就必须为此承担论证责任。[④]

四、法律解释原则

法律解释原则是体现法治的基本要求、反映法律的价值、指导法官等进行法律解释的基本准则。基于不同的政治目的，对法律解释原则有多种多样的表述。本节主要是根据法治的基本目标来设计法律解释的原则。

① 转引自王利明：《法律解释学导论》，序言 1 页，北京，法律出版社，2009。

② ［德］卡尔·拉伦茨：《法学方法论》，陈爱娥译，85 页，北京，商务印书馆，2003。

③ 转引自王利明：《法律解释学导论》，151 页，北京，法律出版社，2009。

④ 参见［德］科殷：《法哲学》，林荣远译，211 页，北京，华夏出版社，2002。

（一）忠于宪法和法律的解释原则

合宪性解释是法律解释的一个重要原则，它体现的是宪法至上的法治理念。这一原则有两层含义：一是根据宪法解释事实，赋予事实以法律意义。这种情况一般是在法律没有对基本权利作出相应的规定的时候加以运用，如果有相应的基本法律，不能依据宪法规范直接解释事实的法律意义。这主要是因为宪法是国家的根本大法，是对公民基本权利和义务的规定。宪法属于母法，是一般法律制定的依据，而不是具体判案的依据。但近些年来，很多法官也采用此种原则解释一些没有具体法律规定的案件，出现了所谓的宪法司法化问题。二是依据宪法对已有的具体法律和在个案中的法律判断进行论证，在个案中审视法律规定和法律判断是否合乎宪法的规定和精神。这就是说，合宪性解释是一个系统，按照法律解释的顺序，应该首先对普通法律进行解释，最后对解释结论按照合宪性原则进行评价和控制。① 宪法始终是理解法律的纲领性文献。拉伦茨认为："在多数可能的解释中，应该始终优先选用最能符合宪法原则者。"② 宪法不仅是指导国家机关行为的准则，而且帮助指导人们对法律的理解、解释和运用。它不应该是闲置的法律。"如果法官的良心不容许他服从法律，那他就必须放弃法官的职务。民主法治国家的宪法不允许以法官个人的正义观代替立法者的意志。"③ 合宪性解释具有验证规范命题和法律判断的功能，目的在于选择和排除解释结论、维护法治的统一。合宪性解释是法律解释的原则，而不是法律解释的具体方法，因为它从理论上看是要贯彻于解释过程始终的理念。④

合宪性解释是法治统一原则对法律解释活动的基本要求，体现了法律解释活动中的体系性或系统性思维。合宪性解释方法有三个方面的具体规则：一是单纯性规则，即宪法规范和精神应该在解释相关的具体法律时，直接对解释结果产生影响；二是冲突性规则，即在解释出现多种可能的结果时优先选择、确认与宪法内容相符合的结论；三是保全性规则，指当法律有违宪可能性时，应该选择不违宪的解释结果。⑤ 在法律解释的古典规则中就已经明确，对规范的解释应该尽量避免使规范之间出现冲突。这句话用到今天就是强调，法律的解释尽可能要与宪法相一致，对行政法规的解释尽可能不要与法律相抵触。⑥ 合宪性解释问题是我国法治建设面临的艰巨问题，因为这一原则常受到惯行的潜规则干扰。为了维护法治，必须根据宪法和法律思维，而不是把宪法仅仅当成一种政治宣言。

（二）对明晰的法律直接适用、反对解释的原则

法律解释的明晰性原则（或者说明确的法律反对解释的原则）是自罗马法以来都在坚持的原则。这一原则是为了维护法治、使法治在最大程度上得到实现而确定的原则。坚持这一原则可以使法律文本的意义得到最大化的发挥。法律语词像其他语词一样，都存在着意义中心和边

---

① 参见王利明：《法律解释学导论》，202页，北京，法律出版社，2009。

② ［德］拉伦茨：《法学方法论》，陈爱娥译，217页，北京，商务印书馆，2003。

③ ［德］魏德士：《法理学》，吴越等译，400页，北京，法律出版社，2005。

④ 当然我们也应该看到，原则、规则和程序本身都具有方法论意义。因此，把合宪性原则认同为解释方法对解释过程和结果不会产生实质性的影响。

⑤ 参见王利明：《法律解释学导论》，402页，北京，法律出版社，2009。

⑥ 当然，解释法律的合宪性原则本身也存在一些值得进一步追问的问题。"有关法律的合宪性解释揭示了这些考量所面临的问题，在审查一项法律是否与宪法一致时，并不是简单地审查对该项法律的多种解释可能中是否有一种解释与某种已经清楚界定的宪法规范兼容，而是涉及这样的问题，即对该项法律的多种解释可能中是否有一种与对相关宪法规范的可允许的解释兼容，因为并不仅仅是该项需要用宪法标准加以衡量的法律本身的含义是不确定的。事实上宪法标准本身的含义也是不确定的，是可以解释也是需要解释的。也就是说宪法规定本身也存在一个解释空间，允许对其做不同的解释和具体化。这样就出现了一个宪法政治上的问题，即在法律制定者所选择的宪法解释当中，究竟谁的解释是标准解释。"［德］齐佩利乌斯：《法学方法论》，金振豹译，58页，北京，法律出版社，2010。

缘含义的问题。一般来说，法律语词的核心是清晰的，其含义是不需要解释的，只要在运用中加以认定就可以了。从解释方法上来说，如果法律文本所使用的语言是清楚的，就没有必要借助法律文本外的因素进行解释。但是，当人们对核心意义出现多种可能的解释结果或对一些词义发生争执时，仍需要运用法律解释方法。一般来说，法律解释结果都是法律方法的综合运用，单纯依据一种解释方法得出法律判断的情形比较少见。因此，反对解释的原则强调了对明确的法律语词反对解释，以维护法律的权威性。法律语词意义的边缘成分，一般情况下都需要结合具体的语境中进行解释。法律解释的明晰性原则迎合了法律释义学的要求，是严格法治的产物。这种解释方法不在法本质意义上追问法律是什么，只根据现行法律的规定进行思考，也不问以何种方式认识法律，奉行一种按文索义的解释路径。法律释义学其实也对现行法进行一些批判，如批评一些条文违宪或不具有合宪性，但并不探讨现行法律是否具备实质合法性，它只在体系内批判现行法。[①] 法律解释虽然可以被引入理性设计的轨道，最终却常常导向无法继续加以理性解析的评价。这是法律解释的缺陷，需要引入法律论证方法来解决。人们可以发现，在法律解释过程中留有太多的非理性因素，但仍应穷尽理性论辩的可能性。对那些含义已经明了的规范，我们无须费尽心机地论辩，而应该直接使用。

（三）以人为本、追求社会公平正义解释原则

以人为本是体现法律解释人性化的原则。它要求法律人在解释法律时，应该正确处理好法律与人的目的之间的关系，不能死抠字眼仅为明确法律意义而解释，必须看到法律是为人服务的。在解释时，既不能以方便管理为本，也不能以法为本，而应把以人为本当成解释的理念。在法律的个别规定与人的目的、社会公平正义等发生冲突时，应以人作为目的，以实现社会公平正义为基本诉求。这是法律解释的矫正原则。以人为本不是政治口号，而是实实在在的解释原则，应该贯穿于司法活动的各个环节。但需要注意：法治原则之下的以人为本是辅助原则，只是对法律职业共同体的活动提供价值选择的方向。以人为本并不能单独塑造规范，只是解释法律的价值取向。自从法律出现后，对法律产生出多种多样的需求，以人为本只是引领满足公平正义的需求，而不是满足人的所有需求。研究法律的历史可以发现，对法律与社会公平正义间关系的阐释的各种尝试丰富了人类的历史。社会公平正义不仅仅是被发现的，更是在不断地试错中得以实现的。尽管立法者已经在法律文本中表达了对人的关怀，但还是留下了很多需要解释的空间。在法律的开放空间中，以人为本作为原则必须被不断地尝试。

以人为本的思考往往是在法律的明晰性原则已不能发挥作用的时候加以运用的。“法律解释是指以解释的方式阐明抽象法律条文的含义，借以将明确适用于具体案件，其须倾向于价值之衡量。”[②] 法律有多种价值，但是以人为本是解释法律的基本立场，其目的在于保护和实现人权这一法律的基本价值。在这个问题上，存在着以法为本与以人为本的争宠。这当然不是说所有的法律规定不以人为本，而只是说，在有些案件中，完全根据法律或者说唯有法律的解释，可能与人的目的、人的尊严和人性化需求发生冲突。这时解释者究竟是以人为本，还是以法为本就需要选择。以人为本的解释原则意味着：法治仅是实现人权的工具。法治是服务于人的，人是目的，不是手段；人的价值高于一切；人是发展的中心主体；法律也应促进人的全面发展，在立法和司法中应该崇尚和彰显人性，尊重人的权利和自由，把权利置于权力之上。[③] 法律解释中的以人为本就是要把保障人权的实现作为最高的价值追求。法治的追求在早期就是

---

① 参见吴从周：《民事法学与法学方法》，33～34 页，台北，一品文化出版社，2007。

② 杨仁寿：《法学方法论》，118 页，台北，三民书局，1986。

③ 参见李步云：《法的人本主义》，载《法学家》，2010（1）。

要保护人权，为保护人权、限制王权才实行了严格法治。但实施法治也是需要付出成本的。立法者在法律文本中作出了大的方面的人权保障的规定，但在实施过程中，这种一般的人权保证却可能因为严格的逻辑推演而在个案中失去意义。法律解释中的以人为本就是要在司法中把以人为本的人权原则落实到具体案件中，不能仅仅依靠逻辑推论建构法律前提。

五、法律解释的作用

关于法律解释的作用，学界主要有四种观点。一是文义阐释说，即进一步阐释法律用词的含义或意义，实际上就是通过逻辑的、修辞的、语法的、体系的方式把法律文本的意思表现出来。二是寻找法源说，即认为法律解释就是寻找法律推理的大前提，包括了法律发现、法律理解和作出裁决的全过程。三是价值发现说，法律解释不是简单地解释法律的条文，而是要把条文背后的价值、目的、理念等挖掘出来，以应用于当前的案件。法律解释的实质是价值观上的争斗，是一种思维决策的博弈过程。四是探求意图说，认为法律解释探求的只是立法意图，包括立法者的意图和法律文本中字里行间的意图。[①] 这四个方面是在探讨法律解释的目的。根据这种目的意义，王利明认为，法律解释的作用在于：（1）寻找并确定解决纠纷的大前提；（2）阐释法律文本的含义；（3）发展和完善法律；（4）维护法律规则体系的和谐。法律解释的基本作用是阐明法律，即文义解释是它的基本方法。在阐明过程中，也难免需要创造性地解释，这种创造性由于受法治原则的压抑，始终应该围绕着文本来展开。法律的基本要素会以不同的方法作用于解释者。法律文本、法律价值（法律目的）、法律方法以及意识形态都会融进解释者的头脑。这就意味着法律解释的作用是以综合方式来发挥的，法律应该起决定性影响，其他因素多少会影响着对法律的创造程度。法律解释是法治调整社会宽严的松紧器。当解释者的姿态是严格克制的时候，法律对社会的控制程度就会提高，法律文本的因素就会发挥更重要的作用。当解释者的姿态是趋于能动时，法律就会减弱对社会的控制程度，法律文本对解释者的约束与控制作用就会降低。因此，谈论法律解释的作用，不能是静态的，还必须考察具体的解释场域、解释姿态。

第二节　法律解释的特征

法律解释的特征是探讨“法律解释是什么”的继续。通过对法律解释特征的进一步揭示，可以丰满我们对法律解释的全面认识。在法律解释学的研究著述中，人们对法律解释做了多个角度的描述，在学习过程中都可以参考。“或许可以这样认为：法律解释学的独特理性表现在，它使其非逻辑性分散在小的，可界定的跳跃当中；也就是说，解释被拆解为一个个思想要素；由此，（法律解释当中的）批评必须分别针对并被纳入整个论辩体系中某一十分确定的问题点才行。”[②] 我们在论述宏观的法律解释理论，但我们在理解这些法律解释理论的时候，不得不经常在脑海里随时翻腾着具体的案件，以帮助我们达致理解。

一、法律解释的独断性

“独断”在这里是借用了哲学上的术语，“是指论者在分析相关问题时，事先设定一个先验

① 参见王利明：《法律解释学导论》，41～43页，北京，法律出版社，2009。

② ［德］齐佩利乌斯：《法学方法论》，金振豹译，91页，北京，法律出版社，2010。

的、形上的标准，并以之为基础展开相关分析——考虑这种标准往往由论者自己认定，因而就具有独断属性”①。但法律解释的独断性与哲学上所讲的独断性并不一致，而只是借用这一术语表达法律解释的特征。在我们看来，法律解释的独断性有两层含义：一是法律在被解释以前，其意义被假定已经解释存在于法律之中。这就是说，法官解释法律，得出的应该是法律的意义，而不能是法官个人的意思。这就是解释内容的法律决定论。二是任何人都可以理解、解释和应用法律，但是，有法律效力的解释只能由法官作出。这就是解释主体的独断性，是由法治统一原则所导致的法无二解的逻辑要求，也是法律解释的特殊性之所在。“对文本的忠诚就是对法律的忠诚，法官不应该完全撇开文本，而以自己所理解的社会效果来代替法律文本的含义。”② 法学上的独断性是以一定的权威或信仰为基础的，这是独断区别与专断的重要原因。独断性的解释是建立在合法性与合理性二元论基础上的，一旦走过了头，这种独断就会成为不加反省、盲目信赖法律的态度，因而，法律解释的独断性在现代常遭诟病。③ 所以，法律解释的独断性是严格法治的产物，是法治论者追求的理想目标。实际上，法律解释的绝对独断是做不到的。因为：第一，当遇到疑难案件的时候或遇到法律与法律价值等发生冲突的时候，就要根据法律价值、使用法律方法进行探究。但即使是探究也不能背离法律的精神与价值，最多是对法律进行修正。法治理想要求法律解释者必须适度进行独断性解释，但独断性解释并不排斥解释过程的探究性。第二，离开人去理解解释法律，也不可能有所谓法律的意义。所有法律的意义都是通过法律人表达的。解释的独断性只是表达了法治论者的要求。实际上法律解释的意义是通过人依据法律所揭示出来的意义。

法律解释的结果之所以应该是独断的，是因为法治的要求使然。法治要求对行为性质的判断必须依据法律，在司法活动中释放法律的意义，而不是法官的任意。同时法官也只有揭示出法律的意义，其解释结果才具有权威性。否则，法官的心理就需要承担太多的压力。法官根据法律作出判断，既保证了法治能够有限地得到实现，也保证了解释结果的权威性。“法律规范大多数都有一个解释空间，可以（从字面上）赋予同一法律规范不同的含义，而在解释的时候只能从中选择一种作为对该法律规范的解释。作为对该法律规范之解释的这种理解应该在考虑到其他解释标准的前提下尽可能地接近具有多数公认力的正义观念。这是民主的合法性观念的要求。”④ 但是，正义具有流变性，人们究竟该以法律颁布时的正义为标准，还是以解释时的正义为标准呢？如果正义与时俱进，那么就会出现含义的变迁。实际上在这时候如何进行取舍，法官有决断的权力，这就是法律解释的独断性含义之一。在一般情况下，法官所奉行的正义应该是文本法律已经表达的正义。

二、法律解释的循环性

解释的循环性原本是指解释的困境，但后来人们逐渐认识到这实际上是解释的规律。法律解释像其他任何解释一样，只有法律的整体与部分之间、原则与规则之间、文本与事实之间、解释者与法律文本、解释者与法律事实之间不断地循环，才能达致对法律的理解，才能赋予事实以恰当的法律意义。法律解释的循环性至少有三个方面的含义：

---

① 周赟：《应当的法哲学分析》，32 页，山东大学 2006 年博士学位论文。

② 王利明：《法律解释学导论》，35 页，北京，法律出版社，2009。

③ 参见武飞：《法官思维：独断还是商谈?》，载陈金钊、谢晖主编：《法律方法》第 9 卷，233～234 页，济南，山东人民出版社，2009。

④ ［德］齐佩利乌斯：《法学方法论》，金振豹译，35～36 页，北京，法律出版社，2010。

一是在法律文本的整体与部分之间的循环，即在整体之中理解部分，在了解部分的情况下理解整体，在整体的指导下理解部分。“解释学的循环有一种逻辑的要求，那就是整体与部分的理解的相互依从，尽管它的表达形式来看是一种矛盾、悖论或二律背反，但它是现实的、实在的，并且体现了一种‘和谐的生命’。”① 对这一问题的探讨推动了解释学的进一步发展。但是整体与部分之间的循环只是在理解对象之间进行的，因而只是单方面的理解对象的思维。理解者对理解的作用被忽略了。体系解释方法与法律解释的循环性有某种程度的暗合。

二是在解释者与法律文本之间“六经注我，我注六经”式的循环，即理解与前理解之间的视域融合的循环理解。在理解的双向循环中，“诠释学理解需要在过去与现在、陌生性与熟悉性之间进行调解”②。只不过法律解释的循环性里面有一个法治的要求。即使是循环的理解也不能脱离法律规定太远，不然法治原则就会落空。循环只是为了更好、更全面地理解法律，为法治的实现铺好理解的路径。理解的循环包含对法律的积极性认识的可能性，也包含着一些消极性认识的可能性。这就需要我们在坚持法治及其精神的前提下，把握理解的循环之途。在中西法律之间、现实法律与历史法律之间、当前政治背景与法治要求之间、整体性法律与局部法律之间、解释者与解释共同体之间、能动与克制的立场之间的目光往返循环中，寻求法律与法治的真谛，解释或者揭示出可以被接受的答案。

三是在解释者、法律文本和法律事实之间的三向循环，即在所谓目光往返的来回穿梭中达到对法律的理解与运用。解释的循环强调的是理解的过程，是解释者必须注意到的认识规律。法律解释的过程是立体的，法律约束解释者，解释者赋予法律以意义，事实影响法律的意义范围，事实影响解释者对法律的理解等等。在解释者、法律、事实之间产生的解释活动，在思维的统一体中来回循环。尽管在一个法律解释过程中，只有部分的法律和为多数人公认的正义观念才能够得以维持，但是，解释的过程却是复杂的。拉伦茨认为：“理解的循环运动并非单纯地返回原来的出发点，毋宁可以将整个文字的理解提升到新的层次。”③ 哲学解释学的循环理论对法律解释的体系性建构有很大影响。“‘体系’解释致力于将待解释之规范与这些在法秩序中扎根下来的正义观念体系相接驳。这里出现了一个‘诠释学上的循环’，因为对法律解释的标准来自于法本身，而通过这种方式做出对法的解释又反过来成了法的精确化以及法律续造。”④ 古代修辞学早就认识到了部分与整体的解释学循环问题。“文本的一切细节都应当从上下文即从前后关系以及整体指向的统一意义，即从整体结构去理解；反之整体结构的统一意义又必须从一切细节中去理解。”⑤ 解释的循环性特征提醒我们，一个恰当的法律解释结果，不是一下子就能完成的，而是要经过“目光往返的多次循环”。

三、法律解释的创新性

“法律解释和法律续造虽然是可以理性建构的，却是无法完全以理性来决定的。”⑥ 我们对

① 何为平：《关于解释学的普遍性的深刻沉思》（译后记），参见［加拿大］让·格朗丹：《哲学解释学导论》，何为平译，309页，北京，商务印书馆，2009。

② 洪汉鼎：《哲学解释学的基本特征——伽达默尔〈真理与方法〉一书梗概》，载《中国诠释学》第6卷，2页，济南，山东人民出版社，2010。

③ ［德］卡尔·拉伦茨：《法学方法论》，陈爱娥译，87页，北京，商务印书馆，2003。

④ ［德］齐佩利乌斯：《法学方法论》，金振豹译，83页，北京，法律出版社，2010。

⑤ 洪汉鼎：《哲学解释学的基本特征——伽达默尔〈真理与方法〉一书梗概》，载《中国诠释学》第6卷，1页，济南，山东人民出版社，2010。

⑥ ［德］齐佩利乌斯：《法学方法论》，金振豹译，序言1页，北京，法律出版社，2010。

法律的理解永远既不完整，又在不断地创新，每一次新的理解又都会成为新的理解的“前见”。因此，像任何理解一样，法律解释的创新性不可避免。创新性也可以称为建构性。这不仅是因为法律存在着漏洞、矛盾等缺陷，还因为一般性的法律和具体案件的结合，需要解释者的“创造性”思维。所以，“在法律实践中，法律不断地被创制、变通和发展”①。当社会发展到一定阶段，就会出现新的法律解释的需求，通过解释使规范的一般含义渗入到具体的案件中。从各种法律解释方法来看，虽然各种解释都是围绕着文义解释来展开的，但是体系解释、目的解释、社会学解释以及价值衡量等都在一定程度上存在超越或脱离文本的可能。尽管各种法律解释方法的综合运用是正确地释放法律的意义所必需的，但是法律解释的结果的创新性不可避免。主要表现在，对文本意义的限缩或扩张；把一般法律意义个别化而使法律具有具体的意义；在特定语境中使法律变得确定；在事实与法律之间搭起桥梁等，都属于思维的创新。

我们看到，即使像文义解释这样对法律意义最忠诚的解释方法，也包含了字面含义在具体语境中的确定以及扩张解释和限缩解释等。当然，这项工作是由法官等法律人来完成的。法律解释具有创新性还在于：（1）从解释哲学的角度看，所有的理解都是创造性理解。但是由于我们区分了法律的适用与解释，所以，所谓的法律解释都是对含义不清或相互矛盾以及事实与法律之间存在涵盖不周延的法律意义的阐明。这就决定了所有的法律解释对法律文本来说都具有创新性。对于法律解释的创新性，有学者认为这就是法官造法。但我们认为，这种创新不是任意的行为，而应该是在宪法、法律和法学原理约束下的举措。因而也可以从广义上称之为法律解释。创新最主要的表现在对具体法律规范的完善，而不是像有些学者所说的为个案立法。（2）根据法律的推理是最基本的解释方式，而推理本身就是一种知识的创新。但是，这种创新是在法律含义留下的意义空间之内的发展，应该尊重普遍的解释规则，以获得起码在解释共同体看来的合法性。（3）法官解释法律不能完全拘泥于条文，还必须在具体的社会语境中解释法律，与社会语境的结合本身就是一个创造性思维的过程。法律解释是一种有限度的创新，但它必须根据法律进行解释，只是解释结果可以在一定程度上超越法律。这种超越一般来说都基于特定的价值倾向，而不是任意之解释。如，在民法领域，为个人创设负担的规范应该作严格解释，为个人创设权利之解释要以作扩大解释为原则。② 解释应该考虑到相关法律的文义、规范的目的、立法意旨、法律原则以及法律价值的整体指向。对超越法律规范部分还需在方法论上进行论证，以增大解释的说服力。（4）法律是社会中的法律，是一种社会实践，因而我们不能脱离大众对法律共识的理解。在建构法律或创新法律时，必须把创新建立在共识基础上，只有这样，我们所理解的才是趋于可接受的法律。解释法律时所衍生的创造性，不能无视立法权威的存在，毕竟法官根据情势所进行的创造性理解是一种在法律缝隙内的创造。

法律解释的创新性是讲，法律在解释中会发生一些变化——或者是意义添加，或者是意义缩减。但是我们要思考这些变化究竟是原初规范意义的自然生长（即在语境中意义自然发生变化），还是解释方法的使用使得法律规范的含义发生了变化。我们常说，法官能比立法者更好地理解法律，但是理解者是如何使文本的意义添加或缩减的呢？在法律解释过程中，创新意义的产生是不是固有的方法优于具体语境呢？一般来说，解释者都是带有前见的，方法论实际上是解释者的固有前见，但是谁能解决在具体案件的判决中各种方法的运用不能有固定的顺序呢？几乎所有的法律解释都没有现成的答案，因而我们很难确定原初法律规范的具体含义。虽然原初的法律规范起着一定的规范约束作用，但这并不能否定法律解释是对法律的重构。建立

① ［比］马克·范·胡克：《法律的沟通之维》，孙国东译，237页，北京，法律出版社，2008。

② 参见王利明：《法律解释学导论》，339页，北京，法律出版社，2009。

在法律方法和逻辑基础上的理性重构应该是一种精密的、形式完美的具体法律判断。再加上法律论证方法的运用，命题证成就更具有合理性。法律解释的创新性，其目的不在于创新，而在于实现一般性规范与个案的共容，使人们的判断更具有合理性。当律师和法官在使用逻辑时，他们的目的不是确定某个案件是否适用于某个规则，而是为处理方式提供有说服力的理由。此种理由要求问题的相似之处与问题的处理方式存在关联。①

第三节　法律解释的方法

法律解释方法，是指法律解释的思路、方式和程序，是一门理解、解释和运用法律的艺术。“法律解释方法是防止法官解释和裁判活动的任意性、保障司法判决公正性的有效工具。”② “法律解释方法是法律解释规律的总结，也是司法实践经验的一种归纳，其本身取得了法官的普遍共识，是较为成熟的、具有可操作性的方法。”③ 有了共同的法律解释方法也就有了共同的法律思维模式。对法律解释方法的熟练掌握，可以使方法转变为技巧。“法律解释方法的经验性、逻辑性、伦理性、可操作性、共识性、成熟性等特点都有助于保障部门法的准确适用。”④ 法律解释方法必须具有逻辑性，只有遵循逻辑的一般规则，才能得出符合法治的判断。当然，逻辑并不是唯一的标准，进行法律解释还必须考虑其他因素。主要法律解释方法如下所述。

一、文义解释方法

文义解释是根据法律的解释，要求解释者解释出来的意思必须符合语法、语义以及法律的整体意义。文义解释也称为语义学解释，“是指按照日常的、一般的或法律的语言使用方式清晰地描述法的某个条款内容”⑤。文义解释不仅是简单地阐明不清楚的文义，而是要根据法律文本所固有的含义来解释事实的法律意义，或者说把法律语义直接附加到事实上，从而使事实成为法律所调整的事实。文义解释根据的是法律文本；只是在待决案件中释放与其相对应的条文的含义。一般来说，清晰的文义会直接附加到待决案件。但有时法律文义面对复杂案件也会遇到法律文字语词本身不清楚的问题，因此，这就会引申出法律语义的模糊性、不确定性等。在司法中，探寻文本意义的脉络并不是一件十分容易的事情，理解在很大程度上依赖于法律与语言的结合、法律与事实的结合。任何对法律的解释都必须将规则与社会现实联系起来考察。在法律发展史上，与严格法治相适应的文义解释几乎是唯一的方法。只是到了近代，目的解释和价值衡量才成了重要的法律解释方法。在 19 世纪以后，随着法律社会化问题的提出，社会学解释方法才逐步被接受。时至今日，法学研究似乎进入了后现代，但是文义解释作为基本方法的地位并没有改变。按照法治的要求，文义解释是其他法律解释的基础，是其他解释的出发点。“体系解释、社会学解释，固然与文义解释有着不同的方法论构造，但也要在文义解释的

① 参见［美］苏珊·哈克：《逻辑与法律》，刘静坤译，载陈金钊、谢晖主编：《法律方法》第 8 卷，34 页，济南，山东人民出版社，2009。

② 王利明：《法律解释学导论》，序言 3 页，北京，法律出版社，2009。

③ 王利明：《法律解释学导论》，7 页，北京，法律出版社，2009。

④ 王利明：《法律解释学导论》，36 页，北京，法律出版社，2009。

⑤ 王夏昊：《法律决定或判断的正当性标准》，载陈金钊、谢晖主编：《法律方法》第 8 卷，75 页，济南，山东人民出版社，2009。

范围内做成。”[①] 与文义解释相近的语词还有平意解释、原意解释等。因而谈起文义解释总是和立法者的意思、法律（文本）规范的意思等联系在一起。法律解释固然不能拘泥于立法者的意思，但是当法律语词的日常含义与立法者的意思差距太大，而立法者的意思又可以通过立法资料、立法目的的探寻、法律价值平衡以及法律精神感知时，不能进行死抠字眼或过于扩张（限缩）解释。

法律解释方法是要把不清楚的法律说清楚，但是，法律解释的目标是建构裁判理由或者说裁判规范，从而使法律融进社会，实现其调整和规范功能。文义解释主要是根据制定法的语词确定事实的法律意义，它的主要贡献在于保证法律含义的安全性和稳定性。法律解释是一种戴着“法律眼睛”审视事物与行为，赋予事实以法律意义。与一般思维方式不同，文义解释是一种根据法律的解释，解释的结果不仅是要搞清楚法律含义，最主要的是要赋予事实以法律意义。故而法律解释关心的是：法律能否作为思考问题的依据。文义解释可以分为两种：一是把法律文义作为根据解释事实的法律意义；二是对模糊法律语词、相互矛盾的法律规定进行解释。在这个问题上经常会发生一些误会，很多学者往往忘记文义解释主要是根据明确的文义对事实进行解释，而把重点放到了对法律语言模糊不清的解释上。其实，对法律模糊语词的解释的目的最终仍然是赋予事实法律的意义。把模糊的法律语词的意义说清楚只是手段，赋予事实以法律意义才是目的。

学者解释的目光都聚焦于模糊语词，致使对法律模糊文义的解释成了最主要的研究对象。很多学者认为，文义解释主要是对法律文本使用语词的解释，包括概念、术语以及对法律条文的解释。但这只是文义解释的一种方式。对模糊语词的文义解释，其对象是以制定法形式出现的法律文本。最常用的解释方法是对法律语词进行平意解释，通过对概念、术语的语义、语法分析，以达到对法律确切含义的把握。文义解释看似咬文嚼字，实际上是在探讨法律的意蕴。因为文义解释虽然重在搞清楚文本的含义，但每个人的理解都是语境中的理解，语境对确定语词含义有重要的影响。法律解释是在对法律理解的基础上的意义释放。文义解释所做的工作并不完全是语义学的，而是在具体语境下对语词的含义具体化，即把一般的法律具体化为确定的判断——那种不超越文义可能射程的解释。在这里，法律的固定意义在具体的语境中得到了释放，而价值等因素则居于次要地位。文义解释在法律解释方法体系中居基础地位，这是法治的最低要求，也是维护法律意义安全性的基本方法。在传统法学中，文义解释被视为逻辑解释，因为文义解释必须遵循形式逻辑的基本规则，借助逻辑确定、识别法律的意义。

二、体系解释方法

体系解释也称为逻辑解释[②]，“是根据某个法律渊源在法律文本或法律体系中的位置对其进行解释”[③]。这里的位置表达了体系的两种含义：一是理解解释法律不能死抠字眼，而必须把其放到整个法律系统中进行循环式理解，最后形成法律意义。法律虽然是用语词表达的，但理解法律主要不是探寻词义，而是寻找法律的整体意义。二是法律在出现意义冲突时，按照法

---

① 杨日然：《法理学》，104页，台北，三民书局股份有限公司，2005。

② “体系解释，也称为体系与逻辑解释、系统解释、整体解释和结构解释，它是指以法律条文在法律体系中的地位（即依其编章节项款的前后关联位置）或相关法条的法意，阐明法律条文含义的解释方法。”参见王利明：《法律解释学导论》，241页，北京，法律出版社，2009。

③ 王夏昊：《法律决定或判断的正当性标准》，载陈金钊、谢晖主编：《法律方法》第8卷，77页，济南，山东人民出版社，2009。

无二解的原则确定其中的一个含义。逻辑因素在界定法律含义方面有重要作用。这种作用的大小与一个语言共同体的习惯有很大关联。在重视形式逻辑的文化氛围中，逻辑对法律解释影响较大；而在不讲究形式逻辑的国度中政治因素、社会因素对法律解释影响很大。德国法学家萨维尼认为，逻辑因素是指法律观念的各个组成部分之间的逻辑关系。体系解释是将个别的法律观念放到整个法律秩序的框架当中，将所有的法律制度和法律规范连成一个大统一体的内在关联中来考察。只有这样才能理解立法者的思想，并避免逻辑上的矛盾和夸张性的解释。① 虽然体系解释是把法律的意义放到了一个体系背景中探寻，但在探究的过程中还需要以文义解释为基础，依照法律文字逻辑之一惯性要求解释法律。文义解释是体系解释的前提。进行体系解释首先要进行文义解释，只有在出现复数解释结果时，才有必要进行体系解释。只有把法律文义放到整个法律系统去考察，才能得到恰当的、逻辑一致的法律意义。法律解释带有很强的专业性，法律思维是进行法律解释的前见性因素，没有对法律基础知识的掌握，就不能较为准确地开展法律解释，法律解释也不是语言学所能单独完成的。只有在语境之中，对法律进行体系化把握，才能进行体系解释和恰当的法律运用。

体系解释需要体系思维。在体系思维之下体系解释有四重境界。第一层次是规范选择的法律至上及解释方法的文义优先。这是维护法律权威、安全之必须。第二层次是各种解释方法的综合运用以探究法律的整体意义。法律解释需要尊重穷尽与案件相关的所有法律规范，只有这样才能做到尽法达义。第三层次是明法达理，反对机械执法司法，尊重法律的目的、价值、道理、法理等。第四层次是持法达变，在一般情况下，人们应该尊重法律的意义的安全性，但是法律又不可能一成不变。但法治要求法律的意义变化，既尊重法律稳定性又应随社会发展变化而调整。法律至上、文义优先是法律规范上下位阶以及解释方法位序关系；体系思维、尽法达义是平行规范之间的关系；明法达理、价值衡量是法律规范与其他社会规范之间的关系；持法达变是法律的稳定性与社会发展变化之间的关系。这是中国语境之下带有辩证色彩的体系思维及体系解释的基本规则。②

体系解释包括如下五个方面的连接：（1）解释必须联系上下文，反对用法律条文中的一个字词阐发规范的全部含义。没有考察法律的全部内容，而引用细微部分就进行评价和解答，这种做法是不符合体系解释要求的。（2）把各部门法的相关规定放到一起进行整体性对接，在整体中理解部分或者说把部分放到整体中进行解释。体系解释方法有较为坚实的理论基础；是系统论方法的运用，也可能说是逻辑学方法的具体展开，体现了解释学的循环思想。（3）对法律进行体系解释时，还必须考虑法律的一般性原则。法律原则是一部法典的总的指导思想，理解具体的规定不能离开原则的指引。（4）把法律规定放到有关法学原理中进行解释。任何一个完整的法典都是建立一定法学原理基础上的，没有对法学原理的把握，在一般情况下很难准确地理解法律条文。很多法律规范都有一些原理在支撑，只有在很好地把握有关法学原理的基础上才能得到正确的理解。（5）目的解释也可以视为体系解释的组成部分。但目的解释本身带有复杂性，立法目的作为体系解释的组成部分，应该说没有什么问题，但是更为广泛的社会目的、个人目的等则很难归入到体系解释。因为这里的体系主要是指法律体系。

体系解释在法律解释方法中占据重要地位，除了文义解释方法以外，也许体系解释与法治有着最为密切的关系，并且体系解释是文义解释具有合法性的重要保障。“法律解释在文义解释时，遇有两个以上解释可能性存在时，须进一步的讨论法律体系的脉络，上下位法律在体系

① 参见［德］齐佩利乌斯：《法学方法论》，金振豹译，60～61页，北京，法律出版社，2010。

② 参见陈金钊：《体系解释的四重境界》，载《国家检察官学院学报》，2021（2）。

上的各种关联与整个法律秩序的体系性（即逻辑一贯性），以此等因素之考量，作为选择其中之一中最适当解释之方法。”[①] 体系解释的作用还表现在：（1）可以维护法律意义的安定性。为了保证对法律的客观、忠诚的解释对整个法律文本考察是必要的。这是除了文义解释之外解释方法维护法律安全性的最优方法。（2）可以避免或消解法律规定之间的冲突和矛盾。体系解释是我们获得共识的最佳途径，在一定程度上满足了法无二解、法治统一的要求。当然这种消除也是有限的，如果牵涉到实质意义上的矛盾与冲突，用体系解释的（矛盾律排除法）方法就不一定能够解决问题。

三、目的解释方法

目的是创造法律的动因，没有目的就没有法律文本。在很多案件中，可以通过目的解释使解释更趋合理。目的以及法律目的是一个很复杂的问题，一般可以分为立法者的目的和法律文本字里行间的目的。立法者目的有的可以从立法的辅助材料中获得，但是更多的法律目的是从法律价值与法律文本的结合中所探寻出来的目的。一般来说，文本中法律目的与法律价值是吻合的，但有时也可能会发生冲突。一般情况下，只有在法律的规范目的与法律价值发生较大冲突时，法律人才通过公平正义等价值目的来解释法律。即只有在能够依据法律进行思维的基础上，依然不能圆满地解决纠纷，需要更细致探寻法律意义时，才使用目的解释方法。虽然目的解释方法很重要，但它是辅助性解释方法。一般情况下，目的解释不能单独使用。因为对“目的”范围的确定，会影响到法治在什么程度上实现，过度使用目的解释可能导致法律固有意义的安全性的丧失。目的解释之目的首先是指蕴涵在法条之中的客观目的。如果可以单独通过目的解释改变法律，法律的安全性就不复存在，法治就会出现危机。目的解释是与“自由”解释法律相联系的，因此，强调目的解释作用时，一定要结合法律文本以及立法者制定法律的目的来进行。“目的解释是指通过探求制定法律文本的目的以及法律条文等立法目的来阐释法律的含义。”[②] 目的解释方法是文义解释方法的延伸，从其重要性来看可以视为一种独立的解释方法，但不能代替文义解释。人们解释法律不能仅明白语词的含义，还必须探求法律的目的。这样才能合理地解释法律的意义。

目的解释是在文本本身的含义不清楚时所运用的方法。如果条文本身的含义非常清楚，解释的结果不与法律价值发生大的冲突就可以不用这一方法来确定法律的意义。当然，这不是说解释法律可以拘泥于文字，而是说在发生争执时，我们要考虑目的、体系和社会效果等。单独的目的不能成为裁判规范，目的的探寻只是帮助理解法律条文的方法。在司法过程中，目的解释是一种模拟思维，即法律人把自己转换成立法者，模拟立法者在遇到具体情况时，该如何确定法律的意义。但应该注意到：是法律文本在规范人们的思维，而不是目的来约束人的行为。“法律的目的解释，最常出现的形态是所谓的扩张解释与缩小解释。法律是一种为达社会统治所使用的手段，因此关于法律解释，不能拘泥于法律条文所用之语句。”[③] 法律解释有时扩张，有时限缩，主要考虑的是法律的目的。这里的目的包括立法目的和立法意旨。“立法目的是指立法者在制定法律时所直接追求的目标，或者希望通过制定法律所直接达到的效果。”[④] 立法的总目的一般都在法律第一条加以规定。有些条款中对具体目的有明确规定，但在多数法律条

---

① 杨日然：《法理学》，107页，台北，三民书局股份有限公司，2005。

② 王利明：《法律解释学导论》，296页，北京，法律出版社，2009。

③ 杨日然：《法理学》，109页，台北，三民书局股份有限公司，2005。

④ 王利明：《法律解释学导论》，301页，北京，法律出版社，2009。

文中，对法律目的只能靠推定来认知。当然，这种推定需要运用立法意旨。

运用目的解释方法，解释者应该承担相应的论证义务，只有这样才能克服任意解释的现象。目的解释虽然是一种相对独立的方法，但是在司法过程中，不能靠目的解释一种方法单独确定法律的意义。这主要是为了保护法律意义的安全性，保证法治在最大程度上得以实现。除此以外，目的解释还应遵循的规则有：（1）立法者意图最大化原则。就是要最大限度地实现法律效果，对文本所包含的立法者意图进行最大化的阐释；必要时对各种意图进行协调，尽可能保证各种立法目的的实现；如果立法意图与社会情势发生冲突，则应当从立法的总目的出发作出符合社会需要的解释。（2）省略之规定是为故意省略原则，在不属于法律漏洞的前提下，如果法律对特定的事项没有规定，就推定立法者故意不作此规定。（3）法律不作区分则解释不必作区分原则。（4）尽量作有效解释原则。即尽量对现行法律规范作有效的法律解释。（5）发展性规则，主要指通过目的解释来探寻立法者是否追求已经发生演变的效果。① 法律除了实现正义的任务之外，还存在着对法律安定性和最优、合目的的满足各种利益需要的要求。这些目标彼此之间的关系十分复杂，有时候相互补充，有时候相互抵触，虽然立法者在立法的时候已经做了各方面的考虑，但各种利益的平衡需要进行复杂的思维。司法者要权衡各种各样的利益，公正、合目的地解决案件冲突是法官的重要任务。

四、社会学解释方法

社会学的解释方法，在传统法学教科书上称为目的论解释。② 社会学解释指在解释结果具有多解的时候，以社会效果作为选择趋向对解释结果进行考量。这就是所谓法律效果与社会效果的统一。随着法律文本的逐渐增多，法律与社会关系的碰撞越来越多。如何使法律适应社会，使纸上的法律能够成为行动中的法律，就成了法律解释学研究的重要问题。社会学解释的运用需要进行对相关问题进行实证性研究，对各种可能的社会效果进行比较精致的分析、预测，这里面既应该有科学方法的运用，也要有对经验的参照。社会效果的明晰奠基于对社会事实的调查与分析。所谓社会学方法是指结合特定社会在某一时期的特定要素，包括思想潮流、社会需要、风土人情、经济社会形势等情况研究社会发展规律的方法。③ 社会学解释方法与法律社会学存在一定的关联，这种方法通常用于对法条主义解释方法的缺陷进行修补和完善，是当前形势下对法律判断恰当性的探寻。社会学解释方法是用法律文本外的因素确定法律的意义，通过法律与社会的交融实现法律的与时俱进、与社会的情势相吻合。社会学解释并不刻意在法律文本外寻找意义，而在于寻求最优的法律意义。

社会学解释方法是在奉行司法能动理念的基础上，运用科学的方法来妥当地解决法律与社会的关系。因而“在应用社会学解释方法，采用社会目的考量时，法官更不能偏离立法目的而一味追求所谓的社会效果”④。我们一定得注意是法律文本而不是法律意图在规范人们的行为。社会学解释方法是用社会效果的考量来解释法律，而社会效果从不同的角度看是多种多样的，具有难以界定的特点，与文义解释方法相比较具有很大的任意性。因此，我们不能单纯地运用

① 参见王利明：《法律解释学导论》，321～323 页，北京，法律出版社，2009。

② 但是目的解释与社会学解释还是不一样的。目的解释依据的是立法目的，而社会学解释依据的是社会效果；目的解释之目的仍然是法律，而社会学解释已经超出了法律规则的范围；社会学解释具有发展法律的功能，体现了与时俱进的精神，而目的解释是与历史解释相连的解释方法。参见王利明：《法律解释学导论》，372～373 页，北京，法律出版社，2009。

③ 参见王利明：《法律解释学导论》，364 页，北京，法律出版社，2009。

④ 王利明：《法律解释学导论》，88 页，北京，法律出版社，2009。

社会效果来解释法律，而应该坚持法律效果与社会效果的统一。在现阶段，片面地强调社会效果对法律权威的树立以及我国的法治建设是极其有害的。对用社会效果的方式超出法律文义的解释必须经过认真、全面的论证。社会学解释方法只是文义解释方法的补充，不能在脱离文本的基础上单独进行社会学解释。那样的话，会危及法治的根本——基于规则的治理。社会学解释方法的运用是有条件的，只有当法律规定出现滞后性、严重脱离社会现实以及法律之间出现冲突时，才能把社会效果、民情、民意等因素融进裁判规范。因为正义问题已经由立法者加以确定，这是限制司法者任意和保持法律意义安全性的基本原则。我们之所以使用社会学解释方法，目的就是在不脱离文本的情况下使法律保持时代性。但是，“并非每一种思想潮流和时代观念的变迁都构成改变某一法律规范之含义的正当理由。按照民主原则，占主导地位的‘时代精神’只有在它能够被看成是经由理性引导的寻求合意的程序按照多数原则被确定的正义观念的产物的条件下才构成合法性基础”[①]。

思考与练习

一、简答题

1. 什么是法律解释？法律解释有哪些特征？
2. 简述法律解释的主要方法。
3. 简评法律解释的原则。

二、阅读分析

2000年左右，婚内强奸问题在中国法学界成了一个热门话题。学者们纷纷在多种法学杂志上发表文章，就婚内强制性性交行为究竟是不是强奸展开讨论。其中一派反对观点便把自己的意见建立在语言学基础之上，认为汉语中的“奸”字指的只能是婚外性行为，夫妻之间的性行为一般称为“同房”“同床”“房事”“做爱”等，但从来不被称为“奸”，因而婚内强奸本身就是一个矛盾的概念。由于婚内强制性性交不符合“奸”的本意，也就意味着它不在“强奸”的概念涵盖之内。故而，把婚内强制性行为定义为强奸违反了法无明文规定不为罪的这一基本的原则。这种观点使用的是语义学的方法，语义学研究语词的意义，以及语言符号与它们所指称的目标之间的关系，使得通过对语言符号的研究可以必然地获得对指称目标本质上的认识。因此，按照上面那种婚内无奸的意见，婚内强制性行为是不是犯罪是由“奸”字的字义决定的。

方孔认为，如果说语言和法律（这里指客观自然法意义上的法律）之间有什么决定与被决定关系的话，那是法律决定语言而不是语言决定法律。这样，以“奸”的字义为基础确定“强奸”这一法律概念的内容，进而确定婚内强制性性行为不是犯罪，不管得到的结论如何，这种语义学的推理方法都是错误的。人们可能会反驳说，假定法律对语词的单向决定关系确实存在，那么这种决定关系使得语词只能必然地作为自然法的反映，这样人们可以透过这里可靠地认识自然法。因此，以“奸”字的字义为基础推出婚内强制性性行为是不是犯罪的结论，并不一定是假定语言决定法律，也可以是由结果逆向推导原因，从而获得原因的认识。这样的推理方法不是错误的，而是有效的。[②] 然而，语义学的方法依然是不行的。我们说法

---

① ［德］齐佩利乌斯：《法学方法论》，金振豹译，38页，北京，法律出版社，2010。

② 这里的表述容易产生误解，溯因推理在逻辑上是一种无效的推理模式。作者希望表达的意思也许是一因一果之间的充分必要条件关系，那么，这种推理模式就是必要条件假言命题的肯定后件式，只有这样才是有效的。

律决定语言，而不是语言决定法律，并不意味着语言对法律没有影响。语言对实在法影响很大，但很多语词并不能精确真实地反映自然与社会关系，经常会出现言不尽意、词不达意的现象。这就使得以语词的字义为基础获得关于法律实质性认识的语义学方法非常不可靠。如，冰岛并不是冰做的岛。这种望文生义的荒谬在常识面前已经十分明显。况且，越是常用的字词含义就越多。按照《说文解字》的解释，奸从女从干，指的是男女之间的性行为，没有夹杂着价值判断。随着婚姻道德和有关法律规范的出现，“奸”字有了社会规范方面的含义。但即使是这样，“奸”字依然不能必然地局限于婚外性行为，因为社会规范处在不断的变化之中。“奸”字与婚外性行为不完全相关。所以，借用语义学来解释法律问题并不可靠。

语义学方法在有关法律本质的认识上的风险性，也可以通过简单的逻辑推理来证明。设定某个语言符号为W，W的字面词义为S，W指代的法律概念为C。

令P命题为：W的词义为S；

令Q命题为：C的实质内容为S。

那么法律对语言的单向决定作用可以表述为：

Q→P

考虑到法律对语言决定作用的同时，还存在物化的偶然性，使得语词的语义学含义与法律概念的实质内容相脱离，则上述表述可以修改为：

Q→（P&－P）

把Q→（P&－P）作为前提之一，反对婚内强奸入罪化的语义学推理过程如下：

P，Q→（P&－P）：Q

这一推理过程有如下的真值表：

P	&	[Q	→	(P	&	－P)]	:	Q
T	F	T	F	T	F	F	T	T
T	T	F	T	T	F	F	F	F
F	F	T	F	F	F	T	T	T
F	F	F	T	F	F	T	T	F

真值表说明，在法律对语言的单向决定和物化偶然性的综合作用下，推理P，Q→（P&－P）：Q是偶然性的。这证明语义学方法并不可靠。[①]

请回答如下问题：

第一，为什么单独的概念、目的不能构成裁判规范？

第二，法律人应该怎样进行文义解释？

第三，常用的文义解释方法有几种？

第四，简述文义解释的方法与体系解释方法的关系。

① 摘自方孔：《实在法原理——第一法哲学沉思录》，150～155页，北京，商务印书馆，2007。需要指出的是，原文所使用的符号“&”“—”分别相当于本书使用的合取符号∧和否定符号¬。我们认为物化的偶然性或许用P∨¬P表示更为恰当。可以判定“P，Q→（P∨¬P）：Q”是可真式，而不是重言式。

第九章 小前提的建构：法律事实的认定与解释

对事实的认定无疑是审判是否显现真实性或真理性的重要环节。因为在传统的法律适用中，事实命题是法律推理的前提之一，也是保证法律推理结论可靠性的重要环节。法律事实的认定是对自然事实的法律意义追问，意即从法律上对事实构成层面的一种意义追问。但由于在事实认定的过程中，事实是不断发生转变的，由客观发生的事实到法律事实再到法律证据，由此形成对于一个案件最终需要证明的待证事实的证立。这期间客观事实转变为法律证据，由于事实受到法律的追问，以及程序正义、法律文本等方面的限制，造成客观事实与法律证据的差异。由此关涉几个问题，即各种形式的事实——客观事实、法律事实、法律证据、待证事实——它们的构成层面及其相互间的关系是如何表现的？在法律层面上对事实的把握的关节点又在哪里？或者进一步追问事实的法律解释如何具备法律效准？这些都是我们在此致力解决的问题。在法律逻辑学中讲授法律事实，属于完善大三段论的思维方式，同时阐明逻辑不仅在法律意义的阐释中有重要作用，而且逻辑在事实认定或者说整个司法、执法过程中都有重要意义，即法律意义的阐释需要逻辑，事实的认定也需要逻辑。三段论是法治所需要的思维方式。

第一节　客观事实与法律事实

从哲学解释学的角度看，认识世界的主、客观二分法已经失去意义，因为人的认识过程是视域融合，在思维过程中，主、客观因素很难区分。虽然这种说法具有正确性，但是在法律问题上，我们还必须坚守这一传统的认识论，因为，这种划分在司法实践中，对于我们认清法律的意义以及事实的法律意义具有不可替代的作用。法学不是哲学，实用性是它的最基本特征。客观事实与法律事实的区分是法律思维的重要组成部分。

一、事实与客观事实

要厘清各种事实之间的关系，我们有必要从什么是"事实"谈起。"事实"一词，对它的解说有各种不同的观点，纵观哲学的历史，我们可以发现许多的见解。关于"事实"这个名词的哲学存在，一般认为较客观的说法是："我所说的'事实'的意义就是某件存在的事物，不管有没有人认为它存在还是不存在……大部分物理事实的存在不仅不依靠我们的意愿，而且也不依靠我们的存在。"[①]如果将这一说法加以扩展，则可以认为，不仅事物或物理事实，而且存

---

① ［英］罗素：《人类的知识》，张金言译，177 页，北京，商务印书馆，1983。

在于人与人或人与物之间的关系也存在这种客观性，因此，有学者下结论认为，哲学上的“事实”是与人的认识无关的范畴[①]，这其实是一种误解，因为在哲学上事实构成不仅仅是事物的自在存在，而且包含了由事物延伸出的各种关系，人所认识到的现象，以及由此对现象的认识返回自身并通过反思认识事物的本质和关系相互影响带来的结果的变化。下面就事实的构成做一简约的分析。

在哲学上，其实早已将事物、现象、本质等的区分作为认定经验事实的依据。比如黑格尔从意识和精神的角度出发，对事物的不同存在做了详尽分析，他认为，事物首先是一种自在的存在，“它是以单纯的方式自己与自己相关联并排斥对方，而事物性是通过单一才被规定为事物的”[②]。事物在这种自在存在中持存自我的独立性，这种存在并非要表现出对他物的影响力，因此在这一层面上即是一种与认识无关的客观存在。但是，由于人的意识本身就具有正反相对的意识的形态存在，即“其一是独立的意识，它的本质是自为存在，另一为依赖的意识，它的本质是为对方而生活或为对方而存在。”[③] 因而人作为一个独立的存在物，通过意识去感知他物的存在，这是一种可自由选择对象的自为存在，通过与他物的感性或知性的接触并返回于自身，从而改变自身的存在或意识。与此同时，为他存在的意识更起到中介作用，自为存在的意识，正是通过为他存在的意识而改造他物，由此事物成为在持续存在的前提下不断地改造他物和改造自己的过程。事物除非是自在的存在，否则事物就与意识有关联，并且这个事物作为对象的存在“对意识说来是通过现象的运动而间接达到的，在现象的运动中知觉的存在内容和感性的对象事物一般说来只有否定的意义，因而意识便由此返回到自身，当作返回到真理。”[④]于是，在意识与事物之间的流转往返，使得意识（或认识）逐渐地与事物的本质达成同一，即达成了真理性。当然，这一过程是存在局限的，因为对事物的观察由于视角的不同会发现事物不同的“侧显”。实质上这是事物本身自在自为地存在着，而主体却有对现象的不同的认识，如站立在一张桌子周围的人在每个方向上都感知到不同的影像，但桌子还是桌子，还在那里存在着。只要我们不能从全方位认识事物，我们就无法认识清楚事实，这也是我们无法达成客观真实的原因之一。

我国著名的哲学家、逻辑学家金岳霖先生对于事实的论述意义深远。[⑤] 他认为，事实在自然时空中，是接受或安排了的所与，因此涉及判断，总体上事实是所与的材料和意念的混合物。这就表明了存在于自然时空中的事实对人发生的关系，事实是人所认识的存在于自然界的某种客观实在。事实与命题相关联，人所认识的事实的表达，是以命题的形式呈现出来的。它们表示的是自然律。因此，我们可以说即使在法律中，此类事实可以作为一种推定的理由，而不是我们针对特殊的需要依程序认定的事实。另有一类事实是没有普遍的事实，由真的特殊命题所肯定。我们法律推理中所依据的小前提，即事实命题就是这一类真的特殊命题。

---

① 参见黄松有：《事实认定权：模式的选择与建构》，载《法学研究》，2003（4）。这种认识在实践中导致只注重客观存在，而将与客观存在相关联的意识因素完全排除在外，最终的结果是我们在法律实践中追求理想化的客观真实，认为只要深入探究，每个人都有把握客观事实的可能性。哲学上的原子论也倾向于类似的表达，如维特根斯坦认为“原子事实就是各客体（事物［Sache］）的结合。”“对于物来说，重要的是它可以成为原子事实的构成部分。”［奥］维特根斯坦：《逻辑哲学论》，贺绍甲译，28页，北京，商务印书馆，1962。罗素在其他的著作中也曾表达过反对的意见，“当我谈到一个‘事实’时，我不是指世界上的一个简单的事物，而是指某种性质或某些事物有某种关系。”［英］罗素：《我们关于外界世界的知识：哲学上科学方法应用的一个领域》，陈启伟译，3页，上海，上海译文出版社，2006。

② ［德］黑格尔：《精神现象学》上卷，贺麟、王玖兴译，77页，北京，商务印书馆，1979。

③ ［德］黑格尔：《精神现象学》上卷，贺麟、王玖兴译，127页，北京，商务印书馆，1979。

④ ［德］黑格尔：《精神现象学》上卷，贺麟、王玖兴译，96页，北京，商务印书馆，1979。

⑤ 关于事实的论述，可参见金岳霖：《知识论》下册，733页以下，北京，商务印书馆，2003。

我们对于事实和客观事实的看法概括起来有两点：第一，对“事实”这个概念进行定义是有一定困难的，但是其包含的内容大致可以确定。“事实”作为概念虽被广泛使用，但是其确切的含义却是莫衷一是，即使是罗素也承认：“严格地说，事实是不能定义的。”① “事实”之所以难以定义，其原因不仅是由于我们使用这个词时的语境的不同②，而且更重要的是有关视角和立场不同使得认识的不一致。事实所包含的内容，阐释事实的形式及其表现，从本体论视角考量事物的存在无疑是最佳的出发点。事物首先是一种在自在存在中保持自我的独立性，而且这种存在并非要表现出对他物的影响，而只是为了凸显自身的存在，因而在表现物之为物的层面上的事物的存在是与认识无关的客观存在。③ 因而黑格尔在这一层面上认为事物有一种自在的存在④，但是事物总是处于流变之中（追溯到古希腊时代，赫拉克利特曾说过：“人不能踏入同一条河流”），这是万物存在的基本规定，于是“有过渡到无，无过渡到有，是变易的原则。”⑤ 事物之自在存在始终处于流变之中，这表现为两个方面：其一是自身的变易，亦可称之为自在的变易；其二是为他的变易，即在与他物的关系中发生的变易，例如岩石在空气中风化，是岩石与空气中的物质以及空气流动产生的力等的相互关系，这也是物之为他的存在。上述两种物的存在，构成了物的规定性；第一种存在是物保持自身的规定性，第二种存在则是物体存在的基本规律的规定性。两者的统合形成物之存在的基本规定，但是这两种物的存在，都不是基于人的认识论意义上的物的存在，而是与人的认识相分离的客观存在，由此，物的自在存在（包括自身规定性和为他规定性）就构成了真正意义上的客观事实。

但是我们说过事实要有意义，必须是在认识论意义上的事实，这样才能为人所掌握和运用。这样一种对事实的认识，在我国哲学界也被认识到了：事实是对呈现在感官之前的事物或者情况的判断，所以事实不是指未被认识的存在，而是被经验到的事实。⑥ 因此，所谓事实其实包含了自在存在和为他存在，而且我们所说的事实，指的是认识论意义上的事实，是为人所认识、判断的内容，而不是客观的事物或者情况本身。

第二，当被认识的“事实”与事物或者情况完全吻合时，称为“客观事实”⑦。事实是包含自在存在和为他存在的，并且作为事实是人的认识意义上的事实。因此，这里就存在一个问题，就是人所认识的事实与事物或者情况是否符合的问题。人所认识的事实与实际的事物或者情况相符合被称为客观事实。之所以作出这种区分，是因为在法律适用中所认定的事实，最理想的结果当然是客观事实，但是由于法律本身的限制，可能也存在人们所认定的不是客观事实。比如认定的证据应当属于客观事实，但这些证据本身只是间接证据，虽然它们形成了所谓的证据链，然而对于待证事实的还原却存在想象的空间。这是因为间接证据本身无法还原案件的主要事实，只是属于一个个的片段，真正的事实的还原需要法官来予以弥补，这种还原的事

---

① ［奥］维特根斯坦：《逻辑哲学论》，贺绍甲译，12页，北京，商务印书馆，1962。

② 有学者认为是由于哲学本体论、法学等不同语境使然，参见王敏远：《一个谬误、两句废话、三种学说》，载王敏远编：《公法·第四卷》，172页，北京，法律出版社，2003。

③ 参见王晓：《事实的法律追问——一种现象学意义上的阐释》，载《浙江学刊》，2004（6）。

④ “它是以单纯的方式自己与自己相关联并排斥对方，而事物性是通过单一才被规定为事物的。”［德］黑格尔：《精神现象学》上卷，贺麟、王玖兴译，77页，北京，商务印书馆，1979。

⑤ ［德］黑格尔：《小逻辑》，贺麟译，198页，北京，商务印书馆，1980。

⑥ 参见彭漪涟：《事实论》，4页，上海，上海社会科学院出版社，1996。

⑦ 也有学者认为：“人们生活中所称的事实一般是指人们对客观事实感知的结果，渗透了人们诸如认知能力、道德品德等主观因素，笔者把这种事实定义为生活事实。”毛立华：《论证据与事实》，中国政法大学2006年博士学位论文。这是一种将客观事实独立于人的认识的看法，不为本书作者采用。

实可能与客观事实有出入。由此也推论出，如果我们一味地追求客观事实，在法律使用中是一种理想的境界。那么这种通过一定司法程序认定的事实，虽然不是客观事实，但是有可能成为法律事实。

二、法律事实

何谓法律事实？法律事实与客观事实的差异到底是什么？我国学界和实务界通常使用“法律真实”与“客观真实”的称谓，分别指称客观上实际发生的案件事实和法院在审判程序中认定的事实。①应该说，这种区分具有一定的道理，它至少为我们明确了法律事实是由法院或者法官所认定的事实，与客观事实之间并无必然的关系。在法律适用中已经意识到所适用的事实绝非客观事实而是法律事实，因此所追求的也就成为法律真实。② 也有学者提出过不同的看法，认为“从证据制度的历史发展来看，从神明裁判制度的神示真实、口供主义的口供真实、法定证据制度的形式真实到现代西方‘自由心证’的真实、‘排除合理怀疑的真实’均为法律真实。”不承认客观真实“必然不同程度地走向不可知论，不科学的恰恰是法律真实论者”③。无可否认的是，适用法律的只是法律事实，因为人们不仅对某些案件的客观事实无法完全地加以还原，而且还要受到法律程序的制约——期限的限制、证据的排除规则、证明责任等。更重要的是人的认识本身带有主观性，这些使得人们在考虑形式正义和实质正义的时候会加以取舍。从当今世界各国的立法来看，都已经注意到这个问题的存在，只是在取舍的方向上各有差异而已。

另有一种比较流行的说法是，法律真实是“由法律规定的、能够引起法律关系产生、变更和消灭的客观情况或现象。”④ 应该说这种观点反映了法律事实与法律的实质性关系，说明法律事实是能够产生法律效力的事实。还有一种观点将法律事实与法律规范相结合，认为法律规范所支配之事物即为法律之适用对象，人们称其为法律事实。这种法律事实是把法律看成是社会关系的调控器，认为只要能纳入法律调整和控制范围的事实都可称之为法律事实。⑤ 此种看法显得较为宽泛，其与法律规范的连接显示了此种法律事实与规范的密切关系并为法律规范所指引，也就间接地预示了在法律推理过程中所使用的事实与法律规范有先天的联系。

法律事实，顾名思义就是站在法律规范的框架之内，以规范的视角审视事实所得到的认识论意义上的事实。因而，一个事实能够成为法律事实，至少涵盖了以下两方面的意蕴：一是法律事实与生活事实或者客观事实不同⑥，既存在是否与法律规范发生关联意义上的不同，也具

---

① 参见孔祥俊：《论法律事实与客观事实》，载《政法论坛》，2002（5）。注意一种类似但是认为是客观事实的看法，“法律事实是由法律所规定的，被法律职业者证明，由法官依据法律程序认定的‘客观’事实。”杨建军：《法律事实与法律方法》，载《山东大学学报》，2005（5）。

② 关于“以事实为根据”的解读，其中的“事实”也被认定为是法律事实。持此观点的学者众多，参见赵艳艳：《论“客观真实”到“法律真实”的转变》，载《法制与社会》，2006（9）；朱永红等：《论客观事实和法律事实》，载《河北法学》，2004（8）；杨波：《法律事实构建论》，吉林大学2007年博士学位论文。

③ 陈光中等：《刑事证据制度与认识论——兼与误区论、法律真实论、相对真实论商榷》，载《中国法学》，2001（1）。

④ 张文显：《法理学》，140～141页，北京，高等教育出版社，2003。如果再加以延伸的话，“法律事实者，发生法律现象之原因也。法律事实与法律现象既处于因果关系，则凡法律事实有使权利发生变更或消灭，法律现象亦必随之而有权利发生变更或消灭之状态。”黄茂荣：《法学方法与现代民法》，194页，北京，中国政法大学出版社，2001。

⑤ 参见陈金钊：《法律解释的哲理》，284～285页，济南，山东人民出版社，1999。

⑥ 考夫曼认为法律事实是“将生活事实类型化后的法律构成要件事实”。［德］考夫曼：《法律哲学》，刘幸义等译，156页，北京，法律出版社，2004。

有两者在真实性方面的要求不同。客观事实上升为法律事实，要求与法律规范有关联，这意味着没有规范关联的事实在法律上是无意义的，因而没有必要进入法律审视的范畴；同时，由于法律程序的期限限制，对于法律事实的认识有可能在某一点戛然而止，这与客观事实特别是自然科学认识的事实截然不同，因而法律事实除了要表现出真实性以外，更重要的是要表现出有效性，即逻辑有效性、说服法官的有效性和法官说服当事人与第三者的有效性，对真实性的要求反而不如生活事实的要求。因此，有学者强调这一观点也是有其合理性的，即“法律学科与生俱来只是一种手段，其全部意图在于达成判决，而这些判决常常是与现实本体相矛盾的认定。”①

此外，对法律事实的认识涉及认识论上的谬误，即认识符合事实，这反映了一种基本的真理观：真理符合论。美国哲学家蒯因曾经说过：“我们只能通过我们的感官而间接地认识外间事物……然而，即使我们不对感觉材料作任何解释以力求其还原再现，我们发现自己还是要悄悄地瞥视一下自然科学知识。”② 蒯因这种见解反映了在认识符合事实论中的一个问题：感官的认识即使是再真实，也逃脱不了最终的命运，即感官必然与人的先在的知识体系相融合，由此蕴涵的意义是具有不同知识的个体对事实的认识必然是不同的，甚至是截然相反的。而且在法律适用中更是受到法律规范的制约，会产生由于对法律规范认识的不一致造成所认识的法律事实的很大差异。卡尔·拉伦茨在评论菲肯切尔涵摄模式时曾作论述：“法官凭以涵摄个案的规范大多并非法定规则本身，毋宁是由法官依据法定规则，考量受裁判个案的情况，而形成的规范。”③ 个别法官对于适用于个案的法规范的认识如此不同，他们对于事实的认识同样受对法规范认识不同而相左。由此因“裁判规范”不同而导致法官内心形成的法律事实的不同也是在所难免。

从法律思维的角度，可以把法律事实看做是受到法律规范指引和约束的，作为法律推理前提之一的，与客观事实并无必然联系，但是作为追求目标应尽力与客观事实相符合的，能够最终产生法律效果的事实。

三、客观事实与法律事实的关系

法律思维或法律适用需要的是法律事实，即那种能够用证据加以证明的事实，而不是哲学话语体系中作为真相的客观事实。可是，法律事实与客观事实有密切的联系，法律事实最好能够与客观事实相吻合。但对于法律思维来说，我们需要厘清法律事实与客观事实间的关系。

首先，应该明确，事实无论是客观事实还是法律事实，都是认识论意义上的事实，而非在自然界发生的事件或者情况。曾有学者赞同以下观点，即预设一个独立于人（心灵）的客观事实的存在。④ 我们倾向于认为，客观的事件或者情况或者事物本身的存在是独立于人的认识的，而且也是在自然中真切地发生的或者存在着的，但是事实却是人的认识的产物，我们所指

① ［美］罗伯特·莎摩尔、阿西尔·莫兹：《事实真实、法律真实与历史真实：事实、法律和历史》，徐卉译，载王敏远编：《公法·第四卷》，139页，北京，法律出版社，2003。

② ［美］蒯因：《语词和对象》，陈启伟等译，2页，北京，中国人民大学出版社，2005。

③ ［德］卡尔·拉伦茨：《法学方法论》，陈爱娥译，22页，北京，商务印书馆，2003。

④ 参见杨波：《法律事实辨析》，载《当代法学》，2007（6）。其依据是普特南的一段论述，这是一个并不以我们是否认知或是否有能力认知为条件的客观存在，即这是一种不受人的认识能力限制的、独立于人（心灵）的客观实在。参见［美］希拉里·普特南：《理性、真理与历史》，童世骏、李光程译，53页，上海，上海译文出版社，2005。另外像张志铭教授也有类似的观点，“事实存在处于认识之外，是一种‘自在’。”张志铭：《裁判中的事实认知》，载王敏远编：《公法·第四卷》，4页，北京，法律出版社，2003。

的事实其实就是事实命题，存在着真假的区分。

其次，客观事实是指人的认识与客观实在或者发生相符合。事物可以展示自身特性而自在存在或者与它物发生关系而为他存在。基于前述观点，既然事实是人的认识，那么只有当人的认识与客观的事物或者事件或者情况符合时，我们才能称之为是客观的。

再次，法律事实以客观事实为出发点，但是不一定与客观事实相吻合，甚至会出现相悖的情况。人通过感知认识到有某种事实的存在，比如认识到有人被谋杀这一事实，并且通过勘察发现了一些事实来加以佐证，这就为法律事实提供了出发点。但是在未经法定程序确认之前，这些事实都不是法律事实。而正是由于法律规范的限制，最终确认的法律事实有可能与客观事实并非是一一对应的关系。这里还涉及与待证事实的关系，这在后面再加以分析。

又次，法律事实的产生以进入司法程序为前提。在进入司法程序之前，客观事实与其他的事实并无二致，即使它预设法律上的权利与义务，因为预设的事实以及进行预设的行为与其他行为和事实一样，只是在法律规范对人的规范作用下规制人的行为而已，就像日常中人的行为会考量法律后果。客观事实成为法律事实是以进入司法程序为前提的，例如在刑事程序中，侦查机关的介入侦查，收集犯罪现场犯罪嫌疑人可能遗留的各种材料，在侦查阶段，客观事实要成为法律事实，应当是在犯罪嫌疑人认罪或者侦查人员依据现有材料推定犯罪嫌疑人“有罪”之时。最主要的原因是此时这些材料已与法律规范相结合，同时这些材料已经过法定程序的正当化。同理，如果这些材料是通过非法程序获取的，则应当在实质上排除其成为法律事实。当然，此时的法律事实相较在庭审中为法官所采信的证据有区别，法官所采信的证据已具备证明犯罪事实的有效性，而且这是在控、辩、审三方当庭质证、询问、辩论等的结果，符合主体间互动的策略，也至少在形式上符合现代认识的要求。①

最后，法律事实有可能与客观事实不相符合。法律推理所追求的真与客观事实的真也存在差异。客观真实与法律真实是有区别的。② 虽然法律评价使案件事实转化为法律事实，但由案件事实之“是”到当事人之“应当”的逻辑转换并不是自然而然地实现，大、小前提之间的双重同一性也不是直接得到确认的，其间经历了价值判断评价价值比较这个中介环节。③ 在客观事实向法律事实转化的过程中，会受到法律价值评价的制约，从而也会对客观事实有所取舍。这两种事实所追求的真的意义是不同的，客观事实的真受与客观存在是否符合的制约，而法律事实的真则受到法律规范所蕴涵的价值的制约，因而也可以说是一种制度上的真。

第二节　法律事实与证据

关于什么是证据的问题历来众说纷纭，造成证据与法律事实的关系以及证据与待证事实的关系含混不清。在国内的证据法教材中，一般都将客观性、关联性和合法性作为证据的基本属

---

① 参见王晓：《论法哲学视野中的证明对象》，载葛洪义主编：《法律方法与法律思维》（第五辑），37页，北京，法律出版社，2008。

② 相关的内容，可参见锁正杰等：《“法律真实”理论与“客观真实”理论比较研究》，载《国家检察官学院学报》，2003（5）；赵艳艳：《论“客观真实”到“法律真实”的转变》，载《法制与社会》，2006（9）；刘玉田：《论“法律真实”的合理性以及意义》，载《法学家》，2003（5）；邓天江等：《从“客观真实”到“法律真实”》，载《黑龙江省政法管理干部学院学报》，2006（5）；［美］罗伯特·萨摩尔等：《事实真实、法律真实与历史真实》，徐卉译，载王敏远编：《公法·第四卷》，131页以下，北京，法律出版社，2003。

③ 参见张继成：《从案件事实之“是”到当事人之“应当”》，载《法学研究》，2003（1）。

性，而证据的法定形式，依据法律的规定有物证、书证、证人证言、当事人陈述、勘验检查笔录、视听资料、鉴定结论等多种。诉讼法学界一般认为，证据是“证明案件真实情况的事实”。

一、什么是证据

美国的证据法认定，证据是指任何倾向于证明或者驳斥所宣称事实存在的事物，其中包括证人证言、文件、有形物品等。① 这是将证据看成是物品，只是用这些物品来支持或者反对某种事实。从形式上看，证据是一些有形的物品。这些物品都是通过法定程序认定的用以证明案件事实的，而且往往不是物品本身的证明，而是物品所指向的意义或者所形成的事实命题来支持或者反驳待证事实。我国很多学者也倾向于证据是证明案件真实情况的事实，可以分为广义和狭义两种：广义的证据是指可以用来或者可能用来认定案件的一切事实或者材料，而狭义的证据仅指可以作为定案根据的、证明案件真实情况的事实。② 正确理解证据就不能将证据实体或者物品混同于证据事实。证据之所以成为证据，在于其包含了案件的有关印记，该印记是客观存在的，与案件事实有关的。这些包含有案件事实印记的客观存在物，或者是单纯的物质，或者是记载有相关内容的文字资料，或者是活生生的人。③ 需要注意的是，物品等仅是载体，所支持或者反驳的待证事实是依靠这些载体所反映的事实。同样的物品在事实认定中会存在差异。这不仅与认识的人有关，而且与这些事实与待证事实的相关性有关。客观事实是未进入司法程序的事实或者已被司法机关收集但未经过程序认可的事实不是证据，也不是证明之对象。法律事实是进入程序经过司法认可的事实，完全属于证明对象。证据是经过认识、价值判断后为法官采信的法律事实，是法庭经过质证和辩论等程序后为法官认定的事实。由于法官在得出最终判决结论后，还需要对其判决理由进行论证，最后进入判决理由予以支持判决结果所引用的证据，才成为定案的依据。④ 证据是由有形物品等所承载的，通过法定程序认定的，用于证明案件待证事实的事实。

二、法律事实与证据的关系

法律事实以进入司法程序为前提，这是相对于客观事实而言的。一旦事实进入法律程序，就意味着这些事实受到了法律规范的制约，其中包括实体法和程序法，因为审视法律事实，是在法律规范和事实之间的目光往返。⑤ 也就是说，在事实成为法律事实的过程中，事实是受到法律思维的审视的。最明显的一点是，事实要与法律规范中的构成要件相符合，这本来是一个哲学上的难题——“休谟问题”⑥。即使暂时撇开这个难题，至少需要从事实中提取支持法律

---

① See Bryan A. Garner, *Black's Law Dictionary*. West Group, 1999, p. 576.

② 参见刘金友：《证据法学》，112～115页，北京，中国政法大学出版社，2001；杨建军：《法律事实的解释》，111页，济南，山东人民出版社，2007；袁宗评：《证据层次研究》，载《中国刑事法杂志》，2005（3）。

③ 参见袁宗评：《证据层次研究》，载《中国刑事法杂志》，2005（3）。

④ 参见王晓：《论法哲学视野中的证明对象》，载葛洪义主编：《法律方法与法律思维》（第五辑），40页，北京，法律出版社，2008。

⑤ 参见［德］卡尔·拉伦茨：《法学方法论》，陈爱娥译，15页，北京，商务印书馆，2003。

⑥ 休谟的疑问是，在进行道德学议论时，一个“是”的命题悄然转化为一个“应该”的命题，并且这个新关系如何能由完全不同的另外一种关系推导出来。自休谟以来，“是”—“事实”“应该”—“价值”的对立不仅在哲学上而且在法学中也成了无法逾越的一道鸿沟，因为在逻辑推论的立场上，这确实无法解决一个问题：从“应当”命题加上“是”命题无法推论出“是”命题或者“应当”命题！参见［英］休谟：《人性论》（下册），关文运译，509～510页，北京，商务印书馆，1980。

规范构成的相关事实。在法律事实中，首先需要考虑的是相关性问题，国内有学者从证据与待证事实间具有的相关强度以及影响相关强度大小的因素来论证相关性问题[1]，从广义上讲，我们可以从事实与法律规范的构成要件的相关性开始论证，因为法律规范本身是一种抽象的规定，也是要承担法律责任的事实抽象。这些法律规定的要素限制了事实进入法律领域的范围。事实成为法律事实的关键是要与相应的法律规范具有相关性。这里还存在法律发现的问题，即在一个简单案件中，为事实找到对应适用的法律规范可能并不困难，但是在疑难案件中，则需要运用多种方法予以发现，甚至会涉及价值判断的问题，因此往往会在事实与规范之间目光往返。

法律事实的成立同样也会受到程序法的制约，包括期限、证据规则等。以刑事程序为例，我们可以把从立案、侦查、审查起诉等刑事程序中认定的事实称为法律事实。但法律事实不是用以定案的根据，因此也就不是证据。要使法律事实成为证据，至少要从两个方面思考。

第一，首先要取得证据能力或者获取可采性。证据规则与法律事实的可采性问题是紧密相关的。可采性是英美证据法的核心问题，是为了解决究竟哪些法律事实可以在法庭上提出的问题。可采性是指是否被允许在开庭或者审判中作为法律事实进入的性质或者状态，是指一项法律事实是否具有在法庭上提出的资格。如果一项法律事实根据证据法规定不具有可采性，则不能在法庭上提出，不能被事实的审理者看见和听见。英美法系关于法律事实的可采性有两大公理：一是所有逻辑上具有证明价值（即具有相关性）的；二是除非由于特别规则或者特殊法律原则的原因而被排除，所有逻辑上具有证明性的。[2] 前者是法律事实可采性中的相关性问题，在证据规则上反映为传闻的排除规则、意见的排除规则、品格证据的排除规则等；后者有的学者称之为证据的适格性，也即不被非法证据排除规则、特权规则等所排除。[3] 与英美证据法的可采性相对应，大陆法系称之为证据能力。在德国的证据体系中，接受法律事实的主要限制是法庭有权拒绝同意调查下列法律事实：（1）当争议事实是众所周知的事实，予以证明是多余的；（2）如果要证明的事项不重要或者已经得到证明；（3）当证据不合适或者无法获得；（4）当该申请意图是拖延诉讼；（5）如果要证明的事项是有利于被告人的，而法院准备作为不需要证明的事项接受之。

第二，法律事实成为证据，要受到证据规则的制约。证据是案件审判的中心内容，如果证

① 参见张继成：《证据相关性的逻辑研究》，载《广西大学学报》，1998（6）。相关性规则，又称关联性规则，是英美法系的一项基础性证据规则。英美法系的相关性规则的基础性地位体现于以下两个方面：第一，相关性规则涉及的是特定证据材料与待证事实之间的关系，而不是该证据的存在形式。因此，相关性规则适用于任何形式的证据资料，在适用范围上具有广泛性。第二，相关性是具有证据资格的基础条件。尽管具有相关性的证据并不必然具有证据资格（或曰可采性），但是，没有相关性的证据却必然不具证据资格。例如，美国《联邦证据规则》第401条规定，"'有关联性证据'指具有下述盖然性的证据，即：任何一项对诉讼裁判结案有影响的事实的存在，若有此证据将比缺乏此证据是更为可能或更无可能。"第402条规定，"除美国宪法、国会立法、本证据规则或者最高法院根据成文法授权制定的其他规则另有规定外，所有有关联性证据均可采纳。无关联性的证据不可采纳。"理解相关性规则的关键在于正确地认识何谓"相关性"。在英美法国家，由于相关性问题属于法官负责的事项，判例很少关心相关性的语义界定。在判例中，相关性被理解为被提出的证据对于被证明的事实具有"逻辑上的可能性"（Logically Probative），或者说，就此目的而言具有"逻辑上的相关性"（Logically relevant）。有关联性不是一项证据的内在特征，它仅仅作为一项证据与案件中待证事项之间的关系而存在。此项证据能否证明待证事项以及这种关系是否存在，应按照某些原则去解决。这些原则由经验或科学所发展，并可被按照逻辑地在眼前情况中适用。换言之，相关性侧重的是证据与证明对象之间的形式性关系，而基本上不涉及证据的真假和证明价值即实质性关系，对证据真假及其证明力大小的判断是证据被采纳之后陪审团的职责。

② See John Henry Wigmore，*Evidence*. Peter Tillers Rev.，1983，pp. 655－674.

③ 参见易延友：《刑事诉讼法》，2版，254页以下，北京，法律出版社，2004。

据没有保证，案件将永远无法得到足够有说服力的结果。案件的审理都是在案件发生之后进行的，是否能够获得有效的证据就成为案件审判的永久疑问。任何一个案件都不可能获得所有事实以使得案件的原貌得以完全恢复，因此有限证据的理论和法官自由心证的原则也应运而生。确立可采性的规则的价值目标之一是基于实体公正的考虑，防止可能不真实的法律事实进入法庭。① 如传闻证据规则是英美证据法中最重要的证据规则之一，原则上要求在审判中排除传闻证据，证人证言须在法庭上接受检验，只有在符合法定的例外情形时才允许采纳庭外陈述；无法定理由，在庭审或庭审准备期日外所作的陈述不得作为证据使用。此外，记载检察官或司法警察职员勘验结果的笔录不具有当然的证据能力，只有当勘验人在公审期日作为证人接受询问和反询问，并陈述确实系他根据正确的观察和认识作成时，才能作为证据使用。鉴定人制作的鉴定结论亦同。只有鉴定人在庭审时作为证人接受询问和反询问，说明其鉴定书系以正确方法作成时，才具有证据能力。排除传闻证据就是因为不可靠以及不能经过主询问和反询问来检查其真实性而可排除。客观事实要想成为法律事实，最主要的是与法律规范具有相关性，但具有相关性而成为法律事实的，不一定是客观事实，虚假的非客观的事实同样可以成为法律事实。而证据则是可采性以及证据规则的保障，使得只有符合客观事实的法律事实才得以进入法庭，并且某些符合客观事实的法律事实也可能因为证据规则被排除。②

第三节　证据与待证事实

待证事实是由证明主体根据法律规范所要求的证明需求提出来的，根据已知知识并通过预设、联想等方式所确定的，需要通过对证明依据加以证据组合予以确认的事实认知。其中，实体法中的待证事实，对于认定案件的性质具有决定性的作用，而程序法中的待证事实起到间接的作用，在一定程度上会影响最终的事实认定。

一、待证事实

待证事实又称为证明对象或要证事实，是指司法机关和当事人在诉讼证明活动中需要运用证据加以证明的事实。明确待证事实，才能确定举证责任承担的范围，才能在诉讼证明中目标明确，集中注意力，准确、及时地查明案件事实。这是一般传统意义上关于待证事实的解说。以刑事诉讼为例，其中的待证事实应当包括两个方面。

一是实体法事实。实体法事实是指解决刑事案件的实体处理，即定罪量刑问题具有法律意义的事实。这是刑事诉讼中基本的、主要的待证事实。案件的实体法事实，由有关的刑法规范所规定。具体内容包括：(1) 有关犯罪构成要件的事实。这是证明对象的核心部分。包括犯罪客体、犯罪主体、犯罪的客观要件、犯罪的主观要件。我国《刑事诉讼法》第 52 条规定："审判人员、检察人员、侦查人员必须依照法定程序，收集能够证实犯罪嫌疑人、被告人有罪或者无罪、犯罪情节轻重的各种证据。"这些证据就是证明对象中有关犯罪构成要件的事实。

① 注意这里说的是防止不真实的法律事实进入法庭，当然，由于证据规则的存在可能使客观事实不能进入法庭。

② 关于法律事实和证据的关系，也有不同的看法：两者的形成时间和目的不同，证据事实是认定案件事实的首要环节，是法律事实认定的前提。证据事实的认定是通过证据来进行的，证据的证据能力和证明力决定了证据事实。证据事实和法律事实虽然都是法律规范下的事实，但调整两种事实的法律规范不同，调整证据事实的主要是（狭义的）程序法和证据法，而调整法律事实的主要是实体法。参见耿宝建：《在法律与事实之间——司法裁判中事实认定过程的法理分析》，载《河北法学》，2008 (1)。

(2) 影响量刑轻重的事实情节。量刑轻重，包括从重、加重、从轻、减轻及免除处罚。这些事实情节有法定情节和酌定情节。法定情节如主从关系、未遂、既遂、自首、立功以及是否累犯等。酌定情节如动机、手段是否恶劣等等。凡对量刑有影响的事实情节均应举证证明。犯罪嫌疑人、被告人犯罪后是否有坦白等悔改表现，或者是否有逃跑、毁灭证据、串供、抗拒审讯等情形。这些情况虽然与是否构成犯罪无关或者无直接关系，但与量刑有关，因而也是刑事诉讼需要查清的事实。(3) 排除行为的违法性和可罚性的事实。排除行为违法性的事实，如正当防卫、紧急避险以及行使职权等。排除行为可罚性的事实，指法律规定的犯罪已过追诉时效期限的，经特赦令免除刑罚的，依照刑法告诉才处理的犯罪没有告诉或者撤回告诉的，被告人死亡的等。(4) 被告人个人情况，包括姓名、性别、年龄、籍贯、民族、文化程度、职业、住址以及有无前科等。确定被告人身份，对于案件处理具有一定意义。

二是程序法事实。程序法事实，指对于解决案件的诉讼程序问题具有法律意义的事实。由于程序问题对案件的实体处理产生重大影响，而且在诉讼过程中，司法机关有责任正确解决案件的程序问题，所以，关系到程序法适用的事实也是证明对象。在刑事诉讼中，视案件的具体情况需要加以证明的程序法事实主要有：(1) 关于应否审理和管辖的事实；(2) 关于申请回避的事实；(3) 关于对嫌疑人和被告人采取人身强制措施是否符合法定条件的事实；(4) 关于对案件采取搜查、扣押等强制性侦查措施是否合法的事实；(5) 关于其他取证程序合法性的事实；(6) 关于诉讼期间延长或被延误的事实；(7) 其他关于程序法的事实，如延期审理是否符合法律规定等。

二、证据与待证事实之间的关系

证据事实与待证事实都是证明结论的内容。证明活动中的证明结论有两种：一是通过证据组合所得出的、为下一步新的证明活动作凭据的证明结论；二是待证事实，即本证明活动的最后目标。一般而言，人们只是认为待证事实的确认才是证明结论，往往忽视了证明依据即证据也是一种证明结论，而这又是因为证明依据是不需要证明的，忽视了证明依据实际上都是通过证明活动获得的而不是自然地、天生就有的。这种无须证明的证明依据的观念，来源于人们所具有的"客观证据"观或者是"客观事实"观。证明实践中，通常以待证事实作为证明对象，而将证据这样的证明对象附属化。事实上，证据只有经过证据证明，才能成为证明依据。

待证事实永远小于客观实在，任何一个客观存在的事实过程都不可能完整无缺地保存下来。由于事实是人的认识，其遗留痕迹总是小于或者偏离于它的实际过程。即使是已经得出的对待证事实的证明结论，其内容也仍然是小于或者偏离于客观事实的。① 而待证事实的确立有赖于证据，因此，待证事实的范围受到证据范围的制约。而且在一些情况下，还会受到人的认识的制约，比如间接证据的组合形成的证据链，由于无法直接反映案件的主要内容或者基本情况，还需要人为地加以设想，即使此种设想与客观的规律基本符合，也还是存在有偏离客观事实的可能性。

在诉讼证明过程中，证据的提出与证明责任密切相关。证明责任分配理论要研究和探讨的是应当根据什么因素来决定谁应当承担不利后果，以及为什么要由这一方当事人承担不利后

① 有学者认为，待证事实小于客观存在的事实，一是时间的一维性决定了任何客观过程的不可回复性；二是客观过程遗留痕迹的局限性所决定的事实遗留的局部性和短暂性；三是证明主体认知能力的有限性所决定的对事实遗留认知的不完整性，这三个因素决定了待证事实的"小于"状态是不可改变的。参见陈子龙：《法律事实永远小于事实上的事实》，载《人民法院报》，2001-05-18。

果，而不由相对方承担，并且根据这一因素或这些因素来决定谁承担不利后果又是公平、合理和符合理性的。证明责任的分配贯穿于诉讼的全过程，其公正、效率，为法官提供了准则，为当事人指明了方向，若是证明责任任意分配，则必然伴随着诉讼程序的不平等，导致法官的任意决断。

关于证明责任分配的理论，自其产生以来，就有着各种各样的学说，各学说之间或相互补充，或相互排斥，在论战的过程中也随之发展。比如，规范说为德国学者罗森贝克所创，他的证明责任的分配原则是："不适用特定的法规范其诉讼请求就不可能有结果的当事人，必须对法规范要素在真实的事件中得到实现承担主张责任和证明责任。""如果没有一定的法规可以适用，则无法获得诉讼上请求效果的当事人，应该就该法规要件在实际上已经存在的事实予以主张和举证。"简而言之，"每一方当事人均必须主张和证明对自己有利的法规范（法律效力对自己有利的法规范）的条件。"[①] 他将所有的规范分为两大类：一是基本规范（Grundnorm），是指权利发生规范；二是对立规范（Gegennorm），包括权利妨害规范、权利消灭规范和权利受制规范。主张权利存在的人，要求适用关于权利产生的规范，应就权利产生的法律要件事实举证；同理类推，否认权利存在，应对权利妨碍、权利消灭和权利受制的法律要件举证。规范说以规范作为依据，操作性强，从而成为德国法上的通说。但是，也有不少的学者对其提出了批判。反对者的主要观点如下：第一，规范说的前提是所有的实体规范都能进行划分，但实际上，权利产生规范和权利妨碍规范无法加以区分。因为，一种法律效果可以是根据权利发生事实，也可以是权利妨碍事实，区别只是在于立法者的表达方式不同。第二，规范说存在同义反复。因为如果一方当事人必须证明对他有利的（规范）前提条件，另一方当事人就必须证明该前提条件不存在。[②]

根据德国法关于证明责任的理论，我们可以把证明责任做以下的区分：（1）客观证明责任：认定事实真伪不明时由谁承担败诉的责任。（2）主观证明责任：1）抽象的主观证明责任：即举证责任，包括提出和说服的责任，是一种法律预设的责任；还包括举证责任倒置。2）具体的主观证明责任：在一方提出证据，另一方如果不反驳就将承担不利后果的时候所承担的一种责任，这种责任在双方当事人之间转换。抽象的主观证明责任是不可转移的，而具体的主观证明责任在诉讼中随时可以转移。例如，在刑事诉讼中，即使在出现阻却性证据的特殊情况下，抽象的主观证明责任即举证责任也要由控诉方来承担。如果认为在出现阻却性证据的情况下，抽象的主观证明责任应当转移给被告承担，那是一种误解。如果认为抽象的主观证明责任可以转移，则很可能犯"有罪推定"的错误。[③] 由于当法官已获得一定的事实信息并且形成了暂时的心证时，这时具体的主观证明责任在控辩双方之间反复转移。

三、证据证明的例外

在证据证明待证事实的过程中，并非所有的事实都需要经由证据加以证明，有的是通过司法认知和推定等方法加以解决。

1. 司法认知

司法认知（judicial notice）又称审判上的知悉，是指在案件审理过程中，审判机关对某些

① ［德］莱奥·罗森贝克：《证明责任论》，庄敬华译，104页，北京，中国法制出版社，2002。

② 参见［德］汉斯·普维庭：《现代证明责任问题》，吴越译，385～386页，北京，法律出版社，2000。

③ 参见叶自强：《英美证明责任分层理论与我国证明责任概念》，载《环球法律评论》，2001，秋季号。但是该学者并未将主观与客观的证明责任、抽象与具体的证明责任区别开来。

特定的事项直接确认其真实性，而无须证据证明的一种诉讼证明方式。司法认知的主体仅限于审判机关，法院依职权对特定事项进行司法认知，当事人可以申请法院对特定的事项采取司法认知，但没有自行采取司法认知的权利和资格。司法认知的对象是特定事项，不仅包括案件事实，而且应包括与案件相关的法律。

英美法系的司法认知很宽泛，法律和立法程序也是一种认知，可作为法官职权认知的对象。美国的司法认知分为判决事实的司法认知和法律的司法认知。前者是指对被审理的具体案件中的某些个案事实，它们是无证自明的，以致在审判期间不必正式加以举证证明。可采用司法认知的判决事实主要有两类：其一是属于常识（common knowledge）的事实，但是有两种例外，即这种司法上的认知并不排除当事人能举证证明在具体案件中所存在的与这种普遍认知所具有的相反的特殊情形和法官如果不是凭借审判职务上的必要而是以其私人身份知悉的有关信息；其二是某种确证（certain verification）的事实，如，法官为了得到有关信息资料就必须通过多种调查方式，包括在庭上听取证言，但不得仅依赖于听取证言，还可以从书本和其他资料来源中取得必要的信息；或利用自己的知识，通过查阅历史著作、历史档案等，寻找与争执点有关的历史信息。后者是指在法院对于某个案件适用的法律进行确定和解释当中，法院将其确定的联邦法律和州法律适用是无须证明的。[①] 我国多数学者倾向于认同第一种司法认知，大都承认以下三项应属司法认知的对象：其一为众所周知的事实和自然规律及定理；其二为由法院的裁判所预决的事实；其三是已为有效公证文书所证明的事实。有的学者还提出以下事项应属司法认知范围：其一，司法人员在业务上熟知的事实，如法律、法令、党的方针政策、国家机关的机构设置、人员任免等[②]；其二，不为一般人所共知的事实，而是作为法官在执行职务中知悉的事实，例如，法官在审理案件中亲自处理的事实，查封某项财产的事实，以及当事人未到庭的事实或妨碍诉讼的事实等。[③] 关于经验法则应否属于司法认知的对象，我国有的学者认为应当区别对待，即凡属日常生活中得到的为一般人共知（其中包括法官亦应知道）的常识性经验法则，属于司法认知的对象，而对于那些属于专门知识的经验法则，法官与普通人一样都不易知道，因此，不作为司法认知的对象。

有些事实之所以成为待证事实而必须由相关的证据加以印证，是因为双方当事人对待证事实本身存在着两种截然相反的对立主张。但是，就理论上而言，并不能单纯地以双方对某一特定事实存在截然相反的观点，而使之成为诉讼上的证明对象，而应当主要是因为知悉这些待证事实的途径和方法具有个人的属性，不具备公知乃至公信的属性特征。事实上，当实体法和程序法所调整的某些待证事实为在社会上一定范围内所公知、公认时，该种客观事实一旦与一定法律后果相联系，便可直接作为裁判的基础，而不必采取举证的方式来取得诉讼上的证明力。这种在诉讼上所产生的“不证自明”的效果便是来自于司法认知或称审判上的知悉，这是为各国法律所公认的证据法规范。[④] 我国台湾地区的做法是，对法院而言已显著的事实，在合议庭内部只需多数法官知悉其事实就够了，无须全体法官全都知悉，并且，在第一审认为对法院已显著的事实，虽在上诉审法院并非属于显著的，上诉审亦得据为裁判的基础，但如上诉审认为并不显著的，仍须采用证据方法，使该事实明显。当有关法院认为一些特定事实应为审判法院管辖区域内众所周知的事实，或为法官职务上所知悉的事实，在将该类事实作为裁判基础时，

---

① 参见［美］乔恩·R. 华尔兹：《刑事证据大全（修订版）》，何家弘等译，404 页以下，北京，中国人民公安大学出版社，2004。

② 参见樊崇义主编：《刑事诉讼法学研究综述与评价》，259 页，北京，中国政法大学出版社，1991。

③ 参见柯昌信等主编：《民事证据在诉讼中的运用》，251 页，北京，人民法院出版社，1998。

④ 参见毕玉谦：《试论民事诉讼中的司法认知》，载《中外法学》，1999（1）。

必须告知有关当事人，以便使其行使抗辩权。否则，有关当事人可依此作为行使上诉权的理由，请求上一级法院予以纠正。

2. 推定

推定是指依照法律或者某种法则，基于某一确定的事实，而推知和确定另一不明事实的存在；可以分为法律上的推定和事实上的推定。法律推定是指依照法律，当确认某一事实存在时，就应当据此认定另一事实的存在，而无须运用证据加以证明的认定案件事实的方法，即"法规的内容规定为'如果是甲就推定为乙'的情况"。法律推定成立的条件是：没有别的证据与被推定的事实相冲突。它只能为案件事实提供表面看来确实无疑的证明，这种证明可以被否定它的证据或与它相冲突的更有力的相反的推定所推翻。[①] 事实推定是指基于经验法则和逻辑规则，由某一事实的存在而推定其他事实的方法。事实推定的根据在于：第一，基础事实与推定事实之间存在着因果关系、逻辑关系或法律上的联系。因此，推定的结果与事实真相之间往往具有高度的盖然性。第二，推定事实常常难以证明而基础事实却比较容易证明，当事人通过对基础事实的证明而达到对推定事实的证明，从而不仅方便了证明，也促进了诉讼进程。由于推定的事实并未由证据来证明，并且基础事实和推定事实之间虽然存在着高度盖然性但是并非一定是必然的关系，所以，允许对方当事人举证推翻推定的事实。对方当事人（1）可就基础事实提出反证；（2）可对推定事实提出反证。（3）举证基础事实和推定事实并不存在因果关系、逻辑关系或法律上的联系。倘若对方当事人已提出充分反证，主张推定事实的当事人则要对该推定事实负举证责任。

类推不是逻辑的推论，而是一种比较，是经由比较规则获得结论的方法，因而类推不是"循环推论"，不是凭由演绎、归纳等逻辑方法来解决问题。[②] 从法律实证主义的视角来看，类推只能获得一个有疑问的判断，因而无法提供稳妥的结论，这反映在刑事法上就是我们一直固守禁止类推的观念。这是由于我们的思维禁锢于法仅存在于制定法中这一习以为常的观念中。德国著名的法学家考夫曼认为，法是一种对应，因此法的整体并非条文的复合体，并非规范的统一体，而是关系的统一体：关系统一性——这正意味着类推。在类推时，拟加以认识的事物，并不是在它之中或者接近它（在其本质中）加以认识的，而是在一个与另一个比它为众多周知的事物的关联（关系）中，加以认识的。[③] 因而，无论从立法还是从事实的法律发现而言，都包含着类推。而推定则是直接通过逻辑或规则基于基础事实而得出结果的方法，两者有着本质的区别。这里的推定，更确切地说是事实推定，与考夫曼所说的设证十分接近，所谓设证是一个从结论出发的推论，是从特殊经由规则推论到特殊，从案件（结论）经由规则到案件的方法。

第四节　法律事实的解释

对法律事实的解释就是要赋予事实以法律意义。从理论上看，这是法律解释的关键环节，但是在法律理解、解释和应用过程中，人们一般都不在意这一过程，因为在法律思维过程中，

---

① 参见叶自强：《事实上的推定与法律上的推定》，载《人民法院报》，2001-11-23。

② 参见［德］考夫曼：《法律哲学》，刘幸义等译，106页以下，北京，法律出版社，2004。

③ 参见［德］考夫曼：《类推与"事物本质"——兼论类型理论》，吴从周译，17页以下，台北，学林文化事业有限公司，1996。

解释法律和解释事实是同一个过程。但是法律解释和事实解释还是有一些细微区别，因而单独拿出来进行讲解，对把握法律思维过程的整体性有积极意义。

一、法律事实的分类

传统上，法学界对法律事实的分类包括：(1) 以是否以法律关系当事人的意志为转移，将法律事实大体上分为法律事件和法律行为。(2) 依据法律关系的产生是否要求某种现象存在或不存在，法律事实又可以分为肯定性法律事实与否定性法律事实。肯定性法律事实是指依据法律某事实出现时，才能引起法律关系的事实，如婚姻法规定的法定婚龄，即是引起婚姻关系的肯定性事实。否定性事实是指某一法律关系，若要产生，就必须排除的事实，如婚姻关系的建立，就必须排除直系血亲与三代以内的旁系血亲关系，该“直系血亲与三代以内的旁系血亲关系”就属于否定性法律事实。(3) 从法律关系演变所依据的数量，可以将法律事实分为单一法律事实与法律事实构成。单一法律事实是指某一法律关系的演变依据的直接事实是一个；法律事实构成是指某一法律关系的建立需要直接依据两个或两个以上事实。(4) 从法官认定事实是否需要进行鉴定来看，法律事实分为鉴定认定的法律事实与非鉴定认定的法律事实。

上述分类主要是从法律事实本体论的角度进行的，站在司法裁判的角度，对法律事实则可以作出如下不同的分类：

1. 描述的事实与评价的事实①

描述的事实如出生、死亡、年满 18 岁、限制行为能力人、住所、失踪、期间、丢失、立功等。评价的事实如：诚实信用、社会公德、重大误解、显失公平、数额较大、数额巨大、数额特别巨大、情节严重等。有些则兼具二者特征，如高空、高压、易燃、易爆、易炸、剧毒、高速运输工具、恶意透支等等。描述的事实应当运用证据规则进行证明，而评价的事实则需借助于法律解释、价值评价方法确定。

2. 确定的事实与不确定的事实

运用证据证明可以确定的事实，可以较容易找到与其相对应的法律规范，进行法律推理。不确定的事实，主要是依据证据不能证立或证伪的个案事实，或价值不确定的个案事实，前者需要运用证据规则进行证明责任分配，后者则应当运用法律解释、价值选择实现法律规范由不确定向确定性的转换，进而能把个案事实归摄进去。价值不确定的事实如“正义”“公平”“勇敢”“懦夫”“慷慨”“吝啬”“不适当”等，其词汇意义本身是模糊的，不确定的。因此，在具体案件中，需要权衡许多因素以决定“一个词的含义是否涵盖了该案件”②。

3. 典型事实与非典型事实③

该分类主要是从法律事实的涵摄角度来衡量。如果案件事实与法律事实模型中所描述、涵盖的事实特征完全对应，则属于典型事实。非典型事实，即个案事实与法律中的事实模型特征不一致或不完全一致时，需要经过解释与论证，才能使得案件事实能够归入法律事实模型，进行法律推理的事实。“审判虽然是直接针对个案的，但是审判必须搞清楚得出审判结论所依据的社会关系的类型，划清价值判断的具体内容与适用对象的界限。但是审判中经常会遇到难

---

① *The Judicial Application of Law*, Edited by Zenon Bankowski and Neil Maccormick, Published by Kluwer Academic Publishers, p. 138.

② Aleksander Peczenik, *On Law and Reason*, Kluwer Academic Publishers, 1989, p. 80.

③ 在《现代汉语词典》中，“典型”是指有代表性的人物或事件，或是指具有代表性的含义。如说：这件事情很典型，可以用来教育群众。如一名年满 18 周岁、精神健康的当事人一拳打伤他人鼻梁骨，就是典型的侵权行为。

题，原因在于：其一，由于立法者未能弄清楚社会关系的内容，造成了法律规定要适用的类型不明的情形。其二，由于社会关系过于复杂，所以，一开始立法者就将问题交给了‘解释学’（如：何为‘违反公共秩序与善良风俗’的行为）。其三，社会中出现了立法者无法预见的‘新型’社会关系——这就需要修改法律或导入新规定，或以现有法律条文来进行解释。”① 典型的事实与非典型事实的法律表现：典型的事实是容易进行归类或涵摄的事实，而非典型事实则需法律解释、漏洞补充、法律创制、法律论证、价值评价等方法续造大前提以后才可能使事实与法律的关系相协调。

二、事实为什么需要解释

在法律推理小前提——法律事实的确认中，虽然证据规则是重要的，但并不能够解决事实认定的所有问题。这是因为，证据规则主要解决的是案件事实的真实性问题。在认定法律事实过程中，除了应当尊重法律事实的真实性、客观性外，还应当注意，法律事实具有规范性、主观性等特征。司法实践之中的事实，不可能是完全“客观”的事实，而是通过人们的语言文字叙说或书写的事实，故而必然只能是通过理解与解释而存在的事实，是通过主体对其意义进行解释而存在的事实。② 对法律事实解释的必要性，具体表现在六个方面。

第一，作为司法裁判的法律事实不同于生活事实或者自然事实，而是需要法官借助表述而存在的事实。当法官在表述事实时，就需要法官区分法律上重要的事实与无足轻重的因素，而法官在表述事实时，“就已经着眼于可能适用的法律规范了”③。

第二，法律事实是规范性事实，必须是法律所涵盖的事实。生活事实是否要认定为法律事实只能以法律为指引，具备法律上的关联性。法官认定的事实必须与规范性事实（制度事实）相符合，否则就失去合法性，失去其应有的法律意义。而法官在面对事实时，他不仅要拿这个事实与制度中所抽象描述的事实进行比对、分析，而且会结合法律规范进行衡量，即法官的目光必须穿梭往来于规范与事实之间，进而才可能将这一生活事实“涵摄”于制度事实。法律事实是运用法律对生活事实进行剥离和加工而形成的事实，是通过法律职业者主体的思维加工而形成的事实。法律事实的形成，离不开对事实在法律上重要性的判断，只有将事实与法律的构成要素以及法条中的判断准则结合起来，才能够形成法律事实。

第三，事实是法律解释的直接和最终指向。对法律解释的直接原因，来自案件中待处理的法律事实，是事实直接引发了法律解释。一切司法过程中的法律解释都是由于生活事实的变化，导致了制定法语词含义的不断发展，而这些新的含义是在对事实进行阐释中形成和确立的。因为事实会丰富法律的内涵和外延，例如，在旧刑法中的“企业”，在法律制定时指的是“国有和集体性质的工商企业”，但在经济体制改革后，人们也自然地认为它也包含私营企业。④

第四，事实往往还是证立法律推理大前提的基础和依据。对法官来说，有时需要靠着小前提去找大前提，“即在给定的案件事实指导下去发现所谓的‘适用的法律’”⑤。法律解释甚至主要不是对三段论推理的大前提的解释，而是对法律事实的解释，解释的目的是证明争议事实

① ［日］川岛武宜：《现代化与法》，申政武译，266页，北京，中国政法大学出版社，2004。

② 参见谢晖：《法律的意义追问》，102、112页，北京，商务印书馆，2003。

③ ［德］卡尔·拉伦茨：《德国民法通论》，王晓晔译，100页，北京，法律出版社，2003。

④ 参见张明楷：《在生活事实中发现法》，载《法律适用》，2004（6）。

⑤ 苏力：《批评与自恋》，16页，北京，法律出版社，2004。

“属于或不属于大前提中的某个项”[1]。

第五，法律事实是一种主客观结合的事实。事实虽然本身是客观的，但是，任何法律事实的认定都离不开主体的参与，事实必然是法官观察理解和解释的对象。

第六，在事实疑难案件中，法律解释的对象是事实本身。一般来说，法律解释的直接对象是法律文本，但在疑难案件中，尤其是当找不到成文法、无成文法律解释的情形下，法律解释的对象是什么？严存生教授的回答是“法在事中”。法律解释有两种情形，一种是有文本的解释，一种是无文本的解释。这源于法官的角色是不得因为法律无明文规定为由而拒绝审判。在无制定法规定的情形下，法官也要进行审判，而此种情形下的审判必然需要通过事实而发现法律，尤其是疑难案件更是如此。[2] 疑难案件中也存在法律解释，但在此情形下，事实也成为了解释的决定性元素，离开事实，就无从发现明确的或隐含的法律，也就不存在判决的正当性基础。

三、法律事实解释的特点

对法律事实的解释，有时偏重于解释事实本身；有时偏重于解释法律规范、原则、政策；有时则需要兼顾事实与法律，淡化法律与事实的界限，建立事实与法律之间的联系；有时则需探讨是否可以归责，有时则需解释说明一个案件事实的法律属性，如民事案件、刑事案件抑或行政类案件；是民事案件中的合同纠纷抑或侵权纠纷；一方侵犯了另一方的什么权利；应当承担什么样的法律后果；归责的理由等。

与单纯的解释法律规定的解释不同的是，法律事实的解释具有自身的特性。

第一，事实解释是法律适用的组成部分。解释的目标在于恰当地适用法律。只有在对个案事实的理解存在争议并需要运用法律解决，才存在对事实展开解释的必要性。解释以个案的法律手段解决为前提。事实解释不仅是为了逻辑自足；还要服务于法律适用，解释具有特定指向性，即解释是为了处理个案，不考虑未来其他案件的处理，只考虑当下个案的问题解决，不考虑未来的普适性问题，因而不同于我国最高人民法院的“适用说明”这种单纯的法律解释。但在英美法系中则不同，判例法的遵循先例原则强调对事实解释的连贯性。

第二，对法律事实的解释具有规范性。赋予事实以法律意义离不开法律规范，法律规范始终是制约法律事实解释的框架。一般来说，对事实无论如何解释，也不能超出法律规范的文义射程，不能违背法律规范的可能文义或者明显违背法律的价值。在许多情形下，对法律事实的解释实际上就是解释法律，解释事实与解释法律已融为一体了，即用规范来解释事实。

第三，语境之法治要求。事实对解释的影响是，须将解释放在特定语境（context），即个案事实的解决需要运用法律手段，因而对法律事实的解释需要使用法律话语，满足法治的要求。之所以应放在法治语境下进行解释，是因为案件的特定性，使得解释不得脱离法治、法学语境以及当事人的身份、事件发生的背景等。总之，不得脱离案件解决事实解释。事实解释实质是把法律放在特定生活场景、给定的法治语境中进行解释。事实解释不能离开法律，解释须

---

① 苏力：《批评与自恋》，17页，北京，法律出版社，2004。

② 严存生教授认为，疑难案件的解释与一般案件的解释是不同的，一般案件的解释是狭义与原意的解释、有文本的解释、用法律解释事实，用具体的法律来解释；而疑难案件的解释是引申意义的解释、无文本的解释、用事实来解释法律，用抽象的法或法律精神来解释。参见严存生：《“法在事中”——从疑难案件的法律解释想起的》，载陈金钊主编：《法律方法》(2)，济南，山东人民出版社，2003。

将法律事实与法律规范结合起来。[①] 法律事实的解释与裁判紧密结合。解释的结果是要作出胜负两决的裁判结果，这是事实解释不同于单纯法律解释的一大特征，单纯的法律解释只需说明文义就可以了。对事实的解释，则必须得出结果，给出一个符合法律要求的"说法"（理由）并作出一个胜负判决。通常来讲，不分青红皂白、和稀泥式的各打五十大板地进行判决的做法是不符合事实解释要求的（如当下许多案件的调解）。

第四，对事实解释的融贯性。解释以前见为基础，对事实的解释，离不开解释者的前见，同类的事实被不同的主体解释，释放出的法律意义之所以会出现不同，就是由于解释者的前见有差异，只要有解释，解释就会有所不同。但是如果解释总是不同，就会明显违背法治的统一性、融贯性，因此，要想使对同类的事实解释得出相同或大致相同的解释结果，便需要加强法律方法与法律思维训练，促进解释者前见的同质性，使解释不能违背法治的和谐与统一。经验方法对事实解释的融贯性具有十分重要的意义，这在遵循先例的普通法法系中体现得尤为突出。事实解释的核心问题是回答边缘事实是否属于法律调整的范围，并探讨其释放的法律意义。对事实的解释实际上主要解决普遍的规则与个案的张力问题，因为从解释自身来说，须解决三个问题："其一，它必须说明该项原则肯定所指的那些典型的案件类型；其二，它必须对'边缘状况'表态，也就是说，对一些人们可能怀疑是否还可以纳入该项原则之下的案件类型进行表态；其三，它必须借助所描述的各种解释观点，搞清楚该项法的原则及其各种要素的意义，使法官在遇到一些没有用明确的语句论述过的案件时，能够作出判断，究竟这条有关的规则是否能够应用。"[②]

第五，解释法律与解释法律行为[③]有不同的原则。法律行为是法律事实的重要组成部分，对法律行为的解释进一步体现了解释事实与解释法律的不同。法律解释直接针对的是法律条文及其字义，当事人的理解对制定法语言的含义，并不具有决定性意义，甚至是并不重要的。而解释法律行为时，只有当事人双方对同一法律行为作同一理解时，方能确定法律行为的意义。解释法律可能还要探寻立法意旨、法律伦理、事物的本质等，而解释法律行为时则不需要考量上述因素。[④]

在法律适用中，解释事实决定了法官的解释活动不可能是静态的而是动态的，这种动态的

---

① 对此，张明楷先生有着较为生动的论述，他以《刑法》第275条为例，该法条规定，"故意毁坏公私财物，数额较大或者有其他严重情节的，处三年以下有期徒刑、拘役或者罚金"，该法条中，如何认定"毁坏"的含义就必须立足案件，借助语境。张明楷先生举例说，如当法官面临案情是，甲将他人的电视机从楼上摔至楼下，导致电视机不仅物理上毁损，而且丧失其本来用途时，他可能将"损坏"解释为"通过对财物的全部或者一部分进行物质性破坏、毁损，以致全部或部分不能遵从该财物的本来用途进行使用"。但是，当法官面临的案情是，乙故意将他人价值1万元的戒指扔进大海中时，上述"毁坏"的定义会导致乙的行为无罪。于是，当法官认为他人戒指值得刑法保护、乙的行为值得科处刑罚时，法官可能将"毁坏"解释为："对财物行使有形力，毁坏财物或者损害财物的价值、效用的行为"，并且将乙的行为抽象为：对他人财物（戒指）行使有形力，导致他人丧失财物。可是，当法官面临的案情是，丙故意将他人的鱼池闸门打开，导致他人价值万余元的鱼游入大河时，上述两种"毁坏"定义都将导致丙的行为无罪。此时，法官可能将"毁坏"解释为："导致财物的效用减少或者丧失的一切行为"，并且将丙的行为抽象为：使他人丧失了财物的效用，从而使丙的行为符合毁坏要件。法官之所以反复定义"毁坏"，是因为面临着不同的生活事实；之所以并不简单地以第一个定义否认乙、丙行为的可罚性，是因为法官认识到他人的戒指与鱼值得刑法保护。参见张明楷：《从生活事实中发现法》，载《法律适用》，2004（6）。

② ［德］科殷：《法哲学》，林荣远译，216页，北京，华夏出版社，2002。

③ 一般情况下，人们将意思表示与法律行为等同，但严格来讲，二者是不同的。法律行为可能由一个或多个意思表示组成，而意思表示也可能与交付、登记等法律事实相结合才构成法律行为。参见朱庆育：《意思表示解释理论》，75页，北京，中国政法大学出版社，2004。

④ 参见［德］卡尔·拉伦茨：《法学方法论》，陈爱娥译，222～223页，北京，商务印书馆，2003。

特点决定了解释法律事实与解释法律规范必然处于互动的过程，“法律会影响事实的性质、赋予事实以法律意义，而事实也会影响法官等对法律的理解”[①]。事实与规范是交互性阐释的。“法律解释是以法官为中介的法律与事实的结合，事实非标准事实，法律无万能法律。”[②] 因此解释就不可能单单是抽象地解释文字，而是要将对法律规范在事实中的意义阐释与事实的法律意义阐发直接并紧密地结合起来，依据规范确立、阐释事实，通过事实而解释规范、探究规范的当下意义。在解释过程中，解释事实与解释法律二者是一个水乳交融的动态过程，并最终融为一体。因此，解释事实和解释法律必然是一种“交互的诠释”过程。

四、如何进行法律事实解释

事实作为法律解释的对象，本身可分为事实认定与事实解释两方面要素。面对具体的法律事实时，法官或律师会作出怎样的解释与判断？或者说，法律解释中法官或律师应当对事实作何解释、如何解释？对事实的法律解释主要涉及如下问题。

第一，事实是否属于法律的调整（空间）范围，（时间上）是否受法律的调整，因为，法律适用的前提问题就是思考某个争议是否属于某个法律的管辖。

第二，事实之部门法归属。案件事实应当划归民事或刑事案件，如属于民事案件，属于民事案由中列举的哪一类？是否与案由列举的事实类型完全相符，如果不相符，大致可以把它归入哪一类事实，归入哪一类事实更有利于自己对事实进行证明，更有利于说服法官采信自己的事实主张，更有利于维护自己的利益、达到自己的诉讼目的等。对一案件事实，将其归入什么样的法律事实构成，或者弄清楚事实属于哪一个法律部门所调整，对于案件审判走向起着举足轻重的作用。以原告受雇佣在工作中人身受到伤害为例，该伤害可能被解释为民法中的人身伤害或者是工伤（当然，当事人也可以采用“工伤”或“人身损害”为由提起诉讼）。显然，要请求人身损害赔偿就需要适用《民法典》的人身损害赔偿规定，以及相关的精神损害赔偿原理，而要适用工伤的原理就需要进行工伤申报与鉴定。当然，到底是应用哪一原理，当事人往往还会借助法条去对比应用哪一种原理得到的赔偿更多（往往需要进行细致的计算），哪一条路的诉讼难度较小等等。

第三，对事实的归类与涵摄模式。[③] 在三段论的逻辑推理中，其推理的基本思路是：大前提：“如果 p，那么 q”；小前提：“s 属于 p”；所以得出结论：“s 属于 q”。问题在于，对于一名法律职业者来说，他如何判断与证明一个生活事实即“s”就属于法律规范中的事实构成“p”，或者说，他如何证明一个生活事实就与法律规范中的逻辑事实构成相吻合。对法官或律师来说，在他进行三段论的逻辑推论以前，必须要对此进行论证与说明，而且对此进行论证与说明是法官与律师经常要进行的工作。例如，当法庭调查清楚甲打了乙，法官判决甲向乙赔偿是因为甲打乙的行为可以归类为民事上的“侵权”行为类型。再如，丙杀死了丁，对丙判处刑罚的前提是需要认定丙之行为符合“故意或过失杀人罪”的类型特征，而不仅仅是看丙是否杀死了丁（丙杀死丁的行为仅仅是可能认定丙“故意杀人”类型概念的一个要件，通常还需要认定丙之刑事责任能力、丙之主观方面等要素），只有如此，才可能将丙之行为认定为法律类型上之

---

① 陈金钊：《论法律解释权的构成要素》，载《政治与法律》，2004（1）。

② 井涛：《法律适用的和谐与归一》，142 页，北京，中国方正出版社，2001。

③ 本部分原发表于陈金钊、谢晖主编：《法律方法》第 4 卷，济南，山东人民出版社，2004，本书中做了修改。

“杀人”行为。[①] 由于实际情形的复杂性远远超出了上述例子，所以有必要深入分析相关理论问题。

五、解释法律事实中的难题

由于事实并不可能按照法律规定的要件去发生，所以，必然会产生部分事实与法律不能相对应或不能完全对应的情形，该类事实我们称之为“非典型”事实。郑永流指出，事实与法律之间不可能完全适应，表现为以下几个方面：(1) 事实与规范之间相对适应，即事实与规范之间总体适应，规范总体明确，但存在一定扩张、缩小及自由裁量的例外，如从重与从轻的幅度规定、重伤轻伤的法定标准，合同的实质性变更等法律规定。(2) 事实与规范不相适应，指虽然有法律规定，但存在较大扩张、缩小及自由裁量的例外。如：诚实信用、情势变更等法律原则规定；显失公平、恶意串通、公共利益等价值评判规定。情节轻微、重大损失、严重后果、数额巨大、重大误解等程度规定。证据确凿、事实清楚等关于“确定性”的规定。保管不善、不可抗力、明知，危险方法等规定。(3) 事实缺乏规范标准，如同性恋、安乐死、吸毒等属于不应进行法律评价的内容，要么是法律应作规定而未作规定的情形。(4) 事实与规范之间存在实质的不适应，即严格运用法律进行形式推理会得出人们不能忍受的法律结果，如将消费者权益保护法的双倍返还条款运用商品房质量纠纷要求进行双倍返还。[②]

如何处理这些解释难题？以下方法对于处理非典型事实案件也许是有帮助的。

(一) 运用类推方法

类推方法，实际上是把案件事实归摄到相近似的法律规范之中。潘德克吞法学的“法律构成”理论认为[③]，类推思维的方式是：

今有事实关系 A，经利益衡量认为应当得出 Y 法律效果，但是不能发现能够直接使 A→Y 关系正当化的法律规则；这种情形，学者对 A 事实关系进行分析，发现其由 a、b、c、d、e、f 要素构成，又发现了某一法律规则对于事实关系 B 赋予 Y 法律效果而事实关系 B 系由 a、b、p、q、r、s 要素构成。这时，学者仅以 a 和 b 两个要素构成法律概念 X，并说明该法规对于事实关系 B 赋予 Y 法律效果，实际不是事实关系 B 的效果，而是法律概念 X 的效果。于是，对于包含 a 和 b 两个要素即所谓 X 概念的事实关系 A，当然应以法律规则发生 Y 法律效果。这样一来，尽管不存在规范事实关系 A 的法律规则，也不认为法律有漏洞，而通过法律构成理论的技术操作，使认为妥当的结论正当化。[④]

类推推理的核心是“把一条法律的规则移用到一桩与这条规则的事实构成相比有些偏差的案件上”[⑤]。实际上，在法律发展的早期，在没有明确的法律规范时，案件裁断者的推理经常就是类推。早期罗马人的法律推理通常就是“比较和发现两个或较多的对象之间的恒常的或不

① 反面例子如，以下几种情形下的杀人“事实”就不能判定为刑法上之“杀人罪”：(1) 警方追捕当场击毙拒捕者；(2) 法院依法对死刑犯执行枪决；(3) 正当防卫而杀死不法行为人；(4) 士兵在战场上开枪杀死敌人；(5) 在允许实行安乐死的国家里，依法对他人实行安乐死等等。

② 参见郑永流：《法律判断形成的模式》，载《法学研究》，2004 (1)。郑永流先生对此作了 5 种分类，由于第一种探讨的是事实与规范相适应的情形，所以本文并不讨论，在事实缺乏规范标准的论证中，郑先生举的典型例子是 2002 年西南某高校女学生因为怀孕被学校勒令与其男友一道退学，两学生以学校侵犯自己的受教育权、隐私权为由提起行政诉讼，但法院却以勒令退学是学校内部管理行为不属于行政诉讼和法院管辖为由驳回起诉。

③ 潘德克吞法学是由历史法学派发展而来的，其代表学者为耶林、温特夏德。

④ 参见梁慧星：《民法解释学》，56 页，北京，中国政法大学出版社，1995。

⑤ ［德］科殷：《法哲学》，林荣远译，223 页，北京，华夏出版社，2002。

恒常的关系”。“然而他们不是从大前提到小前提进行推理，他们好像是从特殊到特殊而进行推理；并且辩证推理胜于逻辑推理。”[①] 至于普通法，其类推的特点则是不言自明的。

（二）通过解释调适事实与规范之间的矛盾

为了适应社会的发展，立法中某些类型的表述只能以牺牲确定性为代价，以弹性、模糊性的方式表述出来。法律通过牺牲确定性换取了更大的社会适应性。“在现实生活中，各种生活现象千差万别，不一定都是按照教科书上讲的规则进行。法官的责任，就在于对与教科书上讲授的原理存在千差万别的生活现象进行观察，判断究竟发生的是什么性质的纠纷。这就是确定案件的性质。在将案件的性质确定之后，法官才能够对审理的案件准确地适用法律”[②]。因而在司法时，就需要对这些模糊的法律规定进行阐释。其方法就是基于抽象的法律规定并结合具体事实的解释以说明某个事实是否为某个法律规范所调整，以完成“归类”或“涵摄”。

例如，德国司法实践中关于“武器”的解释也颇能说明解释对于归类的重要性。《德国刑法典》第224条关于“武器”的界定是，“如果犯罪分子借助武器或其他的危险器具伤害他人，那么该行为就是‘危险’行为并将受到刑法严厉的惩罚。这里刑法立法者在技术上为武器的概念下了定义（例如，匕首、军刀、枪、弩）”。后来又作了补充，“犯罪分子借助于射击武器、刺戮武器或打击武器特别是刀伤害他人身体……”，再后来，立法者又在接受帝国议会委员会的建议基础上确定，“‘武器’就是‘刀’与‘其他工具’的总概念”[③]。立法者通过不断地抽象，从而建立了关于“武器”的总概念。但是，这种抽象的概念却被司法者不断地进行扩张解释。司法者认为，“凡是客观上容易造成明显伤害的都是武器或危险器具，例如，狠踢他人的鞋，作为饮料的盐酸、被挑唆的狗、行动中的机动车、衣架或虽然闭合但用做打击工具的刀子。因此，通过司法实践，‘危险工具’成为总概念”[④]。

（三）通过价值评价将事实归摄入某一法律规范下

1. 事实需要评价的情形

需要说明的是，事实清楚、法律规定明确、含义确定时，只需作逻辑推理，即可得出判决结论，不存在价值评价问题，无须价值评价。需要法官进行价值评价的情形如果单从事实角度分析，主要是疑难事实，罕见事实，法律未予规定的事实，事实归属于何种法律案件类型并不是非常明确的事实等。

对事实需要进行评价的情形主要在于，将事实与规范比对以后出现了以下情形：第一，复数法律解释的可能，对同一件事情法律规范作出了不同的规定即规范发生了冲突。第二，法律

① Geoffrey Samuel：*The Foundations of Legal Reasoning*，1994 MAKLU，p. 35.

② 杨立新：《共有权研究》，186页，北京，高等教育出版社，2003。在法学实践中，我们可能会经常面临对案件的不同理解。出现这种不同理解的原因很复杂，其中一个重要的原因就在于对同一事实，人们似乎作了不同类型的理解。如案例：“尚某与陶某系同一单位职工，共同居住于单位家属楼房同一层相邻。两户住宅房中间有一块共同使用的楼道，并有一个临街的窗子。尚某先入住，就将这块楼道打上隔断，自己装杂物用。陶某入住时发现此事，曾向尚某提出拆除隔断的意见，尚某没有接受，住房制度改革以后，双方都交款购买了住房的所有权，住房成为私房。陶某又向尚某提出拆除隔断，该处楼道共同使用的要求，尚某仍不同意。经找单位领导调解不成，陶某向法院起诉。”对此案件形成了两种争论：第一种意见认为按照建筑物区分所有的原理，楼道属于共有部分，应当由区分所有人共同使用，尚某的行为侵害了建筑物区分所有人的利益和其他建筑物区分所有人对楼道的共有权，应当承担恢复原状的民事责任；另一种意见认为处理相邻纠纷，尊重历史状况是一个原则。既然双方当事人相邻居住多年，而楼道一直由尚某使用，且对原告的生活无大的障碍，故可判决驳回原告的诉讼请求，维持使用现状。案例参见杨立新：《共有权研究》，400页，北京，高等教育出版社，2003。

③ ［德］伯恩·魏德士：《法理学》，丁晓春、吴越译，82～83页，北京，法律出版社，2003。

④ ［德］伯恩·魏德士：《法理学》，丁晓春、吴越译，83页，北京，法律出版社，2003。

概念不确定或存在概括条款，如“重大事由”“其他方法”等。[①] 尤其是开放式不确定概念，由于其内涵与外延均不确定，“概念之可能文义不足准确划定其外延，其外延是开放的”[②]。在适用的时候，就需进行评价。第三，法律漏洞的情形，即对特定事实缺乏法律明文规定的情况，需要法官运用价值对特定事实进行评价，以补充法律漏洞。第四，依据规范对案件事实作出的判决会和法律产生严重冲突。对第一种冲突借助相应的规则加以调整即可；而对后三种情形则必须借助于法官个人所秉持的价值。当然，这种概括并不是边界清晰的划分，而是对法律价值评价范围的大致说明。

2. 评价事实的资源

在对事实进行评价中，可以运用的资源包括：道德规范、社会政策、事物的本质（法理）。

第一，道德规范与事实评价。法律适用的任务是将隐含在法律中的正义思想、立法目的付诸实现，而单纯的逻辑涵摄并不能完成此项任务。涵摄不能时，要把法律规则适用于特定案件事实时必须运用道德规范。而有时高度概括的法律规则只能通过运用道德标准来阐明其完整意义，如要阐明合同中的“显失公平”，在很大程度上就必须结合当下案件去探讨案件中的公平，依赖于公正的观点、考虑道德规范与评价。[③] 难题是，法院如何确定社会道德？艾隆·埃森伯格指出获取道德共识有以下渠道：大多数人认为公正的道德。统治集团的道德等。[④] 通常会求助于：（1）官方来源如先前的判决。（2）非官方来源如从报纸、日常讨论等通俗来源中确立道德判断。（3）采用一项法官认为可能得到社会充分支持的道德。（4）通过阐释其他规则而决定的道德。[⑤] 在运用道德时，法院没有义务通过经验验证一项道德标准已得到社会的支持，但是法院有义务运用正确的方法对该问题作出判断。总之，应当是一种社会道德而非个人道德，因为如果法官可以依据个人道德作出判断，则破坏了现行的社会制度及制度赖以建立的基础。

第二，社会政策与事实评价。政策除了可以作用于法律规则的制定外，它在法律适用中还起着法律规则的正当性的论证作用。德沃金甚至指出，法律既包括规则，还包括原则和政策。政策实际属于非正式法律渊源，政策对事实的认定起着一定的导向作用，客观的事实是否应受法律的调整表面看来应当依赖于法官的取舍，但是，法官的取舍标准却可能受制于政策，政策反映了一定社会的公共制度取向。如谢洛克诉斯蒂尔华托诊所案：由于医生的过错导致了患者输精管切除手术的失败，而疏忽医生却声称手术是成功的，那么该医生是否应该对一名健康但父母并不想要的孩子的出生而向其父母支付费用？在案件的裁决中，法院就援引了鼓励计划生育的公共政策，通过政府资助有关计划生育的服务的法令而推导出公共政策来。[⑥] 政策与社会环境紧密相关，如过分的通货膨胀或高失业率等。贯彻政策应当全面地考证而不应当零散地理解与执行政策。当然，法院贯彻政策后还应当接受公众的检验并转换自己的立场[⑦]，即政策应当得到社会的必要支持。政策的实施从法律实体上有助于实现社会整体福利的最大化，从程序上讲法院对于案件规则解释与阐明是必需的活动，因为几乎每一个案件适用的规则都是新的，在此情形下，关键不在于法院是否适用了政策，而在于政策的适用是否是一种“可重复的过

① 参见杨仁寿：《法学方法论》，135页，北京，中国政法大学出版社，1999。
② 梁慧星：《民法解释学》，291页，北京，中国政法大学出版社，1995。
③ 参见［美］埃森伯格：《普通法的本质》，张曙光等译，20、21页，北京，法律出版社，2004。
④ 参见［美］埃森伯格：《普通法的本质》，张曙光等译，26～28页，北京，法律出版社，2004。
⑤ 参见［美］埃森伯格：《普通法的本质》，张曙光等译，22～24页，北京，法律出版社，2004。
⑥ 参见［美］埃森伯格：《普通法的本质》，张曙光等译，26～28页，北京，法律出版社，2004。
⑦ 参见［美］埃森伯格：《普通法的本质》，张曙光等译，39～40页，北京，法律出版社，2004。

程”以及是否获得了“必要的社会支持”[①]。

第三，依据事物的本质评价事实。“事物的本质”本义是指“自明之理”“不需其他理由显然可知者”之意。[②] 探讨“事”的规律与特质，即应当遵循“事实”自身的特质、本质，而不能违背“事实”规律。由于法学主要关心的是作为社会存在的关系事实，所以，探讨事实的本质，重要的方面就是探索人的身、心的特质与需要。首先，从自然意义上看，人的生长、发展、儿童保护的需要，男女两性的分开，人的欲望与激情，人的精神生活需求如人对名誉、荣誉的尊重，趋利避害的本能等[③]，都属于最基本的“事理”。其次，从经济向度来看，“经济人”的描述虽然不是绝对的，但是在商品经济中，经济人的“假设”对处理法律问题恰恰是最有意义的，只有这种假设才符合客观的经济规律，在市场经济中尤其如是。如不能期待商人会无偿地为他人工作，其根本原因在于，只有“逐利”才符合商人交往的本质，“商人的交往恰恰是经济价值的一种交换，馈赠对商务交往来说是陌生的”[④]。再次，人是伦理性因素、社会性因素、环境因素相结合的产物。社会性因素在于人的社会性，即基于人的共同生活属性产生的规律与本质，如婚姻对家庭的重大意义。国家公务对公务人员的重大意义。等级制度对军队来说的重大意义。环境的因素即一切影响人生存的因素，如昼夜的交替、资源的有限性决定了人通过劳动分工的必然性。人与物打交道的技术性规定等等都属于此处所讲的法之“理”[⑤]。

思考与练习

一、简答题

1. 什么是客观事实？客观事实和法律事实之间的关系如何？
2. 法律事实如何成为证据？
3. 证据和待证事实之间的关系如何？

二、案例说明与分析

案例 1

原告：马旭；被告：李颖、梁淦。三人均系某中心小学学生。原告马旭的右眼因被被告李颖、梁淦燃放的烟花伤害，致终生残疾。

法院经审理认定，被告李颖手持一支 40 发魔术弹在住宅楼下的草坪上燃放，被告梁淦见状即前去帮忙。因魔术弹没有引线，梁淦向叶倩要了一个小烟花插进魔术弹筒里，引火后即警告原告马旭走开，但马旭没有走开，反而侧头用眼朝魔术弹筒内窥看，魔术弹喷出击中马旭右

---

① ［美］埃森伯格：《普通法的本质》，张曙光等译，44 页，北京，法律出版社，2004。

② 参见吴从周：《论民法第一条之“法理”》，载《东吴大学法律学报》，第 15 卷第 2 期，18 页。

③ 参见［德］科殷：《法哲学》，林荣远译，148 页，北京，华夏出版社，2002。

④ ［德］科殷：《法哲学》，林荣远译，148 页，北京，华夏出版社，2002。

⑤ 例如 1908 年，美国俄勒冈制定一项限制女性劳动时间的法律，被一场主穆勒（Muller）提起诉讼，指控其违宪，此案件的争议焦点为：限制女性劳动时间的法律是否侵害联邦宪法所保障的契约自由？俄勒冈州的辩护律师布兰代斯仅用两页篇幅援引先例，其余 100 多页的篇幅乃是基于生活事实展开议论，论证保护女性之必要性，以维护法之合法性。布兰代斯从妇女的身体构造、长时间劳动对女性的危害。近代产业发展导致的机械运转越来越快对劳动者造成的紧张感加大，长时间慢性劳动造成的健康恶化，对妇女生育造成的影响，因劳动时间的延长增加了劳动事故，过度劳动对道德之影响——剥夺了最低限度的余暇和家庭生活时间。过度劳动对国民福利的影响，造成全社会肉体、精神、道德低下，导致幼儿死亡率上升。相反，短时间劳动对社会、个人都有好处。最高法院最后按照布兰代斯的观点判决俄勒冈州的法律合宪。参见［日］山田卓生：《法社会学与法解释学》，转引自梁慧星：《民法解释学》，237～238 页，北京，中国政法大学出版社，1995。

眼，最后烟花在李颖的手上爆炸。

在本案的因果关系认定中：(1) 谁是主要原因？人民法院判决确认，被告李颖提供并手执烟花让被告梁淦燃放，造成原告马旭右眼伤残。鞭炮提供者李颖为主要责任人；梁淦承担一定责任。(2) 叶倩提供火柴与马旭受伤之间有无因果关联？法院认定，叶倩给梁淦提供火种，不是致伤马旭的直接原因，该行为与损害结果的发生没有必然的联系，不承担法律责任。(3) 受害人马旭在梁淦等人发出警告后，仍朝烟花筒内窥看，其行为也是造成损害发生的原因之一，依照《民法典》第1173条的规定，可以适当减轻被告方的民事责任。(4) 鉴于二被告是共同侵权，依照《民法典》第1168条的规定，他们还应当承担连带责任。

不过，在上述案件中，容易产生争议的问题是，当多人的不同行为共同造成一种损害时，单独一种行为与损害结果之间，都不会形成“必然因果关系”。可见，“必然因果关系说”有时候存在一些不足。

案例2

原告吴成礼等5人诉称，2003年2月26日上午9点47分左右，其亲属吴艳红等三人携款到官渡建行办理存款和汇款手续。由于昆明市官渡建行、昆明市五华保安公司疏于防范，以致原告的亲人吴艳红遭抢劫遇害身亡，要求被告承担民事责任。被告官渡建行辩称：吴艳红是因他人的犯罪行为致死，与本被告提供的服务之间没有因果关系，所以不应承担民事责任。被告五华保安公司辩称，整个事件的发生极其突然。抢劫犯逃离现场时，保安人员立即追赶，因此自己已经履行了一般保护义务，不应当成为本案的被告。

在上述案件中，损害结果是罪犯一手造成的。官渡建行的行为与吴艳红死亡不存在必然因果关联。但是，法院认为官渡建行由于完全没有履行相应义务，认定其具有一定过错，过错主要表现在：(1) 官渡建行虽然按照《安全防护规定》设置了相应的安全防范设施，但是，不能证明已经按照该规定安排专人值守这些安全防范设施，导致这些设施不能够发挥相应的预见、制止或者减少损害的作用；(2) 官渡建行虽然在营业厅内安排了一名保安人员值班，但作案人在营业厅内来回走动、窥视被害人填写存单、违规进入“一米线”等等明显反常行为始终未引起值班保安人员的高度警惕。以致在作案人开始抢夺钱袋并开枪伤人时，保安人员不能及时制止犯罪或给被害人以必要的帮助。综上，法院认定：(1) 官渡建行在履行合同中存在过错、不当。(2) 官渡市建设银行的不当管理行为与吴艳红死亡之间，并不存在必然因果关联。(3) 法院认为官渡建行没有履行法定义务，所以承担一定责任。可见，法院要求官渡建行承担责任，强调的是该行为与当事人死亡之间可能存在的因果关联，并没有以必然因果关系作为承担责任的依据。

案例3

厦门市思明区人民法院经审理查明，受害人张渊系原告亲属。张渊等17人在参加由被告康健旅行社组织的牛姆林二日自驾游过程中，由于天色阴沉，有人先后两次提出可能会下雨，建议导游调整行程，但导游在借了雨具后仍要求大家继续往林区走。不久即开始刮风，并下起大雨，张渊被一棵折断的马尾松砸伤倒地。张渊受伤后，同伴立即联系急救中心及景区工作人员实施救援。后经抢救无效，张渊于当日下午死亡。另查明：永春县气象局于2005年5月1日发布天气预报，内容为5月5日至6日有中到大雨天气，局部有大到暴雨。

法院的判决确认该伤害发生的三种原因：导游不顾恶劣天气坚持带游客冒险进入林区的错误行为，另一被告牛姆林公司管理不善致使马尾松折断伤人，事件发生后又未尽最大努力救助受伤者，这三个因素均是导致被害人张渊死亡后果发生的原因。(1) 本案件中，导游不当导游行为和事故的发生是否具有因果关系？法院认定，导游的错误“导游”行为是事故发生的次要原因，将其“原因力”定为20%；而牛姆林公司管理不善致使马尾松折断以及事后救助不力，是事故发生的主要原因，并将“原因力”酌定为80%。(2) 侵权人承担责任是否需要必然原因？二审中，受害方家属坚持导游的行为与损害结果的发生之间存在因果关系，而牛姆林公司则认为，导游的过错行为与损害结果之间“没有必然的因果关系”。二审法院认为，牛姆林公司和康健旅行社的侵权行为间接结合，并直接导致张渊的死亡，一审判令牛姆林公司和康健旅行社根据各自的过错及原因力比例分别承担相应的民事责任正确。(3) 存在多种原因时，法院区分了主要原因与次要原因，并据此来划分责任。

第十章 法律论证评价与谬误

谬误是指看起来令人相信但逻辑上并不可靠的推理或论证。谬误通常被分为形式谬误与非形式谬误。前者是形式逻辑考虑的内容，后者是非形式逻辑关注的主要对象之一。谬误常常是法律审判中冤、假、错案的根源所在。在此，我们根据论证的前提与结论以及它们之间的支持关系，把谬误区分为三类：(1) 前提谬误；(2) 不相干谬误；(3) 支持谬误。在非形式逻辑学家看来，传统上被当做谬误的许多论证模式实际上有时恰恰是合理的论证模式。

第一节 谬误概述

在我国哲学教科书中，“谬误”通常被视为“真理”的对立面，即认为谬误是同客观事物及其发展规律相违背的认识，是对客观事物本来面目的歪曲反映，因此，“谬误”通常被用“错误”或“差错”来解释。但是，在逻辑学中，谬误是一种看起来令人相信但实际上并不是逻辑上可靠的推理或论证。谬误可分为前提谬误、不相干谬误和支持谬误。

一、谬误的含义

根据维基百科全书的观点，在逻辑学中，谬误 (fallacy) 就是指看起来令人相信但实际上并不是逻辑上可靠的推理或论证。当一个人提出的理由实际上并不足以像表面上看上去那样支持其所提出的主张时，我们就说他犯了谬误。因此，我们把谬误定义为逻辑上有缺陷的、可以误导人们认为它是逻辑上正确的推理或论证。在这里，谬误有三层次含义：(1) 它是一种推理或论证；(2) 这种推理或论证在逻辑上是有缺陷的；(3) 这种推理看上去容易误导人们认为其逻辑上是正确的。

让我们来看看 2006 年在全国曾轰动一时的彭宇案，一审判决书中关于“原、被告是否相撞”的论证如下：“如果被告是助人为乐做好事，那么，他应该抓到撞倒原告的人；而现在被告没有抓到撞倒原告的人，因此，被告不是助人为乐做好事。”首先，这个论证似乎满足了演绎有效性标准，即采用了逆分离论证形式。但实际上，其论证形式是“$p \rightarrow Oq$，$\neg q$，$\therefore \neg p$”，而不是“$p \rightarrow q$，$\neg q$，$\therefore \neg p$”。前一个论证形式显然不是演绎有效的。同时，这个论证并不满足可靠性标准，即第一个前提“如果被告是助人为乐做好事，那么，他应该抓到撞倒原告的人”并不必然为真。换句话说，前件并不真正是后件的充分条件。这个论证是一个逻辑上有缺陷的论证。因而，它即为谬误。

根据传统的分类，谬误分为形式谬误与非形式谬误。其中，形式谬误源于不正确的逻辑推理，如果论证者使用了前面所讲到的无效论证形式，那就使用了不正确的逻辑推论步骤。而非形式谬误则与逻辑正确与否或与论证形式有效与否无关。例如，“只有大臣被刺的时刻在银行大厦三楼逗留过的人，才能作案；而冯特被人证明当时正在银行大厦三楼，所以冯特是凶手”。这个推理不是有效的演绎，它采用了必要条件假言推理的肯定前件式，显然形式无效，因此，它犯了形式谬误。又如，“我见到过几个大律师，他们都说在中国打官司，逻辑并不是最重要的，最重要的是要与法官搞好人脉关系”。这个论证犯了轻率概括的逻辑谬误。形式谬误可分为两大类：一类是演绎谬误，所有演绎无效的论证都犯了演绎谬误；另一类是归纳谬误，所有归纳上不强的论证都犯了归纳谬误，已如前述论证。

二、谬误的分类

逻辑学的任务之一就是识别谬误以及掌握这些逻辑错误的具体推理形式。一个论证是好的，必须同时满足下列三个条件：

(1) 所有前提都必须是真的。更进一步说，每个前提都必须是可接受的。违背这条规则的谬误有“不一致谬误”“前提虚假谬误”“预期理由谬误”等。

(2) 前提与结论必须是相干的。违背这条规则的谬误被统称为不相干谬误，如“稻草人谬误”“人身攻击谬误”“诉诸权威谬误”“诉诸情感谬误”“诉诸武力谬误”“非黑即白谬误”等等。

(3) 所有前提加起来必须给结论提供足够支持。这里的支持有两种：一是演绎支持，二是归纳支持。前者用演绎有效性标准来进行评价，后者用归纳强度标准来评价。除了前面所讲的各种形式谬误都属于违背这条规则之外，还有一些非形式谬误也属于这个范畴，如“乞题谬误”“合成谬误”“分解谬误”等等。

这三个条件实际上就是判定论证好坏的标准。违背上述三个条件之一，就会导致谬误的产生。

关于谬误的分类，根据其分类标准之不同，可以将之分为不同类型。是根据上述三个条件作为分类标准，我们可将谬误分为三大类：第一类是前提谬误；第二类是不相干谬误；第三类是支持谬误。

第二节　前提谬误

前提谬误与评价论证好坏的下述规则1—3有关，违背这三条规则的谬误分别被称为不一致谬误、前提不可接受谬误和乞题谬误。

一、不一致谬误

规则1：一个好论证必须满足所有前提都同时为真。

违背这条规则的谬误被称为不一致谬误。一组不一致的前提必然会推导出不一致的结论。这种谬误论证的模式是：

1. p
2. $\neg p$
3. $p \vee q$　　　1　　DA[①]（其中，q是期望要得到的结论）

① 选言三段论。

4. ∴q　　　　2，3 DA

由于前提 1 和前提 2 是矛盾的，我们可以根据它们“证明”任何东西。这实际上等于什么也没有证明。

如果论证的所有前提同时为真是不可能的，那么，这个论证的前提就是不一致的，即其前提集是一个不一致集。前提不一致有两种情形：(1) 前提集里有两个相互否定的命题，即一个命题是另一个命题的否定命题；(2) 同一个命题在前提中出现两次，但两个真值却不一样。第一种情形是一种极端情形，主要出现于基于“真假二值原则普遍有效”的演绎逻辑之中。第二种情形主要出现在归纳逻辑之中。

让我们来看“浙江省仙居县人民法院（2008）仙刑初字第 78 号”刑事判决书中的一个法律论证：

“经审理查明，2007 年年初，被告人张小招、郑彩平经营的恒科工艺品厂出现经济问题。同年 1 月，被告人张小招、郑彩平伪造了房地产买卖契约，编造了其租住的位于本县建设西路 23 号吴忠和所有的房屋已被其购买的事实，在陆续向张红娟借款无力偿还时，以 40 万元人民币的价格转卖给张红娟。被告人欲以 40 万元人民币以上的价格出售该屋，遂于同年 6 月 25 日到仙居县电视台做出卖该房屋广告。广告播出后被屋主吴忠和发现报案而案发。上述事实，被告人张小招、郑彩平在开庭审理过程中亦无实质性异议，并有证人张红娟、吴忠和证言，房地产买卖契约、房屋断卖契、门牌证、转让广告等书证，两被告的户籍证明及抓获经过等证据相互印证所证实，足以认定。本院认为，被告人张小招、郑彩平以非法占有为目的，采用隐瞒真相、虚构事实的手段出卖房屋，骗取他人财物，数额特别巨大，其行为已构成诈骗罪。公诉机关指控罪名成立。两被告人为实施犯罪创造条件，属犯罪预备，结合两被告人认罪态度和犯罪情节，依法均予以减轻处罚。依照《中华人民共和国刑法》第二百六十六条、第二十五条第一款、第二十二条……之规定，判决如下：一、被告人张小招犯诈骗罪，判处有期徒刑一年，处罚金 2 万元。二、被告人郑彩平犯诈骗罪，判处有期徒刑九个月，处罚金 5 000 元。”

在这个法律论证中，至少存两处对犯罪事实描述不一致之处：(1)“两被告人以非法占有为目的，采用隐瞒真相、虚构事实的手段出卖房屋（伪造该房屋的所有契约），骗取他人财物，数额特别巨大（40 万元），其行为已构成诈骗罪。公诉机关指控罪名成立。”但接着又说：“两被告人为实施犯罪创造条件，属犯罪预备。”对犯罪事实的描述显然是自相矛盾的，犯了前提不一致谬误。(2) 一方面法院认定两被告骗取他人财物，数额特别巨大，但稍后又来了个结合两被告人认罪态度和犯罪情节，依法均予以减轻处罚。两被告人在诈骗 40 万人民币得手后，又在同年 6 月 25 日到仙居县电视台做出卖该房屋广告，广告播出后被屋主吴忠和发现报案而案发。这就是说，他们在第一次诈骗张红娟 40 万元房款到手后，又进行第二次犯罪准备的时候被抓获，应当说两犯罪分子的情节是相当恶劣的，但判决书说结合两被告人认罪态度和犯罪情节，依法均予以减轻处罚。也就是说，法院一方面断定了两犯罪人的情节是恶劣的，另一方面又断定他们的犯罪情节是轻微的。这样的犯罪事实断定显然是不一致的。

二、前提不可接受谬误

规则 2：一个好论证其每个前提都必须是可接受的。

违背这条规则的谬误被称为“虚假理由”或“虚假前提”谬误。罗素曾说：“从虚假的前提出发，狗屁都可以推出来”。从充分条件假言命题的真值表来看，当前件为假，不管后件的真值情况如何，该命题总是为真的。人们常说的“矛盾命题可以推出一切命题”也恰恰体现了这种前后件之间真值函项制约关系的思想。矛盾命题之所以可以推出一切命题，是因为当我们将论证前提集合看做充分条件假言命题的前件且把结论看做后件时（根据演绎定理），由于前提是矛盾的，即永远为假，那么，不管后件的真值如何，这个条件命题总是为真的。前提不可接受有三种情形：(1) 前提所描述的事件与客观事实不相符，即前提虚假谬误；(2) 前提的可接受性还有待被证实，即预期理由谬误；(3) 前提是自我欺骗性语句，即前提自相矛盾谬误。

在法院的审判中，许多错判都源自前提虚假。不仅有案件事实虚假，而且也有法律规范虚假的情况。例如，2009 年 4 月 10 日《西安晚报》封面登载了一条《法院判决书莫须有》的新闻，报道说某法院关于遗产纠纷案的判决书，其中包括了这样一段文字："依照《中华人民共和国继承法》第十三条、《最高人民法院关于贯彻执行〈中华人民共和国继承法〉若干问题的意见》第三十条、第一百七十七条的规定，判决如下……"。这里，显然存在一个不可接受的前提。实际上《最高人民法院关于贯彻执行〈中华人民共和国继承法〉若干问题的意见》总共只有 64 条，这里根据的是其第 177 条，这个前提显然是不可接受的。

预期理由也是法律判决书常常出现的前提不可接受谬误。例如，某法院判决书写道："黄某某陈述其一直以来有偶尔回沙湾居住，可见其应当知道诉争房屋产权登记的申请及相关事项。但黄某某当时没有提交申请，也没有对陈某某的申请提出异议，视为当事人认可诉争房屋登记在陈某某名下。"在前提"黄某某陈述其一直以来有偶尔回沙湾居住，可见其应当知道诉争房屋产权登记的申请及相关事项"中，法官使用了"应当知道"一词。而法学家经常会把"是"与"应当"、"实然"和"应然"区别开来。"应当知道"与"实际知道"是两回事。"实际知道"是需要证据证明的。很显然，法官在这里没有给出证据证明这一案件事实。因此，这个前提是不可接受的。

三、乞题谬误

规则 3：一个好的论证必须前提的可接受性必须不能不依赖于结论的可接受性。

乞题谬误来源于拉丁语"petitio principii"。其中，"petitio"指"请求"之意，"principii"指"基础"之意，从字面上这是指一个论点"证明其基础"，在英语中它被称为为"begging the question"。在汉语中，乞题谬误正是来源于英语词组的翻译。乞题谬误又被称为循环论证，它是指这样一种论证谬误：其前提包括了主张结论为真，或者直接或间接认为结论为真。循环论证有两种形式：(1) 直接循环；(2) 间接循环。

其论证的模式是：

(1) 直接循环

1. p

2. $\therefore p$

例如，有人问："铁为什么能压延？"回答是："因为铁有压延的本性"。这种循环论证是一种直接循环，因为前提的真直接包含了结论的真。

(2) 间接循环

1. $q \rightarrow p$

2. $p \rightarrow q$

3. $\therefore p$

如，一个瘦子问胖子："你为什么长得胖？"胖子回答："因为我吃得多。"瘦子又问胖子："你为什么吃得多？"胖子回答："因为我长得胖。"在这里，胖子论证通过"我吃得多"。这种谬误看上去似乎引入了新的前提 q 去论证结论 p 为真，然而 q 本身的成立还要依靠证明 p 为真，前提的真间接地包含了结论的真。

我国《刑事诉讼法》第 55 条规定："只有被告人供述，没有其他证据的，不能认定被告人有罪和处以刑罚"。这条规定就是为了避免法律判决书中出现循环论证的情况。例如，法官："李刚儿子李启铭犯的是交通肇事罪。"记者："凭什么？"法官："因为李启铭承认他犯了交通肇事罪。"这就犯了循环论证的谬误。

第三节 不相干谬误

不相干谬误与下述规则 4—5 有关，违背规则 4 和 5 的谬误被称为不相干谬误。不相干谬误分为两类：一类是不相干结论；另一类是不相干前提。

一、不相干结论

规则 4：一个好的论证必须结论与前提相干。

不相干结论谬误来源拉丁语"*ignoratio elenchi*"。在英语中，通常被称为"irrelevant conclusion"（不相干结论）或"irrelevant thesis"（不相干论题）。不相干结论谬误有三种情形：（1）转移论题；（2）偷换论题（red herring）；（3）稻草人谬误（straw man）。

转移论题是指论证者本来应该论证命题 A 成立，结果不知不觉地去论证命题 A' 成立，甚至论证 B 成立。这种情形在写作中被叫做"跑题"。偷换论题是指论证者本来应该论证命题 A 成立，但为了便于论证却故意去论证命题 A' 成立，甚至论证 B 成立。"转移论题"与"偷换论题"的本质区别就在于：前者是不知不觉地转移到另一个结论上去，而后者是故意转移到另一个结论上去的。换句话说，在这两种情形下，论证者所论证的命题并不真正是他原来所要论证的结论。

稻草人谬误与偷换论题谬误极其相似，甚至有人认为稻草人谬误是偷换论题的一种表现形式。但实际上，偷换论题谬误与稻草人谬误的主要区别在于：前者通常是偷换自己的论题，而后者则是偷换对方的论题，即曲解对方的立场。其基本形式是：某甲有立场 A，而某乙却把 A' 甚至 B 强加给某甲或把 A 曲解为 A' 甚至 B，然后攻击 A' 或 B，进而证明对方论题不可接受。

在法律论辩中，这类谬误是起诉方或应诉方经常容易犯的逻辑谬误。作为审判方的法官的职责之一就是善于把起、应诉双方引导至他们各自应当论证的结论即法律主张上来。因此，开庭时，审判法官通常做的第一项工作就是把双方都认同的法律事实给确认一下，尽快挑出起、应诉双方的争议事项。有了争议事项，找到双方在这些事项的意见分歧，其观点和主张也是不同的。正常的逻辑思路应当是：双方论证各自的主张是成立的，同时反驳对方的主张是不成立的，当然，这还需要取决于法官所分配给双方的证明责任。然而，在法庭辩论过程中，无论是起诉方还是应诉方，都可能会出现转移论题，甚至偷换对方论题或把一个论题强加给对方的稻草人谬误等情况。

二、不相干前提

规则 5：一个好的论证必须前提与结论相干。

不相干前提谬误，是指论证者提出来证明其结论的前提与其结论是不相干的。这类谬误很多，如：人身攻击谬误、诉诸权威谬误、诉诸情感谬误、诉诸无知谬误、诉诸传统谬误等等。

（一）人身攻击谬误。人身攻击谬误是针对人的论证的一种滥用形式。“针对人的论证”来源于拉丁语“argumentum ad hominen”，即英文的“argument against the person”。这种论证的基本策略是：(1) 攻击作出主张的这个人的品格、境况或行为；(2) 以这个攻击为证据来证明被攻击者的主张不成立。但并非所有针对人的论证都是谬误，只有那些被滥用的针对人的论证才是谬误。换句话说，只有当被攻击的品格、境况或行为与所要反驳的结论不相关时，该论证模式才成为谬误。相对于被攻击的三个对象来讲，人身攻击谬误通常被分为辱骂型人身攻击（攻击论证者的品格）、境况型人身攻击（攻击论证的境况）和“你也是”（Tu Quoque）型人身攻击（攻击论证的行为）。其基本模式是：

1. 某甲作出主张 X；

2. 某乙攻击了某甲的品格、境况或行为；

3. 因此，某甲的主张 X 是假的。

在这里，本来某乙攻击的对象应该是某甲的主张 X 不成立，但他并没有这样去做，而是攻击某甲这个人。例如，在法庭上，证人弗尔曼作证说：“我在辛普森家的车道找到了血迹”，辩方律师说：“弗尔曼是一个种族主义者，过去 10 年中作证经常使用‘黑鬼’这个字眼”。

在这个对话中，没有谬误。辩方律师采用的论证模式是针对人的论证，但在法庭上针对证人证言，为了证伪证人证言的可靠性，由于这种攻击与证人证言的可接受性是相关的，所以，采用针对人的论证通常是一个合理的且强有力的反驳形式。

再如，比尔：“从道德上讲，我相信堕胎是错的”。戴夫：“你当然会那样说，因为你是一个牧师。”比尔：“我给出论证支持我的立场如何?”戴夫：“那并不重要。如我所说，由于你是一个牧师，因此你不得不说堕胎是错的。再者，你正好是教皇的男仆，因此，我不会相信你的话。”在这段对话中，戴夫采用的针对人的论证形式，由于戴夫攻击比尔是个牧师与认为比尔的立场不成立是不相干的，所以，他就犯了人身攻击谬误。这种人身攻击谬误被称为境况型人身攻击谬误。

（二）诉诸权威谬误。诉诸权威谬误是诉诸权威论证的一种滥用形式。“诉诸权威论证”来源于拉丁语“argumentum ad verecundiam”。诉诸权威谬误的通常表现形式有滥用权威、不相干权威、有问题的权威、不适当权威等。这种论证的基本模式是：

1. A 是或被认为是某领域 S 的权威。

2. A 做了关于 S 的主张 C。

3. 因此，C 是真的。

在现实生活中，这种论证模式运用得当与否是区别谬误与否的关键。换句话说，如果论证模式运用得当，它就是一个合理的诉诸权威论证，否则就是谬误。那么，如何判断论证模式运用是否得当呢？一个可操作的标准就是：需要问它是不是滥用权威、不相干权威、有问题的权威或不适当的权威？如果都不是，那么，这个论证就是合理的。如果它属于上述四种形式的某一种，那就犯了前提不相干谬误之诉诸权威谬误。

在法律审判中，诉诸权威论证的情形很多，而且常常是合理的。例如，诉诸专家意见就是一种诉诸权威论证形式。在英美法系中，先例和经典案例的使用也是一种诉诸权威。因此，只有滥用了权威的法律论证才是谬误的。例如，2007 年 2 月 13 日，时任中共中央纪律检查委员会副书记的干以胜同志在回答记者提问时说：“中国已承诺不判处赖昌星死刑。”在法律领域，赖昌星到底是否应当判处死刑，应当由法院审判后才能定论的。这种承诺就是一种滥用的诉诸权威。后来，时任最高人民法院院长的肖扬在 2007 年 3 月 14 日全国人民代表大会上接受记者采访时甚至说：“我们国家已经作出了承诺，这是经过最高法院的审判委员会讨论决定的。”而没有审判就作出承诺，显然也属于滥用了诉诸权威的情形。

（三）诉诸情感谬误。诉诸情感谬误是诉诸情感论证的一种滥用形式。“诉诸情感论证”至少包括下列三种类型：（1）诉诸公众论证；（2）诉诸威力论证；（3）诉诸怜悯论证。有时，人们把针对人的论证也列入诉诸情感论证之列。成功的广告在很大程度上都是精心编制的诉诸情感论证组成的。在许多政治辩论与论争中以感情倾诉和忠诚为基础和纯粹地冷静地推理起着同等重要的作用。

“诉诸公众论证”来源于拉丁语“argumentum ad populum”，其基本思想是：为了赢得对结论的认同而诉诸大众热情或公众情感的论证。这种论证通常有两种模式：

（1）大多数人或每个人都接受 A 是真的，因此，A 是真的；

（2）大多数人或每个人都不接受 A 是真的，因此，A 是假的。

例如，1995 年，在辛普森案宣判之后，盖洛普公司进行了一项民意调查，有 56%的人不同意辛普森案的判决，36%的人同意，因此，结论是辛普森案肯定判错了。民意调查是诉诸公众的一种情形。这种形式显然并不总是谬误的。诉诸公众论证本身并不是一种必然性论证，即，即使所有前提都真，结论也不必然为真。但是，如果我们把它当做一种必然性论证来处理，那就犯了诉诸公众谬误。在上例中，结论是“辛普森案肯定判错了”，即把这个论证当做必然性论证处理了，这是一种不适当的诉讼公众，因此，犯了诉诸公众谬误。

“诉诸威力论证”来源于拉丁语“argumentum ad baculum”。这一论证是诉诸听者的恐惧感或畏惧感来达到说服的目的。“诉诸威力谬误”又被称为“诉诸武力谬误”、“诉诸威胁谬误”或“诉诸棍棒谬误”。诉诸威力谬误是诉诸威力论证的一种滥用形式。这种论证常常引用的例子就是暴力方法和打手队的运用。

在法律审判中，无论是起诉方或应诉方，还是审判方，诉诸威力论证的使用是常有的事。例如，广州某法院某法官在审判一起房屋买卖纠纷案时对被告说：“我劝你还是接受调解，不然你就等着我判吧。”在这里，法官显然在滥用诉诸威力论证。再如，南宁某法院在审理一起买卖纠纷案时，原告代理律师冯某打电话告知被告人叶某说：“我警告你，如果你在法庭上还不配合，你不会有好结果的。”这类谬误在说服听众时，并不是借助法律程序达到理性说服的结果，而是采用非法的人身威胁作为论据，因而属于法律诉讼中起诉方滥用诉诸威力的情形。但是，并不是所有的威胁都是谬误。例如，在一些国家的法律让人们深信酒后驾驶会受到严惩。虽然这种法律规定借助武力干涉的威胁达到震慑的目的，但人们并不认为这是不合理的，原因在于法律法规是经民主合法程序商讨确定的可接受前提，与结论直接相干。而滥用武力威胁的前提却不具有这种可接受性，它和结论也不具有相干性。

“诉诸怜悯论证”来源于拉丁文“argumentum ad misericordiam”。诉诸怜悯是诉诸听众的同情心。同样，这种情形也并不总是谬误的。例如，2008 年“5·12”汶川大地震之后，媒体通过反复播放展示灾区的惨烈灾情的视频和图片唤起民众的怜悯之情，全国乃至世界各地受到感染的人都在纷纷为灾民募捐，这就是一种合理的诉诸怜悯论证。诉诸怜悯谬误是诉诸怜悯论证的一种滥用形式。如果所借助的怜悯之情与结论的可接受性是不相干的，那就犯了诉诸怜悯谬误。

（四）诉诸无知谬误。诉诸无知谬误是诉诸无知论证的一种滥用形式。“诉诸无知论证”来源于拉丁语“argumentum ad ignorantiam”。这种论证的基本模式有：（1）不能证明或没有证明 A 为真，因此，A 为假；（2）不能证明或没有证明 A 为假，因此，A 为真。这种论证模式也并不总是谬误的。例如，在我国刑事审判中，根据无罪推定原则，对于被告人是否有罪采取“控方证明原则”，即辩方无须证明自己无罪。换句话说，如果我把“被告人有罪”称为命题

A，那么，如果控方不能证明被告人有罪，则其主张命题A不成立，即A为假。在这种情形下，诉诸无知与论证结论是相干的，因此，是合理的诉诸无知论证。只有当诉诸无知与论证结论不相干时，才犯了诉诸无知谬误。

事实上，诉讼无知论证是法律诉讼中经常使用的一种论证模式。无罪推定原则和举证责任倒置原则的论证模式就是诉诸无知论证。无罪推定规则是没有证据证明被告人有罪，那就推定他是无罪的。要注意，推定无罪并不等于犯罪嫌疑人实际上没罪，一旦有证据证明他有罪，可以重审确定其有罪。而举证责任倒置原则，是指提出法律主张一方不承担举证责任而未提出该主张的一方负有举证责任。如果负有举证责任一方，不能履行举证责任，那么对方主张成立。

（五）诉诸传统谬误。诉诸传统谬误是诉诸传统论证的一种滥用形式。这种论证模式通常是：A是旧的或传统的，因此，A是正确的、好的或真的。诉诸传统论证也并不总是谬误的。例如，尊老爱幼是中华民族的传统美德，因此，在公共汽车、火车上应当主动给老人和小孩让座。这种诉诸传统论证其前提是为大众所普遍接受的，显然与结论是相干的，因此，是合理的诉诸传统论证。但是，如果诉诸传统论证的前提与结论不相干，那就犯了诉诸传统谬误。

例如，交警："这里是单行道，你逆行了，因此，罚款200元。"司机："以前我这样走都没有问题呀!"在这里，司机借助的也是一种传统来达到说服交警的目的，即他以前这样走都没被罚过款。但是，这个前提与"他违章但不应该被罚"的结论是不相干的，因此，他犯了诉诸传统谬误。

第四节　支持谬误

支持谬误与下述规则6有关，违背这条规则的谬误被称为支持谬误。支持谬误除了演绎无效和归纳上不强的谬误之外，还有合成谬误和分解谬误。

一、支持谬误概述

规则6：一个论证是好的，其前提与结论必须构成充分支持关系。

这种谬误来源于拉丁语"*non sequitur*"，其含义就是"推不出"之意。根据主流逻辑观点，前提与结论之间的支持关系要么是演绎支持关系，要么是归纳支持关系。其中，演绎支持要求所有前提都真且结论必然真；归纳支持要求所有前提都真且结论正如论证所宣称的那样真。如果前提与结论之间的支持关系既不是前述的演绎有效的支持关系，也不是归纳上强的支持关系，那么，这个论证就犯了"支持谬误"。换句话说，演绎无效的论证和归纳上不强的论证都犯了支持谬误。

例如，所有蛇都是没有脚的，你画的所有东西都是有脚的，因此，你画的所有东西都不是蛇。在这个论证中，其前提与结论之间的关系是演绎支持关系。如果我们要抽取出其论证形式，这个论证的形式是：$(x)(Sx\rightarrow \neg Jx)$，$Ja$，$\therefore \neg Sa$)。用前面所讲的谓词逻辑方法，要证明这个论证的前提与结论之间的关系是演绎支持关系是不难的。又如，大多数学习努力的人都会考上大学，李四学习努力，因此，李四可能会考上大学。在这个论证中，其前提与结论之间的关系是归纳支持关系。在这个论证中，如果所有前提都真，那么结论可能为真。

支持谬误除了前述演绎谬误和归纳谬误之外，还有一类涉及论证的谬误，但它既不是演绎谬误也不是归纳谬误，如合成谬误与分解谬误、以先后定因果谬误等。这类谬误的特点是前提与结论相干，而且前提的可接受性不是问题，关键在于根据这些前提推导不出结论。

二、合成谬误

合成谬误有两种情形：

(1) 一个关于整体的结论是以其构成要素的性质为前提推导出来的，而实际上，以这些构成要素的性质为前提却推导不出这个关于整体的结论。其论证模式是：

整体X的构成要素具有性质A、B、C等。

因此，整体X也肯定具有性质A、B、C等。

但是，并非所有具有这种模式的论证都是谬误。例如，人的身体的每个部分都是由物质构成的，因此，整个人也都是由物质构成的。这个论证就不是谬误。

例如，氯和纳都是有毒的，因此，由氯和钠组成的化合物氯化钠是有毒的。氯是一种卤族化学元素，化学符号为Cl，原子序数为17。氯单质由两个氯原子构成，化学式为Cl_2。气态氯单质俗称“氯气”，液态氯单质俗称“液氯”。在常温下，氯气是一种黄绿色、有刺激性气味、有毒的气体。氯气具有强烈的刺激性、窒息气味，可以刺激人体呼吸道黏膜，轻则引起胸部灼热、疼痛和咳嗽，严重者可导致死亡。因此，单质氯是有毒性的。钠是一种化学元素，它的化学符号是Na，它的原子序数是11。钠是一种质地软、轻、蜡状而极有伸展性的银白色碱金属元素。钠是人体中一种重要无机元素，一般情况下，成人体内钠含量大约为3 200（女）—4 170（男）mmol，约占体重的0.15%，体内钠主要在细胞外液，占总体钠的44%—50%，骨骼中含量也高达40%—47%，细胞内液含量较低，仅9%—10%。正常情况下，钠摄入过多并不蓄积，但某些情况下，如误将食盐当食糖加入婴儿奶粉中喂养，则可能引起婴儿中毒甚至死亡。如果是急性中毒，还可出现水肿、血压上升、血浆胆固醇升高、脂肪清除率降低、胃黏膜上皮细胞受损等。因此，单质钠也是有毒性的。氯与钠的化合物——氯化钠是食盐的主要成分，化学式为NaCl。氯化钠是海水中盐分的主要组成部分，也用于调味料和食物防腐剂。然而，氯化钠是无毒的。这个论证属于上述论证模式。在上述论证中，前提是真的，但结论是假的，即前提真推导不出结论为真，因此，这个推理犯了合成谬误。

(2) 一个关于对象类的结论是以其组成类的个体成员的性质为前提推导出来的，而实际上，以这些个体成员的性质为前提是推导不出这个关于对象类的结论的。其论证模式是：

个体F事件具有性质A、B、C等。

因此，F事件的整个类也具有性质A、B、C等。

但是，并非所有具有这种模式的论证都是谬误。例如，单个富人比单个穷人拥有更多财富，因此，富人这个类比穷人这个类拥有更多的财富。这个论证就不是谬误。

例如，与一个人相比，一只老虎的食量要大，因此，作为一个类，老虎的食量比人的食量要大。这个论证的前提为真，其可接受性通常不会受到质疑。但是，作为一个类，老虎的食量比人的食量大，这个结论恐怕会受到许多质疑了。毕竟，老虎这个类的成员和人这个类的成员在数量上相比，其差距是大得惊人的。

三、分解谬误

分解谬误与合成谬误是相对应的。这种谬误也有两种类型：

(1) 一个关于其构成要素的结论是以这些要素所属整体的性质为前提推导出来的，而实际上，以这个整体的性质为前提推导不出这个关于构成要素的结论。其论证模式：

整体X具有性质A、B、C等。

因此，整体 X 的部分也肯定具有性质 A、B、C 等。

但是，并非所有具有这种模式的推理或论证都是谬误。例如，我们从“桌子是由物质所构成的”可以推导出“组成桌子的部分也是由物质构成的”。这个论证并没有犯分解谬误。又如，4 是偶数，1 和 3 可以通过相加成为 4 的部分，因此，1 和 3 都是偶数。在上述论证中，1 和 3 显然都不是偶数而是奇数。其原因在于上述论证犯了分解谬误，即两个前提均真并不能必然推出结论为真。

（2）一个关于个体成员的结论是以其所属类的性质为前提推导出来的，而实际上，以其所属类性质为前提是推导不出关于这个体成员的结论的。其论证模式是：

作为一个集合体，类 X 具有性质 A、B、C 等。

因此，类 X 的个体成员也具有性质 A、B、C 等。

但是，并非具有这种模式的论证都是谬误。例如，所有猫都是哺乳动物，因此，每只猫都是哺乳动物。这个论证就不是谬误，而是合理的、正确的。例如，辛普森案审判的 12 名陪审团成员有黑人、白人、西班牙后裔，阿曼达·库里（Armanda Cooley）是辛普森案审判的陪审团成员，因此，阿曼达·库里是黑人、白人和西班牙后裔，这里的前提就显然推不出结论。

四、以先后定因果谬误

以先后定因果谬误来源于拉丁语“*post hoc*，*ergo propter hoc*”，其意思是“在此之后，因此，那是因为此”。这种谬误又被称为“虚假原因”“有问题的原因”“混淆偶然关系与原因”等等。其论证模式是：

事件 A 发生在事件 B 之前。

因此，事件 A 是事件 B 的原因。

在因果关系中，“原因在先而结果在后”这是必要条件。但这并不意味着“在先事件”就一定是“在后事件”的原因。如果仅仅根据“事件 A 在事件 B 之前”就推导出“事件 A 是事件 B 的原因”，那么就犯了支持谬误中的以先后定因果谬误。

例如，在彭宇案一审判决书中，关于原被告是否相撞，有这样一个推理“根据被告自认，其是第一个下车之人，从常理分析，其与原告相撞的可能性较大”。在这里，“第一个下车之人”成了“撞倒原告”的原因。显然犯了以先后定因果谬误。

思考与练习

一、简答题

1. 什么是谬误？它有哪些类型？
2. 评价一个论证好坏的一般规则有哪些？
3. 前提谬误有哪些主要形式？
4. 什么是不相干谬误？它有哪些主要类型？
5. 什么是支持谬误？它有哪些主要类型？

二、下列语篇中是否犯了形式谬误？如果是，它犯了何种谬误？

1. 美国总统布什：要不站到恐怖主义一边，要不站到我们这边；你没有站到我们这边，因此，你站到了恐怖主义一边。

2. 我们班所有同学都是中国人，因此，所有中国人都是我们班的同学。

3. 有些逻辑学家不是哲学家，有些逻辑学家不是文学家，因此，有些哲学家不是文学家。

4. 张三或者是广东人，或者是贵州人；张三不是广东人，因此，他肯定是贵州人。

5. 如果张三是杀人犯，他就有作案时间；张三有作案时间，因此，张三是杀人犯。

三、下列语篇中是否犯了前提谬误？如果是，它犯了什么谬误？

1. 在春秋战国时期，有个既卖矛又卖盾的人。他首先举着他的矛夸口说：“我的矛是天下最锋利的，任何盾都戳得穿”。然后，他又举着他的盾夸口说：“我的盾是天下最坚固的，任何矛都戳不穿它”。有位过路人突然问：“那么，用你的矛来戳你的盾，结果会如何呢?”结果那个人哑口无言。

2. 我那个《家猪野猪论》和某某教育部长的几乎一样，他的叫《家兔野兔论》。我的著作在2006年发表的，他的比我的晚十多年呢。(注：今年2011年)。

3.《圣经》说信赖神是信仰的根基，《圣经》上所说的都是对的，因此，信赖神是信仰的根基。

4. 先生（王阳明）曰：“人胸中各有个圣人，只自信不及，都自埋倒了。”乃顾于中曰：“尔胸中原是圣人。”于中起，不敢当。先生曰：“此是尔自家有的，如何要推?”于中又曰：“不敢。”先生曰：“众人皆有之，况在于中，却何故谦起来？谦亦不得。”于中乃笑受。

5. 明天肯定不会下雨，因为如果明天下雨，那就意味着我们去番禺湿地公园的计划不得不取消。

四、下列语篇中是否犯了不相干谬误？如果是，它属于何种类型？

1. 我们对于外星人一无所知，这正好证明他们并不存在。

2. 一则商业广告：一个女人在沙发上睡着了，一会儿，一个男人回来了，音乐起，好男人不会让心爱的女人受一点点伤，然后那个女的开始哭。广告语：“爱她就送她螨婷”。

3. 学生：老师，如果这门课程不及格，我就拿不到毕业证和学位了。我父母都是下岗工人，还等着我拿工资养活他们呢。

4. 老师：“你的硕士论文一个外文参考文献都没有，怎么能说你已掌握了国内外前沿动态呢?”学生：“我看过师兄师姐他们的硕士论文，他们的论文都是没有外文参考文献的呀。”

5. 与地心说相比，哥白尼的日心说肯定是错的，因为地心说最初由古希腊学者欧多克斯提出，后经亚里士多德、托勒密进一步发展而逐渐建立和完善起来。

五、分析下列语篇中是否犯了支持谬误？如果有，它属于哪一种具体谬误？

1. 中华人民共和国已61岁了，因此，每个中国公民都已61岁了。

2. 2008年，海南省没有遇到重大自然灾害，因此，2008年，中国没有遇到重大自然灾害。

3. 卢森堡是目前世界上最富有的国家，约根森是卢森堡人，因此，约根森是世界上最富有的人。

4. 一周以前，我去了一次贵阳，长了痔疮，因此，去贵阳会长痔疮。

5. 食盐是无毒的，食盐是由氯和钠两种元素组成的，因此，氯和钠都是无毒的。

第十一章 道义逻辑

道义逻辑是现代逻辑的一个分支，主要源于伦理学和法哲学的研究，用于表达涉及规范性概念的语句的推理。它不但能够适用于刻画法律和社会制度中的规范和调整，也能够用于计算机系统、网络安全系统和数据库控制等详细的技术规范。本章主要内容为简单介绍现代逻辑方法研究包含应当、允许、禁止等道义（规范）词的道义（规范）命题及其推理的逻辑理论，即道义逻辑，或者规范逻辑。因为这些逻辑理论建立在现代逻辑的基础之上，所以，还将简单介绍现代逻辑的一些基本内容。

第一节　现代逻辑基础知识

在传统逻辑阶段，逻辑学的研究方法基本上是以自然语言为主加上少许符号的非严格的形式化方法，现代逻辑的方法主要是以精确的形式化语言和公理化方法建构严密的形式系统。现代逻辑分为经典逻辑和非经典逻辑。

一、现代逻辑的形式和特点

经典逻辑是指由弗雷格、皮尔士、罗素等人创立的现代逻辑系统，主要包括命题演算、谓词演算，以及相应的集合论、模型论、递归论、证明论等基础理论。经典逻辑通常包含以下假定或预设：(1) 外延原则。经典逻辑只考虑所处理的语词、语句的外延。语词的外延是它所指称的对象，语句的外延是它所具有的真值。因此，在相应的推理过程中，具有同样指称对象的不同语词之间、具有同样真值的不同语句之间是可以相互替换的，而无须考虑它们实质或修辞含义有什么不同。(2) 二值原则。任何一个命题或者真或者假，非真即假，非假即真，不存在同时为真又为假或非真又非假的情况。(3) 由假得全原则。即从假命题可以推出任意命题，真命题可以根据任意命题推出。[①]

而包括变异逻辑和扩充逻辑在内的非经典逻辑主要是指在经典逻辑的基础上，通过修改相应的基本假定或预设（变异逻辑），或者通过增加相应的实质概念形成的逻辑系统（扩充逻辑）。非经典逻辑基本上采用了经典逻辑的形式化和公理化方法，通过建构严密的形式系统和合适的语义解释研究诸多领域的逻辑规律。诸多不同的非经典逻辑系统的差异主要是基于研究领域对象的不同，从而表现出不同的逻辑特征，当然也要求以其为认识对象的逻辑学有不同的

① 参见陈波：《逻辑哲学》，3～5页，北京，北京大学出版社，2005。

规则和公理，从而形成不同的逻辑体系，这些体系相互间是不可替代的，但也不是竞争的关系。

现代逻辑主要的优势在于其严密性和精确性，但是，其缺陷也是明显的，一是这些理论要真正实现对研究对象的可靠表达，可能变得非常复杂，从而不便于在日常生活使用。二是它采用的是一种高度符号化的人工语言，非逻辑专业的人理解和使用起来也感到不习惯。这就为以自然语言为主要表达手段的普通逻辑留下了生存的空间，普通逻辑也许是不严密和精确的，但是它接近人们的日常思维表达，并能够提供一些最基本的逻辑思维形式和方法，对于提高人们的逻辑思维能力、培养良好的逻辑思维品格是有益的。

二、法律逻辑的三个维度

根据使用工具的不同，法律逻辑的研习包括以下三个方面。

第一，以普通逻辑学理论为基础，研究法律领域中的逻辑规律和方法。普通逻辑学作为一门研究思维基本规律和方法的基础学科、一门工具学科，对普及逻辑思维知识，提高法科学生较强的理性思维能力，培养严谨、严密的理性思维品格是非常必要的。但这样的研究不能被称为法律逻辑研究，而是法律中的逻辑研究。

第二，以广泛的非形式逻辑为基础，研究法律概念、法律推理、法律论证、法律解释等法律思维形式和方法。之所以强调以非形式逻辑为基础，是因为纯粹的逻辑是研究思维形式的，而法律逻辑的研究必须和法律思维的具体内容相结合。法律逻辑学作为一门应用性学科，必须面对其应用对象，使其成为研究法学内在逻辑的学科，而不是研究法学中的逻辑问题的学科，这就要求必须使法律逻辑研究深入到法学中去，把法律推理、法律论证的形式结构与内容因素有机结合起来。事实上，从逻辑学的发展来看，逻辑的含义绝不仅仅局限于形式逻辑。逻辑学作为一门科学和其他任何科学一样，是一种历史的科学，之所以能源远流长，不断发展，是因为它能满足人类社会生存、生活的需要。在亚里士多德之前一两百年，古希腊的文化已是非常繁荣，社会政治生活中演讲论辩的风气甚为盛行，为能在论辩中取胜，促使人们研究在论辩中如何才能有效地证明和反驳，思维应当怎样才能正确、合理的问题，从而促使了逻辑学的产生。而中国之所以在春秋战国时期开始对逻辑学的研究也是同当时社会上出现的“百家争鸣”的局面分不开的。当时的诸子百家为传播自己的观点，相互争论辩诘，为逻辑学的产生提供了社会基础。可见，无论是古希腊还是古代中国，逻辑研究的兴起都是同论辩的盛行相联系的，是服务于如何正确论证、驳难的。这同法律判决过程中，原、被告双方及其律师在论辩过程中对推理的运用以及法官陈述法律理由对推理的运用是极其相似的。

第三，以现代逻辑，主要是以近几十年来发展起来的非经典逻辑为理论基础的道义逻辑研究。以现代数理逻辑为研究工具研究法律逻辑确实可能受到很多人的质疑，例如，现代逻辑以形式化的方法作为基本特征，使得对逻辑的研究显示出严格性和确定性，但“这种严格性和确定性是以空洞性为代价而实现的”，“就其本性来说，形式逻辑没有能力来处理日常思维所涉及的这类问题”①。也有一些学者担忧：道义逻辑系统虽然建立起来了，却存在着一个又一个的道义悖论，这就不得不让人怀疑人们开始的期望是否可行，或者说是否合理。② 我们认为，这种担心和质疑是完全没有必要的。以现代逻辑为工具，对社会规范进行严格的形式刻画，建立真正意义上的道义逻辑是从 20 世纪二三十年代现代逻辑成熟以后才开始的，在道义逻辑研究

---

① 阮松：《西方的非形式逻辑运动与我国逻辑学的走向》，载《南开大学学报》（哲社版），1969（6）。

② 参见余俊伟：《弗协调真值道义逻辑分析》，载《自然辩证法研究》，哲学研究增刊（逻辑学研究专辑），2003。

初期，由于研究方法和工具的局限而不能可靠地表达和刻画研究对象的背景下确实出现了大量的道义悖论，但是，随着道义逻辑研究方法的多元化，时态逻辑、语境逻辑、弗协调逻辑、优先逻辑、非单调逻辑、模糊逻辑、决策逻辑、自然推理逻辑等方法运用到道义逻辑研究中，并通过道义逻辑语义学、语用学的发展，道义逻辑系统的表达能力越来越强大。这样的系统摒弃了经典逻辑单调性、一致性、二值性等特征，而具有了开放性、弗协调性、非单调性等特征。这样的系统也许是不完全的，但它通过借用现代逻辑的思想和方法，对于减少法律思维的模糊性和不确定性将会发挥巨大的作用。特别是近年来，道义逻辑研究与人工智能结合起来，体现了21世纪逻辑学发展的基本趋势。

如今，逻辑学已发展出一个庞大的学科体系，既有以数学方法、公理化方法建立严格的演绎系统的数理逻辑，更有以面向对象，探讨特定领域思维规律和方法的非形式逻辑，我们认为，法律逻辑研究应以宽容的态度，允许以不同的逻辑学理论作为法律逻辑研究的理论基础，故步自封的结果只能束缚法律逻辑的发展。

三、现代逻辑的形式化和公理化方法

（一）形式化

形式化方法是现代逻辑构建形式系统的主要方法。

1. 形式系统的构成

每一个形式系统通常包含以下四部分内容：

（1）初始符号。它们是由系统的构造者给定的不具有任何意义的符号，类似于拼音文字中的字母。所构造的系统只允许出现这些符号。在有些形式系统中，为了表达的方便，往往还运用定义的方法界定一些其他的符号，被称为定义符号或概念，需要注意的是，被定义的概念仅仅是为了表达的方便，它们都可以转化为初始符号的表达。

（2）形成规则。初始符号可以任意组合形成无限多个符号串，形成规则规定哪些符号串是所构造的系统的公式，哪些不是。那些符合形成规则形式的符号串称为该系统的合式公式，或良公式。

（3）公理，指一个系统中不予证明即断定成立的公式。

（4）推导规则，又称变形规则或演绎规则，即规定如何根据已被断定的公式得出新的被断定的公式，被断定的公式又被称为该系统中的定理。

其中（1）和（2）定义了一个形式语言，（3）和（4）定义了一个演绎程序。

2. 形式化方法的特点

形式化方法具有严格性、可判定性和抽象性特点。

（1）严格性。一个形式系统包含且只包含根据其构成的四部分内容，因而排除了任何的前提或假定，其推理过程严格按照相应规则进行，而不诉诸任何直觉、经验，或者其他没有被认定的理论，即使这些直觉、经验具有很大的可接受性，即使有些理论可能被广泛地接受认可，只要它们没有在系统构造的构成中予以明确的界定，那么，它们就是不可接受的。

（2）可判定性。所谓可判定性是指存在一种程序或方法，能在有限的步骤内断定任意公式是否为系统中的定理的方法。因为形式系统的构造严格遵循明确的规则，所以，总能够判定：一个符号是否为初始符号；一个符号串是否为合式公式；一个公式是否为公理或定理。这种可判定性表现为判定对象的完全性，即以上判定内容皆可得到判定；判定标准的确定性，即对以上内容的判定只根据形成规则进行；判定程序的可操作性，即所有判定皆可在有穷步骤内完成；判定结果的唯一性。

（3）抽象性。一个由形式语言构建的逻辑系统仅仅是一个符号系统，一方面因为其初始符号没有任何意义，所以，除了表示符号间的关系外不表达任何别的意义；另一方面又可以根据需要赋予这些符号特定意义，即通过语义解释建立模型，用于表达特定的研究对象。因此，形式系统具有高度的表达力和适应性。

3. 用形式化方法刻画研究对象

（1）构建语义模型

以上所述，如果仅仅是构造一个形式系统，是没有任何意义的。如果用该系统刻画所研究的对象，还必须通过解释的方法，赋予这些形式语言特定的意义，即建立该系统的语义模型。前者称为逻辑语法或语形理论，后者称为逻辑语义理论或模型论。形式系统的模型包括两部分：第一是定义一个非空集合，称为模型的论域；第二是在论域上定义形式系统中符号的含义，即给出形式系统中的符号、公式、公式间关系的语义解释，从而使其成为有具体意义的概念、命题和命题间的逻辑关系。

（2）形式系统的可靠性、完全性

形式化方法的主要理念是分别构造一个形式语法系统和语义系统，基于语法系统的公理和推导规则所断定的公式是该系统的定理，所表达的是公式之间的语法推导关系；基于语义系统能够确定一个公式是否为语义有效式，即是否表达为一个真命题。如果一个形式系统的所有定理都表达一个真命题，我们就说这个系统是可靠的。因为逻辑矛盾不可能是有效式，所以，如果一个形式系统是可靠的，则表明该系统不包含逻辑矛盾。如果一个语义系统的真命题都是一个语法系统的定理，那么，我们说这个形式系统是完全的。它所表达的是一个系统的推导能力的问题。

理想的形式系统既具有可靠性，又具有完全性。但比较而言，可靠性更重要一点，因为，如果一个系统推出了逻辑矛盾，则证明它是不能成立的；而即使不具有完全性，即推导能力较弱，但仍可以成立。

（二）公理化

公理化方法是构造理论体系的一种演绎方法。其主要特点包括：第一，在一个理论中明确区分了初始概念和被定义概念，基本公式（即公理）和被证命题（即定理）。第二，明确规定了定义规则和推导规则。通过定义规则界定新的概念，从而得到一个严格的概念体系。运用推导规则于公理或已证定理，可以证明新的定理。

公理化方法构建的系统称为公理系统。

一个公理系统的公理通常指那些不需证明即断定成立的命题。从理论上讲，一个公理系统选择哪些命题作为公理具有一定的任意性。也就是说，可以选择任意多个命题作为公理，既可以选择这些命题，也可以选择那些命题作为公理，甚至没有公理（自然推理系统）。但是，基于特定的需要，在确定哪些命题作为公理时通常要遵守以下原则：

第一，不证自明性原则。公理是一个系统推理的起点，要保证一个系统的可接受性，首先就要保证公理是可接受的，但是，公理又是不需要，也不能被证明的，所以，公理所表达的命题要比理论中的其他命题具有显而易见的可接受性，即不证自明性。这就要诉诸人们的经验和直觉，从这个意义上讲，公理化系统对于公理的选择是非常重要的，但往往又是不可判定的。

第二，一致性原则。如前所述，不能推导出逻辑矛盾是评价一个系统的最重要的标准。如果一个系统推出了逻辑矛盾，那么，就可以断定要么是推理规则出现了问题，要么是公理蕴涵着矛盾。通过对一个系统的一致性检验，人们往往发现一些被认为具有不证自明性的公理事实上蕴涵着矛盾，是不可接受的。

第三，完全性原则，即根据公理能够推导出该理论中的一切真命题。如前所述，完全性反映着一个系统的推导强度或效力问题。通过不同公理的选择可以构建不同强度的系统。

第四，独立性原则，即公理之间不存在推导关系。如果公理之间不是相互独立的，则可以根据其中的一个或一些公理推导出另一个或一些公理，那么，这些被推导出的公理实际上仅仅是该系统的定理。虽然对于该系统是否成立并没有绝对的影响，但是，势必导致该系统的构建变得无谓的烦琐、冗杂，所以，独立性原则的目的是保证系统的简洁性。

四、命题演算系统

本部分给出命题演算的公理系统 PC，一方面可以从直观上了解公理系统的结构和特点，另一方面为后面的相关系统提供基础。

（一）命题演算 PC 的语法

1. PC 的初始符号：

甲类：p，q，r，s，p_1，q_1，r_1，s_1，p_2……；（命题变元）

乙类：¬，∨；（连接词："非"，"析取"）

丙类：(,)；（辅助符号："左（右）括号"）

2. PC 的形成规则：

甲类：单独一个命题变元是合式公式；

乙类：如果 X 是合式公式，则 ¬X 是合式公式；

丙类：如果 X 和 Y 是合式公式，则（X∨Y）是合式公式；

丁类：只有符合以上规则的符号串才是合式公式，其余都不是。

这里的 X、Y 代表由初始符号组成的任意表达式。

为了书写和阅读的方便，我们对 PC 系统再通过定义的方式引入一些有用的符号：

合取定义：A∧B 定义为：¬(¬A∨ ¬B)；

蕴涵定义：A→B 定义为：¬A∨B；

等值定义：A↔B 定义为：(A→B) ∧ (B→A)。

3. PC 的公理（模式）

A1：A∨A→A；

A2：A→A∨B；

A3：A∨B→B∨A；

A4：(B→C) → ((A∨B) → (A∨C))。

这里的 A、B、C 表示任意合式公式，因此，A1——A4 本身并不是公理，而是公理模式，即具有这种模式的公式都是公理，例如，令 A 为 p，B 为 q，则由 A3 可得：p∨q→q∨p，这是一条公理。

A1 表达的是重言律，其意思是"如果 A 或者 A 是真的，则 A 也是真的"。A2 表达的是析取引入律，其意思是"如果 A 是真的，则 A 或 B 是真的"。A3 表达的是析取交换律。A4 表达的是析取附加律。

4. PC 的推导规则：

由 A 和 A→B，可推出 B。

该规则的含义是：如果 A 和 A→B 被断定，则 B 也可被断定，即从 A 和 A→B 可以推出 B，记作 MP。

以上四部分构成了命题演算 PC 的语法系统。其中第一、第二部分构成了一种形式语言、一个形式系统，只处理自己确认的语言，我们称之为该系统的对象语言。按照通常的做法，我们称命题演算的形式语言为零阶语言，用$\mathcal{L}_0$表示。但是，要构造形式系统，还必须使用“初始符号”“推导规则”“公理”等之类的语词或语句，这种用于构造对象语言的语言，我们称之为该系统的元语言。其中第三、第四部分构成了一种演绎工具，从有限，甚至为空的公理出发，由公理和推导规则可以构成一个无穷集合，该集合的元素有两类，一类是公理，另一类是由公理根据推导规则推导出新的公式，我们称之为定理。

5. 定理的演绎

公理系统的研究目的主要是在确定公理和推导规则后，确定根据这些公理和推导规则能够推导出哪些定理，以及如何推导这些定理。这种推导过程又叫做证明。

一个证明是满足下列两个条件之一的公式所组成的有穷公式序列：

（1）本身是公理。

（2）由前面的公式根据推导规则得到的。

证明的有穷公式序列的最后一个公式记作 A，并称该证明是公式 A 的一个证明，或者说 A 是可证的，则 A 是本系统的一个定理，记作$\vdash$PC。在不引起混淆的情况下，也可记作$\vdash$。

下面是一些定理的证明：

定理 1. $\vdash$（B→C）→（（A→B）→（A→C））（三段论）

证明：

（1）（B→C）→（（¬A∨B）→（¬A∨C））（A4）（其中用¬A 表示 A4 中的 A）

（2）（B→C）→（（A→B）→（A→C））　（蕴涵定义）

现在的定理集合中除了公理和推导规则外，增加了一个新的定理 1，因为它已经被证明，所以，今后也可被用于证明其他的定理。对于所有已被证明的定理皆如此。

定理 2. $\vdash$ A→A（同一律）

证明：

（1）（A∨A→A）→（（A→A∨A）→（A→A））

（定理 1）（其中用 A∨A 表示 B，A 表示 A、C）

（2）A∨A→A　（A1）

（3）（A→A∨A）→（A→A）　（（1）、（2）MP）

（4）（A→A∨A）　（A2）

（5）A→A　（（3）、（4）MP）

定理 3. $\vdash$ ¬A∨A　（排中律）

证明：

（1）A→A　（定理 2）

（2）¬A∨A　（（1）、蕴涵定义）

定理 4. $\vdash$A∨¬A　（排中律）

证明：

（1）（¬A∨A）→（A∨¬A）　（定理 3）

（2）¬A∨A　（定理 3）

（3）A∨¬A　（（1）、（2）MP）

定理 5. $\vdash$A→¬¬A（双重否定律）

证明：

（1）¬A∨¬¬A　（定理 4）（其中用¬A 表示 A）

(2) A→¬¬A　（(1)、蕴涵定义）

定理 6. ⊢¬¬A→A（定理 5 的逆定理）

证明：

(1) ¬A→¬¬¬A　（定理 5，用¬A 表示 A）

(2) (¬A→¬¬¬A)→((A→¬A)∨(¬A∨¬¬¬A))　（A4）

(3) (A∨¬A)→(¬A∨¬¬¬A)　（(1)、(2) MP）

(4) A∨¬A　（定理 4）

(5) ¬A∨¬¬¬A　（(3)、(4) MP）

(6) A→¬¬A　（(5)、蕴涵定义）

(7) ¬¬A→A

定理 7. ⊢(A→B)→(¬B→¬A)（假言易位律）

证明：

(1) B→¬¬B　（定理 5）

(2) (B→¬¬B)→(¬A∨B→¬A∨¬¬B)　（A4）

(3) ¬A∨B→¬A∨¬¬B　（(1)、(2) MP）

(4) ¬A∨¬¬B→¬¬B∨¬A　（A3）

(5) (¬A∨¬¬B→¬¬B∨¬A)

→(¬A∨B→¬A∨¬¬B)

→(¬A∨B→¬¬B∨¬A)　（定理 3）

(6) (¬A∨B→¬A∨¬¬B)→(¬A∨B→¬¬B∨¬A)　（(4)、(5) MP）

(7) ¬A∨B→¬¬B∨¬A　（(3)、(6) MP）

(8) (A→B)→(¬B→¬A)　（(7)、蕴涵定义）

定理 8. ⊢¬(A∨B)→¬A∨¬B（合取否定式德摩根定理）

证明：

(1) ¬¬(¬A∧¬B)→(¬A∨¬B)　（定理 6）

(2) ¬(A∧B)→¬A∨¬B　（(1)、合取定义）

定理 9. ¬A∨¬B→¬(A∧B)（定理 8 逆定理）

证明：

(1) ¬A∨¬B→¬¬(¬A∨¬B)　（定理 5）

(2) ¬A∨¬B→¬(A∧B)　（(1)、合取定义）

（二）命题演算 PC 的语义

形式语言中的符号或公式本身并没有意义，前面所给的所谓“非”“析取”“蕴涵”等概念仅仅是为了讲述的方便。要探究形式系统的意义，就需要给出这些符号的语义。所谓命题语义就是对命题演算系统中所使用的含义给出解释，即真值赋值。真值赋值 σ 是在论域为集合{真、假}上的为每一个公式赋值的映射，具体为：

(1) 对每个原子公式（命题变元）指派一个真值（或者为“真”，或者为“假”）。

(2) $(\neg A)^\sigma$为真，当且仅当 A^σ＝假；否则为假。

(3) (A∨B) σ 为假，当且仅当 $A^\sigma=B^\sigma$＝假；否则为真。

据此该真值赋值可以计算出每个公式的真值。

（三）命题演算的可靠性、完全性、一致性、可判定性

对任意公式 A，如果存在真值赋值 σ，使得 A^σ为真，则 A 是可满足式，记作 σ⊨A；如果

对于任意真值赋值 σ，都有 A^{σ}为真，则称 A 为重言式，记作⊨A。

可以证明命题演算 PC 具有以下定理（证明略）：

定理 1. PC 满足可靠性，即 PC 的定理都是重言式，亦即对任意公式 A，如果⊢A，则⊢A。

定理 2. PC 满足完全性，即对任意公式 A，若它是重言式，则皆可在 PC 中得到证明，以及对任意公式 A，如果⊨A，则⊢A。

定理 3. PC 满足一致性，即不存在公式 A，⊢A，并且⊢ ¬A。

定理 4. PC 满足可判定性，即对任意公式 A，都能在有限步骤内判定其是否为重言式，因而也可判定其是否可证。

五、模态逻辑系统

模态逻辑是研究模态命题及其推理的逻辑系统，而模态命题是指含有必然、可能、应当、允许、禁止、知道、相信等模态词的命题，模态推理是指以模态命题为前提或结论的推理。模态逻辑通常是在经典逻辑系统的基础上增加“必然”“可能”“应当”“允许”等基本模态词或基本符号而形成的逻辑系统。[①]

如前所述，模态词的种类很多，根据相应的领域所形成的模态逻辑系统而命名，如把包含“必然”“可能”等模态词的逻辑称为真势模态逻辑，它是最基本，也是研究最多的逻辑系统，把包含“应当”“可能”“禁止”等道义或规范模态词的逻辑系统称为道义模态逻辑或规范逻辑，而把包含时态模态词的逻辑系统称为时态逻辑等。通常所说的模态逻辑一般指真势模态逻辑，我们用 PM 表示。

（一）模态逻辑 PM 的语法

1. PM 的初始符号：

甲类：p，q，r，s，p_1，q_1，r_1，s_1，p_2……；（命题变元）

乙类：¬，∨；（连接词：“非”，“蕴涵”）

丙类：(，)；（辅助符号：“左（右）括号”）

丁类：□（必然）。

2. PM 的形成规则：

甲类：单独一个命题变元是合式公式；

乙类：如果 X 是合式公式，则 ¬X、□X 也是合式公式；

丙类：如果 X 和 Y 是合式公式，则（X∨Y）是合式公式；

丁类：只有符合以上规则的符号串才是合式公式，其余都不是。

这里的 X、Y 代表由初始符号组成的任意表达式。

为了书写和阅读的方便，我们对 PM 系统再通过定义的方式引入一些有用的符号：

合取定义：A∧B 定义为：¬(¬A∨ ¬B)；

蕴涵定义：A→B 定义为：¬A∨B；

等值定义：A↔B 定义为：(A→B) ∧ (B→A)。

可能定义：◇A 定义为 ¬□ ¬A。

说明：模态逻辑通常是在命题逻辑语言$\mathfrak{L}_0$的基础上添加一个初始符号“□”和一条关于□的形成规则而形成，我们称之为形式语言$\mathfrak{L}_2$。□可以被解释为“必然”，因为$\mathfrak{L}_2$仅比$\mathfrak{L}_0$多了一

① 模态逻辑以其作为基础的经典逻辑的不同形成模态命题逻辑和模态谓词逻辑等，本章只讲模态命题演算。因此，这里所谓的模态逻辑仅是在不引起混淆的情况下的一种简称。

个一元模态词□和一条形成规则，所以，$\mathfrak{L}_0$的所有规定都是有效的，所有的命题逻辑合式公式都是模态命题逻辑公式。当然，其中的一些符号表达的对象的范围会有相应的改变，例如，前面所用的 A、B、C 就不仅指$\mathfrak{L}_0$的公式，而是$\mathfrak{L}_2$的公式，有的模态命题公式，如□A，□（A∨B）等并不是命题逻辑公式。

3. PM 的公理（模式）：

模态逻辑的公理（模式）是在命题逻辑的公理的基础上，分别增加以下几个特征公理中的一个或几个：

K：□（A→B）→（□A→□B）；

T：□A→A；

D：□A→◇A；

B：A→□◇A；

S_4：□A→□□A；

E：◇A→□◇A.

具体构成如下：

系统 K＝PC＋K；

系统 T＝PC＋K＋T；

系统 D＝PC＋K＋D；

系统 B＝PC＋K＋T＋B；

系统 S_4＝PC＋K＋T＋4；

系统 E＝PC＋K＋T＋E。

从以上模态逻辑各系统公理的构成可以看出，现代模态逻辑的灵活性，可以根据不同的需要，选择不同的公理而构造出不同的逻辑系统。并且，这些系统之间也存在着密切的关系，其中最重要的关系之一是彼此之间的扩张关系。所谓扩张是指：设 S 和 S’ 是任意两个系统，如果对于任意的公式 A 都有：根据$\vdash_S$A 必然推出$\vdash_{S'}$A，则称 S’ 是 S 的扩张，S 是 S’ 的子系统。如果 S’ 是 S 的扩张，并且有公式 A，使得$\vdash_{S'}$A，而没有$\vdash_S$A，则 S’ 是 S 的真扩张，S 是 S’ 的真子系统。若 S’ 是 S 的真扩张，则称 S’ 强于 S。若 S’ 与 S 互为扩张，则称 S’ 与 S 是等价的。例如：K 系统是 PC 系统的扩张，T、D 系统是 K 系统的扩张。

为了简洁，下面我们仅仅讨论系统 T。

系统 T 的公理：

A1：A∨A→A；

A2：A→A∨B；

A3：A∨B→B∨A；

A4：（B→C）→（（A∨B）→（A∨C））。

K：□（A→B）→（□A→□B）.

T：□A→A。

4. PM 的导出规则：

（1）PC 的推导规则：由 A 和 A→B，可推出 B。

（2）N 规则（必然化规则）：由$\vdash$A，可推出$\vdash$□A。

5. 可以证明 PM 存在以下定理（证明略）：

定理 1. $\vdash_T$A→◇A.

定理 2. 如果$\vdash_T$A→B，则$\vdash_T$□A→□B.

定理 3. $\vdash_T \Box (A \vee B) \leftrightarrow \Box A \wedge \Box B$.

定理 4. $\vdash_T \Box A \leftrightarrow \neg \Diamond \neg A$.

定理 5. $\vdash_T \Box \neg A \leftrightarrow \neg \Diamond A$.

定理 6. $\vdash_T \neg \Box A \rightarrow \Diamond \neg B$.

定理 7. $\vdash_T \Diamond (A \vee B) \leftrightarrow (\neg \Diamond A \wedge \neg \Diamond B)$.

定理 8. $\vdash_T (\Box A \vee \Box B) \rightarrow \Box (A \vee) B$.

定理 9. $\vdash_T (\Box A \vee \Box B) \rightarrow (\Box A \vee \Box B)$.

定理 10. $\vdash_T \Diamond (A \vee B) \rightarrow (\Diamond A \wedge \Diamond B)$.

（二）模态逻辑的语义

模态逻辑有多个语义理论，其中最著名的是由美国逻辑学家克里普克建立的可能世界语义学理论，其基本的思想是：A是必然的，当且仅当A在所有可及的可能世界都是真的；A是可能的，当且仅当存在一个可及可能世界，A在其中是真的。因而，相对于命题逻辑的语义只涉及赋值运算之外，模态逻辑的语义还涉及可能世界和可及关系两个因素。所谓可能世界，是指事物存在的各种情况，我们所在的现实世界只是其中的一种，我们用W表示所有可能世界的集合。因为在命题逻辑中，一个命题的真假不涉及必然、可能等模态，所以，其涉及的可能世界是唯一确定的，因此，在对合式公式赋值时，就无须指出它们所涉及的可能世界，而对于模态逻辑而言，因为其所包含的模态词不只是涉及现实世界，而且涉及许多未必是现实的可能世界，A在不同的可能世界中的真值的不同情况，决定了A是必然的，还是可能的，所以，确定A是必然的，也是可能的，就必须指出A在可能世界里的真值情况。所谓可及关系，是指可能世界之间的通达关系。我们说可能世界是无限的，在讨论必然、可能等模态词表达的语义时，并不是没有限制的讨论所有的可能世界，而仅仅是在存在一定关系的可能世界里谈论。例如，说苏格拉底必然是会死的，必要的前提条件是苏格拉底是存在的，对于苏格拉底不存在的世界，上述命题当然是无所谓必然还是不必然的，这些世界对于讨论该命题真假的可能世界就是不可及的。世界W与W'是可及的，我们用RWW'或WRW'表示。

据此，对于模态公式的解释就是由三个要素：可能世界的集合W，可及关系R和赋值V构成的一个三元组〈W，R，V〉，这样的解释又称为一个模型，用M表示；而把一个可任意赋值的二元组〈W，R〉称为框架，用F表示。下面我们给出系统T的可能世界语义模型的定义：

一个T模型是一个三元组〈W，R，V〉，其中W表示可能世界的集合，R表示W上的二元自反关系，V是满足下列条件的赋值：

(1) 对于任意命题变元p，任意可能世界 $w_i \in W$，V（p，w_i）为真或者为假，但二者不能同时成立。

(2) 对于任意合式公式A，任意可能世界 $w_i \in W$，V（$\neg$A，w_i）为真，当且仅当V（A，w_i）为假；V（$\neg$A，w_i）为假，当且仅当V（A，w_i）为真。

(3) 对于任意合式公式A、B，任意可能世界 $w_i \in W$，V（$A \vee B$，w_i）为真，当且仅当V（A，w_i）为真，或者V（B，w_i）；V（$A \vee B$，w_i）为假，当且仅当V（A，w_i）为假且V（B，w_i）为假。

(4) 对于任意合式公式A，任意可能世界 $w_i \in W$，V（$\Box$A，w_i）为真，当且仅当对于所有 $w_j \in W$，且 W_iRW_j，都有（A，w_j）为真；否则为假。

因为模态逻辑的解释涉及可能世界和可及世界之间的关系等复杂因素，所以，其公式的有效性，系统的可靠性、完全性、一致性、可判定性问题也变得非常复杂，基于本章篇幅，这里不再做介绍。

第二节　道义逻辑概述

一、道义逻辑的历史发展

道义逻辑，又被称为规范逻辑或义务逻辑，是刻画规范推理的形式结构及有效推理模式的理论，是“最重要的一个哲理逻辑分支”①。人们对这个新兴的逻辑学科充满了期待，认为道义逻辑有广泛而直接的应用。这主要包括两个方面，第一，作为表达和分析规范推理的工具，为现实的规范推理构建合适的理论模型。道义逻辑研究的对象——规范推理普遍存在于现实世界，不仅包括法律、伦理领域，而且包括礼仪、习惯、风俗等方面。基于抽象的、一般性规范和相关的语境，确定指引、约束、评价每个行为的具体规范。第二，用于计算机科学和人工智能等领域的知识表达和规范系统的建构。自20世纪80年代以来，道义逻辑受到计算机科学、人工智能科学、管理科学和组织理论科学等领域学者的关注。在现有文献中被关注的应用问题包括：法律专家系统设计中的知识表达问题；计算机系统的形式刻画问题，例如，安全和访问控制策略问题、容错问题和数据库完整性约束问题（防止出现数据库中的数据不一致）；组织结构的形式刻画问题，例如，运作主体的责任和权利问题。自1991年开始一般每两年举行一次的道义逻辑与计算机科学国际学术会议“△EON”为这些研究提供了广泛的例证。

道义逻辑作为哲理逻辑的一个分支自1951年出现以来，已经经历了多个阶段的发展。1950年至1980年是道义逻辑研究的起步阶段，主要采用的是公理化方法，目的在于为道义逻辑构建合适的公理化系统，包括标准道义逻辑系统、二元道义逻辑系统和真势道义逻辑系统等，并且为不同的公理化系统构建可能的世界语义理论、优先语义理论等。总的来看，这些理论虽然刻画了规范推理的一些基本特征，并保证了逻辑的优美性，但总体上还停留在道义模态与真势模态等的简单类比的基础之上，其在面向应用的充分性、理论自身的完备性等各个方面都备受指责。1980年至1990年是道义逻辑研究的扩展阶段，主要是采用分支融合的方法，构建道义算子与其他（模态）算子，以及与多主体形式系统融合的多模态系统。这些融合至少涉及三类多模态系统：关于多主体的模态算子系统、具有不同含义或强度的多道义模态算子系统、结合道义算子与时态、认知、信念、行为等逻辑算子的系统。近年来，尤其是关于规范的优先道义逻辑、关于规范的知识表达系统、结合道义逻辑与决策论的逻辑系统得到了迅速的发展。20世纪90年代中后期是道义逻辑的深入阶段，主要是针对道义推理中涉及的规范冲突、道义困境、道义爆炸等现象，构建可废止道义逻辑系统。在道义逻辑研究的早期阶段构建的道义逻辑系统，多为在经典逻辑的基础上增加相应的“应当”“允许”“禁止”等规范词作为算子而形成的扩张系统。这些系统的最大特点是属于单调性逻辑。而规范推理的一个重要特点是其所具有的语境依赖性，基于特定的语境，一些规范推理模式是有效的，而基于另一些语境，这些规范推理的模式又变得无效。因此，忽视这种语境依赖性而使某些道义原则永远有效、使另一些道义原则无效所构建的道义逻辑系统要么太强，要么太弱，其主要标志是导致了大量道义悖论。基于规范推理的语境依赖性和推理过程中大量存在的规范冲突现象，构建可废止道义逻辑刻画规范推理的这种可废止性特点就成为必然。

---

① ［德］施太格缪勒：《当代哲学主流》下卷，王炳文、王路、燕宏远、李理等译，144页，北京，商务印书馆，1992。

解决规范冲突的最直接的方法是引入规范间的优先关系和可废止推理机制，根据特定优先标准对相冲突的规范予以衡量，以更具优先性的规范废止较少优先性的规范。这种优先关系又可以区分为两类，一类是规范适用条件的事实特异性关系，这类规范冲突可以借助人工智能与计算机领域发展起来的缺省逻辑技术，建立可废止道义逻辑解决。一类是规范实现的事态（可能世界）的理想性关系，建立基于优先语义的道义逻辑。但是，这两类道义逻辑都有各自的局限性，可废止道义逻辑只能处理例外义务推理，基于优先语义的道义逻辑只能处理渎职义务推理。而当把二者结合起来的时候，由于彼此间相互影响会产生更复杂的优先性问题。后者还存在一系列技术问题：第一，用于为规范排序的优先关系通常要假定满足自反性、传递性和连通性。这个假定太强，无法处理强优先问题。第二，无法处理具有对称性和无法比较的道义冲突。我们把这类规范冲突称为道义困境，进而导致严重的道义爆炸的产生，即使得做任意事情都成为义务。处理规范冲突的另一种方法是构建一个道义论证框架，或者由用户自主地判断冲突之间的优先关系，这种方法本质上是一种非完全形式化的逻辑。1991 年，Horty 在第一届道义逻辑与计算机科学国际学术研讨会上，提交了名为“Moral dilemmas and nonmonotonic logic”（preliminary report）的论文，构建了第一个包括道义算子的可废止推理形式系统以来，在最近的 20 年里，在道义逻辑研究中，兴起了一股用人工智能与计算机科学领域发展起来的可废止推理技术研究规范推理的潮流，研究的核心是如何处理规范冲突问题，其所坚持的主要观点是必须运用非单调推理方法才能解决存在规范冲突的推理问题，自 20 世纪 90 年代开始，大量的可废止道义逻辑系统被建立起来。与此同时，兴起于 20 世纪 60 年代末 70 年代初的优先语义理论也在不断发展，并与偏好逻辑、决策逻辑相结合，构建了更加丰富的道义逻辑系统。

二、评价道义逻辑充分性的标准

道义逻辑又被认为是哲学逻辑中“最成问题的”的一个分支。[①] 道义逻辑研究发展与人们的殷切期待之间仍然存在着不小的差距，与实际的和潜在的规范系统，特别是伦理和法律理论需要之间还存在很大的差距，很难说能够满足上述领域哪怕很微弱的需要。这也是道义逻辑被认为是“最成问题的”的主要原因之一。一些研究道义逻辑的学者认为：“（道义逻辑）经过五十多年的努力，成效甚微。这就不得不让人怀疑人们开始的期望是否可行，或者说是否合理……我们似乎有理由认为，道义逻辑学家当初的愿望也许真的难以实现，至少从目前的发展来看极难实现……如果作为实际上的研究，它不能有所作为外，作为理论上的研究，那它无非是模态逻辑的一种，似乎称之为道义逻辑无特别的意义。因此就目前现状来看我个人认为，把道义逻辑理解为一种纯理论的研究似乎更准确些。”[②] 对于这些消极和失望的情绪我们不做过多的评价，重要的是明确人们对道义逻辑的具体期待是什么，以及道义逻辑如何满足这些要求。

那么，作为一个能够满足实际需要的道义逻辑需要满足哪些要求呢？或者说如何评价一个道义逻辑是否充分呢？我们通过对 Jones 和 Sergot 所举的图书馆管理章程的例子[③]的分析，提出评价道义逻辑充分性的标准。

---

① See von Wright, “Deontic logic-as I see it, In Norms, Logics and Information Systems”, *New Studies in Deontic logic and Computer Science*, p. 15, 1998.

② 余俊伟：《道义逻辑研究》，252～253 页，北京，中国社会科学出版社，2005。

③ See A. J. I. Jones and M, Sergot, *On the characterisation of law and computer systems: The normative systems perspective*. In J.-J. Meyer and R. Wieringa, editors, *Deontic Logic in Computer Science*. John Wiley &Sons, 1993.

例 11.1 图书管理规定

帝国理工学院图书馆管理规定：

（1）读者应当为其所借阅的每一本书籍办理借阅手续。

（2）应当在截止日期前归还所借书籍。

（3）一次借阅书籍不能超过其许可数量。本科生 6 本；研究生 10 本；教职员 20 本。

（4）逾期未归还书籍的读者不允许再次借阅。

这些借阅规则可以从不同的角度进行解释。例如，它们包含读者的义务，如“如果你要借阅一本书籍，你应当为其办理借阅手续”。并且它们还包含规定制定者的义务，如“不应当为未办理借阅手续的读者出借书籍”。

假设该图书馆馆长希望提高这个图书馆的效率，而要求我们为图书馆管理规定设计一个计算机系统。Jones 和 Sergot 区分了以下两类规范的表达形式：

（1）他要求我们建立一个系统能够规定现存的图书馆使用者的义务和权利。

（2）他希望我们把这个管理规定作为这个图书馆运行的详细的操作手册。

我们的任务是设计一个计算机系统具有自动管理这个图书馆的功能，至少能自动处理图书出借和归还的业务。

对于后一种情形，图书馆馆长希望我们（系统工程师）构建一个计算机系统能够作为这个系统应当运行的操作手册。系统设计者的任务是构建一个图书馆系统，按照图书馆管理规定的要求运行。考虑到图书馆馆长的要求，我们应当考虑怎样才能够实然地和应然地在这个系统中进行编码。然而，这个系统中的管理规定的所谓的“系统化”是十分刚性的。Jones 和 Sergot 认为在这个系统构建中道义逻辑扮演着三重角色：

（1）需要一个形式语言精确地表达一个组织（这里指图书馆及其计算机和其他程序）的详细规范，这样一个详细的规范通常必须预见到各种可能的违规情况，其中的一些行为背离了理想的要求，基于此，道义逻辑是必需的。

（2）我们还需要一个形式语言详细规定一个计算机系统的操作。如果我们希望能够为违规的情形采取应对的措施——无论是计算机内部的缺陷还是外在的因素，我们都希望能够对这些规范进行推理，例如，对这个详细规范的内在一致性的检验，或者判定其中的一个规定是否为另一个规定的逻辑后承，那么，这时候道义逻辑也是必需的。

（3）对于一个道义逻辑而言，我们希望用一个自动的定理证明程序作为执行计算机系统的软件。

除此之外，我们认为该系统还应当能够处理以下情况，即（4）能有效地处理可能存在的例外情况。例如，基于特殊的需要，某个读者可能被允许借阅超过其许可的数量。

以上要求表明，道义逻辑作为刻画规范推理的形式结构和有效推理模式的理论要满足现实的需要，要满足的第一个标准是必须能够刻画渎职义务推理（第一条要求）、道义困境推理（第二条要求）、涵摄义务推理（第三条要求）和例外义务推理（第四条要求）。以上 4 点要求可以作为评价道义逻辑充分性的第一个标准。

第二个标准是除了要研究关于规范的推理，即既要能保证系统本身的一致性，还要能够刻画适用规范的推理。对于后者而言，这意味着道义逻辑必须包含事实分离原则，当然这个原则的适用条件都必须受到限制，也就是说，这样的逻辑系统应当是非单调系统。此外，还意味着对于导出的规范，需要作必要的区分，如固有性义务和指导性义务。

第三个标准是该逻辑系统必须是严格形式化的系统。如前所述，道义逻辑的应用主要包括作为表达和分析规范推理的工具和用于计算机科学和人工智能等领域的知识表达和规范系统建构两个方面，道义逻辑的研究者大致也分别属于相应的两个领域，第一类主要是对法律、伦理等规范领域的规范推理感兴趣的研究者，其重点研究的是适用规范的推理，基于规范推理应用的灵活性，可能要求用户自主地作出理性的判断，而道义逻辑仅仅提供一个形式分析工具，这样所构建的道义逻辑系统并非严格的形式系统，这也导致了规范推理的不确定性和主体依赖性。[①] 第二类主要是关注构建法律专家系统、各种管理系统的研究者，其研究重点是规范推理的知识表达和容错系统的建构，包括安全策略规划、自动化缔约、数据库的规范性整体性约束的详细规划、机器人的设计和程序诊断等，而要满足这个要求必须将整个的规范推理过程形式刻画为规范推理自身的一部分，而尽量减少用户的影响。

除此之外，还应当注意到道义逻辑研究中分析评价道义逻辑的充分性的一个重要的方法，就是看它处理道义悖论等问题的能力。这一点我们同意 Bertrand Russell 在 On Denoting 中所作的评论[②]：

“一个逻辑理论可以通过其处理疑难问题的能力而得到检验。在思考逻辑问题时，一种有益的方法是，头脑中尽量多装一些难题，因为解决这些难题所要达到的目的与自然科学通过实验达到的目的是一样的。”

需要注意的是，并非所有的道义悖论都是道义逻辑所特有的，也不能单靠道义逻辑的研究解决一切道义悖论，还有一些反映的是道义原则、概念以及相关的语句在日常思维以及更复杂的语境（法律以及伦理道德等领域）存在着极大的模糊性，如罗斯悖论等。还有一些道义悖论则揭示了某些道义逻辑自身的缺陷，如渎职义务悖论，我们认为，对道义悖论的处理能力应当成为评价一个道义逻辑是否具有充分性的第四个标准。

对照以上标准，我们可以得出结论说，迄今为止，道义逻辑仍然是一门很不成熟的学科。

三、规范推理的四种基本模式

之所以在道义逻辑的研究过程中出现了如此多的问题，是因为作为其研究对象的规范推理不仅是基于规范之间的逻辑关系所进行的推理，而且是当现实情境符合规范适用条件时所进行的推理（我们称之为涵摄义务推理），它还要研究规范被违反时所进行的推理（我们称之为渎职义务推理）、存在规范困境时所进行的推理（我们称之为道义困境推理）、存在例外规范时所进行的推理（我们称之为例外义务规范推理）。可现有的道义逻辑往往只能刻画其中一种或几种规范推理模式，从而导致了大量的道义悖论的产生。

1. 规范违反与渎职义务推理

在现实规范领域，普遍存在着义务被违反的情况，正是因为存在着规范被违反的可能性，才使得道义逻辑成为一个有用的工具。McCarty 认为：“道义逻辑研究的一个主要特点是规范并非总是被遵守，只有在一个被禁止的行为发生了或者一个应当的行为没有发生的时候，我们才需要道义逻辑的机制确定相应的违规行为并采取合适的行动。”[③] 如果假定主体总是按照规范的要求行动，那么规范性要求便变得毫无意义：如果主体的实际行为不偏离理想的模式，那么仅仅描述主体实际上做了什么就可以了。并且只要有义务被违反的可能，就有相应的渎职义

① 参见张传新：《法律方法的普遍智力品格及限度》，载《求是学刊》，2008（5），87～93页。

② 转引自 L. Åqvist, Deontic Logic, in D. Gabbay and F. Guenthner (eds.), Handbook of Philosophical Logic, Volume 8, Kluwer Academic Publishers. p. 149, 2002。

③ L. T. McCarty, *Modalities Over Actions: Model Theory. In Proceedings of the Fourth International Conference on Principles of Knowledge Representation and Reasoning* (KR' 94), pp. 437 - 448, 1994.

务存在的必要。所谓渎职义务，就是一种只有在相关义务（初始义务）被违反的情况下才具有效力的义务。因为只要规范被违反就必须有相应的义务作为救济，所以，渎职义务又被称为救济义务。例如，伦理规范要求一个人应当履行诺言，但是，如果每个人都能够履行自己的诺言，不存在或者不允许出现违背诺言的可能，那么这个规范就不再有存在的必要。而要使人们自觉地履行自己的义务就必须规定如果规范被违反的情况下应当怎么办。例如：（1）你应当履行诺言。（2）如果你没有履行诺言，你就应当道歉。其中（2）就是相对于（1）的一个渎职义务。与此同时，规范被视为对人的行为进行控制的一种机制。一个理性的人被假定为尽量选择受到最小的惩罚，因而理想的选择是不违反规范；但是，如果他违反规范，他应当尽可能地选择一种不太坏的方式。例如，一个贼不应当使用暴力，一个绑匪不应当杀害人质。Bench-Capon 认为，在法律的很多地方，规范的作用相当于他所称的“选择理性行为的价目表”。他认为：“在现实的法律中存在着一个基本的区分：一方面理想的要求应当是什么，另一方面实际上又是什么。道义逻辑本质上就是对这种差异的表达和分析。”①

渎职义务推理就是在初始义务被违反的情况下如何进行的规范推理。它因为齐硕姆悖论（Chisholm paradox）② 的发现而受到人们的特别关注。道义悖论并不是通常意义上的逻辑悖论，而是指根据某个道义逻辑理论，基于一致的或者符合直观的前提集合却推出了不一致的或者不符合直观的结论。在大量的道义悖论中，最难处理的似乎就是齐硕姆悖论，它实质上是渎职义务悖论（Country-To-Duty obligation，简称 CTD）的一个具体例示。③ 直接表现为如何形式刻画由下面四个语句构成的集合：

例 11.2　齐硕姆语句集合

（1）你应当去帮助你的邻居。

（2）如果你去帮助你的邻居，你应当告知他你要去。

（3）如果你不去帮助你的邻居，你应当不告知他你要去。

（4）你没去帮助你的邻居。

这里我们用 h 表示前去帮助邻居，用 t 表示告知邻居，根据标准道义逻辑（本章第三节介绍），可得到以下表达式集合④：

（1’）Oh；

（2’）$O(h\rightarrow t)$；

（3’）$\neg h\rightarrow O\neg t$；

（4’）$\neg h$.

适用标准道义逻辑 SDL 中广泛接受的道义单调性原则（Monotonic principle，简称 RM。该原则又被称为遗传规则 inheritance rule，或者分配原则 distributive rule）：

RM：$\vdash O(A\rightarrow B)\rightarrow OA\rightarrow OB$，

则根据（2’）可以推出

（5’）$Oh\rightarrow Ot$；

对（1’）和（5’）适用道义分离规则（Deontic detachment，简称 DD）：

---

① T. J. M. Bench-Capon, *Deep Models*, *Normative Reasoning and Legal Expert Systems*. *In Proceedings of the Second International Conference on Artificial Intelligence and Law* (ICAIL’ 89), pp. 37 - 45, 1989.

② See R. M. Chisholm, “Contrary-to-duty Imperatives and Deontic Logic” *Analysis*, 24. pp. 33 - 36, 1963.

③ 为了不至于产生混淆，我们今后把齐硕姆悖论的最初版本称为齐硕姆悖论，而把大量的与齐硕姆悖论具有相同逻辑结构的悖论称为渎职义务悖论，而在不至于产生混淆的情况下，二者的名称可以通用。

④ 对这 4 个语句的形式表达存在着一定的争论，但是，无论采用什么具体的形式，都将产生本质上相同的问题。

DD：$\vdash OA \wedge (OA \rightarrow OB) \rightarrow OB$，

则可以推出：

(6') Ot。

对 (3') 和 (4') 适用事实分离规则 (Actual detachment，简称 AD)：

AD：$\vdash (A \wedge (A \rightarrow OB)) \rightarrow OB$，

则可以推出：

(7') $O \neg t$。

根据 (6') 和 (7') 则可以推出：

(8') $Ot \wedge O \neg t$.

很显然 (8') 违背了标准道义逻辑中的另一个基本原则：道义一致性原则 (no obligation conflict principle，简称 D)：

D：$\vdash \neg(OA \wedge O \neg A)$，

即相矛盾的对象不能成为义务。

因为 D 原则的存在才使得 SDL 对齐硕姆语句集合的形式刻画成为悖论，所以，最自然的解决方法就是构造不包含 D 原则的道义逻辑系统，其中最具代表性的是由 van Fraassen① 和 Chellas② 构造的极小道义逻辑系统 (minimal deontic logic)。根据这些道义逻辑系统，虽然一个系统能够推出 OA 和 $O \neg A$，但是因为 D 原则无效，所以不再被视为一个矛盾 (这是因为与 OA 相矛盾的是 $\neg OA$，而拒绝 D 原则的实质是否定了与之等价的康德原则：$OA \rightarrow PA$，从而也排除了 $O \neg A \leftrightarrow \neg OA$ 的有效性)。事实证明这是一个极弱的道义逻辑系统，在解决齐硕姆悖论的同时，将一些非常具有直观有效的推理模式也排除了，其中重要的一个原则就是聚合原则 (Aggregation principle，简称 AND)：

AND：$\vdash OA \wedge OB \rightarrow O(A \wedge B)$

而排除这个原则的一个直接后果是导致了新的悖论的产生。

例 11.3 斯密斯服兵役的推理：

假设有以下语句集合：

(1) 斯密斯应当服兵役或者做公务员：($O(F \vee S)$)

(2) 斯密斯应当不服兵役：($O \neg F$)

根据直观，我们应当能够根据以上前提推出斯密斯应当做公务员 OS 的结论，然而，因为没有聚合原则，所以，赖以推出 OS 的 $O((F \vee S) \wedge \neg F)$ 是无效的，从而，在这些系统中无法推出 OS 的结论。

解决齐硕姆悖论的另一种方法是构造二元道义逻辑 (Dyadic deontic logic，简称 DDL)，用二元道义公式 $O(B \mid A)$ 表示在 A 的条件下应当 B。并根据规范适用的条件对"应当"作不同意义上的解读，即将"你应当去帮助你的邻居"视为一个初始义务 (prima facie obligation)③，将"如果你不去帮助你的邻居，你应当不告知他你要去"视为一个渎职义务。

---

① See B. C. van Fraassen, "The Logic of Conditional Obligation", *Journal of Philosophical Logic*, 1. pp. 417 - 438, 1972.

② See B. Chellas, *Modal Logic: An Introduction*, Cambridge University Press, 1980.

③ 这个概念最早由 Ross 提出 (W. D. Ross, *The Right and the Good*, Oxford University Press, Oxford. 1930.)。我们今后把这类规则称为表面规则或初始义务，而把废止它们的规则或义务称为实在规则或废止义务。van der Torre 则把初始义务称为可废止义务，而把废止义务称为渎职义务。我们认为这仅仅是因为不同的语境而存在的不同的名称，在不至于产生混淆的情况下，我们采用不同的名称。

或者将规范推理定义为特定主体根据一个特定情形下的规范集合推出实际选择的义务的推理过程，则出现在前提集合中的规范被称为是理想义务，而将被推出的义务称为全盘考虑的义务（all-things-consi-dered obligation）或者实际义务（actual obligation）。据此，齐硕姆语句集合可以被形式刻画为：

(1’) $O(h \mid T)$；

(2’) $O(t \mid h)$；

(3’) $O(\neg t \mid \neg h)$；

(4’) $\neg h$。

其中 T 指任意逻辑重言式，表示规范的缺省条件。在这里（3’）所表达的义务是（1’）所表达的义务的一个渎职义务，即在只有（1’）被违反的情况下（3’）才具有效力，之所以在 SDL 中出现了齐硕姆悖论是因为对规范产生效力的条件绝对化了，从而无法处理当相关义务被违反后应当怎么办的问题。在 DDL 中为了避免齐硕姆悖论，通常采用的方法是排除前件强化原则（Strengthening the Antecedent，简称 SA）：

SA：$\vdash O(A \mid B) \to O(A \mid B \wedge C)$

SA 无效的直接后果是不会根据前提（1’）和（2’）推出 $O(t \mid \neg h)$ 的结论，从而避免了矛盾的产生。但是，正如后来人们所发现的，在有些情形下，前件强化原则似乎是应当有效的，而这些系统并不能很好地处理这些情形。例如：

例 11.4　餐桌礼仪悖论

(1) 你应当不直接用手抓饭吃：$O(\neg f \mid T)$

(2) 你应当将餐巾铺在你的膝盖上：$O(n \mid T)$

(3) 如果你吃的是芦笋，你应当直接用手抓着吃：$O(f \mid a)$

我们可以说第 3 条义务的条件违反了第 1 条义务，即（3）表达的义务是（1）表达的义务的渎职义务，因此，在 a 为真的条件下不应当受到第 1 条规则规制，也就是说我们不能将其前件强化为：

(4) 如果你吃的是芦笋，你应当不直接用手抓着吃：$O(\neg f \mid a)$

但是，现在的问题是第 2 条规则，它并没有被第 3 条规则推翻，因而似乎有理由根据（2）、（3）推出：

(5) 如果你吃的是芦笋，你应当将餐巾铺在你的膝盖上：$O(n \mid a)$

遗憾的是在缺乏 SA 原则的二元道义逻辑中，该推理却是无效的。

以上分析表明，对规范推理进行形式刻画构建的道义逻辑既不能太强，从而在规范被违反的情况下导致齐硕姆悖论；也不能太弱，从而将一些直观有效的推理模式排除在外。这是因为作为规范推理前提的规范具有缺省的性质，或者说是具有概称句的结构①，它们只能在特定的条件下被适用，而规范推理所面对的却是一个开放的语境，只有相关条件与规范适用的条件一致的情况下才能被适用，而当不一致的条件存在时，原来根据缺省条件得出的结论被废止。② 因而规范推理的规则非常类似于非单调推理或者可废止推理文献中的规则，例如，SA 规则非常类似于可废止推理中所称的“确定性保存原则”（determinacy preservation，简称 DP）：

DP：如果 $A \mid \sim B$，并且 $A \wedge C \sim/ \neg B$，那么，$A \wedge C \mid \sim B$.

总之，我们认为，规范的缺省结构决定了规范推理是一种非单调性推理，形式刻画规范推理的道义逻辑也必须具有非单调逻辑的机制，之所以在传统的道义逻辑中出现了大量的道义悖

① 参见周北海、毛翊：《一个关于常识推理的基础逻辑》，载《哲学研究》，2003 年增刊，1～10 页。

② 参见张传新：《法律论题学的逻辑基础》，载《山东大学学报》，2010（6），58～63 页。

论，就是因为它们缺少这种机制。

当然，为处理齐硕姆悖论，还有一些学者提出了将道义逻辑与时态逻辑、行为逻辑等相结合，构建时态道义逻辑，如Åqvist、Hoepelman[①]、van Eck[②]、Loewer、Belze[③]、张莉敏[④]等。行为道义逻辑，如Castaneda[⑤]、Meyer[⑥]等系统。我们说这些系统只能解决部分与时间、行为等因素相关的渎职义务悖论，例如：

例 11.5 图书馆借阅条例

(1) 所借图书应当在一个月内归还。

(2) 逾期不还者应当缴纳罚款。

语句 (1) 所表达的义务只在借阅图书后的一个月内具有实际的效力，超过了一个月后则不再具有效力；而语句 (2) 表达的义务只有在借阅图书满一个月后才具有效力，在没有满一个月之前不具有实际的效力。通过将时间因素作为规范生效的条件，从而可以避免应当归还图书与应当交纳罚款的义务之间的冲突。但是，时间因素仅仅是确定规范推理可废止性的一个条件，还有很多的渎职义务悖论不涉及或者不明显地涉及时间因素，如，例 11.2 和例 11.4 所描述的情形就无法通过或者直接通过时态道义逻辑解决。自从 Prakken、Sergot[⑦] 提出了一个关于度假别墅管理规定的例子后，对渎职义务推理的研究就很少再把时间作为一个必要因素来构建道义逻辑了。行为道义逻辑等情况与此类似，都只能解决部分渎职义务悖论，而不具有普遍性。同理，借助于其他因素以对相关义务作出区分所构建的道义逻辑系统都存在着相同的问题。

如上所述，渎职义务悖论的实质是在义务被违反后应当怎么办。很显然，这个问题是与规范推理的实践应用具有密切关系的，因为规范在现实中都存在被违反的可能性。它不仅涉及规范推理的机制问题，而且直接涉及对于什么是“应当”的语义解释问题，因为根据道义逻辑的可能世界语义理论，通常把 OA 定义为在可能世界 W 中为真，当且仅当 A 在 W 的所有理想可及世界或者道义替代世界里为真。而如果所有的规范都被遵守，那么这将是一个理想的世界，也就没有存在规范的必要了，相应的道义逻辑也将坍塌为一个真势逻辑系统，例如，在现代道义逻辑产生之前，Mally[⑧] 曾经构造过一个公理化的道义逻辑系统，其所以失败，就在于该系统可以推出 A↔OA 的定理，即所有已经实现的都是应当实现的，而所有应当实现的都已经实现了，最终退化为一个不含道义模态词的经典模态逻辑系统。因此，形式刻画渎职义务推理成为道义逻辑必须解决的一个重要问题，也是评价一个道义逻辑系统能否充分地处理道义推理的一个重要的标准。

2. 道义困境推理与道义爆炸

所谓道义困境 (Deontic Dilemma)，是指这样一类特定的情形，基于一个意义明确的“应

---

① See L. Åqvist and J. Hoepelman, Some Theorems about a “Tree” System of Deontic Tense Logic. In R. Hilpinen (ed.): New Studies in Deontic Logic. Reidel, Dordrecht, pp. 187 - 221, 1981.

② See J. A. van Eck, A System of Temporally Relative Modal and Deontic Predicate Logic and its Philosophical Applications, Logique'et Analyse 100. pp. 249 - 381, 1982.

③ See Barry Loewer and Marvin Belzer, Dyadic Deontic Detachment, Synthese, 54: pp. 295 - 318, 1983.

④ 参见张莉敏:《义务冲突的道义逻辑研究》，南开大学 2006 年博士学位论文。

⑤ See H. N. Castaneda, The Paradoxes of Deontic Logic: the Solution to all of them in one Fell Swoop. In R. Hilpinen (ed.): New Studies in Deontic Logic. Reidel, Dordrecht, pp. 37 - 85, 1981.

⑥ See J. J. Ch. Meyer, A Different Approach to Deontic Logic: Deontic Logic Viewed as a Variant of Dynamic Logic. Notre Dame Journal of Formal Logic 29 (1) . pp. 109 - 136. 1988.

⑦ See H. Prakken and M. J. Sergot, Contrary-to-duty Obligations. Studia Logica, 57, pp. 91 - 115, 1996.

⑧ See E. Mally, Grundgesetze des Sollens. Elemente der Logik des Willens. Leuschner & Lubensky, Graz, 1926.

当”，一个事态 A 既是应当实现的又是不应当实现的，也就是在这类情形中，OA 与 O ¬A 都为真。或者更宽泛地说，一个道义困境是指一类特定的情形，其中存在不一致的事态 A 和 B，OA 与 OB 都为真。再宽泛一点说，一个道义困境是指这样一类情形，其中事态 A 和 B 是不可能都得到实现的，即使二者都应当得到实现。这里所谓的不可能可以是指基于讨论所在的语境的任意不可能性，既可以是哲学上的不可能性，也可以是非常现实的不相容性。这些情形意味着在条件 B 下，A 所描述的事态是应当实现的，而在同样的条件下非 A 所描述的事态也是应当实现的，即 O（A | B）与 O（¬A | B）都为真。[①]

对于道义逻辑是否应当容纳道义困境以及如何形式刻画存在道义困境的规范推理，道义逻辑研究对此存在着激烈的争论。在道义逻辑发展的早期，曾经存在着一个反对存在道义困境的可能性的传统。Horty 对这种观点的多种形式进行过分析[②]，Forrester 也提供了丰富的材料。[③]传统的观点很多都坚持认为：那些表面上看起来所谓的道义困境，如一个主体应当做 A 并且应当做 B，但是不能既做 A 又做 B 的情形事实上并不是真正的道义困境，它们仅仅是应当做 A 或者 B 的情形。然而理论上，是否承认道义困境存在的可能性并不是问题的关键，关键是在规范领域确实存在着大量的涉及道义困境的情形。Routley 与 Plumwood 对于道义困境如何普遍存在于我们的生活中有详细的讨论。[④] 例如，下面是由 Horty 举出的一个例子[⑤]：

例 11.6　琼斯看望女儿的困境

（1）琼斯应当在一个特定的时间（例如举行婚礼时）看望他的女儿艾比：（OV_a）。

（2）在这种情况下，他应当先告诉她他要去，然后再去看望她似乎也是应当的：（$O(V_a \land N_a)$）。

（3）琼斯应当看望他的另一个女儿贝丝，并且也应当告诉她他要去看望她：（$O(V_b \land N_b)$）。

（4）艾比与贝丝居住在一个国家相对的两端，这就导致琼斯不允许在同一时间（两人同时举行婚礼）既看望艾比又看望贝丝：$\neg P((V_a \land N_a) \land (V_b \land N_b))$。

这里我们暂时用 $\neg P((V_a \land N_a) \land (V_b \land N_b))$ 表示客观情况决定了不允许琼斯既看望艾比并告知她又看望贝丝并告知她的事实，当然我们也可以用 $\neg\Diamond((V_a \land N_a) \land (V_b \land N_b))$ 表示这种情况。在这样的情况下，根据我们前面提到的 RM 规则，由 $O(V_a \land N_a)$ 可以推出 ON_a，同样由 $O(V_b \land N_b)$ 可以推出 ON_b。又因为 N_a 与 N_b 是一致的，经适用 AND 规则可以推出 $O(N_a \land N_b)$ 也都为真，也就是说，琼斯应当告知他的两个女儿他将去看望她们，也就是即使他只能看望其中的一个女儿，但是他也应当告知她们两个他要去看望她们，很显然这是荒谬的。

道义困境造成的最大问题是会导致所谓的道义爆炸（deontic explosion，简称 DEX），其意思是说如果存在道义困境，那么（做）所有事情都是应当的。用公示表达就是：

DEX：$\vdash (OA \land O\neg A) \rightarrow OB$.

表面看起来，产生道义爆炸的原因在于构建道义逻辑时所依赖的作为其基础的经典逻辑

---

① See Lou Goble, A Proposal for Dealing with Deontic Dilemmas. A. Lomuscio and D. Nute (Eds.): DEON 2004, LNAI 3065, pp. 74 - 113, 2004.

② See J. F. Horty, Reasoning with Moral Conflicts, Nous, 37, pp. 557 - 605, 2003.

③ See J. W. Forrester, Conflicts of Obligation, American Philosophical Quarterly, 32, 31 - 44, 1995.

④ See R. Routley and V. Plumwood, Moral Dilemmas and the Logic of Deontic Notions, In Paraconsistent Logic: Essays on the Inconsistent, G. Priest, R. Routley, and J. Norman, eds., (Philosophia Verlag, Munich, Hamden, Vienna), pp. 653 - 690, 1989.

⑤ See J. F. Horty, Reasoning with Moral Conflicts, Nous, 37, p. 581, 2003.

（通常为命题逻辑）中包含的由假得全原则（ex falso quodlibet，简称 EFQ）：

EFQ：$\vdash (A\wedge \neg A)\rightarrow B$

因为该原则是经典逻辑的一个基本假定[①]，而道义逻辑通常被视为是模态逻辑的一个分支，即在经典逻辑形式语言的基础上加上道义模态词 O、P、F（或者 O（—｜—）、P（—｜—）、F（—｜—））建立起来的，其自然地也继承了包括 EFQ 原则所导致的问题。另外一个解释与标准道义逻辑所包含的聚合原则和分配原则有关：假设 OA 和 O ¬A，并且 $\neg\Diamond(A\wedge \neg A)$，$A\rightarrow A\vee B$，适用分配原则，则 $OA\rightarrow O(A\vee B)$，并且，$O\neg A\rightarrow O(\neg A\vee B)$，适用聚合原则，则 $O((A\vee B)\wedge(\neg A\vee B))$，它等值于 $O(B\vee(A\wedge \neg A))$，而后者又等值于 OB，所以，可以得出结论 $(OA\wedge O\neg A)\rightarrow OB$。也就是说，如果存在着道义困境，则做任何事情都成为义务。其他以经典逻辑为基础构建的模态逻辑也会出现类似的问题。但是，这个问题在道义逻辑中表现得尤为突出，这是因为在规范领域中，道义冲突的存在是普遍的并且是现实的，而在其他逻辑中虽然所构建的系统存在由假得全之类的假定，但往往并不具有现实的基础，例如，我们很容易确认在逻辑意义上□A 和□ ¬A 是相冲突的并且不可能都真，而在道义逻辑中，虽然 OA 与 O ¬A 也是相互冲突的，但是，基于不同的规范渊源却有可能都真。例如，基于法律规范，你应当检举你涉嫌犯罪的朋友，而基于伦理或者某种信念，你应当不检举你涉嫌犯罪的朋友。同样道理，在道义逻辑中，我们不能据此推出（做）所有的事情都是应当的，也不能完全地拒绝推理。

解决道义爆炸问题首先要做到的是剔除道义一致性性原则 D，因为它根本否定了道义冲突存在的可能性，其次，分析产生道义爆炸的原因，剔除或者限制产生道义爆炸的推理规则，事实证明这是道义逻辑研究中存在的最复杂的问题之一。这是因为任何包含我们前面提到的遗传原则 RM、聚合原则 AND 和由假得全原则的逻辑系统都将导致道义爆炸。所以，道义逻辑要能够充分地处理道义困境并避免道义爆炸就必须拒绝原则 RM、AND 以及 EFQ，或者至少其中的一个。

使问题更加复杂的是，如果加入逻辑等值置换规则（rule of replacement for equivalents，简称 RE）：

RE：如果 $\vdash A\leftrightarrow B$，那么，$\vdash OA\leftrightarrow OB$，

则 RM 等价于分配原则（distributive principle，简称 M）和析取规则（disjunctive rule，简称 OR）：

M：$\vdash O(A\wedge B)\rightarrow(OA\wedge OB)$；

OR：$\vdash OA\rightarrow O(A\vee B)$。

而等值置换规则 RE 对于任意合理的道义逻辑似乎都是一个必要条件。这就意味着，在 RM 有效的情况下，M 和 OR 都是可以推出的（当然是在 RE 有效的条件下）；在假定 RE 有效的情况下，则根据 M 或 OR，RM 也是可以推出的。因此，若 M 或 OR 有效则同样会导致 DEX。现在的问题是哪一种方法最可取呢？

Lou Goble[②] 认为，一个能够处理道义困境的（一元）道义逻辑应当满足以下标准：

第一，一致性（consistency）原则。冲突（OA，OB）不能在一个逻辑中推出矛盾。至少要明确存在规范冲突的可能性。

第二，无不足道性（Non-triviality）原则：一个能够充分处理规范困境的道义逻辑避免道

---

① 参见陈波：《逻辑哲学》，4 页，北京，北京大学出版社，2005。

② See Lou Goble，Normative Conflicts and The Logic of "Ought"，NOUS 43：3，pp. 450－489，2009.

义爆炸以及类似的情况，也即使下面的道义爆炸原则无效：

DEX－1：如果⊢/B，那么，⊢（（OA∧O ¬A）→OB）.

DEX－2：⊢（OA∧O ¬A）→（PB→OB）.

DEX－3：⊢（OC∧PC）→（（OA∧O ¬A）→（PB→OB））.

第三，强度性（strength）原则：一个能够容纳道义困境的道义逻辑应当通过增加道义一致性原则 D：⊢OA→ ¬O ¬A 作为一个公理使其等价于标准道义逻辑 SDL。

van Fraassen[①]，Chellas[②]，Goble[③]都构建了容纳道义困境的道义逻辑。其中前几个采用的方法是剔除某个或者某几个标准道义逻辑的基本原则，结果是所构建的系统太弱，从而使一些可欲的推理模式无法得到刻画。Lou Goble 采用了限制而不是完全剔除某个或者某几个道义原则的方法，但是，所用到的限制条件需要在该系统之外通过用户自主地作出判断，因此我们认为它不是一个充分的形式系统。

需要指出的是，尽管在形式结构，乃至于解决方案上，道义困境与道义爆炸问题与渎职义务推理问题以及后面要提到的例外义务推理问题有很大的相似性，但是，这是两个不同的问题。前者讨论的问题直接表现为哪一个原则应当还是不应当包含在一个道义逻辑中，以使其能够处理道义困境。而后者涉及的问题是如何在相冲突的义务中进行选择。道义困境也应当与可废止推理研究文献中经常面对的问题区别开来，后者处理的问题是一个人拥有的信息依据传统的观点导致不一致的结论，可废止推理采用的方法使其中的一些信息废止了其他信息的应用，因而事实上并没有真正冲突的出现（例如，鸟会飞，企鹅是鸟，企鹅不会飞，X 是一个企鹅，那么我们可以得出结论说 X 不会飞，因为它是一只企鹅；我们不会得出结论说 X 会飞，尽管它是一只鸟。在这里，因为企鹅不会飞的规则比鸟会飞的规则更具特异性，所以，前者废止了后者的适用）。与此类似，一个人可能拥有的信息得出结论说他应当做 A，但是进一步的信息得出结论说他应当做 B，但是 A 与 B 是不相容的，而后者遮蔽或者废止了前一个义务。（例如，一个规范集合，其中的一个规范要求某人应当做 A，而另一个规范要求禁止做 A，但是还可能存在一个关于等级的程序，表明在特定的情境中，后一个规范优先适用于前一个规范，因而禁止做 A 的规范废止了允许做 A 的规范。）而道义困境所描述的是在 A 与 B 不相容时，OA 与 OB 没有一个是被废止的或者是相互废止的。[④] 但是，我们认为这种区分也不是绝对的，因为二者涉及的基本问题都是在推理的前提集合中存在相冲突的信息时如何得出相应结论的问题。在可废止道义逻辑中，基于冲突的信息可能形成不同的扩张，当前提集合中的规则存在着优先关系，或者事实之间存在特异性差异的时候，我们可以基于这种优先关系或特异性选择其中的一个扩张作为推理的结论，而当无法区分这种关系的时候往往只能是一种策略（轻信的策略或者谨慎的策略）的选择，这时候的可废止推理实质上处理的就是一个道义困境问题。而就 Goble 所构建的处理道义困境的 DPM 系统来看，只不过把他认为是不言而喻的隐含条件作为推理的前提加入到前提集合中，从而限制了相

---

① See B. C. van Fraassen, The Logic of Conditional Obligation. Journal of Philosophical Logic, 1: 417－438, 1972.

② See B. Chellas, Modal logic: An Introduction. Cambridge University Press, 1980.

③ See Lou Goble, A Proposal for Dealing with Deontic Dilemmas. A. Lomuscio and D. Nute (Eds.): DEON 2004, LNAI 3065, pp. 74－113, 2004. Goble, Lou, A Logic for Deontic Dilemmas, *Journal of Applied Logic*, 3, pp. 461－483, 2005. Lou Goble, Normative Conflicts and The Logic of 'Ought', NOU S 43: 3, pp. 450－489, 2009.

④ See Lou Goble, A Proposal for Dealing with Deontic Dilemmas. A. Lomuscio and D. Nute (Eds.): DEON 2004, LNAI 3065, pp. 74－113, 2004.

应的推理规则的适用而已。而如果排除这样一种可能性，即构成道义冲突的两个义务并不具有可以根据某种优先关系以其中的一个义务废止另一个义务，那么就应当采用道义困境推理的模式。

3. 例外义务与例外义务规范推理

对于我们前面所举的例 11.4 还存在着另一种解释，这就是将（3）表达的规则视为(1) 表达的规则的一个例外。

例 11.7　餐桌礼仪悖论（续）

（1）你应当不直接用手抓饭吃：O（ ¬f | T)。

（2）你应当将餐巾铺在你的膝盖上：O（n | T)。

（3）如果你吃的是芦笋，你应当直接用手抓着吃：O（f | a)。

也就是说，当你吃的是芦笋，并且直接用手抓着吃的行为并没有构成对应当不直接用手抓饭吃的义务的违反，基于渎职义务，只有在特定义务被违反的条件下才产生效力的定义，严格来讲，(3）表达的义务并不是一个渎职义务而是一个例外义务。刻画例外义务规范推理遭遇到的最大困难在于它的适用条件是与之对应的典型义务的适用条件的一个具体形式。就本例而言，我们可以把（1）表达的规范的适用条件理解为对“就餐”的一种缺省表达，而吃芦笋显然是就餐的一种具体形式，因此，适用前件强化原则 SA，可以根据 O（ ¬f | T）和 a 推出 O（ ¬f | a)，从而与（3）表达的规范相矛盾。

例外义务规范推理非常类似于人工智能与计算机科学领域所研究的常识推理，即根据一个关于典型事例的规则得出一个结论，而对于一个关于具体事例的规则得出另一个结论。然后根据特异性原则，后者废止前者。在多个可废止道义逻辑中采用的就是这种方法。但是，问题在于，道义逻辑中还存在常识推理所不能刻画的其他一些可废止推理模式，即前面讨论的渎职义务推理和道义困境推理，因此，当以这类道义逻辑处理非例外义务规范推理的时候就无法给出令人满意的解决方案。

4. 涵摄义务推理

涵摄义务推理是我们在道义逻辑研究中首先提出的一个概念，长期以来，这种推理模式之所以没有受到人们的关注，是因为这种推理模式是通过经典逻辑的一些基本原则就可以很好实现的一种推理模式。这主要表现为两个方面：

第一，前件强化原则 SA。与例外义务规范推理相反，在现实的规范推理中存在的大部分或者典型的推理模式都是通过适用前件强化原则实现的。例如：

例 11.8　涵摄义务推理

（1）上课时你应当认真听讲：O（s | t)。

（2）你在上逻辑学课：t∧l。

根据以上前提，我们当然希望能够得出结论 O（s | t∧l)，这是因为 t∧l→t，并且（2）所描述的事实条件并不是适用（1）所表达的规范的例外。

第二，事实分离原则 FD。以 A 以及在 A 的条件下应当做 B 的义务作为前提，就可以推出一个应当做 B 的现实义务。即：A∧O（B | A）→OB。这是一个非常符合直观的推理模式。问题是基于处理渎职义务推理等原因，很多道义逻辑并不包含 FD，从而使这些可欲的推理模式被排除在外，这不能不说是这些道义逻辑的缺陷。但是，如果包含这个原则，在处理渎职义务、例外义务、道义困境推理时就会导致不一致的结论的出现。因此，这也成为道义逻辑研究中的一个难题。Åqvis 曾经悲观地说：“我们似乎感觉到分离原则应当是可能的，但是，两种方法（指事实分离原则和道义分离原则）都无法做到这一点，我们真的能做到吗？这是一个关于

义务与分离原则的难题。”①

也许单独刻画某一种类型的规范推理模式对于道义逻辑而言并不是一件特别困难的事情，但是，要在一个逻辑系统中对以上列举的所有推理模式都进行恰当的刻画才使得问题变得复杂起来。这就要求：第一，一个充分的道义逻辑首先能够区分不同类型的规范推理模式，并对其形式结构予以准确的刻画。第二，不能单单为了刻画某种类型的推理模式而简单地剔除某个或某些基本的原则，其结果往往导致所构建的系统太弱，而不能刻画另外一些可欲的推理模式，如前面所提到的极小道义逻辑系统。可取的方案应当是对一些原则的适用条件予以必要的限制，根据相应的条件确定这些原则是否可以适用，这就决定了所构建的系统必然是非单调的系统。第三，虽然标准道义逻辑所包含的几乎每一个原则都受到了批评，但是，鉴于迄今为止它依然是最为基础的道义逻辑系统，以此作为研究的起点不失为一个合理的选择。

四、道义逻辑的研究对象

基于前面的论述，道义逻辑是研究规范命题的形式结构及其推理模式的理论。道义逻辑研究的一个基本特征是对主体（自然人或者虚拟智能主体）的理想行为模式和现实的行为选择之间的严格区分，即通过规定相对理想的情景下，行为主体应当做什么，允许做什么、禁止做什么，确立相应的规范标准，以指引、约束、评价行为主体在现实情景中的行为选择。因此，针对这两个不同的层面，我们可以把道义逻辑的研究对象区分为以下两类：

第一，理想规范之间的逻辑关系与规律。例如，在标准道义逻辑 SDL 中，被广泛接受的道义一致性原则 D：$\neg(OA \wedge O\ \neg A)$，表达的就是在理想模式下不存在相互冲突的对象同为义务的规律。该原则只有在理想的模式中才能成立，而在现实的情境中，由于所有的规范并不能完全地被遵守，因而现实的情景并非总是理想的，基于不同的情景假设，往往会导致相互冲突的义务。在一个已经背离理想模式的情景中应当如何进行规范推理，很显然属于另外一种道义逻辑理论。这就构成道义逻辑研究的第二个方面的内容。

第二，根据理想规范结合现实的情景，确定主体的道义选择。在这类规范推理中，不仅涉及规范之间的关系和规律，而且作为前提存在的还有对某个事实条件（情景）的限定。而这个事实条件并非总被限定为理想的模式，而是当某个（些）行为违反了特定规范后的情景，这时候的主体就面临着一个规范选择的问题，即根据理想的规范模式应当遵守什么样的规范以及基于现实的规范模式又应当遵守什么样的规范。在现实的规范推理中，人们所面对的往往是后者。

Donald Nute 明确地将这两类推理命名为：适用规范的推理（reasoning with norms）和关于规范的推理（reasoning about norms）。② Carmo 和 Jokes 也明确提出对这两类规范推理进行区分是道义逻辑研究的核心工作：“我们希望在一个逻辑理论框架中具有在两个层面上进行推理的能力：在理想的层面上能够进行推理，也能够在特定的情况下（当然，在特定的情况下可能会出现背离理想层面的情况），在实际的层面上进行推理。能够同时刻画理想的规范和背离理想的情况下的实际的规范应当是道义逻辑研究的核心工作。”③

① L. Åqvis，Deontic logic. In D. Gabbay and F. Guenthner，editors，Handbook of Philosophical Logic，Reidel，Dordrecht，p. 199，1984.

② See Donald Nute，Norms，Priorities，and Defeasibility. In P. McNamara and H. Prakken (eds.)，Norms，Logics and Information Systems，IOS Press，Amsterdam，pp. 201 - 218，1999.

③ Jose Carmo，Akdrew J. I. JOKES，Handbook of Philosophical Logic，Volume 8，pp. 265 - 343，2002.

由于研究对象的不同，关于规范的推理和适用规范的推理的结构形式、推理模式、所涉及的推理原则、推理的性质等也多有不同（参见表 11-1）。

表 11-1 关于规范的推理与适用规范的推理的比较

	关于规范的推理	适用规范的推理
推理的前提	规范集合	规范集合＋描述情景的事实集合
主要推理模式	道义分离规则	事实分离规则
逻辑基础	单调逻辑	非单调逻辑
研究意义	规范间的逻辑关系	具体规范的适用

首先，二者在推理结构的构成元素上有所不同。因为关于规范的推理的道义逻辑通常假定是在同一个（理想）事实条件下研究规范之间的逻辑关系，所以，我们可以视之为事实无涉的，甚至在很多这类系统中不允许出现包含道义命题和事实命题的混合公式①，因此，这类道义逻辑所研究的规范推理的前提仅仅是一个规范集合。与之相反，因为适用规范的推理的道义逻辑所研究的是基于特定的事实条件以确定相应规范的规范推理，其推理的前提不仅包含特定的规范集合，而且包含对规范进行选择的事实限定，所以，其推理前提包含两个方面的内容，即一个规范集合前提和一个描述具体情景的事实集合前提。

其次，二者在进行规范推理时所适用的主要推理模式也不相同。在关于规范的推理中，因为其前提仅仅是一个规范集合，所以当需要根据规范之间的逻辑关系进行推理时，只能适用道义分离规则 DD。而适用规范的推理的前提则包含一个规范集合和一个事实集合，所以其推理模式既包括道义分离规则 DD，也包括事实分离规则 FD。现在的问题是，现有的道义逻辑中这两种推理模式都存在着问题。我们还以前面的例 11.2 予以说明。因为关于规范的推理只适用于理想的模式，所以，我们能够进行的规范推理只有根据前提（1）和（2）推出“你应当告知你的邻居你去帮助他”的结论，即：

（1）$O(h\rightarrow t)$	前提（2）
（2）$Oh\rightarrow Ot$	适用规则 RM
（3）Oh	前提（1）
（4）Ot	前提（1）和（2），适用规则 DD

而对于我们希望根据前提（3）和（4）推出结论“你应当不告知你的邻居你去帮助他”的推理是无法进行的，因为（4）所表明的事实已经违反了前提（1）和（2）描述的理想的状态，并且标准道义逻辑不包含事实分离规则。所以，关于规范的推理的道义逻辑不能充分地满足我们现实生活中普遍存在的这类推理。

那么，现有包含事实分离规则和道义分离规则的适用规范的推理的道义逻辑是否能够满足我们的要求呢？如前面所作的分析，答案也是否定的，因为适用道义分离规则 DD，根据前提（1）和（2）可以推出 Ot 的结论，而适用事实分离规则 FD，根据（3）和（4）可以推出 $O\neg t$ 的结论，显然，这两个结论是相矛盾的。

再次，逻辑基础不同。为什么一个如此简单的规范推理的过程却无法在传统的道义逻辑中得到充分的表达？尽管有不同的道义逻辑提出了不同的解决方案，但是有一点却长期被人们忽视，就是这四个语句中前三个语句表达的是规范命题，而第四个语句表达的是一个事实命题。

---

① See G. H. von Wright, Deontic Logic. Mind, 60. pp. 1-15, 1951.

而标准道义逻辑仅仅局限于对规范之间的逻辑关系的推理，当涉及结合具体的事实的时候，根据事实分离原则推出一个主体的实际义务的时候，这个义务实际上要根据事实情况确定相应的义务选择。正如后文我们要讨论的，一元道义逻辑并不考虑义务的事实条件的相对性，所以它无法刻画条件义务，而二元道义逻辑虽然能够表达条件义务，但是，经过适用事实分离规则则要分离出一个绝对义务，也就是剔除这种事实相对性，因而在初始义务中由于义务相对的事实因素被剔除，导致同一事实条件下义务产生冲突。因此，当涉及事实命题，并且要推出实际义务的时候，就不仅仅是在进行关于义务之间的逻辑关系的推理，而是适用规范进行的推理。适用规范的推理的前提是一个二元组〈F，N〉，其中F表示相关事实条件集合，N表示备选的规范集合，其所得出的结论是基于不同事实的该前提的扩张，就齐硕姆语句集合所描述的情形，因为只存在一个事实，即 ¬h，所以，得出的结论是〈¬h，O ¬t〉。而在理想层面下所得出的应当告知邻居的义务被基于事实条件推出的应当不告知邻居的义务所废止，在此意义上，适用规范的推理本质上是非单调的。而关于规范的推理因为不存在义务冲突和义务违反问题，因此其逻辑基础是单调性逻辑。

最后，研究意义的不同。道义逻辑是一个具有强烈的实践面向性的理论，其直接意义在于为现实的实践推理构建合适的理论模型，而基于前面的分析，我们说，现实中的规范推理主要是适用规范的推理。因此，Jones 和 Sergot 提议说：

“尽管说道义逻辑是关于应当、允许以及其他规范概念的逻辑是正确的，但是，更富有洞见的认识应当是道义逻辑从本质上是关于实际和理想模式存在差异的表达和推理问题。只有关于这种差异的系统才是真正的规范系统。”①

但是，不容否认，研究关于规范的推理的道义逻辑对于研究适用规范的推理的道义逻辑的基础性作用，这主要表现在两个方面：（1）在不存在规范冲突或违规的情况下，规范推理所依据的主要是规范间的逻辑关系，所以，研究关于规范的推理的道义逻辑已经能够为其提供充分的逻辑基础。（2）即使在存在规范冲突或义务违反的情况下，我们依然需要遵守必要的道义逻辑原则，只是基于特定的语境，对于相应的道义逻辑原则应予以限制，因此后者依然要以前者作为基础。

第三节　标准道义逻辑系统

标准道义逻辑系统是目前引用最为广泛、研究最为深入的道义逻辑系统，也是道义逻辑研究的理论起点和基础。它是在经典逻辑（命题逻辑或谓词逻辑，通常是命题逻辑）的基础上，增加了三个模态算子符号“O”“P”“F”分别表达规范概念“应当”“允许”“禁止”，再结合相应的命题语句构成表达规范的规范命题，如 OA 表示“A 是应当的”，或者“A 是一个义务”等。

一、SDL 公理系统

1. SDL 的字母表

在命题逻辑语言$\mathfrak{L}_{PC}$字母表的基础上增加一个初始符号：

---

① A. J. I. Jones, Towards a Logic of Defeasible Deontic Conditionals. Annals of Mathematics and Artificial Intelligence, 9, pp. 151 - 166, 1993.

丁：O。

2. SDL 的形成规则

在命题逻辑 PC 的形成规则基础上增加一条：

戊：如果 X 是合式公式，则 OX 也是合式公式。

3. 定义

在命题逻辑定义的基础上增加以下定义：

定义丁：PA 被定义为 ¬O ¬A。

定义戊：FA 被定义为 O ¬A。

有了以上定义，我们就可以将 PA 作为符号序列 ¬O ¬A 的缩写，将 FA 作为 O ¬A 的缩写。

4. SDL 的公理（模式）

S0：所有 PC 重言式；

S1：O（A→B）（OA→OB）；　　　　　（OK—公理）

S2：OA→ ¬O ¬A。　　　　　（D—公理）

5. SDL 的推理规则

在 PC 推理规则的基础上增加下面的规则：

S3：A/OA　　　　　（ON—必然化规则）

（我们可以把 MP 规则称为 SDL 的 S4）

OK 公理对于任何模态必然性算子都是成立的，其实质是说义务在逻辑蕴涵中封闭。对于能否接受该公理是存在争议的，但是，它却是模态逻辑方法所必需的。还需要注意的是 ON—必然化规则（S3），这也是把道义逻辑视为一个正规模态逻辑思想的一部分。该系统也蕴涵下面的被 von Wright 所明确反对的公式：

OT：O（A∨ ¬A）　　　　　（存在空的规范系统）

如果我们要把道义逻辑视为克里普克模型的模态逻辑的一个分支，那么，我们就必须接受 OT。

6. SDL 的语义

与其他模态逻辑一样，标准道义逻辑系统的语义也建立在可能世界这个概念的基础之上。一个所谓的克里普克模型是一个三元组〈W，R，V〉，其中 W 是一个非空的可能世界集合，R⊆W×W 是 W 上的一个二元关系，通过这个关系每一个可能世界 w 与一个可及的道义理想可能世界集合联系起来。其背后的思想是在一个可能世界 w（现实世界）里 Op 是一个规范，当且仅当该 p 在可能世界 w 的所有可及的道义理想可能世界里 p 作为相应的规范都得到了满足。从而道义算子 O、P、F 像在其他模态逻辑中的模态算子那样得到类似的处理。

更形式化的表达是：假设一个克里普克模型 M=〈W，R，V〉和一个可能世界 w∈W，则道义算子的语义可定义为：

标准道义逻辑形式语句在模型 M 的可能世界 w∈W 中的真值可递归定义如下：

（1）M，w⊨ p_i，　　当且仅当　V（p_i，w）=1；

（2）M，w⊨ ¬A，　当且仅当　M，w⊭A；

（3）M，w⊨ A∧B，　当且仅当　M，w⊨ A 并且 M，w⊨ B；

（4）M，w⊨ A∨B，　当且仅当　M，w⊨ A 或者 M，w⊨ B；

（5）M，w⊨ A→B，　当且仅当　M，w⊨ ¬A 或者 M，w⊨ B；

（6）M，w⊨ OA，　　当且仅当　∀v∈W：如果 R（w，v），那么 M，v⊨ A；

（7）M，w⊨PA，　　当且仅当　∃v∈W：如果 R（w，v），那么 M，v⊨A；

（8）M，w⊨FA，　　当且仅当　∀v∈W：如果 R（w，v），那么 M，v⊭A。

基于 SDL 选择 O 作为初始道义算子，对 Op 的赋值就是检查 Op 的所有基于关系 R 的所有理想可替代世界里是否为真。其他的道义算子根据相关定义给出。

有效性的概念也完全类似于经典模态逻辑：公式 Op 相对于一个克里普克模型类$\mathcal{M}$是有效的，写作$\mathcal{M}$⊨Op，当且仅当 Op 在模型类$\mathcal{M}$中的每一个克里普克模型 M 中的每一个可能世界里为真，即对于每一个 M=〈W，R，V〉∈$\mathcal{M}$，w∈W，M，w⊨Op。

可以证明，如果限定 R 具有连续性（见图 11-1），即要求每一个可能世界 w 都有一个可及的道义理想可能世界，则标准道义逻辑系统相对于这个语义是可靠的也是完全的。

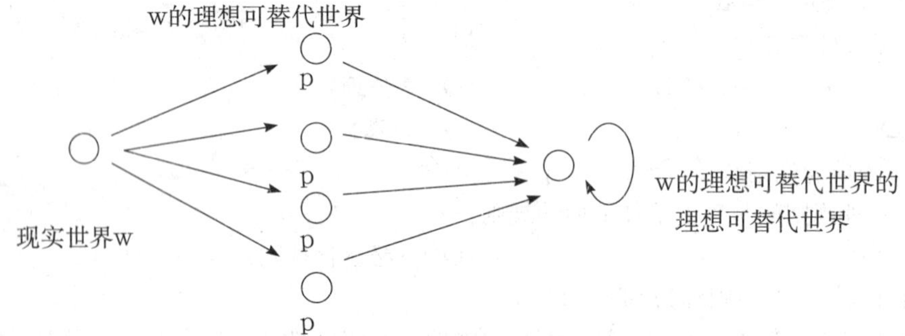

图 11-1　标准道义逻辑的克里普克语义模型

二、SDL 的定理、悖论及其分类和消解[①]

（一）SDL 的定理、悖论

可以证明标准道义逻辑包含以下定理：

1. OA↔ ¬P ¬A；
2. O（A∧B）↔OA∧OB；
3. ¬(OA∧O ¬A)（“柏拉图悖论”“道义一致性原则”）；
4. P（A∨B）↔PA∨PB（“非自由选择的允许”）；
5. OA∨OB→O（A∨B)；
6. OA→O（A∨B)（“罗斯悖论”）；
7. P（A∧B）→PA∧PB；
8. FA →F（A∧B)（“抢劫者悖论”）；
9. （OA∧PB）→P（A∧B)；
10. （OA∧ O（A→B)）→OB（“道义分离规则”）；
11. （PA∧O（A→B)）→PB；
12. （FB∧O（A→ B)）→FA；
13. FB∧FC∧O（A→（B∨C)）→FA；

① 本节的讨论主要参考了 R. J. Wieringa，J. J. C. Meyer，Deontic Logic：A Concise Overview. In Deontic Logic in Computer Science：Normative System Specification. John Wiley & Sons，Chichester，UK，pp. 3-16，1993. 以及 Azizah al-Hibri，Deontic logic：A Comprehensive Appraisal and a New Proposal. Washington，D. C.：University Press of America，1978。

14. ¬(O(A∨B)∧FA∧FB)；
15. (OA∧O((A∧B)→C))→O(B→C)；
16. O(¬A→A)→OA；
17. OB→O(A→B)(“导出义务悖论”)；
18. FA→O(A→B)(“受害者悖论”)；
19. O¬A→O(A→B)(“导出义务悖论”)；
20. ¬P¬(A→OB)(“条件义务悖论”)；
21. ¬O(A∧¬A)(“不应当做相矛盾的事情”)；
22. (OA∧O(A→B))∧(¬A→O¬B)∧¬A¬⊥(“齐硕姆悖论”)；
23. A→B/OA→OB(“阿奎斯特悖论”“善良的撒玛利亚人悖论”)。

以上部分定理经过具体的解释，根据一致或者可以接受的前提集合却得出了不一致或者有违直观的结论，因此被称为“道义悖论”。

(1) 罗斯悖论(Ross's paradox)①

该悖论是对定理6的直观解释：

亚瑟帮助约翰是应当的。

令A表示亚瑟帮助约翰。

令B表示亚瑟杀死约翰。

那么，我们可以进行以下推理：

(1') OA。(前提)

(2') 所以，OA∨OB。(根据(1')和PC规则)

(3') 所以，O(A∨B)。(根据(2')和定理5)

其中，(3')可以读作：

(3') 或者亚瑟帮助约翰或者亚瑟杀死约翰，这是应当的。

很显然，如果亚瑟杀死约翰，那么可以满足(3')表达的义务，而这很显然是荒谬的。

(2) 阿奎斯特悖论(Åqvist's paradox)②

该悖论是下面所称的善良的撒玛利亚人悖论的另一个版本。是对定理23的直观解释：

(1') 斯密斯避免抢劫约翰，这是应当的。

(2') 撒玛利亚人帮助遭斯密斯抢劫的约翰，这是应当的。

令A表示斯密斯抢劫约翰。

令B表示撒玛利亚人帮助约翰。

则以上两个句子可形式表达为：

(1') *O*¬A；

(2') *O*(A∧B)。

Åqvist论证到，根据命题逻辑和定理3我们可以从(2')推出*O*A，即：斯密斯抢劫约翰是应当的。③ 该结论不但是违背直观的，而且也违背了定理3，即道义一致性原则，很显然它与(1')构成了一个形式矛盾。

① See Alf Ross, Imperatives and Logic, Theoria 7, pp. 53-71, 1941. 其最为常见的一个以P为道义算子的版本是：你邮寄这封信是被允许的，所以，你邮寄这封信或者烧掉它是被允许的。

②③ See Lennart Åqvist, Good Samaritans, Contrary-to-duty Imperatives and Epistemic Obligations, Nous 1, p. 366, 1967.

（3）善良的撒玛利亚人悖论（The good Samaritan paradox）[①]

该悖论涉及定理23，它建立在以下两个前提基础之上：

（1'）如果善良的撒玛利亚人帮助被抢劫的约翰，那么约翰被抢劫了；

（2'）约翰被抢劫，这是被禁止的。

令A表示善良的撒玛利亚人帮助约翰。

令B表示约翰被抢劫是被禁止的。

则以上两个语句可表达为：

（1'）$(A \wedge B) \rightarrow B$；

（2'）FB。

根据定理3，可以推出如下结论：

（3'）$F(A \wedge B)$.

该公式可读为：

（3'）善良的撒玛利亚人帮助被抢劫的约翰，这是被禁止的。但很显然这是很荒谬的。

（4）抢劫者悖论（The robber's paradox）[②]

该悖论是对定理8的直观解释。

（1'）抢劫者后悔其抢劫行为蕴涵抢劫行为已经发生了。

（2'）禁止抢劫行为的发生。

与善良的撒玛利亚人悖论的推理过程一样，我们可以得出结论：

（3'）抢劫者后悔其抢劫行为，这是被禁止的。

（5）受害者悖论（The victim's paradox）[③]

该悖论是对定理18的直观解释。该定理的一个直观解释是根据以下语句：

（1'）如果被抢劫的受害者为其被抢劫的命运而哭泣，那么，一个抢劫行为已经发生了。

（2'）禁止抢劫行为的发生。

可以推出如下结论：

（3'）禁止被抢劫的受害者为其被抢劫的命运而哭泣。

（6）柏拉图悖论（Plato's paradox）[④]

该悖论是对定理3，即道义一致性原则的一个直观解释。其描述的是在现实世界存在着冲突义务，而在SDL中不允许出现冲突义务。

例如，我的一位朋友借给了我一支枪，并且说晚上会要回，我承诺他当他索要的时候就会归还。后来他在一个疯癫的状况下来到我的面前，要求我归还他的那支枪，并扬言要射杀他的妻子，因为她对他不忠。我应当归还他那支枪，因为我承诺过，这是我的一项义务。但是，我又不应当这样做，因为这意味着我要对一场谋杀负有间接的责任，而且从道义上讲我认为这是错的。

（7）萨特悖论（Sartre's paradox）[⑤]

该悖论是由萨特构造的，同样用于反对道义一致性原则。该悖论与柏拉图悖论相似，但是，Lemmon认为二者之间存在着差异，他认为，柏拉图悖论涉及的是这样一种情况，一个人

① A. N. Prior, Escapism: The Logical Basis of Ethics. Essays in moral philosophy, ed. A. I. Melden, Seattle: University of Washington Press, p. 144, 1958.

② See P. H. Nowell-Smith and E. J. Lemmon, Escapism: The Logical Basis of Ethics. Mind 69, p. 294, 1960.

③ See P. H. Nowell-Smith and E. J. Lemmon, Escapism: The Logical Basis of Ethics. Mind 69, p. 293, 1960.

④ See E. J. Lemmon, Moral dilemmas, Philosophical review 71, p. 152, 1962.

⑤ See Van Fraasen, Values and the Heart's Command, Journal of philosophy 70, p. 10, 1973.

应当做某件事，同时又不应当做这件事。而萨特悖论涉及的是一个人有一些理由，但不是决定性的理由应当做某件事，并且有一些理由，但也不是决定性的理由不做这件事。

萨特悖论说的是萨特的一位学生的哥哥在第二次世界大战中被德国人杀害了，这位学生想通过参加自由法国抵抗组织为他的哥哥报仇，然而这位学生的母亲也因为她的年长的儿子的死备受伤害并且更加依赖她的这位小儿子。该悖论的难题在于，这位学生有一个充分的但不是决定性的理由留在他母亲的身边，但也有一个充分的但也不是决定性的理由参加自由法国抵抗组织。然而，后面的这个义务陈述与前面的义务陈述是相冲突的，因此，当用标准道义逻辑对其进行形式刻画时，这两个义务陈述就是相矛盾的。

(8) 渎职义务悖论（The paradox of the contrary-to-duty imperative）[①]

(1') 你应当去帮助你的邻居。

(2') 如果你去帮助你的邻居，你应当告知他你要去。

(3') 如果你不去帮助你的邻居，你应当不告知他你要去。

(4') 你没去帮助你的邻居。

该悖论的形式结构见本章第二节例 11.2。

(9) 认知义务悖论（The epistemic obligation paradox）

该悖论产生于 SDL 的一个扩展系统，它是在 SDL 系统的基础上增加一个算子 K，读作“我知道……”形成的。在认知逻辑中，下面的定理是有效的：

$\vdash KA\rightarrow A$

我们看下面直观上一致的语句集合：

(1') 斯密斯为抢劫约翰而感到后悔是应当的。

(2') 我应当知道斯密斯抢劫了约翰。

我们可以对以上语句进行如下形式刻画：

令 A 表示斯密斯抢劫约翰。则：

(1') $O\ \neg A$;

(2') OKA.

根据前面提到的认知逻辑的定理、定理 3 以及 (2') 可以推出：

(3') OA

该结论与 (1')、定理 3 都是不一致的。

上述这 9 个悖论在道义逻辑的研究文献中都是众所周知的，其中，前面的 8 个悖论分别涉及 SDL 的公理和推理规则的有效性问题。因为我们的观点是该系统的公理和推理规则本质上都是有效的，所以，现在的问题就是如何处理这些道义悖论。

（二）SDL 的悖论的分类及消解

1. SDL 的悖论的分类

因为 SDL 仅仅是在命题逻辑的基础上增加了 OK 公理、D 公理和必然化规则 ON，假设我们把命题逻辑视为当然的话，这些悖论的产生当然也只能由这三个原则负责，据此我们可以把道义逻辑悖论分为三类。

首先，在大部分道义逻辑系统中，都包含着一元道义算子 F，并把它定义为 $O\ \neg$。按照这种大多数人的做法，阿奎斯特悖论和善良的撒玛利亚人悖论实际上是同一个悖论的不同版本而已，并且抢劫者悖论和受害者悖论也是善良的撒玛利亚人悖论的一个特殊形式。所以，对于这

① See L. Åqvist. Good Samaritans, Contrary-to-duty Imperatives, and Epistemic Obligations. *Nous*, 1: p. 366, 1967.

几个悖论我们只需讨论一个就可以了。

从历史发展的角度看，善良的撒玛利亚人悖论提出得最早，因此，这类悖论的最初形式是F版本的，但是，道义逻辑学家们考虑到F与O的相互定义关系，于是通常用同一个名称指称这两个悖论。因为主流的做法是把O算子作为初始算子，所以，我们把阿奎斯特悖论作为这类悖论的典型。

其次，接着的两个悖论，柏拉图悖论和萨特悖论都可以称为冲突义务悖论（the conflict-of-duty paradox），这是因为：第一，道义逻辑学家们在讨论冲突义务的时候，对这两种情况并不予以区分。第二，这两个悖论涉及的都是义务一致性原则。因此，这两个悖论的解决方案也非常类似。

最后，渎职义务悖论是单独的一类，它们在道义逻辑研究中占据着非常重要的位置。这个悖论在相关文献的讨论中有一个普遍的共识，即从直观的角度看，该集合是一致的，并且其元素是彼此逻辑独立的。同时，它在相关的讨论中也存在着极大的争议，即如何对这个集合予以充分的形式表达，它应当满足什么样的要求。在SDL中表达（1’）和（4’）是非常简单的，问题是如何表达（2’）和（3’），因为这涉及如何表达条件义务的问题。在SDL中，有两种方法可以表达这类语句：

方法一：$O(B/A) =_{df} A\rightarrow OB$；

方法二：$O(B/A) =_{df} O(A\rightarrow B)$．

根据齐硕姆语句集合原本的形式结构，在SDL中应当选择方法二表达（2’）语句，选择方法一表达（3’）语句，则原语句集合可形式表达为：

（1’）Oh；

（2’）$O(h\rightarrow t)$；

（3’）$\neg h\rightarrow O\neg t$；

（4’）$\neg h$。

这是齐硕姆所采用的方法，随即他就指出了这种表达方法导致了矛盾的结论：因为根据（1’）和（2’）可推出Ot；而根据（3’）和（4’）可推出 ¬Ot，这与公理模式D相矛盾。

假如采用方法一表达（2’）和（3’），结果就是一致的，但是却失去了逻辑独立性，因为（2’）是（4’）的一个逻辑后承。同样的，如果采用方法二表达（2’）和（3’），根据RM规则，（3’）又成为（1’）的一个逻辑后承。因此，我们可以得出结论：在SDL中，无法在满足一致性和逻辑独立性这两个基本要求的前提下表达齐硕姆语句集合。Prakken和Sergot①认为。（2’）和（3’）应当给予不同的逻辑表达，仅仅是因为（3’）是一个渎职义务条件，其意思是在（1’）语句表达的义务被违反的情况下产生效力的义务，而（2’）不是一个渎职义务条件。Carmo和Jones②对此批评道：Prakken和Sergot的理论导致对道义条件采用不同的逻辑形式的处理方法具有很大的语境依赖性，也即是说，增加或者减少前提集合中的规范都可能导致要求对其他的规范的形式表达予以修正。例如，按照他们的方法，去掉齐硕姆语句集合中的（1’）将导致要求修正对（3’）的形式表达。同样的，对于一个既有语句的形式表达将由于其他语句推出的新的语句而被修正。例如，在初始的集合中包含语句“如果A则应当B”，我们假设它不是一个渎职义务，然而，如果可以从该集合中的其他的语句中推出“不应当A”，那么，“如果A则应当B”就成为了一个渎职义务，其逻辑形式也要发生相应的改变。对于复杂

① See H. Prakken and M. J. Sergot, Contrary-to-duty Obligations. Studia Logica, 57: pp. 91 - 115, 1996.

② See Jose Carmo, Andrew J. I. Jones, Deontic and Contrary-to-duties. D. Gabbay Mid 1. Guenthner (eds.), Handbook of Philosophical Logic, Volume 8, pp. 265 - 343, 2002.

的推导关系而言，这种表达形式的语境依赖性将产生难以把握的影响。现在对于一个齐硕姆语句集合之类的较小的初始集合而言，可以比较容易地把握哪些地方需要予以修正。而对于一个包含较多规范的语句集合而言，不难想象事情将可能变得非常难以处理。为此，Carmo 和 Jones 提出了刻画渎职义务的以下几个要求：

(1) 一致性；

(2) 逻辑独立性；

(3) 可适用于无时态和行为因素的渎职义务；

(4) 对条件语句（2'）和（3'）采用相同的逻辑结构；

(5) 有能力推出指导性义务；

(6) 有能力推出固有性义务；

(7) 有能力表达义务被违反的事实；

(8) 能够避免语用怪论。

其中最后一条表达的意思是避免得出结论 Oh 和 O ¬t。目前学界的共识是，SDL 对渎职义务的刻画无法同时满足这些要求。

根据以上分析，前述 9 个悖论可以分为下面 3 类：

第一类：涉及 ON 的悖论，我们称之为阿奎斯特悖论，它又可分为两个子类：罗斯悖论和阿奎斯特悖论。

第二类：涉及 D 的悖论，我们称之为冲突义务悖论，它又包括柏拉图悖论和萨特悖论。

第三类：渎职义务悖论。

至于说第 9 个悖论，虽然它也是一个著名的悖论，但在道义逻辑的发展中并没有产生很大的影响，同时在道义逻辑的研究范围内也没有可能解决它，这是因为该悖论产生的重要原因是对“应当知道”这个概念的形式刻画存在问题，而这个概念并不是所有道义逻辑都要讨论的概念，所以，这个悖论超出了本书讨论的范围，我们不在这里对它作深入的分析。

2. SDL 的悖论的消解

基于前面对道义悖论的分类，我们注意到，因为罗斯悖论提出得最早，其目的也主要是为了论证道义逻辑的不可能性，所以，它在道义逻辑研究的早期讨论得最为广泛。但是，根据其所产生的根源在于 ON 原则，这是构建模态逻辑时所必须采用的规则，而该规则存在的争议又是明显的，一个是对能否将所有的逻辑真理都视为道义应当的是否妥当存在着争议，另一个是将基础逻辑中的一些问题也带入到了道义逻辑研究中。对此，我们可以将这些悖论视为采用模态逻辑方法研究道义逻辑必然付出的代价。因此，对于这些悖论的消解方法主要有两个选择：一个是放弃道义逻辑的模态逻辑研究方法，一个是承认这种代价是值得的。

对于这类悖论还存在着另一种理解，就是在自然语言中对于“应当”“允许”“禁止”以及逻辑连接词的表达存在着模糊、歧义性，从而造成逻辑的形式刻画很难做到与自然语言完全符合、处处一致。例如，我们所使用的“允许”这个语词实际上表达着两个有明显差别的允许概念，可以分别被称为强允许和弱允许，强允许相当于法律中的许可概念，即没有被许可的就是被禁止的；而弱允许的概念相当于没有被禁止的。这两个概念的微妙差别在于在一个规范体系中，如果没有被明确规制的行为或者事态，弱允许概念就是被允许的，而对于强允许概念而言就是不被允许的。一般说来，自由选择的允许原则对于强允许概念是有效的，而对于弱允许概念是无效的。因为这类悖论反映出的最大的问题是语言表达方面的模糊与混淆。余俊伟[①]，

① 参见余俊伟：《道义逻辑研究》，北京，中国社会科学出版社，2005。

von Wright[①]，Åqvist[②] 等皆持这类看法。我们的观点是，没有必要对于这类悖论给予太多的关注，因为它对于一个逻辑是否能够充分地刻画规范结构和规范推理实际上影响并不大。

对于后面两类悖论而言，事实上都涉及冲突规范问题。这暴露了标准道义逻辑的局限性。因为按照标准道义逻辑完全排除了规范存在冲突的可能性，这一点在其语义解释中表现得更加清楚。为保证两个义务 OA 和 OB 在一个可能世界 w 中成立，我们需要 v（w）$\subseteq$ | A | 和 v（w）$\subseteq$ | B |，据此我们要求 v（w）$\subseteq$ | A | $\cap$ | B |。然而，如果 A 和 B 是不一致的，我们必须要求 | A | $\cap$ | B | $=\phi$，因而我们又可以得出 v（w）$=\phi$。在标准道义模型中，对 v 的唯一要求是它应当映射每一个世界到一个非空的集合中。除了正规模态逻辑的基本框架的假设之外，标准道义逻辑的所有内容似乎只是假设不存在规范冲突。因此，要真正地消除这些道义悖论，唯一的方法就是修正或者放弃标准道义逻辑。

第四节　可废止道义逻辑

一、刻画冲突规范推理的两种方法：阻止与消除

在前面我们指出了规范推理的四种基本模式：渎职义务推理、道义困境推理、例外义务规范推理和涵摄义务推理，除了最后一个能够在标准道义逻辑中得到较好的处理外，前面 3 个都无法得到很好的解决。这主要表现在两个方面：一个是如果在规范推理的前提集合中存在规范冲突，那么，按照标准道义逻辑就会导致所谓的道义爆炸。另一个是根据直观上一致的前提集合却推出了相矛盾或者有违直观的结论，即规范推理的后承集合不一致，这就是所谓的道义悖论。根据其成因和特点，这些悖论源于道义逻辑的基础逻辑或者自然语言中的模糊性，继而导致对道义原则的直观认识的模糊性。这类悖论对于一个逻辑是否能够充分地刻画规范的形式结构和规范推理的有效性，有时虽然影响很大，但不是道义逻辑所能解决的。所以，我们建议对这类悖论不宜过分纠缠，而后面的两类悖论实质上都涉及规范冲突问题。对于这两类悖论，可以通过两种方法加以解决：

一是对前提集合中相冲突的义务规范按照某种关系进行排序，选择更具优先性的规范，并根据这些规范废止具有较少优先性的规范，从而避免推出不一致的结论。“用可废止推理的方法处理冲突义务是完全不同的，在现实生活中它更实用。按照相关性、重要性、优先性等对不同的（相冲突的）义务进行排序，推翻（宣布其无效）那些相关性小的义务，以得到一个一致的规范集合。因此，当一个人面对一个或多个规则时，他根本不会考虑更多的那些与当前情况没有多少相关性或可适用性的规则。”[③] 这种处理规范冲突推理的方法我们可以称之为道义冲突阻止法（Methods of blocking Deontic Confliction）。基于这种方法，大量的可废止道义逻辑被

① See von Wright, Deontic logic—as I see it, Norms, Logics and Information Systems—New Studies in Deontic Logic and Computer Science. 1998.

② See L. Åqvist, Deontic Logic, in D. Gabbay and F. Guenthner (eds.), Handbook of Philosophical Logic, Volume 8, Kluwer Academic Publishers. p. 149, 2002.

③ J. J. Ch. Meyer and R. J. Wieringa, Deontic logic: a Concise Overview. In J.-J. Meyer and R. Wieringa, editors, *Deontic Logic in Computer Science*, pp. 1-16. John Wiley Sons, Chichester, England, 1993.

建立起来，如 *Brewka*[①]、Prakken[②]、Horty[③]、Y. Ryu & R. Lee[④]、Yao-Hua Tan[⑤]、Van der Torre，2003 等。[⑥]

二是尽可能假定前提是正常的（即不会导致不一致的结论），并按照标准道义逻辑尽可能地推出可能的结论，通过将导致不可欲结论的推理视为异常，然后按照某种策略（可靠性策略、极小异常策略等）废止某些结论，从而解决后承集合的不一致性问题。这种处理规范冲突推理的方法我们可以称之为道义冲突消除法（Methods of eliminating Deontic Confliction）。

这两种方法的共同之处在于都用到了优先排序和可废止逻辑的方法，不同之处在于前者的操作对象是规范本身，需要对规范按照某种优先标准进行排序；而后者更强调的是一个动态的证明过程。因为前者要对规范进行排序，必须借助假定特定优先标准的存在，而这种假定存在的问题是：(1) 可能存在多个优先标准，这包括规范自身的位阶标准，如上位法优于下位法、后法优于先法、特别法优于一般法等；遵守规范的效益标准，例如，Jennings 发现基于优先性的语义理论是一种效用语义理论[⑦]，最近的一篇论文更是把道义定义为"道义＝优等＋优先选择（Deontics = Betterness＋ Priority)"[⑧]；规范适用条件的特异性标准等。现在的问题是：当存在不同的优先标准时，如何确立相应的标准，又如何按照不同的标准进行优先排序，而这又会产生新的优先标准，如此可能会使问题变得异常复杂。[⑨] (2) 在按照某种优先顺序建立优先模型时，往往需要这种序具有自反性、传递性、连通性等，从而使之成为一个偏序结构，而在规范领域，这样的偏序关系往往并不能得到满足。因此，这种理论往往只能处理较简单的规范推理。(3) 相冲突的规范之间可能并不具有某种优先关系，这包括相关义务之间的优先关系不可比较；两个相冲突的义务之间具有所谓的对称性，从而导致道义困境问题。(4) 两组分别相冲突的义务的结合导致所谓的强优先问题（strong preference problem)，即 A1 和 A2 之间的优先关系与 $A1 \wedge \neg A2$ 和 $\neg A1 \wedge A2$ 之间的优先关系存在冲突。对于两个不相关的义务，如"应当有礼貌" Op 和"应当有帮助" Oh，如果考虑到"有礼貌且无帮助" $p \wedge \neg h$，与"无礼貌且有帮助" $\neg p \wedge h$ 的情况，就有可能产生冲突。如果一个优先关系＞具有左右强化的性质，那么，$p > \neg p$ 和 $h > \neg h$ 可以分别推出 $(p \wedge \neg h) > (\neg p \wedge h)$ 和 $(\neg p \wedge h) > (p \wedge \neg h)$，

---

① See G. Brewka, Adding Specificity and Priorities to Default Logic. In *Proceedings of European Workshop on Logics in Artificial Intelligence* (*JELIA' 94*). Springer Verlag, 1994.

② See H. Prakken, Two Approaches to the Formalisation of Defeasible Deontic Reasoning. *Studia Logica*, 57: pp. 73-90, 1996.

③ See J. F. Horty, Moral Dilemmas and Nonmonotonic Logic. *Journal of Philosophical Logic*, 23: 35-65, 1994. Nonmonotonic Foundations for Deontic Logic. In Defeasible Deontic Logic, D. Nute (ed.), Kluwer Academic Publishers, pp. 17-44, 1997.

④ See Y. Ryu and R. Lee, Defeasible Deontic Reasonig: A Logic Programming Model, in: *Deontic Logic in Computer Science: Normative System Specification* (Wiley, Chichester, UK) pp. 225-241, 1993.

⑤ See Y. H. Tan and L. W. N. van der Torre, DIODE: Deontic Logic Based on Diagnosis from first Principles. In *Proceedings of the Workshop 'Artificial normative reasoning' of the Eleventh European Conference on Artificial Intelligence* (*ECAI' 94*), Amsterdam, 1994.

⑥ See John F. Horty, Reasoning with Moral Conflicts. Nous, vol. 37, pp. 557-605, 2003.

⑦ See R. E. Jennings, A Utilitarian Semantics for Deontic Logic. Journal of Philosophical Logic, 3, pp. 445-465, 1974.

⑧ Johan van Benthem, Davide Grossi, Fenrong Liu, Deontics = Betterness + Priority. In G. Governatori and G. Sartor (Eds.): DEON 2010, LNAI 6181, pp. 50-65, 2010.

⑨ See "Why Defeasible Deontic Logic needs a Multi Preference Semantics". ECSQARU. pp. 412-419, 1995.

而导出的这两个优先关系似乎是相矛盾的。[①]

相对而言，后一种方法因为不需要对规范自身进行排序，而是通过定义一个异常集合和选择相应的策略，将之作为限制道义原则适用的条件，并通过定义不同类型的规范推理模式确定规范推理的后承集合。

前一种方法的另一个局限性在于：不能处理真正的道义困境问题，即在特定的语境下，主体既应当做 A 又应当做 B，而 A 与 B 又是不相容的情况下，除非假定 OA 与 OB 之间具有某种优先关系，方能够以其中的一个规范废止另一个规范，而在很多时候，我们难以确定二者之间哪一个更为优先。这一点类似于前面提到的强优先问题，只不过强优先问题涉及的是两个不相关的义务，后者可以将所推出的 Op 和 Oh 都纳入到后承集合中。而如果 Op 和 Oh 是不相容的且不具有可比较的优先关系，则将构成一个道义困境，进而导致道义爆炸。因为两个相冲突的义务之间不具有优先关系，前一种方法将无法通过某个优先标准作出相应的选择。而后者尽管也不能对二者作出取舍，但是，基于推出了相矛盾的结论，它会把推出结论 Op 和 Oh 予以析取性解释，在保证避免道义爆炸的前提下，尽可能地得出更多可欲的结论。

二、规范推理、优先性与可废止性

我们这里所讲的优先可废止道义逻辑（preference defeasible deontic logic）并不是将优先（偏好）逻辑（preference logic）与可废止逻辑（defeasible logic）融合到一起作为一种逻辑方法研究道义逻辑，而是将二者作为处理规范冲突推理的一种机制。相对而言，运用优先关系进行道义选择只能处理渎职义务推理或例外义务推理，而如果存在道义困境，则这种方法就无可使用。

在道义逻辑和优先（偏好）逻辑的英文文献中，都用到了“Preference”这个概念，但是，我们认为，将道义逻辑中出现的这个概念理解为偏好并不妥当，这涉及对“应当”这个概念的不同理解。基于偏好的应当往往存在着一个功利主义的承诺，即偏好的选择总是基于某种价值或效益的计算，而道义逻辑中的应当表达的一种规范，它往往并不直接指向某种价值或效益，而是存在着一个规范体系（无论是由权威机构颁布的，如法律规范，还是社会自然形成的，如伦理规范）要求作出相应的选择。刘奋荣在其《动态偏好逻辑》一书中，引用了 von Wright 的观点，von Wright 将伦理学家们感兴趣的概念分为三个大的类别：

“道义的（deontological）或规范的（normative）概念：如权利、职责、命令、允许和禁止等概念。

价值论的（axiological）概念：如好和恶的概念，更好等比较性概念。

人类学的（anthropological）概念：如需要、意愿、决策、选择、动机、目的和行为等概念。

冯赖特认为，偏好这一概念是‘介于两类概念之间的’：一方面关联着‘更好’这一价值论的概念，另一方面与‘选择’这一人类学的概念相联系。”[②]

可以看到，von Wright 在作以上区分时明显是将偏好与道义的或规范的概念区分开来的。“偏好总是在比较事物的时候使用”[③]，而在规范推理时，也需要对存在的多个规范进行比较，

① See van der Torre，Yao-Hua Tan，Prohairetic Deontic Logic（PDL）. Prohairetic Deontic Logic（PDL）. JELIA. pp. 77－91，1998.

② 刘奋荣：《动态偏好逻辑》，2 页，北京，科学出版社，2010。

③ 刘奋荣：《动态偏好逻辑》，3 页，北京，科学出版社，2010。

因而都会用到优先这个概念，而后者更强调的是选择的规范性要求，前者的要求则更加宽泛。

道义逻辑建立在假定规范存在的基础之上。基于规范的强制性要求，主体应当努力做规范所要求的行为，一个主体想知道他应当做什么，他只需审视规范有什么要求即可。遗憾的是，很多时候我们往往面临着多重相互冲突的义务。这又可分为两种情况：第一，初始义务与因其被违反而产生的渎职义务之间的冲突。在初始义务被违反的情况下，其所指向的理想状态难以再被实现，因为作为违反的结果，实际的行为已经背离了理想的状态。一个主体想知道在这种情况下应当做什么的时候，再去审视理想的状态是什么已经毫无意义，相反他去考虑一个尽可能近似理想的状态，并且即使这种状态也可能因为违反而不可及。也就是说，他考虑一个最优的状态，即履行相应的渎职义务。刻画渎职义务推理的道义逻辑必须能够反映这种对这类义务之间的优先选择的关系。现有文献中的基于优先的道义逻辑，主要是为道义逻辑构建基于优先序的语义理论，定义规范推理时所出现的异常的大小，为规范推理建立极小异常模型。第二，典型义务与例外义务之间的义务冲突。鉴于制定规范者自身的理性局限性和所要规制的对象的复杂性，其所制定的规范往往针对的是最典型的情况，这样难免会存在大量的例外情况。因此还需要考虑制定大量的例外义务。如法律规定我们不得伤害他人，但在我们自身的合法利益受到不法侵害时，我们又被允许可以采取合理的手段通过伤害侵害人以达到自我防卫的目的。那么，我们能够伤害他人吗？很显然需要我们依据具体的语境作出不同的判断。我们曾经基于正常情况得出的应当不伤害他人的信念被允许伤害他人的信念所替代，表面看起来是例外义务废止了一般义务，而实质上对这种选择起决定作用的是基于不同情境的特异性优先选择，我们同样将这种特异性用于刻画例外义务的异常，并通过极小异常策略实现这种可废止性。

规范推理的可废止性可分为三个方面。一般文献中的可废止逻辑（又称缺省逻辑，或者关于可废止推理的逻辑）刻画的是缺省假设的推理。它建立在对情境的典型状态和特殊状态的区分的基础之上。在这种逻辑理论中，结论可以被废止。可废止性通常用非单调逻辑的刻画。例如，给定一个缺省规则：鸟典型的情况下会飞，如果我们知道一种动物是鸟，那么就可以根据这条缺省规则推断它会飞。然而，如果我们进一步知道这只动物是一只企鹅，那么以上作出的结论就会被收回，也就是说企鹅会飞的结论被废止。在非单调逻辑中，这个关于企鹅会飞的结论不再能够被推出。在基于优先性的缺省逻辑中，优先性表示不同程度的典型性。在最典型的情况下，鸟会飞，但企鹅是一种非典型的鸟（就是否会飞而言）。如果我们知道这只鸟是一只企鹅，那么我们认为这种情况是一个例外。这些例外的最典型情况是企鹅不会飞。从中可以看出，这种缺省假设的推理，在形式结构上类似于一般义务的缺省推理，运用这种缺省推理可以处理例外义务推理。规范推理中还存在着另外两种结论被废止的情况，一种是在渎职义务推理时，基于一个违规事实的存在，我们应当将渎职义务视为具有实际效力的义务，需要注意的是，根据渎职义务推出的结论虽然废止了根据初始义务推出的结论，但是，初始义务本身并没有因此而失去效力，按照 von der Torre① 的话说，这是一种遮蔽（overshadowing），是一种完全不同于例外义务推理时例外义务对典型义务的废止，典型义务被例外义务废止后就等于说没有被特定的事实所触发，所以，相对于该特定情形而言，它既没有成为指导性义务，也没有成为固有性义务。而基于特定事实的一个初始义务虽然被其渎职义务所废止，没有成为指导性义务，但是，它仍然作为一个固有性义务具有效力，这也是为什么基于缺省逻辑的可废止道义逻

① See L. W. N. van der Torre, *Reasoning About Obligations: Defeasibility in Preference based Deontic Logics*, PhD thesis. Erasmus University Rotterdam. 1997.

辑不能刻画渎职义务推理的根本原因。另一种是在道义困境推理时，两个相互冲突的义务的相互废止，可以避免道义爆炸的产生。因为构成道义困境的两个义务之间并不存在某种优先关系，所以也不会因为其中一个义务废止另一个义务而成为固有性义务和指导性义务，而仅仅是存在某种可能性，基于极小异常策略，我们把它们刻画成一种析取关系。

据此，我们可以把义务、优先性和可废止推理之间的关系列表如下：

表 11-2

	渎职义务推理	道义困境推理	例外义务规范推理	涵摄义务推理
优先性	√		√	
可废止性	√	√	√	

三、一个基于可废止推理的条件道义逻辑系统

下面简单介绍一个由 Young U. Ryu 构建的一个基于可废止推理的条件道义逻辑系统①，以使大家了解现代道义逻辑的一些基本思想和方法。

可废止道义推理系统

一个道义规范 $\delta(\phi/\psi)$ 是一个义务 $\mathcal{O}(\phi/\psi)$ 或者是其否定 $\neg\mathcal{O}(\phi/\psi)$，其中 ϕ 和 ψ 是一阶公式。一个道义情景是 $\mathfrak{D}=\langle D, W, F\rangle$，其中 D 是一个道义规范集合，W 是一个一阶公式的集合（即不是基本字符），F 是一个关于事实的集合（即基本字符）。

两个道义规范 $\mathcal{O}(\phi_1/\psi_1)$ 和 $\mathcal{O}(\phi_2/\psi_2)$（或者 $\neg\mathcal{O}(\neg\phi_2/\psi_2)$）被认为是相冲突的，如果 $W\cup\{\phi_1, \phi_2\}$ 是不一致的。如果两个或两个以上的相冲突的道义规范可适用于同一个情景，那么它们就会导致道义冲突。解决道义冲突的第一步是为相冲突的道义规范定义一个优先关系：

定义 11.1 优先的道义规范

在道义情景 $\mathfrak{D}=<D, W, F>$ 中，一个道义规范 $\delta(\phi_1/\psi_1)$ 优先于另一个道义规范 $\delta(\phi_2/\psi_2)$，如果 $\delta(\phi_1/\psi_1)$ 与 $\delta(\phi_2/\psi_2)$ 是相冲突的；

(1) $W\cup\{\psi_1, \phi_2\}$ 是一致的；

(2) $W\cup\{\psi_1\}\vdash\psi_2$，$W\cup\{\psi_2\}\nvdash\psi_1$。

例如，令 $D=\{\mathcal{O}(\phi_1/\psi_1), \mathcal{O}(\phi_2/\psi_2), \mathcal{O}(\phi_3/\psi_3)\}$，$W=\{\neg(\phi_2\wedge\phi_2), \neg(\phi_3\wedge\phi_3), \psi_1\rightarrow\psi_2, \psi_1\rightarrow\psi_3, \psi_1\rightarrow\neg\psi_3\}$，$F=\{\psi_1, \psi_2, \psi_3\}$，那么，$\mathcal{O}(\phi_1/\psi_1)$ 优先于 $\mathcal{O}(\phi_2/\psi_2)$，但是，$\mathcal{O}(\phi_1/\psi_1)$ 不优先于 $\mathcal{O}(\phi_3/\psi_3)$，因为 $W\cup\{\psi_1, \phi_3\}$ 不是一致的。

下面定义一个最小道义集合，它是一个用于推导另外一个道义规范的道义规范集合。

定义 11.2 最小道义集合

假定一个一阶公式集合 W 和一个道义规范集合 D，一个可用 $MD[\delta(\phi/\psi)]$ 表示的 $\delta(\phi/\psi)$ 的最小道义集合（minimal deontic set）是满足条件 $\delta(\phi/\psi)\in Th_{DL}(W\cup MD[\delta(\phi/\psi)])$ 的、D 的一个非空最小子集。其中 Th_{DL} 是条件道义逻辑的后承算子。

定义 11.3 道义扩张

假定一个道义情景 $\mathfrak{D}=<D, W, F>$，$\mathfrak{D}$ 的一个道义扩张 $\mathcal{E}=Th_{DL}(W\cup F\cup\triangle)$，其中 $\triangle=\{\delta(\phi_i/\psi_i)\mid i\}$，且满足下列条件：

① See Young U. Ryu, *Conditional Deontic Logic Augmented with Defeasible Reasoning*, Data & Knowledge Engineering.

（1）$(\phi_i/\psi_i) \in D$；

（2）$W \cup F \vdash \psi_i$；

（3）$W \cup F \cup (\phi_i)$ 是一致的；

（4）满足下列条件中的一个：

（4.1）$W \cup F \vdash \phi_i$ 或者：

（4.2）对于每一个满足 $\delta(\phi_i/\psi_i) \in MD[\delta(\phi_i/\psi_i)]$ 的每一个 $MD[\delta(\phi/\psi)] \subseteq \mathcal{E}$，不存在 $\delta(\phi'/\psi') \in \mathcal{E}$，满足 $\delta(\phi/\psi)$ 与 $\delta(\phi'/\psi')$ 是相冲突的，并且 $\delta(\phi/\psi)$ 并不优先于 $\delta(\phi'/\psi')$。

仅仅根据直观就可以从以上定义中看出，一个道义情景可能存在超过一个的道义扩张并且每一个道义扩张都是一致的。在定义了道义约束的一致性之后，我们将证明道义扩张的一致性。

定义 11.4 一致的道义约束集合

一个道义约束集合对于一个公式集合 W 是一致的，如果不存在相冲突的道义约束 $\delta(\phi_1/\psi_1)$ 和 $\delta(\phi_2/\psi_2) \in Th_{DL}(W \cup D)$，满足 $W \vdash \psi_1$ 并且 $W \vdash \psi_2$，否则，D 就是一致的。

定义 11.5 道义扩张的一致性

一个道义情景$\mathfrak{D}$＝<D，W，F>的每一个扩张对于 $W \cup F$ 是一致的，如果 $W \cup F$ 是一致的。

证明：

根据定义 11.3，$\delta(\phi/\psi) \in \mathcal{E}$ 当且仅当 $W \cup F \cup \{\phi\}$ 是一致的，并且对于每一个 $\delta(\phi'/\psi') \notin \mathcal{E}$，其中 $MD[\delta(\phi'/\psi') \subseteq D]$，并且 $\delta(\phi/\psi)$ 和 $\delta(\phi'/\psi')$ 是竞争的，$\delta(\phi/\psi)$优先于 $\delta(\phi'/\psi')$。

道义扩张的定义是一个固定点的定义。因此，我们还需要检查道义扩张的存在性问题。下面的定理说明了这一点。

定义 11.6 道义扩张的存在性

一个道义情景$\mathfrak{D}$＝<D，W，F>至少存在一个道义扩张，如果 $W \cup F$ 是一致的。

证明：

令：$\triangle_0 = \{\delta(\phi_i/\psi_i) \mid \delta(\phi_i/\psi_i) \in D, W \cup F \vdash W \cup F \vdash \psi_i, W \cup F \cup \{\phi_i\}$ 是一致的，$W \cup F \vdash \phi_i\}$，

$\triangle_1 = \{\delta(\phi_i/\psi_i) \mid \delta(\phi_i/\psi_i) \in D, W \cup F \vdash W \cup F \vdash \psi_i, W \cup F \cup \{\phi_i\}$ 是一致的，$W \cup F \vdash /\phi_i\}$。

定义最大集合$\triangle_2 \subseteq \triangle_1$，满足$\mathcal{E} = Th_{DL}(W \cup F \cup \triangle_0 \cup \triangle_2)$ 对于 $W \cup F$，$\mathcal{E}$是$\mathfrak{D}$的一个扩张，当且仅当对于每一个满足 $\delta(\phi_i/\psi_i) \in MD[\delta(\phi/\psi)]$ 的 $MD[\delta(\phi/\psi)] \subseteq \mathcal{E}$，不存在 $\delta(\phi'/\psi') \in \mathcal{E}$，满足 $\delta(\phi/\psi)$ 与 $\delta(\phi'/\psi')$ 是相冲突的，并且 $\delta(\phi/\psi)$ 优先于$\delta(\phi'/\psi')$。

假设 $\delta(\phi_i/\psi_i) \in \triangle_2$，$\delta(\phi/\psi') \in \mathcal{E}$，那么，$Th_{DL}(W \cup F \cup \triangle_0 \cup \triangle_2)$ 是不一致的。

现在我们已经知道，一个道义情景至少存在一个道义扩张，以此为基础我们可定义可废止道义后承关系。

定义 11.7 可废止道义后承关系

设$\mathfrak{D}$＝〈D，W，F〉是一个道义情景，我们把可废止道义后承关系“$\vdash_{CDR}$”定义如下：

$\mathfrak{D}_{CDR}\,\delta(\phi/\psi)$，当且仅当对于$\mathfrak{D}$的道义扩张$\mathcal{E}$，$\delta(\phi/\psi) \in \mathcal{E}$。

根据下面的定理可以表明可废止道义推理具有一个重要的特征，它是关于根据一个命题的

合取式的义务推导出一个合取支命题的义务的推导关系，反之亦然。

定义 11.8 设$\mathfrak{D}$=<D，W，F>，且 W∪F 是一致的。

（1）$\mathfrak{D}\vdash_{CDR}\delta(\phi_1\wedge\phi_2/\psi)$ 蕴涵$\mathfrak{D}\vdash_{CDR}\delta(\phi_1/\psi)$ 和$\mathfrak{D}\vdash_{CDR}\delta(\phi_2/\psi)$。

（2）$\mathfrak{D}\vdash_{CDR}\delta(\phi_1/\psi)$ 和$\mathfrak{D}\vdash_{CDR}\delta(\phi_2/\psi)$ 并非总是蕴涵$\mathfrak{D}\vdash_{CDR}\delta(\phi_1\wedge\phi_2/\psi)$。

（3）即使$\mathfrak{D}\vdash_{CDR}\delta(\phi/\psi)$ 并且$\mathfrak{D}\vdash_{CDR}\delta(\neg\phi/\psi)$，$\mathfrak{D}\nvdash_{CDR}\delta(\phi\wedge\neg\phi/\psi)$。

证明：

（1）假设$\mathcal{E}$是满足条件$\mathcal{O}(\phi_1\wedge\phi_2/\psi)\in\mathcal{E}$的$\mathfrak{D}$的一个扩张，那么，根据定义 1.3，$\mathcal{O}(\phi_1/\psi)\in\mathcal{E}$，并且$\mathcal{O}(\phi_2/\psi)\in\mathcal{E}$，因而，$\mathfrak{D}\vdash_{CDR}\mathcal{O}(\phi_1/\psi)$ 且$\mathfrak{D}\vdash_{CDR}\mathcal{O}(\phi_2/\psi)$。

（2）假设$\mathfrak{D}$仅有两个扩张$\mathcal{E}_1$和$\mathcal{E}_2$，且满足条件$\mathcal{O}(\phi_1/\psi)\in\mathcal{E}_1$，$\mathcal{O}(\phi_1/\psi)\notin\mathcal{E}_2$，$\mathcal{O}(\phi_2/\psi)\notin\mathcal{E}_1$，$\mathcal{O}(\phi_2/\psi)\in\mathcal{E}_2$，那么，$\mathfrak{D}\vdash_{CDR}\mathcal{O}(\phi_1/\psi)$ 且$\mathfrak{D}\vdash_{CDR}\mathcal{O}(\phi_2/\psi)$，$\mathfrak{D}\nvdash_{CDR}\delta(\phi_1\wedge\phi_2/\psi)$。

（3）假设$\mathfrak{D}$有两个扩张$\mathcal{E}_1$和$\mathcal{E}_2$，且满足条件$\mathcal{O}(\phi/\psi)\in\mathcal{E}_1$，$\mathcal{O}(\neg\phi/\psi)\notin\mathcal{E}_2$，那么，$\mathfrak{D}\vdash_{CDR}\mathcal{O}(\phi/\psi)$且$\mathfrak{D}\vdash_{CDR}\mathcal{O}(\neg\phi/\psi)$。然而根据定义 1.5，每一个$\mathfrak{D}$的扩张都是一致的，$\mathcal{O}(\phi/\psi)\notin\mathcal{E}_2$，$\mathcal{O}(\neg\phi/\psi)\notin\mathcal{E}_1$。因此，无论是$\mathcal{E}_1$还是$\mathcal{E}_2$都不存在$\mathfrak{D}\nvdash_{CDR}\delta(\phi\wedge\neg\phi/\psi)$。

定义 11.9 对道义逻辑下面的推理规则进行了约束：

$$\frac{\vdash_{DL}\mathcal{O}(\phi_1)\quad\vdash_{DL}\mathcal{O}(\phi_2)}{\vdash_{DL}\mathcal{O}(\phi_1\wedge\phi_2)}$$

或者：

$$\frac{\vdash_{DL}\mathcal{O}(\phi_1/\psi)\quad\mathfrak{D}\vdash_{DL}\mathcal{O}(\phi_2/\psi)}{\vdash_{DL}\mathcal{O}(\phi_1\wedge\phi_2/\psi)}$$

其中$\vdash$DL 表示道义逻辑推出。其中（3）就是（3.1）不成立的一个特例（见定义 11.10）。

最后，我们定义可废止性和违反。

定义 11.10 可废止性

道义约束$\delta(\phi/\psi)\in$D 在扩张$\mathcal{E}$中是可废止的，如果：

（1）W∪F$\vdash\psi$，

（2）$\delta(\phi/\psi)\notin\mathcal{E}$，

（3）存在$\delta(\phi'/\psi')$，其中 MD［$\delta(\phi'/\psi')$］⊆D，满足条件：

（3.1）W∪F$\vdash\psi'$，

（3.2）存在$\delta\in Th_{DL}(\mathcal{E}\cup\{\delta(\phi/\psi)\})$，其中$\delta\notin\mathcal{E}$，并且$\delta(\phi'/\psi')$ 对于$\delta(\phi/\psi)$ 是优先的。

（3.3）对于所有的$\delta(\phi'/\psi')\in Th_{DL}(\mathcal{E}\cup\{\delta(\phi/\psi)\})$，其中$\delta(\phi'/\psi')\notin\mathcal{E}$与$\phi'\wedge\psi'$是一致的。

定义 11.10 的基本理念是一个道义约束是可废止的。

根据定义 11.3 和 11.10，一个道义约束如果被废止，那么，它将不能废止其他的道义约束。换句话说，尽管$\delta_1\in$D 和$\delta_2\in$D，并且δ_2优先于δ_1，如果δ_2被废止（因而$\delta_2\notin\mathcal{E}$），那么，$\delta_2$就不再能废止$\delta_1$。（该原则显然是存在问题的，因为在一般情况下，这种可废止性具有反复性，尽管其本身已被废止，但有时候其所废止的并不因此不再被废止。）我们称之为废止的先占原则。例如，设 D=$\{\mathcal{O}(p/q_1),\mathcal{O}(\neg p/q_1\wedge q_2),\mathcal{O}(p/q_1\wedge q_2\wedge q_3)\}$，F=$\{q_1,q_2,q_3\}$，根据定义 11.3，$\mathcal{E}=Th_{DL}(\{q_1,q_2,q_3,\mathcal{O}(p/q_1),\mathcal{O}(p/q_1\wedge q_2\wedge q_3)\})$，而$\mathcal{O}(\neg p/q_1\wedge q_2)$被$\mathcal{O}(p/q_1\wedge q_2\wedge q_3)$所废止，而$\mathcal{O}(p/q_1)$并没有被$\mathcal{O}(\neg p/q_1\wedge q_2)$所废止。

定义 11.11 违反

义务$\mathcal{O}(\phi/\psi)\in$D 在扩张$\mathcal{E}$中被违反，如果 W∪F$\vdash\psi$，$\mathcal{O}(\phi/\psi)\notin\mathcal{E}$，$\mathcal{O}(\phi/\psi)$ 在$\mathcal{E}$中

没有被废止，并且存在$\mathcal{O}$（ϕ'/ψ'）$\in Th_{DL}$（$\varepsilon \cup$ {$\mathcal{O}$（ϕ/ψ）}），其中$\mathcal{O}$（ϕ'/ψ'）$\notin \varepsilon$，满足$W \cup F \cup$ {ϕ'} 是不一致的。

思考与练习

简答题

1. 现代逻辑方法的特点是什么？
2. 现代逻辑方法的意义和局限性是什么？
3. 什么是道义悖论？产生道义悖论的原因是什么？如何消解道义悖论？

图书在版编目（CIP）数据

法律逻辑学/陈金钊，熊明辉主编. --3版. --北京：中国人民大学出版社，2022.4
21世纪普通高等教育法学系列教材
ISBN 978-7-300-30535-6

Ⅰ.①法… Ⅱ.①陈… ②熊… Ⅲ.①法律逻辑学—高等学校—教材 Ⅳ.①D90-051

中国版本图书馆CIP数据核字（2022）第060008号

21世纪普通高等教育法学系列教材
法律逻辑学（第三版）
主　编　陈金钊　熊明辉
Falü Luojixue

出版发行	中国人民大学出版社		
社　　址	北京中关村大街31号	邮政编码	100080
电　　话	010－62511242（总编室）		010－62511770（质管部）
	010－82501766（邮购部）		010－62514148（门市部）
	010－62515195（发行公司）		010－62515275（盗版举报）
网　　址	http：//www.crup.com.cn		
经　　销	新华书店		
印　　刷	北京昌联印刷有限公司	版　　次	2012年1月第1版
规　　格	185 mm×260 mm　16开本		2022年4月第3版
印　　张	18.25 插页1	印　　次	2023年2月第3次印刷
字　　数	479 000	定　　价	45.00元

版权所有　侵权必究　　印装差错　负责调换

《　　　　　　　》※任课教师调查问卷

为了能更好地为您提供优秀的教材及良好的服务，也为了进一步提高我社法学教材出版的质量，希望您能协助我们完成本次小问卷，完成后您可以在我社网站中选择与您教学相关的1本教材作为今后的备选教材，我们会及时为您邮寄送达！如果您不方便邮寄，也可以申请加入我社的**法学教师QQ群：83961183（申请时请注明法学教师）**，然后下载本问卷填写，并发往我们指定的邮箱（cruplaw@163.com）。

邮寄地址：北京市海淀区中关村大街31号中国人民大学出版社806室收

邮　　编：100080

再次感谢您在百忙中抽出时间为我们填写这份调查问卷，您的举手之劳，将使我们获益匪浅！

基本信息及联系方式：※

姓名：＿＿＿＿＿＿＿＿ 性别：＿＿＿＿＿＿＿＿ 课程：＿＿＿＿＿＿＿＿＿＿＿＿＿＿＿＿

任教学校：＿＿＿＿＿＿＿＿＿＿＿＿＿＿＿＿ 院系（所）：＿＿＿＿＿＿＿＿＿＿＿＿

邮寄地址：＿＿＿＿＿＿＿＿＿＿＿＿＿＿＿＿ 邮编：＿＿＿＿＿＿＿＿＿＿＿＿＿＿＿＿

电话（办公）：＿＿＿＿＿＿＿＿ 手机：＿＿＿＿＿＿＿＿ 电子邮件：＿＿＿＿＿＿＿＿＿＿

调查问卷：※

1. 您认为图书的哪类特性对您使用教材最有影响力？（　　）（可多选，按重要性排序）

   A. 各级规划教材、获奖教材　　B. 知名作者教材

   C. 完善的配套资源　　D. 自编教材

   E. 行政命令

2. 在教材配套资源中，您最需要哪些？（　　）（可多选，按重要性排序）

   A. 电子教案　　B. 教学案例

   C. 教学视频　　D. 配套习题、模拟试卷

3. 您对于本书的评价如何？（　　）

   A. 该书目前仍符合教学要求，表现不错将继续采用。

   B. 该书的配套资源需要改进，才会继续使用。

   C. 该书需要在内容或实例更新再版后才能满足我的教学，才会继续使用。

   D. 该书与同类教材差距很大，不准备继续采用了。

4. 从您的教学出发，谈谈对本书的改进建议：＿＿＿＿＿＿＿＿＿＿＿＿＿＿＿＿＿＿＿＿

＿＿

＿＿

选题征集：如果您有好的选题或出版需求，欢迎您联系我们：

联系人：黄　强　联系电话：010-62515955

索取样书：书名：＿＿＿＿＿＿＿＿＿＿＿＿＿＿＿＿＿＿＿＿＿＿＿＿＿＿＿＿＿＿＿＿

书号：＿＿＿＿＿＿＿＿＿＿＿＿＿＿＿＿＿＿＿＿＿＿＿＿＿＿＿＿＿＿＿＿＿＿＿＿＿

备注：※为必填项。